WILLIAMS-SONOMA

SOUPE du JOUR

365 RECETTES DE SAISON

KATE McMILLAN

PHOTOGRAPHIE D'ERIN KUNKEL

TRADUIT DE L'ANGLAIS (ÉTATS-UNIS)
PAR MARIELLE GAUDREAULT

LES ÉDITIONS DE L'HOMME

Une société de Québecor Média

TABLE DES MATIÈRES

À CHAQUE JOUR SA SOUPE

Chaude ou froide, liée ou en morceaux, crémeuse ou claire, la soupe se présente sous une myriade de formes délicieuses. Considérée par beaucoup comme le plat réconfortant par excellence, la soupe constitue un agréable ajout à la table, marquant avec bonheur les saisons et les jours.

Ce livre vous incitera à préparer des soupes durant toute l'année. Concoctez des soupes au fil des saisons en vous laissant inspirer par les légumes primeurs — les asperges et les petits pois au printemps ; le maïs, les poivrons et les tomates en été ; les crucifères et les légumes feuillus en automne et les légumes-racines en hiver.

Faire des soupes est une manière facile, polyvalente et économique de cuisiner. Certaines conviennent aux jours de semaine, alors que d'autres sont parfaites pour les réceptions. Une simple garniture ajoutant texture et saveur, comme des croûtons croustillants à l'ail, une cuillerée de pesto, un filet d'huile d'olive, de crème fraîche ou des fines herbes ciselées, donnera une note festive à vos créations. Vous pourrez adapter les recettes à votre goût en interchangeant des ingrédients, en omettant la crème ou les fines herbes que vous n'avez pas sous la main, ou encore, en changeant la texture en réduisant la soupe en purée ou en laissant les morceaux de légumes entiers. Plusieurs soupes se font d'avance et se réchauffent juste avant de les servir, tandis que d'autres se font en grandes quantités et peuvent être congelées pour les soirs de semaine où vous n'aurez pas le temps de cuisiner. Vous en saurez plus sur ces approches dans les pages qui suivent.

Les recettes de ce livre, 365 en tout, sont organisées par mois et sont conçues pour stimuler votre créativité culinaire tout au long de l'année. Vous pouvez utiliser les pages du calendrier de chaque chapitre comme une carte routière de vos aventures culinaires, ou feuilleter le livre à votre convenance, en sachant que vous y trouverez toujours un plat qui saura vous allécher, quelle que soit la saison. Des douzaines de photographies illustrent le livre afin de mieux vous guider et vous inspirer.

L'abondance de délicieuses recettes, de belles photos et de sagesse culinaire journalière saura combler vos aspirations en matière de soupe, peu importe ce que le jour vous réserve.

5 POZOLE *page 13*	**6** CHILI VÉGÉTARIEN *page 13*	**7** AVGOLEMONO *page 15*
12 SOUPE AU CHOU FRISÉ ET AUX HARICOTS BLANCS *page 17*	**13** CRÈME DE TOMATES *page 18*	**14** CIOPPINO *page 18*
19 OUPE AU BROCOLI ET AU CHEDDAR *page 23*	**20** SOUPE AUX FRUITS DE MER ET AUX AGRUMES *page 23*	**21** SOUPE AUX NOUILLES UDON ET AU PORC RÔTI *page 24*
26 UPE AU BIFTECK, PATATES DOUCES ET ÉCHALOTES RÔTIES *page 28*	**27** SOUPE À LA DINDE AVEC CHIPOTLE ET CITRON VERT *page 29*	**28** POTAGE AUX POIREAUX, POMMES DE TERRE ET FROMAGE BLEU *page 29*

Durant les longs mois d'hiver, les soupes nourrissantes nous réchauffent et nous réconfortent tout en agrémentant nos maisons de leurs bonnes odeurs. Les bouillons parfumés et les ragoûts épicés mettent en valeur les légumes rustiques du mois de janvier comme le chou, le brocoli et le chou-fleur, qui se révèlent les partenaires idéaux des haricots, de la saucisse et de toutes les variétés de nouilles. Quant aux agrumes d'hiver, des kumquats aux citrons Meyer, ils confèrent une note vibrante aux fruits de mer et aux plats végétariens.

janvier

1

JANVIER

Pour un goût moins piquant, remplacez la moitié des saucisses épicées par des saucisses italiennes douces. Servir avec du pain chaud à l'ail.

SOUPE À LA SAUCISSE ÉPICÉE ET AUX RAPINIS

4 à 6 portions

500 g (1 lb) de saucisses italiennes épicées

2 c. à soupe d'huile d'olive

1 gros oignon jaune, haché

5 gousses d'ail, finement émincées

1,5 litre (6 tasses) de bouillon de poulet

½ botte de rapinis, tiges coriaces pelées, coupés en tronçons de 2 cm (¾ po)

2 c. à soupe de pâte de tomate

Sel et poivre fraîchement moulu

Fromage pecorino pour servir

Dans une poêle, cuire les saucisses à feu moyen, en les retournant à l'occasion jusqu'à ce qu'elles soient dorées et tout à fait cuites, environ 15 minutes. Laisser refroidir avant de les couper en tranches d'une épaisseur de 6 mm (¼ po). Réserver.

Dans une grande casserole à fond épais, faire chauffer l'huile à feu moyen-élevé. Ajouter l'oignon et l'ail et faire revenir jusqu'à ce que le tout soit translucide, environ 5 minutes. Verser le bouillon et amener à ébullition. Ajouter les rapinis, la pâte de tomate et les tranches de saucisse, rectifier le feu pour que la soupe mijote à petit feu et poursuivre la cuisson à découvert jusqu'à ce que les rapinis soient tendres, environ 7 à 8 minutes. Saler, poivrer et servir garnie de fromage râpé.

2

JANVIER

La soupe à l'oignon traditionnelle demande un bouillon de bœuf riche et plein de saveur. Vous trouverez d'excellents bouillons dans les boucheries et les magasins d'alimentation spécialisée.

SOUPE À L'OIGNON CLASSIQUE

6 portions

3 c. à soupe de beurre non salé

1 c. à soupe d'huile de canola

1,25 kg (2 ½ lb) d'oignons jaunes, finement tranchés

Pincée de sucre

Sel et poivre fraîchement moulu

500 ml (2 tasses) de vin blanc sec

2 litres (8 tasses) de bouillon de bœuf

1 feuille de laurier

6 tranches épaisses de pain de campagne

375 g (3 tasses) de fromage comté ou gruyère râpé

Dans une grande casserole à fond épais, faire fondre le beurre et l'huile à feu moyen-doux. Ajouter les oignons et le sucre, assaisonner de sel et de poivre. Couvrir et cuire jusqu'à ce que les oignons soient presque fondus, dorés et légèrement caramélisés, soit 25 à 30 minutes.

Ajouter le vin, mettre à feu vif et poursuivre la cuisson jusqu'à réduction de moitié du liquide, de 8 à 10 minutes. Ajouter le bouillon et la feuille de laurier, réduire le feu à moyen-doux et laisser mijoter à découvert jusqu'à ce que la soupe soit foncée et bien goûteuse, environ 45 minutes. Si le liquide s'évapore trop rapidement et que la soupe a pris un goût trop prononcé, ajouter un peu d'eau avant de couvrir la casserole et de poursuivre la cuisson.

Préchauffer le four à 200 °C (400 °F). Déposer les tranches de pain sur une plaque de cuisson et faire griller, en les retournant une fois, jusqu'à ce qu'elles soient dorées, 3 à 5 minutes par côté. Réserver.

Retirer la feuille de laurier et verser la soupe dans des bols allant au four déposés sur la plaque de cuisson. Couvrir chaque bol de soupe d'une tranche de pain et parsemer de fromage. Cuire jusqu'à ce que le fromage ait fondu et que le pourtour des tranches de pain ait légèrement bruni, environ 15 minutes. Servir.

3

JANVIER

La saveur de l'ail donne du goût à cette soupe tout en demeurant subtile. Si vous affectionnez vraiment l'ail, faites rôtir 2 têtes d'ail au lieu d'une pour cette recette.

CRÈME DE CHOU-FLEUR À LA PURÉE D'AIL RÔTI

4 à 6 portions

1 grosse tête d'ail

1 c. à café d'huile d'olive

3 c. à soupe de beurre non salé

½ oignon jaune, haché

60 ml (¼ tasse) de xérès sec

1 litre (4 tasses) de bouillon de poulet ou de légumes

1 chou-fleur, cuit à la vapeur et coupé en petits bouquets

3 c. à soupe de crème 35 %

Sel et poivre blanc moulu

Ciboulette émincée pour garnir

Préchauffer le four à 200 °C (400 °F). Couper la partie supérieure de la tête d'ail, arroser d'huile d'olive et recouvrir sans serrer d'un papier d'aluminium. Faire rôtir jusqu'à ce que les gousses soient tendres sous la pointe d'un couteau, environ 45 minutes. Lorsque l'ail a suffisamment refroidi pour être manipulé, presser la chair des gousses et réserver.

Dans une grande casserole à fond épais, faire fondre le beurre à feu moyen-élevé. Ajouter l'oignon et faire revenir 5 minutes, jusqu'à tendreté. Ajouter l'ail rôti et, à l'aide d'une cuillère de bois, l'écraser dans le mélange d'oignon. Poursuivre la cuisson jusqu'à ce que le mélange bouillonne et commence à caraméliser, environ 3 minutes.

Ajouter le xérès et porter à ébullition, en raclant le fond de la casserole pour en détacher les particules brunes, et laisser bouillir pendant 2 minutes. Verser le bouillon et amener à ébullition. Ajouter le chou-fleur et réduire le feu à moyen-doux. Faire mijoter, à découvert, jusqu'à ce que le chou-fleur soit très tendre, 20 à 25 minutes. Retirer du feu et laisser légèrement refroidir. Réduire la soupe en purée au mélangeur, en plusieurs fois. Remettre le tout dans la casserole à feu moyen. Ajouter la crème et amener au point d'ébullition. Saler, poivrer et servir la crème, garnie de ciboulette.

4

JANVIER

Le radis chinois est plus sucré que son célèbre cousin japonais, le daïkon. On les trouve facilement tous les deux dans les marchés asiatiques. Vous pouvez les remplacer par des rabioles.

RAGOÛT DE BŒUF AUX CINQ ÉPICES

4 à 6 portions

1 c. à soupe d'huile de canola

750 g (1 ½ lb) de pointe de surlonge de bœuf, coupée en lanières d'une épaisseur de 1,5 cm (½ po) et d'une longueur de 7,5 cm (3 po)

500 ml (2 tasses) de bouillon de bœuf

60 ml (¼ tasse) de sauce soya

2 c. à soupe de xérès ou de vin de riz

1 morceau de gingembre frais non pelé d'environ 2,5 cm (1 po) de long, finement tranché sur la longueur

½ c. à soupe de poudre de cinq épices chinoises

250 g (½ lb) de radis chinois ou de daïkon, pelé et coupé en morceaux de 5 cm (2 po)

4 oignons verts, parties blanches et vert pâle seulement, coupés en tronçons de 5 cm (2 po)

5 ou 6 feuilles de chou nappa, coupées sur la largeur en lanières de 5 cm (2 po)

Dans une grande casserole à fond épais, faire chauffer l'huile à feu moyen-élevé. En plusieurs fois, ajouter les lanières de bœuf et les faire revenir sur toutes les faces, environ 5 minutes chaque fois. Réserver dans un bol.

Verser le bouillon dans la casserole et en racler le fond pour en détacher toutes les particules brunes. Remettre la viande dans la casserole. Ajouter la sauce soya, le xérès, le gingembre, la poudre de cinq épices, le radis et les oignons verts. Amener à ébullition, puis réduire le feu à moyen-doux, couvrir et laisser mijoter jusqu'à ce que la viande se défasse à la fourchette, environ 3 heures.

À l'aide d'une cuillère de service, retirer le gras de la surface du ragoût. Ajouter le chou, couvrir et laisser mijoter à feu moyen-doux jusqu'à ce qu'il soit tendre et tombé sans être en bouillie, environ 30 minutes de plus. Servir.

5

JANVIER

Voici un plat réconfortant du Mexique. Vous pouvez vous servir de maïs lessivé en conserve, mais les grains de maïs que l'on aura fait tremper puis cuire avec quelques épices choisies sont beaucoup plus savoureux. On les trouve dans les marchés latinos.

POZOLE

12 portions

500 g (1 lb) de grains de maïs blanc (pozole) secs ou 1 kg (2 lb) de grains de maïs blanc prétrempés

3 c. à soupe d'huile d'olive

2 oignons jaunes, finement hachés

8 gousses d'ail, finement hachées

1 c. à soupe d'origan sec mexicain ou ordinaire

1 c. à café de flocons de piment rouge

1,25 litre (5 tasses) de bouillon de poulet

250 à 500 g (½ à 1 lb) d'épaule de porc désossée, parée et coupée en cubes de 1,5 cm (½ po)

Sel et poivre fraîchement moulu

Mettre les pozoles secs dans un grand bol rempli d'eau et laisser tremper une nuit, en remuant à l'occasion. Égoutter et réserver.

Dans une grande casserole à fond épais, faire chauffer l'huile à feu moyen. Ajouter les oignons, l'ail, l'origan et les flocons de piment, couvrir et faire revenir, en remuant à l'occasion, jusqu'à ce que les oignons et l'ail soient presque tendres, environ 10 minutes. Ajouter 2 litres (8 tasses) d'eau, le bouillon et les grains de pozole et laisser mijoter.

Entre-temps, faire revenir le porc dans une grande poêle à frire à feu moyen-doux jusqu'à ce que la viande ait perdu sa teinte rosée et rendu une grande quantité de liquide, environ 10 minutes. Augmenter le feu à moyen-élevé et poursuivre la cuisson en remuant jusqu'à ce que le liquide se soit évaporé et que la viande soit bien dorée, 10 à 12 minutes. Mettre la viande dans la casserole avec les grains de pozole. Ajouter 500 ml (2 tasses) de liquide de cuisson des grains de pozole dans la poêle hors du feu et racler le fond pour détacher toutes les particules brunes. Remettre le tout dans la casserole. Laisser mijoter, à demi couvert, en remuant à l'occasion, pendant 1 heure. Ajouter 2 c. à café de sel et 1 c. à café de poivre et poursuivre la cuisson jusqu'à ce que la viande soit tendre et que la plupart des grains de pozole aient éclaté, soit 1 à 1 ½ heure de plus. Rajouter de l'eau pour conserver une consistance de soupe, si nécessaire. Rectifier l'assaisonnement et servir.

6

JANVIER

Traditionnellement, on ajoute du bœuf au chili, mais des versions plus libres font la part belle aux haricots et aux légumes, constituant des plats légers mais rassasiants. Le cumin, le poivre de cayenne, les chipotles et la coriandre donnent à cette version une couleur latine tout à fait heureuse.

CHILI VÉGÉTARIEN

6 à 8 portions

440 g (2 tasses) de haricots pinto secs, triés et rincés

3 c. à soupe d'huile de canola

2 oignons jaunes, finement hachés

5 gousses d'ail, émincées

4 c. à café d'origan séché

4 c. à café de cumin moulu

1 c. à café de coriandre moulue

1 c. à soupe de paprika

¼ c. à café de poivre de cayenne

30 g (¼ tasse) de poudre de chili

470 g (15 oz) de tomates en dés en conserve

1 boîte de piments chipotle dans une sauce adobo, hachés

1,25 litre (5 tasses) de bouillon de légumes

1 c. à soupe de vinaigre balsamique

3 c. à soupe de coriandre finement émincée

Sel

Mettre les haricots secs dans un bol rempli d'eau froide et laisser tremper au moins 4 heures ou toute la nuit. Égoutter et réserver.

Dans une grande casserole à fond épais, faire chauffer l'huile à feu moyen. Ajouter les oignons et l'ail, faire revenir jusqu'à tendreté, environ 7 minutes. Ajouter l'origan, le cumin, la coriandre, le paprika, le poivre de cayenne et la poudre de chili, mélanger et cuire en remuant, pendant environ 3 minutes. Ajouter les tomates, les piments chipotle, le bouillon et les haricots et porter à ébullition. Réduire à feu doux et cuire à demi couvert, jusqu'à ce que les haricots soient tendres mais encore fermes, soit 1 à 1 ½ heure. Si le chili semble trop épais, ajouter un peu d'eau. Ajouter le vinaigre et poursuivre la cuisson 1 minute. Incorporer la coriandre hachée, saler avant de servir.

7

JANVIER

Cette délicieuse soupe citronnée au poulet et au riz est un fleuron de la cuisine grecque. Pour empêcher les œufs de coaguler, il faut d'abord les acclimater en les fouettant avec un peu de liquide chaud avant de les incorporer au reste du mélange chaud.

AVGOLEMONO

4 portions

1,5 litre (6 tasses) de bouillon de poulet

105 g (½ tasse) de riz blanc à grain long

4 jaunes d'œufs, légèrement battus

60 ml (¼ tasse) de jus de citron frais

1 c. à café de zeste de citron finement émincé

Sel et poivre blanc moulu

2 c. à soupe de persil plat finement émincé

Dans une grande casserole à fond épais, amener le bouillon à ébullition à feu moyen-élevé. Ajouter le riz et cuire à découvert jusqu'à tendreté, environ 15 minutes.

Dans un bol, à l'aide d'un fouet, mélanger les jaunes d'œufs, le jus et le zeste de citron. En fouettant constamment, verser lentement 250 ml (1 tasse) de bouillon chaud dans le mélange d'œufs. Réduire le feu sous le bouillon à moyen-doux et incorporer lentement le mélange d'œufs dans la casserole. Cuire en remuant jusqu'à ce que la soupe ait légèrement épaissi, 3 à 4 minutes. Ne pas laisser bouillir.

Assaisonner de sel et de poivre et servir la soupe, garnie de persil.

8

JANVIER

Le paprika fumé, les poivrons de piquillo et le vinaigre de xérès confèrent à ce chili une tournure espagnole. Servir avec du fromage manchego et du pain croûté.

CHILI AU POULET AVEC POIVRON DE PIQUILLO

6 portions

2 c. à soupe d'huile d'olive

1 gros oignon jaune, haché

3 gousses d'ail, émincées

500 g (1 lb) de poitrines de poulet désossées et sans peau, coupées en cubes de 6 mm (¼ po)

Sel

1 c. à café de paprika fumé

½ c. à café de poudre de chili

1 pot de 155 g (5 oz) de poivrons de piquillo rôtis ou de poivrons rouges, égouttés et tranchés

470 g (15 oz) de haricots blancs en conserve, égouttés

875 g (28 oz) de tomates broyées en conserve

250 ml (1 tasse) de bouillon de poulet

2 c. à soupe de pâte de tomate

1 c. à soupe de vinaigre de xérès

2 c. à soupe de coriandre hachée

Dans une grande casserole à fond épais, faire chauffer l'huile à feu moyen-élevé. Ajouter l'oignon et l'ail et faire revenir jusqu'à ce que le tout soit translucide, environ 5 minutes. Ajouter le poulet et faire revenir, en remuant souvent, jusqu'à ce qu'il soit doré sur toutes ses faces, de 5 à 7 minutes. Incorporer 1 c. à soupe de sel, le paprika fumé et la poudre de chili, poursuivre la cuisson pendant 1 minute. Ajouter les poivrons, les haricots, les tomates, le bouillon, la pâte de tomate et le vinaigre. Bien mélanger et amener à ébullition. Réduire à feu doux et laisser mijoter doucement, à découvert, en remuant à l'occasion, jusqu'à ce que les saveurs se soient développées et que le poulet soit tout à fait cuit, environ 30 minutes.

Incorporer la coriandre, saler si nécessaire et servir.

9

JANVIER

Cette soupe traditionnelle russe, d'une belle couleur rouge vif, convient aux mois d'hiver lorsqu'elle est préparée avec du bœuf et un riche bouillon.

BORTSCH AU BŒUF

4 portions

3 betteraves (environ 750 g [26 oz]

2 c. à soupe d'huile de canola

1 poireau, parties blanches et vert pâle seulement, tranché

1 panais, pelé et haché

1 grosse carotte, pelée et hachée

1 branche de céleri hachée

2 gousses d'ail, émincées

1,5 litre (6 tasses) de bouillon de bœuf

375 g (2 tasses) de bœuf cuit effiloché

⅛ c. à café de piment de la Jamaïque moulu

Sel et poivre fraîchement moulu

125 g (2 tasses) de chou vert haché

185 g (1 tasse) de tomates en dés en conserve

2 pommes de terre Yukon Gold, pelées et coupées en quatre

2 c. à soupe de vinaigre de vin rouge, ou plus

125 g (½ tasse) de crème sure

1 c. à soupe d'aneth émincé

Préchauffer le four à 180 °C (350 °F). Envelopper chaque betterave dans une feuille d'aluminium et mettre au four jusqu'à tendreté, 1 heure. Laisser refroidir dans l'emballage 15 minutes. Peler à l'aide d'un couteau d'office, puis râper. Réserver.

Dans une grande casserole à fond épais, faire chauffer l'huile à feu moyen-doux. Ajouter le poireau, le panais, la carotte, le céleri et l'ail et cuire, en remuant souvent, jusqu'à tendreté, 10 minutes. Ajouter le bouillon, le bœuf, le piment de la Jamaïque, 2 c. à café de sel et ¼ c. à café de poivre. Amener à ébullition, réduire à feu doux, couvrir et poursuivre la cuisson jusqu'à ce que les légumes soient tendres, 25 à 30 minutes. Incorporer les betteraves, le chou et les tomates. Augmenter le feu à moyen-doux et cuire à découvert jusqu'à ce que le chou soit cuit, 10 minutes.

Entre-temps, mettre les pommes de terre dans une casserole, couvrir d'eau et ajouter ½ c. à café de sel. Couvrir et amener à ébullition. Réduire le feu à moyen-doux et laisser mijoter jusqu'à ce que les pommes de terre soient tendres, 15 minutes. Égoutter et garder au chaud.

Réduire à feu doux et ajouter le vinaigre. Répartir les pommes de terre dans 4 bols et recouvrir de soupe. Garnir de crème sure et d'aneth. Servir.

10

JANVIER

Remplacez les pâtes par 60 g (¼ tasse) de riz, 15 minutes avant la fin de la cuisson. Ou essayez d'autres types de pâtes comme l'orzo, les stellines ou les ditalinis. Quelques gouttes de jus de citron ont le don de rehausser le goût du poulet.

SOUPE CLASSIQUE POULET ET NOUILLES

4 portions

1 c. à soupe d'huile de canola

2 branches de céleri, finement hachées

1 poireau, partie blanche seulement, coupé en deux et finement tranché

1 carotte, pelée et finement hachée

1,25 litre (5 tasses) de bouillon de poulet

1 feuille de laurier

¼ c. à café de thym séché

375 g (2 tasses) de poulet effiloché

250 g (½ lb) de nouilles sèches aux œufs

Sel et poivre fraîchement moulu

10 g (¼ tasse) de persil plat émincé

Dans une grande casserole, faire chauffer l'huile à feu moyen. Lorsqu'elle est bien chaude, ajouter le céleri, le poireau et la carotte et faire revenir jusqu'à ce que le tout soit attendri, environ 5 minutes. Ajouter le bouillon, la feuille de laurier, le thym et le poulet. Porter à ébullition à feu moyen-élevé. Ajouter les nouilles et poursuivre la cuisson jusqu'à ce que les nouilles soient tendres, environ 10 minutes.

Retirer la feuille de laurier. Assaisonner de sel et de poivre au goût et servir la soupe, garnie de persil.

11

JANVIER

Les dattes fraîches, avec leur peau fine et leur goût intensément sucré, passent parfois pour des fruits secs. Ce qui n'est pas le cas – ces caractéristiques tiennent au fait qu'elles ont poussé dans le désert. Dans cette recette, elles ajoutent de la complexité au plat et se marient fort bien aux épices utilisées.

RAGOÛT D'AGNEAU MAROCAIN

6 portions

4 c. à soupe d'huile d'olive

2 oignons jaunes, finement émincés

3 carottes, pelées et hachées

75 g (½ tasse) de farine tout usage

Sel et poivre fraîchement moulu

1,5 kg (3 lb) de cubes d'agneau à ragoût

3 gousses d'ail, hachées

1 c. à soupe de cumin moulu

¼ c. à café de filaments de safran

1 c. à soupe de gingembre frais, pelé et haché

625 ml (2 ½ tasses) de bouillon de bœuf

250 g (1 tasse) de tomates broyées en conserve

185 g (1 tasse) de dattes dénoyautées et hachées

Zeste et jus de 1 orange

2 c. à soupe de persil plat finement haché

Préchauffer le four à 180 °C (350 °F). Chauffer 1 c. à soupe d'huile dans une grande casserole à feu moyen. Ajouter les oignons et faire revenir environ 7 minutes. Ajouter les carottes et poursuivre la cuisson environ 3 minutes. Mettre dans un bol.

Dans un sac de plastique réutilisable, mélanger la farine, ½ c. à café de sel et ½ c. à café de poivre. Ajouter l'agneau, fermer le sac et secouer pour bien enrober la viande. Ajouter les 3 c. à soupe d'huile restantes dans la casserole et faire chauffer à feu moyen-élevé. Retirer l'agneau du sac, secouer pour enlever l'excédent de farine et déposer les cubes d'agneau en une seule couche dans la casserole. Faire revenir sur toutes les faces, environ 4 à 5 minutes. Répéter l'opération avec le reste de l'agneau.

Remettre le mélange d'oignons et l'agneau dans la casserole. Ajouter l'ail, le cumin, le safran et le gingembre et remuer pour bien enrober la viande et les légumes. Verser le bouillon et amener à ébullition, en détachant les particules brunes adhérant au fond de la casserole. Incorporer les tomates, les dattes, le jus et le zeste d'orange et amener à ébullition à feu vif. Couvrir et laisser mijoter jusqu'à ce que la viande soit tendre, environ 1 ½ à 2 heures. Saler, poivrer et garnir de persil avant de servir.

12

JANVIER

On utilise souvent la linguiça portugaise ou le chorizo dans les soupes de haricots et de légumes feuillus, mais l'emploi de la saucisse kielbasa à la dinde donne le même goût fumé et épicé qui est recherché, mais sans le gras.

SOUPE AU CHOU FRISÉ ET AUX HARICOTS BLANCS

4 portions

1 botte de chou frisé (*kale*) d'environ 375 g (¾ lb)

1 pomme de terre Yukon Gold d'environ 250 g (½ lb)

60 g (2 oz) de saucisses kielbasa de porc ou de dinde

2 c. à café d'huile d'olive

1 gros oignon jaune, haché

4 gousses d'ail, hachées

⅛ c. à café de flocons de piment rouge

Sel et poivre fraîchement moulu

470 g (15 oz) de haricots blancs en conserve, rincés et égouttés

Retirer les tiges coriaces du chou frisé et couper les feuilles transversalement en lanières de 1,5 cm (½ po) de façon à obtenir environ 1,2 litre (5 tasses). Couper la pomme de terre en morceaux de 2,5 cm (1 po). Trancher la saucisse.

Dans une grande casserole à fond épais, faire chauffer l'huile à feu moyen-élevé. Ajouter l'oignon et l'ail et faire revenir jusqu'à ce que le tout soit translucide, environ 5 minutes. Incorporer le chou, la pomme de terre, les tranches de saucisse et les flocons de piment rouge. Saler généreusement. Recouvrir de 2 litres (8 tasses) d'eau. Amener à ébullition, réduire le feu à moyen-doux et laisser mijoter à découvert jusqu'à ce que le chou frisé soit presque tendre, environ 20 minutes. Ajouter les haricots et poursuivre la cuisson jusqu'à ce que ceux-ci soient chauds, environ 5 minutes. Assaisonner de sel et de poivre au goût et servir.

13

JANVIER

En hiver, lorsque les tomates ne sont pas en saison, les conserves s'avèrent le meilleur choix pour les soupes. Les tomates San Marzano, une variété italienne qu'on trouve en conserve, ont une excellente réputation.

CRÈME DE TOMATES

4 à 6 portions

60 g (¼ tasse) de beurre non salé

1 branche de céleri avec les feuilles, finement hachée

75 g (½ tasse) d'échalotes hachées

1 gousse d'ail, émincée

60 g (⅓ tasse) de farine tout usage

875 g (28 oz) de tomates en dés en conserve

500 ml (2 tasses) de bouillon de poulet

500 ml (2 tasses) de crème à café 10 %

1 c. à café de marjolaine ou d'origan haché, plus quelques brins pour garnir

Sel et poivre fraîchement moulu

Dans une grande casserole à fond épais, faire fondre le beurre à feu moyen. Ajouter le céleri et faire revenir en remuant à l'occasion jusqu'à ce qu'il commence à s'attendrir, environ 2 minutes. Ajouter les échalotes et l'ail et poursuivre la cuisson en remuant souvent jusqu'à ce que les échalotes soient tendres, environ 2 minutes.

Saupoudrer les légumes de farine et bien mélanger. Incorporer les tomates et leur jus, le bouillon, la crème et la marjolaine émincée, bien mélanger. Amener à ébullition à feu vif, en remuant souvent. Réduire le feu à moyen-doux et laisser mijoter à découvert jusqu'à ce que la soupe ait légèrement épaissi, environ 30 minutes. Saler, poivrer et servir la soupe, garnie de brins de marjolaine.

14

JANVIER

Il existe une foule d'histoires sur les origines de cette spécialité de San Francisco. On croit en général qu'elle est liée au cacciucco *italien, un ragoût de poisson originaire de Livourne et aux ragoûts de poisson de la région du Frioul, qui sont cuisinés avec du vin rouge. Servez avec du pain paysan frotté d'ail et grillé.*

CIOPPINO

6 portions

125 ml (½ tasse) d'huile d'olive

3 gros oignons jaunes, hachés

5 branches de céleri, hachées

6 gousses d'ail, émincées

2 petites feuilles de laurier

2 brins de thym

2 c. à café de graines de fenouil moulues

1 à 2 c. à café de flocons de piment rouge

1,25 litre (5 tasses) de fumet de poisson

560 g (3 tasses) de tomates en dés en conserve

375 ml (1 ½ tasse) de vin rouge sec

125 ml (½ tasse) de pâte de tomate

Sel et poivre fraîchement moulu

18 palourdes, brossées

1 crabe ou 1 homard, cuit et paré, coupé en morceaux de 5 à 7 cm (2 à 3 po)

18 crevettes, décortiquées et déveinées

18 pétoncles, parties coriaces retirées

18 moules, ébarbées et brossées

10 g (¼ tasse) de persil plat haché

Dans une grande casserole à fond épais, faire chauffer l'huile à feu moyen. Ajouter les oignons et faire revenir jusqu'à ce qu'ils soient translucides, environ 7 minutes. Ajouter le céleri, l'ail, les feuilles de laurier, le thym, les graines de fenouil et les flocons de piment rouge, poursuivre la cuisson jusqu'à ce que le céleri soit tendre, environ 5 minutes. Ajouter le fumet, les tomates, le vin et la pâte de tomate. Laisser mijoter pendant environ 10 minutes pour laisser les saveurs se développer. Saler, poivrer.

Ajouter les palourdes, en retirant toutes celles qui ne se referment plus au toucher. Ajouter le crabe, couvrir et laisser mijoter jusqu'à ce que les palourdes commencent à s'ouvrir, environ 5 minutes. Ajouter les crevettes, les pétoncles et les moules en retirant celles qui ne se referment plus au toucher et poursuivre la cuisson jusqu'à ce que les crevettes tournent au rose, que les pétoncles deviennent opaques et que les moules s'ouvrent, environ 3 à 5 minutes.

Saler, poivrer et parsemer de persil. Servir.

14
JANVIER

15

JANVIER

Cette soupe est très populaire auprès des enfants. Ces derniers auront autant de plaisir à façonner les boulettes qu'à les déguster. On peut servir ces boulettes avec des pâtes ou du couscous. Elles ont l'avantage de bien se congeler.

SOUPE À L'ORGE ET AU POIREAU AVEC MINI-BOULETTES DE POULET

8 à 10 portions

1 c. à soupe de beurre non salé

2 c. à soupe d'huile d'olive

3 poireaux, parties blanches et vert pâle seulement, hachés

3 gousses d'ail, émincées

250 g (½ lb) de champignons café, tranchés

2 c. à soupe de pâte de tomate

60 ml (¼ tasse) de vin blanc sec

375 g (2 tasses) d'orge perlé

2 litres (8 tasses) de bouillon de poulet, plus si nécessaire

POUR LES BOULETTES

500 g (1 lb) de poulet haché

60 g (½ tasse) de fromage parmesan râpé

30 g (¼ tasse) de chapelure

2 c. à soupe de persil plat émincé, plus 20 g (½ tasse) de persil haché pour la garniture

1 c. à soupe de pâte de tomate

Sel et poivre fraîchement moulu

Dans une grande casserole à fond épais, faire fondre le beurre et l'huile à feu moyen-élevé. Ajouter les poireaux et l'ail, faire revenir jusqu'à ce que le tout ramollisse, environ 5 minutes. Ajouter les champignons et cuire jusqu'à tendreté, en remuant souvent, environ 5 minutes. Ajouter la pâte de tomate et le vin, cuire 4 minutes. Ajouter l'orge et le bouillon, porter à ébullition. Réduire à feu doux et laisser mijoter environ 45 minutes, jusqu'à ce que l'orge soit tendre.

Entre-temps, pour faire les boulettes, préchauffer le four à 190 °C (375 °F). Huiler une plaque de cuisson. Dans un bol, mélanger le poulet, le parmesan, la chapelure, 2 c. à soupe de persil et la pâte de tomate. Ajouter 1 c. à café de sel et ½ c. à café de poivre et bien mélanger le tout, qui doit être très collant. Pour façonner les boulettes, prélever un peu du mélange à l'aide de deux petites cuillères et déposer sur la plaque huilée. Cuire jusqu'à ce que les boulettes aient perdu leur teinte rosée au centre, de 10 à 12 minutes. Ajouter les boulettes à la soupe. Si la soupe est trop épaisse, ajouter du bouillon. Saler, poivrer et garnir avec le persil restant.

16

JANVIER

Pour mettre un peu de piquant, ajouter quelques gouttes de sauce pimentée à cette soupe crémeuse aux moules. Les moules ont ce qu'on appelle un byssus ou « barbe » dont elles se servent pour s'accrocher aux rochers (les moules d'élevage n'auront peut-être pas de byssus). Si tel est le cas, racler les fibres avec un couteau d'office ou des ciseaux de cuisine avant de les cuire.

MOULES DANS UNE CRÈME DE TOMATE

4 à 6 portions

2 c. à soupe d'huile d'olive

1 échalote émincée

3 gousses d'ail émincées

1 c. à café de cumin moulu

½ c. à café de paprika

½ c. à café de gingembre moulu

¼ c. à café de cannelle moulue

250 ml (1 tasse) de jus de palourde

500 ml (2 tasses) de bouillon de poulet

1,5 kg (3 lb) de moules, brossées et ébarbées

3 tomates italiennes, épépinées et coupées en dés

125 ml (½ tasse) de crème 35%

Sel et poivre fraîchement moulu

2 c. à soupe de persil plat émincé

Dans une casserole à fond épais, faire chauffer l'huile à feu moyen. Ajouter l'échalote et l'ail, faire revenir jusqu'à tendreté, environ 4 minutes. Ajouter le cumin, le paprika, le gingembre et la cannelle et laisser griller les épices en remuant constamment, pendant 2 minutes. Verser le jus de palourde et le bouillon de poulet, amener à ébullition. Ajouter les moules en retirant toutes celles qui ne se referment plus au toucher. Bien couvrir la casserole et laisser cuire les moules à la vapeur jusqu'à ce qu'elles ouvrent, 5 à 7 minutes. Retirer les moules qui ne sont pas ouvertes.

Incorporer les tomates et la crème et amener à ébullition. Saler, poivrer et incorporer le persil avant de servir.

17

JANVIER

Quelque part dans les Alpes, entre la France et la Suisse, se trouve la plus petite région d'Italie, la Vallée d'Aoste. Les vaches qui broutent sur les flancs de ces montagnes produisent le lait dont on se sert pour fabriquer le fameux fromage fontina. Il accompagne ici une soupe paysanne faite à partir du pain de seigle noir local, le pane nero.

SOUPE AU CHOU DE SAVOIE, FONTINA ET PAIN DE SEIGLE

4 à 6 portions

Sel et poivre fraîchement moulu

1 chou de Savoie d'environ 500 g (1 lb), paré et coupé sur la longueur en quartiers

375 g (1 lb) de fromage fontina

1,5 litre (6 tasses) de bouillon de poulet

Pincée de muscade râpée

Pincée de cannelle moulue

12 tranches de pain de seigle, grillées

2 c. à soupe de beurre non salé, coupé en petits morceaux

Amener une casserole d'eau à ébullition. Ajouter une pincée de sel et le chou. Réduire à feu doux et cuire à découvert jusqu'à tendreté, environ 30 minutes. Égoutter et laisser refroidir avant de couper le chou en fines tranches.

Préchauffer le four à 180 °C (350 °F). Râper grossièrement environ 60 g (½ tasse) de fromage. Trancher finement le reste. Dans une grande casserole, mélanger le bouillon, la muscade et la cannelle et assaisonner de sel et de poivre. Amener à ébullition.

Déposer 4 tranches de pain au fond d'un plat de cuisson profond d'une capacité de 3 litres (12 tasses). Recouvrir de la moitié du chou et des tranches de fromage. Déposer 4 autres tranches de pain et recouvrir du reste de chou et de fromage. Couvrir le tout avec le reste du pain. Verser le bouillon chaud. Parsemer de fromage râpé et de beurre. Mettre au four environ 45 minutes, jusqu'à ce que le tout bouillonne et que la surface soit dorée. Laisser reposer 5 minutes avant de servir.

18

JANVIER

Ce bouillon ultra goûteux ne prend que 20 minutes à cuisiner. Il ne restera plus qu'à y ajouter les nouilles et les légumes verts de votre choix. Cette soupe se congèle bien. Servez en utilisant des pinces de cuisine pour répartir les nouilles et les légumes dans les bols avant de recouvrir le tout d'une louche de bouillon.

BOUILLON DE BŒUF AU GINGEMBRE AVEC NOUILLES SOBA ET BOK CHOY

4 à 6 portions

2 oignons verts

750 ml (3 tasses) de bouillon de bœuf

5 cm (2 po) de gingembre frais, pelé et tranché finement

1 grosse gousse d'ail, écrasée

Sel

1 c. à soupe d'huile de canola

2 pousses de bok choy, en quartiers

125 g (¼ lb) de champignons café, finement tranchés

155 g (5 oz) de nouilles soba

1 c. à café de sauce soya

Sauce pimentée comme la sriracha, pour servir (facultatif)

Couper finement les oignons verts en réservant le blanc et le vert pâle dans un bol et la partie vert foncé, dans un autre.

Dans une grande casserole à fond épais, mélanger le bouillon, 750 ml (3 tasses) d'eau, le gingembre, l'ail et le blanc et vert pâle des oignons verts. Amener le tout à ébullition à feu moyen-élevé. Réduire à feu doux et laisser mijoter pendant 20 minutes. Verser dans une passoire et jeter les solides. Remettre le bouillon dans la casserole. Saler, poivrer et garder au chaud à feu doux.

Dans une poêle à frire, chauffer l'huile à feu moyen-élevé. Ajouter le bok choy et les champignons, faire revenir en remuant fréquemment jusqu'à ce que les légumes commencent à caraméliser et à s'attendrir, environ 6 minutes. Réserver.

Amener le bouillon à ébullition et ajouter les nouilles soba. Cuire en remuant à l'occasion pendant 4 minutes. Ajouter le bok choy, les champignons et la sauce soya, remuer le tout. Garnir de la partie vert foncé des oignons verts et de sauce pimentée, si désiré. Servir.

19

JANVIER

Si vous préférez, vous pouvez hacher finement les tiges et les fleurons de brocoli au lieu de les réduire en purée, afin d'obtenir une soupe plus consistante.

SOUPE AU BROCOLI ET AU CHEDDAR

6 à 8 portions

2 c. à soupe de beurre non salé

1 oignon jaune, finement haché

45 g (¼ tasse) de farine tout usage

1,25 litre (5 tasses) de bouillon de poulet

750 g (1 ½ lb) de brocoli, pied coriace pelé, fleurons et tiges grossièrement hachés

1 ½ c. à soupe de thym frais ou ½ c. à café de thym séché

1 c. à soupe de jus de citron frais

500 ml (2 tasses) de lait

250 g (½ lb) de cheddar fort, râpé

Sel et poivre blanc moulu

Dans une grande casserole à fond épais, faire fondre le beurre à feu moyen. Ajouter l'oignon et faire revenir jusqu'à tendreté, environ 8 minutes. Incorporer la farine et poursuivre la cuisson durant 1 minute. Ajouter le bouillon, le brocoli, le thym et le jus de citron et amener à ébullition. Réduire à feu doux, couvrir et laisser mijoter jusqu'à ce que le brocoli soit tendre, environ 20 minutes. Retirer du feu et laisser refroidir légèrement.

En plusieurs fois, à l'aide d'un mélangeur, réduire la soupe en purée. Remettre le tout dans la casserole, incorporer le lait et amener à ébullition à feu doux. Incorporer la moitié du fromage en remuant jusqu'à ce que le fromage fonde. Saler, poivrer. Garnir du reste de fromage et servir.

20

JANVIER

Un mélange vibrant de jus d'agrumes fraîchement pressé confère à cette soupe un goût vif, idéal par une froide soirée d'hiver. Vous pouvez remplacer les palourdes par des crevettes ou des calmars.

SOUPE AUX FRUITS DE MER ET AUX AGRUMES

4 à 6 portions

500 g (1 lb) de filets de poisson blanc à chair ferme comme la lotte, la limande ou la morue

Sel et poivre fraîchement moulu

3 c. à soupe d'huile d'olive

1 gros oignon jaune, haché

2 gousses d'ail, émincées

1 c. à café de cumin moulu

2 c. à café de paprika

1 litre (4 tasses) de fumet de poisson ou d'eau

250 g (½ lb) de petites palourdes, du Pacifique par exemple, brossées

80 ml (⅓ tasse) de jus d'orange frais

2 c. à soupe de jus de citron vert frais

Menthe ou persil plat haché

Couper le poisson en lanières de 4 cm (1 ½ po) de long par 1,5 cm (½ po) de large et déposer sur une assiette. Saler légèrement, couvrir et réfrigérer jusqu'à la cuisson. Dans une grande casserole à fond épais, faire chauffer l'huile à feu moyen. Ajouter l'oignon et faire revenir jusqu'à tendreté, environ 5 à 7 minutes. Ajouter l'ail, le cumin et le paprika, réduire à feu doux et poursuivre la cuisson jusqu'à ce que l'ail soit tendre, environ 5 minutes. Ajouter le fumet, augmenter le feu à moyen et amener à ébullition. Réduire à feu doux et laisser mijoter 15 minutes pour laisser les saveurs se développer.

Ajouter les lanières de poisson et les palourdes en rejetant celles qui ne se referment pas au toucher et poursuivre la cuisson jusqu'à ce que le poisson soit opaque et les palourdes ouvertes, de 7 à 10 minutes. Retirer les palourdes qui ne sont pas ouvertes. Incorporer les jus d'orange et de citron vert, saler, poivrer et garnir de menthe. Servir.

21

JANVIER

Cette soupe est une bonne façon d'utiliser les restes. Vous pouvez la concocter avec n'importe quelle viande ou des fruits de mer, et y ajouter les légumes de votre choix. Servir la soupe avec une cuillère et des baguettes ou une fourchette.

SOUPE AUX NOUILLES UDON ET AU PORC RÔTI

4 portions

250 g (½ lb) de filet de porc

1 c. à soupe d'huile d'olive

Sel et poivre fraîchement moulu

1 c. à soupe d'huile de canola

90 g (3 oz) de champignons shiitakes, finement tranchés

2 pousses de bok choy, coupés en quatre sur la longueur

1,25 litre (5 tasses) de bouillon de poulet

5 c. à soupe de sauce soya

3 c. à soupe de mirin

185 g (6 oz) de nouilles udon

Préchauffer le four à 200 °C (400 °F). Déposer le porc sur une plaque de cuisson, le badigeonner d'huile d'olive, saler, poivrer. Faire rôtir jusqu'à ce qu'un thermomètre inséré dans la partie la plus charnue indique 57 °–60 °C (135 °–140 °F), soit de 20 à 25 minutes. Laisser reposer le porc au moins 10 minutes avant de le couper en bouchées.

Pendant ce temps, dans une petite poêle à frire, faire chauffer l'huile de canola à feu moyen. Ajouter les champignons et le bok choy et faire revenir jusqu'à ce que le tout caramélise, de 5 à 7 minutes. Retirer du feu et réserver.

Dans une grande casserole à fond épais, combiner le bouillon, la sauce soya et le mirin et amener à ébullition à feu moyen-élevé. Ajouter les nouilles udon et poursuivre la cuisson en remuant à l'occasion, pendant 4 minutes. Ajouter le porc, les champignons et les bok choy, réduire à feu doux et laisser mijoter le tout pendant 5 minutes. Servir.

22

JANVIER

Les kumquats sont de minuscules agrumes remplis de saveur. Ne les pelez pas pour faire cette soupe. La peau est la partie la plus sucrée du fruit et elle équilibre le goût acidulé de la chair.

POTAGE DE KUMQUAT ET CAROTTE AVEC GRAINES DE FENOUIL GRILLÉES

4 portions

2 c. à café de graines de fenouil

4 c. à soupe de beurre non salé

1 petit oignon jaune, haché

2 gousses d'ail, émincées

1 tasse de kumquats avec la peau, hachés, plus quelques tranches pour garnir

1 kg (2 lb) de carottes, pelées et finement tranchées

1,25 litre (5 tasses) de bouillon de poulet

Sel et poivre fraîchement moulu

Dans une petite poêle à frire, faire griller les graines de fenouil à feu moyen jusqu'à ce qu'elles dégagent leur arôme, environ 3 minutes. Déposer dans un moulin à épices et moudre finement.

Dans une grande casserole à fond épais, faire fondre le beurre à feu moyen-élevé. Ajouter l'oignon et l'ail, faire revenir jusqu'à ce que le tout soit translucide, environ 5 minutes. Ajouter les kumquats et les carottes et poursuivre la cuisson durant 10 minutes. Ajouter le bouillon et amener à ébullition. Réduire à feu doux et laisser mijoter à découvert jusqu'à ce que les carottes et les kumquats soient très tendres, 35 à 40 minutes. Retirer du feu et laisser refroidir légèrement. Réduire la soupe en purée au mélangeur en plusieurs fois. Remettre dans la casserole et incorporer le fenouil moulu. Saler, poivrer, garnir de tranches de kumquat et servir.

22 JANVIER

23

JANVIER

Pour faire changement, remplacez les tortellinis par des raviolis ou autres petites pâtes farcies. Vous pouvez également remplacer la scarole par de la bette à carde ou des épinards.

SOUPE AUX TORTELLINIS ET À LA SCAROLE

6 portions

1,5 litre (6 tasses) de bouillon de poulet

250 g (8 oz) de tortellinis frais

1 petite scarole d'environ 185 à 250 g (6 à 8 oz)

Sel et poivre fraîchement moulu

90 g (¾ tasse) de parmesan râpé

Dans une grande casserole à fond épais, amener le bouillon et 500 ml (2 tasses) d'eau à ébullition à feu moyen-élevé. Réduire à feu moyen, ajouter les tortellinis, couvrir et cuire jusqu'à ce qu'ils soient al dente, 4 à 5 minutes ou selon les directives inscrites sur l'emballage.

Entre-temps, retirer le cœur de la scarole. Détacher les feuilles, rincer et assécher. Empiler les feuilles et couper en lanières de 6 mm (¼ po).

Lorsque les tortellinis sont cuits, ajouter les lanières de scarole et assaisonner de sel et de poivre. Faire mijoter jusqu'à ce que la scarole soit cuite, environ 2 minutes. Servir la soupe, garnie de fromage parmesan.

24

JANVIER

Les haricots et l'orge constituent une combinaison classique qui donne aux soupes une texture agréable et rustique, rappelant presque le goût de la viande. Vous pouvez remplacer l'orge par de l'épeautre, du riz sauvage ou du couscous israélien et utiliser diverses légumineuses. Vous n'aurez qu'à ajuster en conséquence le temps de cuisson et la quantité d'eau à ajouter.

SOUPE AUX HARICOTS CANNEBERGE ET À L'ORGE

4 portions

220 g (1 tasse) de haricots canneberge secs ou de haricots rouges, triés et rincés

1 c. à soupe d'huile d'olive

60 g (2 oz) de pancetta tranchée, finement hachée

2 branches de céleri, hachées

2 carottes, pelées et hachées

1 oignon jaune, haché

2 gousses d'ail, finement émincées

125 g (½ tasse) d'orge perlé, rincé

Sel et poivre fraîchement moulu

Huile d'olive extra vierge pour servir

Mettre les haricots secs dans un bol rempli d'eau froide et laisser tremper au moins 4 heures ou toute la nuit. Égoutter et réserver.

Dans une grande casserole à fond épais, faire chauffer 1 c. à soupe d'huile à feu moyen. Ajouter la pancetta et faire revenir jusqu'à ce qu'elle soit légèrement dorée, environ 6 minutes. Ajouter le céleri, les carottes, l'oignon et l'ail et poursuivre la cuisson jusqu'à tendreté, environ 10 minutes.

Ajouter les haricots et 2 litres (8 tasses) d'eau. Amener à ébullition à feu doux et cuire à découvert jusqu'à ce que les haricots soient très tendres, environ 1 heure. Passer à travers un tamis placé sur une casserole propre. Réserver le liquide de cuisson. Au robot culinaire, réduire en purée les haricots et les légumes. Ajouter la purée au liquide de cuisson. Incorporer l'orge et assaisonner de sel et de poivre. Amener à ébullition à feu moyen, réduire à feu doux et cuire à découvert, en remuant souvent, jusqu'à ce que l'orge soit tendre, environ 30 minutes. Assaisonner de sel et de poivre, servir avec un filet d'huile d'olive extra vierge.

25

BISQUE AU FENOUIL ET AU CÉLERI

4 portions

4 c. à soupe de beurre non salé

2 échalotes émincées

2 bulbes de fenouil, tiges et plumets retirés, hachés

5 branches de céleri, hachées

60 ml (¼ tasse) de vin blanc sec

500 ml (2 tasses) de bouillon de légumes

125 ml (½ tasse) de crème 35 %

Sel et poivre blanc moulu

JANVIER

Simple et rapide à concocter, cette soupe a aussi l'avantage de bien se congeler. Elle s'accommode bien de poivre noir fraîchement concassé ou de petits craquelins comme garniture.

Dans une grande casserole à fond épais, faire fondre le beurre à feu moyen-élevé. Ajouter les échalotes, le fenouil et le céleri et faire revenir jusqu'à ce que les légumes soient tendres, environ 10 minutes. Ajouter le vin et poursuivre la cuisson pendant 5 minutes. Verser le bouillon, amener à ébullition, réduire à feu doux et laisser mijoter jusqu'à ce que les légumes soient très tendres, environ 20 minutes. Retirer du feu et laisser refroidir légèrement.

Réduire en purée au mélangeur, en plusieurs fois. Remettre dans la casserole et ajouter la crème. Amener à ébullition à feu doux. Saler, poivrer et servir.

26

SOUPE AU BIFTECK, PATATES DOUCES ET ÉCHALOTES RÔTIES

4 à 6 portions

1 patate douce, pelée et hachée

1 panais, pelé et haché

5 c. à soupe d'huile d'olive

Sel et poivre fraîchement moulu

375 g (¾ lb) de bifteck de flanc

1 gros oignon jaune, finement haché

2 gousses d'ail, émincées

2 branches de céleri, finement hachées

2 c. à soupe de farine tout usage

2 c. à soupe de pâte de tomate

750 ml (3 tasses) de bouillon de bœuf

Échalotes rôties (voir à gauche)

JANVIER

Pour faire rôtir les échalotes, mélanger 2 c. à soupe de farine tout usage, ½ c. à café de sel et ¼ c. à café de poivre. Ajouter 2 échalotes émincées et secouer pour bien les enrober. Dans une poêle à frire, faire chauffer 125 ml (½ tasse) d'huile de canola à feu moyen-élevé jusqu'à ce que la poêle soit très chaude. Enlever l'excédent de farine s'il y a lieu et faire revenir les échalotes jusqu'à ce qu'elles deviennent dorées, environ 4 minutes. Déposer sur des essuie-tout et saler.

Préchauffer le four à 200 °C (400 °F). Tapisser une plaque de cuisson de papier parchemin. Dans un bol, mélanger les morceaux de patate douce et de panais à 2 c. à soupe d'huile d'olive. Saler et poivrer généreusement. Étendre les légumes en une seule couche sur la plaque et faire rôtir, en les retournant une seule fois, jusqu'à ce qu'ils caramélisent, environ 25 minutes.

Faire chauffer une poêle à frire ou à griller à feu élevé. Badigeonner le bifteck de chaque côté avec 1 c. à soupe d'huile, saler et poivrer. Cuire la viande à point, 5 à 6 minutes chaque côté. Laisser reposer le bifteck durant 10 minutes avant de le débiter en cubes de 1,5 cm (½ po).

Dans une grande casserole à fond épais, faire chauffer les 2 c. à soupe d'huile restantes à feu moyen-élevé. Ajouter l'oignon, l'ail et le céleri et faire revenir jusqu'à tendreté, environ 5 minutes. Ajouter la farine et remuer constamment durant 1 minute. Ajouter la pâte de tomate et le bouillon, mélanger et poursuivre la cuisson pendant 10 minutes. Ajouter les morceaux de patate douce et de panais ainsi que le bifteck, prolonger la cuisson de 5 minutes. Rectifier l'assaisonnement et servir la soupe, garnie d'échalotes.

27

SOUPE À LA DINDE AVEC CHIPOTLE ET CITRON VERT

4 portions

JANVIER

Servir cette soupe classique tex-mex avec de généreux morceaux de pain de maïs et une bière mexicaine bien froide.

1 petite boîte de piments chipotle dans une sauce adobo

1 c. à soupe d'huile d'olive

1 oignon rouge, émincé

2 gousses d'ail, émincées

1 litre (4 tasses) de bouillon de poulet

470 g (16,5 oz) de tomates broyées en conserve

½ c. à café de cumin moulu

375 g (2 tasses) de dinde cuite effilochée

3 c. à soupe de jus de citron vert frais

Croustilles de tortilla de maïs, fromage queso fresco émietté, cubes d'avocat et feuilles de coriandre pour garnir.

Réduire les piments chipotle en purée au mélangeur. Prélever de ½ à 1 c. à café de purée et réfrigérer le reste pour un autre usage (se conserve 1 mois au réfrigérateur).

Dans une grande casserole à fond épais, faire chauffer l'huile à feu moyen. Ajouter l'oignon et l'ail et faire revenir jusqu'à ce que l'oignon soit tendre environ 6 minutes. Ajouter le bouillon, les tomates et le cumin. Amener le tout à ébullition, réduire à feu doux, couvrir et laisser mijoter 10 minutes.

Incorporer la dinde, le jus de citron vert et la purée de chipotle au goût. Servir avec les croustilles de tortilla, le fromage, l'avocat et la coriandre.

28

POTAGE AUX POIREAUX, POMMES DE TERRE ET FROMAGE BLEU

4 à 6 portions

JANVIER

Une soupe chaude aux pommes de terre illumine n'importe quel jour d'hiver et s'avère rafraîchissante l'été, servie bien froide. Vous pouvez remplacer le bleu et le paprika par du fromage de chèvre émietté, de la ciboulette ou des oignons verts émincés, ou encore par une cuillerée de yogourt.

3 c. à soupe de beurre non salé

560 g (6 tasses) de poireaux, parties blanches et vert pâle seulement, finement tranchés

1 gros oignon jaune, tranché

1,25 litre (5 tasses) de bouillon de poulet

500 g (1 lb) de pommes de terre Russet, pelées et coupées en gros morceaux

Sel

90 g (¾ tasse) de fromage bleu, émietté, plus pour garnir

1 c. à café de moutarde sèche

Paprika doux pour garnir

Dans une grande casserole à fond épais, faire fondre le beurre à feu moyen-doux. Ajouter les poireaux et l'oignon et faire revenir jusqu'à tendreté, environ 15 minutes. Ajouter 1 litre (4 tasses) de bouillon, les pommes de terre et 1 c. à café de sel. Amener à ébullition, réduire à feu doux, couvrir et faire mijoter jusqu'à ce que les pommes de terre soient tendres, environ 15 minutes. Retirer du feu et laisser refroidir légèrement.

Réduire la soupe en purée au mélangeur en plusieurs fois. Remettre dans la casserole et incorporer le fromage et la moutarde. Réchauffer le tout à feu moyen-doux, puis rectifier la consistance en utilisant le reste du bouillon au besoin. Garnir de fromage et d'un soupçon de paprika et servir.

29

JANVIER

Rien n'est plus satisfaisant qu'un bon bol de soupe tout plein de légumes frais et de tendres lentilles. Contrairement aux autres légumineuses, les lentilles ne nécessitent pas de trempage et elles cuisent relativement vite. Pour une version végétarienne de cette soupe, remplacez le bouillon de poulet par un bouillon de légumes.

SOUPE AUX LÉGUMES, AUX LENTILLES ET AU XÉRÈS

6 portions

2 c. à soupe d'huile d'olive

1 oignon jaune, haché

1 gousse d'ail, émincée

1 carotte, pelée et hachée

1 poivron rouge, épépiné et haché

1,5 litre (6 tasses) de bouillon de poulet

440 g (2 tasses) de lentilles, triées et rincées

875 g (28 oz) de tomates en dés en conserve

1 c. à café de paprika fumé

1 c. à café de cumin moulu

Sel et poivre fraîchement moulu

125 g (4 oz) de jeunes épinards, grossièrement hachés

2 c. à soupe de xérès

60 g (2 oz) de fromage parmesan en un morceau

Dans une grande casserole à fond épais, faire chauffer l'huile à feu moyen-élevé. Ajouter l'oignon et faire revenir jusqu'à tendreté, environ 5 minutes. Ajouter l'ail, la carotte, le poivron et poursuivre la cuisson pendant 3 minutes. Incorporer le bouillon, les lentilles, les tomates et leur jus, le paprika et le cumin. Assaisonner avec ½ c. à café de sel et 1 ¼ c. à café de poivre. Amener à ébullition. Réduire le feu de façon que la soupe mijote, couvrir et cuire jusqu'à ce que les lentilles soient très tendres, environ 20 minutes.

Incorporer les épinards et poursuivre la cuisson à découvert, jusqu'à ce qu'ils tombent, environ 2 minutes. Incorporer le xérès. Rectifier l'assaisonnement et, à l'aide d'un économe, prélever des copeaux de parmesan. En garnir la soupe et servir.

30

JANVIER

Voici une version revisitée de la chaudrée classique, faite à partir d'un poisson fumé. Pour une version plus légère, remplacez la crème par du lait entier.

CHAUDRÉE À LA TRUITE FUMÉE

4 à 6 portions

3 c. à soupe de beurre non salé

1 oignon jaune, haché

1 bulbe de fenouil d'environ 375 g (¾ lb), tiges, plumets et cœur retirés, coupé en quatre puis finement tranché

500 ml (2 tasses) de bouillon de poulet

250 ml (1 tasse) de jus de palourde en bouteille

3 petites pommes de terre rouges, en dés

250 ml (1 tasse) de crème 35 %

250 g (8 oz) de truite fumée, émiettée

2 c. à café de jus de citron frais

1 c. à soupe d'aneth émincé

Sel et poivre fraîchement moulu

Dans une grande casserole à fond épais, faire fondre le beurre à feu moyen-élevé. Ajouter l'oignon et le fenouil, faire revenir environ 7 minutes. Ajouter le bouillon et le jus de palourde, amener à ébullition. Ajouter les pommes de terre, réduire le feu à moyen-doux et laisser mijoter jusqu'à tendreté, environ 8 minutes. Ajouter la crème, la truite fumée, le jus de citron et l'aneth, poursuivre la cuisson pendant 4 minutes. Saler, poivrer et servir.

31

JANVIER

Cette soupe classique, appréciée des enfants comme des adultes, est une excellente façon d'apprêter les restes de riz. Servez-la avec un sandwich au cheddar grillé garni de tranches de pomme.

SOUPE TOMATES ET RIZ À L'ANCIENNE

6 portions

3 c. à soupe de beurre non salé

1 petit oignon jaune, haché

2 gousses d'ail, émincées

2 boîtes de 875 g (28 oz) de tomates en dés

60 ml (¼ tasse) de crème 35%

155 g (1 tasse) de riz blanc cuit à la vapeur

Sel et poivre fraîchement moulu

Dans une grande casserole à fond épais, faire fondre le beurre à feu moyen-élevé. Ajouter l'oignon et l'ail, faire revenir environ 5 minutes. Ajouter les tomates et leur jus et amener à ébullition. Réduire à feu doux et laisser mijoter 20 minutes. Retirer du feu et laisser refroidir légèrement. Réduire en purée au mélangeur. Remettre dans la casserole. Incorporer la crème et le riz et amener à ébullition. Saler et poivrer avant de servir.

février

5 OÛT D'ORGE AUX LÉGUMES-RACINES RÔTIS *page 37*	**6** SOUPE AUX HARICOTS ET AUX PÂTES AVEC FONTINA *page 37*	**7** SOUPE AUX POIS CHICHES, PORCINIS ET ÉPEAUTRE *page 39*	
12 AGOÛT DE POULET AUX DUMPLINGS U BABEURRE ET À LA CIBOULETTE *page 42*	**13** SOUPE AUX TOMATES SÉCHÉES ET AU CRABE *page 42*	**14** BISQUE AUX HUÎTRES, AU CÉLERI ET AU POIREAU *page 45*	
19 GOÛT DE FRUITS DE MER SAFRANÉ AMBON SERRANO ET AUX AMANDES *page 48*	**20** STRACCIATELLA AU PARMESAN ET AU CHOU FRISÉ *page 48*	**21** SOUPE AUX HARICOTS NOIRS ET À LA CRÈME AU CITRON MEYER *page 51*	
26 PE AU CHOU FRISÉ ET À LA SAUCISSE *page 53*	**27** SOUPE AU JAMBON, AUX HARICOTS ET À LA SCAROLE *page 54*	**28** BOUILLON AUX TOMATES AVEC CREVETTES, FETA ET ORIGAN *page 54*	

Les ragoûts, les chilis et les bisques sont des soupes consistantes, savoureuses et riches qui conviennent tout particulièrement à l'hiver. Ces longues concoctions cuites à petit feu s'accommodent de n'importe quelle sorte de viande, de poisson ou de légumes, permettant ainsi une diversité pouvant satisfaire tous les goûts, tous les appétits et toutes les occasions ! Choisissez des ingrédients de saison comme le chou frisé, la bette à carde et la scarole qui ne réclament rien de plus qu'un bouillon assaisonné, un peu de jambon ou de saucisse et un soupçon de fromage râpé pour être à leur meilleur.

1

FÉVRIER

Ce plat aux allures rustiques et familiales – et pourtant raffiné lorsqu'on l'agrémente d'un œuf poché – s'avère, avec du pain croûté, un repas complet. Vous pouvez remplacer la bette à carde par n'importe quel légume feuillu.

SOUPE AUX LÉGUMES VERTS ET AUX CHAMPIGNONS SHIITAKES AVEC DES ŒUFS POCHÉS

6 portions

3 c. à soupe d'huile d'olive

1 petit oignon jaune, haché

4 gousses d'ail, émincées

500 g (1 lb) de champignons shiitakes, le pied enlevé et tranchés

2 bottes de bette à carde, hachés

1,25 litre (5 tasses) de bouillon de poulet, plus si nécessaire

Sel et poivre fraîchement moulu

½ c. à café de vinaigre blanc

6 œufs

Dans une grande casserole à fond épais, faire chauffer l'huile à feu moyen-élevé. Ajouter l'oignon, l'ail et les champignons et faire revenir jusqu'à ce que les champignons prennent une teinte dorée, de 5 à 7 minutes. Ajouter la bette à carde, cuire en remuant bien pendant 3 minutes. Verser le bouillon et porter à ébullition. Réduire à feu doux et laisser mijoter jusqu'à ce que la bette à carde soit tendre sans être en bouillie, environ 12 minutes. Ajouter du bouillon si nécessaire. Saler, poivrer.

Dans une poêle à frire, faire chauffer 2,5 cm (1 po) d'eau à feu moyen. Ajouter le vinaigre et réduire le feu pour obtenir un léger frémissement de l'eau. Casser un œuf dans une soucoupe et, à l'aide d'une grosse cuillère, le déposer doucement dans l'eau. Avec la cuillère, verser de l'eau chaude, de temps à autre, sur l'œuf. Poursuivre la cuisson jusqu'à ce que le blanc soit opaque, mais que le jaune soit encore coulant, environ 5 minutes. Retirer l'œuf à l'aide d'une cuillère à égoutter. Répéter les opérations pour le reste des œufs. À l'aide d'une louche, verser la soupe dans les bols, garnir chaque bol d'un œuf poché. Servir.

2

FÉVRIER

La cuisson à petit feu pendant de longues heures donne à ce chili de style texan le temps de développer une saveur complexe et soutenue ainsi qu'une texture consistante. Vous pouvez garnir ce chili de crème sure, d'oignons hachés ou de fromage râpé, à votre guise.

CHILI CON CARNE

4 à 6 portions

1 kg (2 lb) d'épaule de bœuf désossée, parée et coupée en cubes de 1,5 cm (½ po).

Sel et poivre fraîchement moulu

2 c. à soupe d'huile de canola

60 g (1½ tasse) d'un mélange de piments finement hachés comme des jalapeños, serranos et poblanos, mélange épépiné, si désiré

1 petit poivron rouge, épépiné et finement haché

8 gousses d'ail, émincées

4 c. à café de poudre de chili

1 c. à café de cumin moulu

½ c. à café de coriandre moulue

875 g (28 oz) de tomates en dés en conserve

1 c. à café d'origan sec

500 ml (2 tasses) de bouillon de bœuf ou d'eau

250 g (1 tasse) de crème sure (facultatif)

Feuilles de 12 tiges de coriandre

Assaisonner la viande de sel et de poivre de façon homogène. Dans une grande poêle à frire à fond épais, faire chauffer 1 c. à soupe d'huile. Faire revenir les cubes de bœuf sur toutes les faces en plusieurs fois, environ 5 minutes chaque fois. Mettre le tout dans une grande casserole à fond épais.

Faire chauffer 1 c. à soupe d'huile dans la poêle, ajouter les piments, le poivron et l'ail et faire revenir jusqu'à ce que les légumes soient tendres et dorés, environ 5 minutes. Incorporer la poudre de chili, le cumin et la coriandre et poursuivre la cuisson pendant 1 minute. Ajouter les tomates et leur jus ainsi que l'origan. Saler, poivrer et remuer le tout de façon à détacher toute particule adhérant au fond de la poêle.

Verser le mélange de légumes dans la casserole contenant le bœuf. Mettre à feu moyen, ajouter le bouillon et amener doucement à ébullition, en remuant à l'occasion. Réduire le feu et amener à ébullition, couvrir et cuire jusqu'à ce que la viande soit très tendre et que le bouillon ait légèrement épaissi, environ 2 ½ heures. Si le chili semble trop liquide, découvrir la casserole pendant les dernières 30 minutes de cuisson. Saler, poivrer et servir le chili, garni de crème sure, si désiré, et de feuilles de coriandre.

3

FÉVRIER

Vous pouvez remplacer les pois chiches et les haricots blancs par des lentilles et les haricots verts par des légumes feuillus. Garnir cette soupe consistante de persil plat émincé et d'un filet d'huile d'olive extra vierge.

SOUPE À L'ESPAGNOLE AUX HARICOTS, À LA CITROUILLE ET AUX POIRES

6 à 8 portions

220 g (1 tasse) de pois chiches secs, triés et rincés

220 g (1 tasse) de petits haricots blancs secs, triés et rincés

8 c. à soupe d'huile d'olive

1 gros oignon jaune, haché

45 g (¼ tasse) de jambon serrano haché

1 c. à soupe de paprika doux

250 ml (1 tasse) de tomates en dés en conserve, avec leur jus

Pincée de safran mis à tremper dans 60 ml (¼ tasse) de bouillon de poulet chaud ou d'eau

12 amandes

1 tranche de pain paysan, coupée en deux

2 gousses d'ail

2 c. à soupe de vinaigre de xérès

3 poires

250 g (1 ½ tasse) de citrouille ou de courge musquée, pelée et grossièrement hachée

250 g (½ lb) de haricots verts, coupés en morceaux de 5 cm (2 po)

Sel et poivre fraîchement moulu

Mettre les pois chiches et les haricots blancs à tremper dans un bol rempli d'eau, pendant au moins 4 heures ou toute la nuit. Égoutter.

Dans une grande casserole à fond épais, amener 2 litres (8 tasses) d'eau à ébullition à feu vif. Lorsque l'eau bout, ajouter les pois chiches et les haricots blancs. Ramener à ébullition, réduire à feu doux et laisser mijoter jusqu'à tendreté, environ 1 heure.

Entre-temps, dans une poêle à frire, faire chauffer 2 c. à soupe d'huile à feu moyen. Ajouter l'oignon et faire revenir jusqu'à tendreté, 5 à 7 minutes. Incorporer le jambon et le paprika, puis les tomates, poursuivre la cuisson en remuant à l'occasion, pendant 10 minutes. Ajouter le safran et son eau de trempage, mélanger et retirer du feu.

Dans une seconde poêle à frire, faire chauffer 6 c. à soupe d'huile à feu moyen. Ajouter les amandes, le pain et l'ail, faire revenir en remuant à l'occasion jusqu'à ce que le tout soit doré, environ 5 minutes. →

Dans un petit robot culinaire, moudre le mélange de pain jusqu'à l'obtention d'une pâte. Incorporer le vinaigre.

Peler les poires, les évider et les couper en morceaux. Ajouter les poires et la chair de citrouille aux haricots, laisser mijoter pendant 10 minutes. Incorporer le mélange d'oignon, les haricots verts et le mélange de pain, laisser mijoter pendant 10 minutes. Saler, poivrer et servir.

4

FÉVRIER

Les orecchiettes (ou petites oreilles) ont la forme parfaite pour retenir le bouillon parfumé, mais vous pouvez les remplacer par n'importe quelle autre petite pâte. Servez-vous d'un vinaigre balsamique de bonne qualité pour que cette soupe soit à son meilleur.

ORECCHIETTES DANS UN BOUILLON AROMATIQUE

6 à 8 portions

1 c. à soupe d'huile d'olive

125 g (4 oz) de tranches de pancetta, finement hachées

6 gros oignons jaunes, finement tranchés

2 poireaux, parties blanches et vert pâle seulement, finement tranchés

1, 75 litre (7 tasses) de bouillon de poulet

185 g (6 oz) de pâtes orecchiettes

6 tranches de pain paysan

2 gousses d'ail

3 c. à soupe de vinaigre balsamique

Sel et poivre fraîchement moulu

Dans une grande casserole, faire chauffer l'huile à feu moyen. Ajouter la pancetta, les oignons et les poireaux et faire revenir jusqu'à ce que les légumes soient tendres, environ 15 minutes. Ajouter le bouillon et faire mijoter à couvert, pendant 15 minutes. Ajouter les pâtes et continuer de faire mijoter à couvert, jusqu'à ce que les pâtes soient al dente, de 12 à 15 minutes.

Entre-temps, dans un grille-pain ou sous le gril du four, faire rôtir le pain jusqu'à ce qu'il soit bien doré. Frotter un côté de chaque tranche avec l'ail. Ajouter le vinaigre à la soupe et assaisonner de sel et de poivre. Bien mélanger et servir la soupe, accompagnée de pain parfumé à l'ail.

5

FÉVRIER

Si vous ne trouvez pas de topinambours, remplacez-les par un légume-racine de votre choix. Pour ajouter du goût et de la texture à cette soupe, garnissez-la de morceaux de pancetta ou de bacon cuit et émietté.

RAGOÛT D'ORGE AUX LÉGUMES-RACINES RÔTIS

6 portions

6 c. à soupe d'huile d'olive

1 oignon jaune, finement haché

1 carotte, pelée et finement hachée

1 branche de céleri, finement hachée

250 ml (1 tasse) de vin blanc sec

1, 35 litre (5 ½ tasses) de bouillon de légumes

125 g (½ tasse) d'orge perlé

10 g (⅓ tasse) de persil plat émincé

2 c. à café de thym émincé

1 céleri-rave, pelé et coupé en dés

250 g (½ lb) de topinambours, pelés et coupés en quartiers

3 panais, pelés et finement tranchés

1 oignon rouge, coupé en morceaux de 2,5 cm (1 po)

1 pomme de terre, pelée et coupée en morceaux de 2,5 cm (1 po)

Sel et poivre fraîchement moulu

Préchauffer le four à 200 °C (400 °F). Badigeonner légèrement d'huile une plaque de cuisson.

Dans une grande casserole à fond épais, faire chauffer 3 c. à soupe d'huile à feu moyen-élevé. Ajouter l'oignon, la carotte et le céleri, faire revenir jusqu'à ce que le tout soit doré, de 7 à 8 minutes. À feu vif, ajouter le vin et racler le fond de la casserole pour en détacher les sucs. Poursuivre la cuisson jusqu'à ce que le vin ait réduit de moitié, environ 5 minutes. Verser le bouillon et amener à ébullition. Ajouter l'orge, le persil et le thym, réduire le feu à moyen-doux et cuire, à découvert, pendant 35 minutes. Ajouter le céleri-rave, les topinambours et les panais et poursuivre la cuisson à feu moyen-doux jusqu'à tendreté, de 15 à 20 minutes.

Entre-temps, dans un grand bol, mélanger l'oignon rouge, les dés de pomme de terre et les 3 c. à soupe d'huile restantes. Remuer pour bien enrober. Étendre sur la plaque huilée et parsemer de 2 c. à café de sel. Rôtir jusqu'à ce que les légumes soient dorés et tendres, de 40 à 45 minutes. Ajouter les légumes rôtis à la casserole, mélanger. Rectifier l'assaisonnement et servir.

6

FÉVRIER

Assurez-vous d'avoir des bols allant au four sous la main pour faire cette soupe nourrissante, surmontée d'une tranche de pain rôtie et de fromage fondu. Vous pouvez remplacer les pennes par des petites pâtes tubulaires comme les ditalinis ou même les macaronis.

SOUPE AUX HARICOTS ET AUX PÂTES AVEC FONTINA

6 portions

3 c. à soupe d'huile d'olive

2 oignons jaunes, hachés

2 c. à soupe d'ail émincé

125 g (4 oz) de tranches de pancetta, finement hachées

470 g (15 oz) de haricots blancs en conserve, égouttés et rincés

250 g (1 tasse) de tomates en dés en conserve avec leur jus

1,5 litre (6 tasses) de bouillon de bœuf

10 g (¼ tasse) de persil plat émincé

2 c. à soupe d'origan émincé

Sel et poivre fraîchement moulu

250 g (8 oz) de pennes

6 tranches de pain paysan, rôties

375 g (3 tasses) de fromage fontina râpé

Préchauffer le four à 180 °C (350 °F). Dans une grande casserole à fond épais, faire chauffer l'huile à feu doux. Ajouter les oignons et faire revenir jusqu'à ce qu'ils soient très tendres, de 10 à 15 minutes. Ajouter l'ail et poursuivre la cuisson environ 2 minutes. Ajouter la pancetta et faire cuire environ 5 minutes. Ajouter les haricots, les tomates, le bouillon, le persil et l'origan, faire mijoter, en remuant à l'occasion, pendant environ 10 minutes.

Entre-temps, amener une grande casserole d'eau à ébullition. Ajouter 2 c. à café de sel et les pâtes, cuire jusqu'à ce qu'elles soient presque al dente, environ 9 minutes ou selon les directives inscrites sur l'emballage. Égoutter et ajouter à la soupe. Rectifier l'assaisonnement.

À l'aide d'une louche, verser le bouillon dans des bols allant au four. Garnir d'une tranche de pain rôtie et parsemer de fromage. Déposer les bols sur une plaque de cuisson et cuire jusqu'à ce que le fromage soit complètement fondu, environ 10 minutes. Servir.

7

FÉVRIER

Chaque ingrédient de cette soupe d'inspiration paysanne rappelle la Toscane, que l'on pense aux pois chiches, aux fines herbes fraîches, à l'épeautre ou aux champignons porcinis. Pour un accord mets/vin authentique, servir avec un Chianti Classico.

SOUPE AUX POIS CHICHES, PORCINIS ET ÉPEAUTRE

4 à 6 portions

295 g (1 ½ tasse) de pois chiches secs, triés et rincés

80 ml (⅓ tasse) d'huile d'olive

1 oignon jaune, finement haché

2 gousses d'ail, émincées

1 brin de romarin

1 c. à soupe de pâte de tomate

Sel et poivre fraîchement moulu

1 litre (4 tasses) de bouillon de légumes ou d'eau

60 g (⅓ tasse) d'épeautre

POUR LES CHAMPIGNONS

250 g (½ lb) de porcinis ou de champignons café

1 ½ c. à soupe d'huile d'olive extra vierge

1 gousse d'ail, émincée

2 c. à soupe de vin blanc sec

1 brin de thym

Sel et poivre fraîchement moulu

1 ½ c. à café de beurre non salé

Huile d'olive extra vierge pour garnir

Mettre les pois chiches à tremper dans un bol rempli d'eau pendant au moins 4 heures ou toute la nuit. Égoutter les pois chiches, bien les rincer et les mettre dans une grande casserole. Ajouter 2 litres (8 tasses) d'eau froide et amener à ébullition à feu vif, réduire à feu doux et laisser mijoter à découvert, jusqu'à tendreté, environ 2 heures.

Dans une grande casserole à fond épais, faire chauffer l'huile à feu moyen-doux. Ajouter l'oignon, l'ail et le romarin et faire revenir jusqu'à ce que l'oignon soit tendre, de 5 à 7 minutes. Dans un petit bol, dissoudre la pâte de tomate dans 250 ml (1 tasse) d'eau chaude. Verser dans la casserole. Incorporer les pois chiches et leur eau de cuisson et assaisonner de sel et de poivre. Amener à ébullition et laisser frémir à feu moyen pendant 3 minutes. Ajouter le bouillon, laisser mijoter à découvert jusqu'à ce que les saveurs se soient développées, environ 30 minutes. Retirer du feu et laisser refroidir légèrement. Retirer et jeter le romarin. →

Réduire la soupe en purée au mélangeur, en plusieurs fois. Remettre le tout dans la casserole et porter à ébullition à feu moyen. Ajouter l'épeautre et poursuivre la cuisson jusqu'à ce qu'il soit cuit, mais encore légèrement croquant, environ 25 minutes.

Entre-temps, trancher finement les champignons sur la longueur. Dans une grande poêle à frire, faire chauffer l'huile à feu moyen. Ajouter l'ail et faire revenir jusqu'à ce qu'il dégage son arôme, environ 1 minute. Ajouter les champignons et poursuivre la cuisson en remuant, jusqu'à tendreté, de 3 à 4 minutes. Augmenter à feu vif, ajouter le vin et le thym et cuire en remuant constamment, pendant 3 minutes. Réduire à feu doux, saler, poivrer, et poursuivre la cuisson en remuant souvent, jusqu'à ce que l'eau rendue par les champignons se soit évaporée, environ 15 minutes. Retirer du feu et jeter le thym. Incorporer le beurre. Ajouter les champignons à la soupe. Servir avec un filet d'huile d'olive et quelques tours de moulin à poivre.

8

FÉVRIER

Comme la plupart des épiceries vendent les betteraves sans leurs fanes, demandez-les au gérant. Une fois coupées, les fanes flétrissent rapidement, vous devrez donc les faire cuire le jour même.

SOUPE AU CANARD RÔTI ET AUX FANES DE BETTERAVE

4 portions

2 petites poitrines de canard d'un poids total de 375 g (¾ lb), avec la peau

3 c. à soupe d'huile d'olive

Sel et poivre fraîchement moulu

1 petit oignon jaune, haché

3 gousses d'ail, émincées

1 botte de fanes de betterave, les tiges coriaces retirées et les feuilles hachées

1 litre (4 tasses) de bouillon de poulet

10 gouttes d'huile de sésame asiatique

2 oignons verts, parties blanches et vert pâle seulement, hachés

Badigeonner les poitrines de canard de 1 c. à soupe d'huile d'olive et assaisonner de sel et de poivre. Faire chauffer une poêle à fond cannelé à feu vif jusqu'à ce qu'elle soit très chaude. Déposer les poitrines de canard côté peau dans la poêle, et faire cuire 7 minutes. Retourner les poitrines et poursuivre la cuisson 5 à 7 minutes de plus pour une viande à point. Retirer du feu et déposer sur une planche à découper. Laisser reposer au moins 10 minutes. Retirer la peau et la jeter. Couper la viande en bouchées. Réserver.

Dans une grande casserole à fond épais, faire chauffer le reste de l'huile à feu moyen-élevé. Ajouter l'oignon et l'ail et cuire jusqu'à ce que l'oignon soit translucide, environ 5 minutes. Ajouter les fanes de betterave, remuer et faire revenir pendant 3 minutes. Ajouter le bouillon, les morceaux de canard et l'huile de sésame. Mélanger et laisser mijoter pendant 5 minutes pour que les saveurs se développent. Incorporer les oignons verts, rectifier l'assaisonnement et servir.

9

FÉVRIER

Ce savoureux plat coloré est agrémenté d'olives vertes et d'amandes rôties. Si vous le désirez, servez ce plat sur du couscous, garni de minces tranches de citron ou de citron confit haché.

RAGOÛT DE POULET AUX OLIVES ET AUX AMANDES

4 portions

75 g (½ tasse) d'amandes effilées

2 c. à soupe d'huile d'olive

4 demi-poitrines de poulet désossées et sans peau, coupées en bouchées

2 c. à café de gingembre frais, pelé et émincé

1 gros oignon blanc, coupé en bouchées

3 grosses carottes, pelées et coupées en morceaux de 2,5 cm (1 po)

1 gros poivron rouge. épépiné et coupé sur le long en lanières de 1,5 cm (½ po) de large

2 c. à café de curcuma

125 ml (½ tasse) de bouillon de poulet

60 g (⅓ tasse) d'olives vertes, dénoyautées et tranchées

Sel et poivre fraîchement moulu

Préchauffer le four à 180 °C (350 °F). Étaler les amandes sur une plaque de cuisson et faire griller jusqu'à ce que leur arôme se dégage. Transférer dans un bol et réserver.

Dans une grande casserole à fond épais, faire chauffer l'huile d'olive à feu moyen-élevé. Ajouter les morceaux de poulet et faire revenir jusqu'à ce qu'ils soient dorés, de 8 à 10 minutes. Réserver le poulet dans un plat. Ajouter dans la casserole le gingembre, l'oignon et les carottes et faire revenir jusqu'à ce que l'oignon ait ramolli, environ 5 minutes. Remettre le poulet ainsi que le jus rendu dans la casserole et incorporer le poivron et le curcuma. Verser le bouillon et amener doucement à ébullition en remuant le tout pour détacher les particules brunes adhérant au fond de la casserole. Réduire le feu à moyen-doux, couvrir et laisser mijoter jusqu'à ce que le poulet soit cuit à cœur, environ 15 minutes. Incorporer les olives et les amandes rôties. Saler, poivrer et servir.

10

FÉVRIER

CHAUDRÉE DE PALOURDES DE LA NOUVELLE-ANGLETERRE

6 à 8 portions

3 tranches de bacon, hachées

1 c. à soupe de beurre non salé

2 branches de céleri, hachées

1 oignon jaune, finement haché

3 brins de thym frais ou ¼ c. à café de thym séché

2 grosses pommes de terre Russet, pelées et coupées en cubes de 1,5 cm (½ po)

2 boîtes de 200 g (6 ½ oz) chacune de chair de palourdes, égouttée et hachée, le jus de palourde réservé

375 ml (1 ½ tasse) de lait

250 ml (1 tasse) de crème 35 %

Sel et poivre fraîchement moulu

Persil plat émincé pour garnir

Dans une grande casserole à feu moyen, cuire le bacon en remuant souvent, jusqu'à ce qu'il commence à dorer et qu'il ait rendu un peu de son gras, environ 3 minutes. À l'aide d'une cuillère à égoutter, déposer les morceaux de bacon sur un essuie-tout. Ajouter le beurre au gras du bacon et, une fois qu'il est fondu, ajouter le céleri, l'oignon et le thym et faire revenir jusqu'à ce que l'oignon soit translucide, environ 3 minutes. Ajouter les pommes de terre et bien mélanger. Ajouter le jus de palourde réservé et 500 ml (2 tasses) d'eau, porter le tout à ébullition. Réduire à feu doux et laisser mijoter jusqu'à ce que les pommes de terre soient tendres, environ 20 minutes.

Verser le lait et la crème, bien mélanger. Ajouter la chair des palourdes et réchauffer. Saler, poivrer. Jeter les brins de thym et servir la chaudrée, garnie du bacon réservé et de persil.

Si vous préférez, utilisez la chair de 1 kg (2 lb) de palourdes fraîchement cuites. Les variétés de palourdes du Pacifique ou cherrystones conviennent bien aux chaudrées. Jetez toutes les palourdes qui ne se ferment pas au toucher, puis cuisez-les à la vapeur avec 250 ml (1 tasse) d'eau, dans une grande casserole couverte, jusqu'à ce qu'elles s'ouvrent, environ 5 minutes. Jetez toutes celles qui ne se seront pas ouvertes. Laissez-les refroidir quelque peu avant d'en prélever la chair.

11

FÉVRIER

SOUPE À LA CITRONNELLE, CREVETTES ET PIMENTS

4 portions

2 c. à café d'huile de canola

5 tiges de citronnelle, parties centrales blanches seulement, finement émincées

1 c. à soupe de gingembre frais pelé et émincé

1 litre (4 tasses) de bouillon de poulet

1 petit piment rouge, épépiné et finement tranché

250 g (½ lb) de crevettes de grosseur moyenne, décortiquées et déveinées

2 oignons verts, parties vert pâle et foncé seulement, hachés

1 c. à soupe de coriandre fraîche

Dans une grande casserole à fond épais, faire chauffer l'huile à feu moyen-élevé. Ajouter la citronnelle et le gingembre et faire revenir pendant 3 minutes.

Verser le bouillon et 250 ml (1 tasse) d'eau et amener à ébullition. Réduire à feu doux et laisser mijoter à découvert pendant 15 minutes. Ajouter le piment et les crevettes et poursuivre la cuisson jusqu'à ce que les crevettes soient bien roses, de 2 à 3 minutes. Retirer du feu, incorporer les oignons verts et la coriandre, et servir.

Vous pouvez ajouter du poulet, du tofu ou des légumes tranchés aux crevettes ou en remplacement de ces dernières. Si vous ajoutez du poulet, ajoutez-le au bouillon avant de le faire mijoter pendant 15 minutes. Quelques gouttes de jus de citron vert fraîchement pressé, avant de servir, rehausse les saveurs.

12

FÉVRIER

Cette recette est une bonne façon d'utiliser un reste de poulet cuit ; vous n'aurez qu'à sauter la première étape et à remplacer l'eau utilisée pour pocher le poulet par du bouillon de poulet. Vous pouvez remplacer les légumes par des épinards, des patates douces ou des petits pois.

RAGOÛT DE POULET AUX DUMPLINGS AU BABEURRE ET À LA CIBOULETTE

4 portions

2 demi-poitrines de poulet désossées et sans la peau

2 cuisses de poulet, désossées et sans la peau

1 feuille de laurier

3 grains de poivre

Sel et poivre noir fraîchement moulu

4 c. à soupe de beurre non salé

2 poireaux, parties blanches seulement, hachés

2 carottes, pelées et tranchées

3 branches de céleri, tranchées

2 c. à soupe de farine tout usage

1 litre (4 tasses) de bouillon de poulet

1 pomme de terre Russet, pelée et coupée en dés de 1,5 cm (½ po)

2 c. à soupe de crème 35 %

POUR LES DUMPLINGS

155 g (1 ¼ tasse) de farine tout usage

1 c. à café de bicarbonate de soude

½ c. à café de sel

1 c. à soupe de ciboulette hachée

Pincée généreuse de poivre de cayenne

3 c. à soupe de beurre non salé, coupé en dés

125 ml (½ tasse) de babeurre

Mettre le poulet, le laurier, le poivre et ¼ c. à café de sel dans une casserole et ajouter de l'eau froide, pour couvrir le tout de 2,5 cm (1 po) d'eau. Porter à ébullition, et réduire le feu à moyen-doux. Faire mijoter jusqu'à ce que le poulet soit cuit, de 15 à 20 minutes, en écumant le liquide, si nécessaire. Retirer le poulet, effilocher la viande et réserver. Réserver 500 ml (2 tasses) du liquide de cuisson.

Dans une grande casserole, faire fondre le beurre à feu moyen-élevé. Ajouter les poireaux, les carottes et le céleri et faire revenir environ 5 minutes. Ajouter la farine et poursuivre la cuisson pendant 2 minutes, en remuant. Ajouter le bouillon et le liquide de cuisson réservé et porter à ébullition. Ajouter les pommes de terre et réduire le feu à moyen-doux. Cuire environ 10 minutes. →

Ajouter le poulet et la crème et poursuivre la cuisson jusqu'à ce que la soupe épaississe et que les pommes de terre soient bien tendres, environ 5 minutes. Saler, poivrer.

Pour faire les dumplings, tamiser la farine, le bicarbonate de soude et le sel dans un bol. Incorporer la ciboulette et le poivre de cayenne. À l'aide d'un coupe-pâte, incorporer le beurre froid jusqu'à l'obtention d'une texture granuleuse. Ajouter le babeurre et remuer pour l'amalgamer, sans plus. Avec les mains, façonner de petits dumplings et les ajouter à la soupe, couvrir et laisser cuire pendant 20 minutes. Servir.

13

FÉVRIER

Les tomates séchées au soleil donnent à cette soupe une riche couleur rouge et une saveur incomparable. Le crabe ajoute un côté luxueux et festif, mais vous pourriez aisément le remplacer par des crevettes cuites ou même par des croûtons aux fines herbes.

SOUPE AUX TOMATES SÉCHÉES ET AU CRABE

4 portions

2 c. à soupe de beurre non salé

2 échalotes émincées

150 g (1 tasse) de tomates séchées au soleil dans l'huile, égouttées et coupées en julienne

470 g (15 oz) de tomates en dés en conserve

375 ml (1 ½ tasse) de bouillon de poulet

3 c. à soupe de crème 35 %

Sel et poivre fraîchement moulu

125 g (¼ lb) de chair de crabe fraîche, triée pour retirer tout fragment de coquillage

2 c. à soupe de ciboulette émincée

Dans une grande casserole, faire fondre le beurre à feu moyen-élevé. Ajouter les échalotes et faire revenir jusqu'à tendreté, environ 5 minutes. Ajouter les tomates séchées, les tomates en dés et le bouillon, porter à ébullition. Réduire à feu doux et laisser mijoter pendant 20 minutes. Retirer du feu et laisser refroidir légèrement.

Réduire la soupe en purée au mélangeur, en plusieurs fois. Remettre le tout dans la casserole à feu doux et ajouter la crème. Remuer, assaisonner de sel et de poivre et servir la soupe surmontée de chair de crabe et parsemée de ciboulette.

FÉVRIER 15

14

FÉVRIER

Longtemps on a cru aux vertus aphrodisiaques des huîtres, alors quelle meilleure façon de célébrer la Saint-Valentin que de mettre au menu cette bisque aux huîtres ? Recherchez les huîtres fraîches et évitez de trop les cuire, sinon elles risquent de devenir caoutchouteuses.

BISQUE AUX HUÎTRES, AU CÉLERI ET AU POIREAU

6 portions

18 petites huîtres dans leur coquille ou huîtres écaillées en bouteille

2 c. à soupe de beurre non salé

1 oignon jaune, grossièrement haché

5 gros poireaux, parties blanches et vert pâle seulement, grossièrement hachés

5 branches de céleri, grossièrement hachées

3 bouteilles de jus de palourde de 250 ml (8 oz) chacune

125 ml (½ tasse) de crème 35%

1 à 2 c. à café de jus de citron frais

Sel et poivre fraîchement moulu

Pour les huîtres dans leur coquille, prélever la chair et réserver leur jus. Pour les huîtres en bouteille, égoutter et conserver le jus. Réfrigérer les huîtres.

Dans une grande casserole à fond épais, faire fondre le beurre à feu moyen-doux. Ajouter l'oignon, les poireaux et le céleri, faire revenir jusqu'à tendreté, environ 20 minutes. Verser le jus de palourde, 750 ml (3 tasses) d'eau et le jus des huîtres réservé. Amener à ébullition à feu vif. Réduire à feu moyen et laisser mijoter à découvert jusqu'à ce que les légumes soient très tendres, environ 30 minutes. Retirer du feu et laisser refroidir légèrement.

Réduire la soupe en purée très lisse au mélangeur, en plusieurs fois, de 3 à 4 minutes chaque fois. Passer la purée au tamis, placé sur une grande casserole. Ajouter la chair des huîtres réservée, la crème et le jus de citron et faire doucement mijoter à feu moyen, à découvert, jusqu'à ce que les huîtres soient légèrement fermes au toucher, opaques et leur rebord, légèrement recroquevillé, de 1 à 2 minutes. Saler, poivrer et servir.

15

FÉVRIER

Assurez-vous de ne pas trop saler la soupe puisque la garniture de prosciutto ajoutera une bonne quantité de sel. Pour une version végétarienne de cette soupe, remplacez le bouillon de poulet par du bouillon de légumes et le prosciuttto par des échalotes rôties croustillantes *(page 28).*

CRÈME DE CHOU-FLEUR AVEC MORCEAUX DE PROSCIUTTO CROUSTILLANTS

4 à 6 portions

60 g (2 oz) de prosciutto finement tranché

2 c. à soupe de beurre non salé

1 oignon jaune, haché

2 branches de céleri, hachées

2 gousses d'ail, émincées

1 chou-fleur d'environ 875 g (1 ¾ lb), haché grossièrement (environ 1 litre [4 tasses])

¼ c. à café de muscade fraîchement râpée

1 litre (4 tasses) de bouillon de poulet, plus au besoin

60 ml (¼ tasse) de crème 35 %

Sel et poivre blanc moulu

Préchauffer le four à 190 °C (375 °F). Déposer les tranches de prosciutto en une seule couche sur une plaque à cuisson. Cuire jusqu'à ce qu'il soit croustillant, de 15 à 18 minutes. Laisser refroidir et émietter.

Dans une grande casserole à fond épais, faire fondre le beurre à feu moyen-élevé. Ajouter l'oignon, le céleri et l'ail, faire revenir jusqu'à tendreté, de 5 à 7 minutes. Ajouter le chou-fleur et la muscade, mélanger pour bien enrober et poursuivre la cuisson pendant 5 minutes. Verser le bouillon et porter à ébullition. Réduire à feu doux et laisser mijoter jusqu'à ce que le chou-fleur soit très tendre, de 20 à 25 minutes. Réduire la soupe en purée au mélangeur, en plusieurs fois. Remettre le tout dans la casserole et ajouter du bouillon si la soupe est trop épaisse. Incorporer la crème et faire frémir. Saler, poivrer et servir la soupe, garnie de prosciutto émietté.

16

FÉVRIER

Un bouquet garni consiste en brins de fines herbes attachés avec de la ficelle de cuisine. Pour cette recette, utilisez 3 brins de persil plat, 2 brins de thym et 1 feuille de laurier. N'oubliez pas de retirer le bouquet garni avant de servir la soupe.

SOUPE DE DOLIQUES AUX FINES HERBES ET À L'AIL

8 à 10 portions

500 g (1 lb) de doliques à œil noir secs, triés et rincés

60 ml (¼ tasse) d'huile d'olive

1 gros oignon jaune, émincé

6 gousses d'ail, finement émincées

125 ml (½ tasse) de vin blanc sec

1 litre (4 tasses) de bouillon de poulet, plus si nécessaire

2 c. à soupe de pâte de tomate

Bouquet garni (voir à gauche)

20 g (½ tasse) de persil plat haché

Sel et poivre fraîchement moulu

Mettre les doliques à tremper dans un bol rempli d'eau pendant au moins 4 heures ou toute la nuit. Égoutter.

Dans une grande casserole à fond épais, faire chauffer l'huile à feu moyen-élevé. Ajouter l'oignon et l'ail, faire revenir jusqu'à ce que les légumes soient translucides, environ 5 minutes. Ajouter le vin et cuire pendant 3 minutes. Ajouter les doliques, le bouillon et la pâte de tomate, bien mélanger. Porter la soupe à ébullition. Réduire à feu doux, ajouter le bouquet garni et laisser mijoter à découvert, jusqu'à ce que les doliques soient tendres, de 45 à 55 minutes.

Retirer le bouquet garni et ajouter du bouillon si nécessaire. Incorporer le persil, saler, poivrer et servir.

17

FÉVRIER

Voici la fameuse Stone Soup *telle que créée à partir des divers ingrédients fournis par des villageois curieux. Dans cette veine, sentez-vous libre d'utiliser tout ce que vous avez sous la main.*

SOUPE À LA BONNE FRANQUETTE

6 portions

3 c. à soupe d'huile d'olive

2 oignons jaunes, hachés

2 gousses d'ail, émincées

125 g (¼ lb) de bacon, en un seul morceau

125 g (¼ lb) de saucisse chorizo mexicaine ou une saucisse fraîche à l'ail

4 pommes de terre à bouillir, pelées et hachées

4 carottes, pelées et hachées

2 navets, pelés et hachés

1 petit chou de Savoie ou 1 botte de chou frisé (*kale*), paré et coupé en fines lanières

375 g (2 tasses) de tomates italiennes en dés en conserve

1 feuille de laurier

2 litres (8 tasses) de bouillon de poulet

470 g (15 oz) de haricots rognons en conserve, égouttés et rincés

20 g (½ tasse) de coriandre fraîche, ciselée

Sel et poivre fraîchement moulu

Dans une grande casserole à fond épais, faire chauffer l'huile à feu moyen. Ajouter les oignons et l'ail et faire revenir jusqu'à tendreté, de 7 à 10 minutes. Ajouter le bacon, le chorizo, les pommes de terre, les carottes, les navets, le chou, les tomates, la feuille de laurier et le bouillon. Porter à ébullition à feu vif, réduire à feu très doux et laisser mijoter jusqu'à ce que les légumes soient tendres, environ 30 minutes.

Écumer la surface au besoin et retirer la feuille de laurier. Retirer les viandes et les couper en bouchées. Remettre les viandes dans la casserole et ajouter les haricots et la coriandre. Faire mijoter à feu moyen pendant 5 minutes pour réchauffer la soupe. Saler, poivrer et servir.

18

FÉVRIER

Prenez le temps de bien préparer cette soupe vietnamienne classique : vous ne serez pas déçu ! Mettre des piments jalapeños tranchés et de la sauce pimentée comme la sriracha sur la table, pour ceux qui aiment un bouillon plus épicé.

SOUPE PHO AU BŒUF

6 portions

1,5 kg (3 lb) de queue de bœuf, coupée en tronçons de 5 cm (2 po)

1 kg (2 lb) de pointe de poitrine de bœuf

10 cm (4 po) de gingembre frais, coupé en 4 morceaux et broyé

10 échalotes, non pelées

500 g (1 lb) de daïkon, coupé en morceaux de 5 cm (2 po)

2 carottes, coupées en trois

7 anis étoilés

5 clous de girofle entiers

2 bâtons de cannelle

3 c. à soupe de sauce de poisson asiatique

2 c. à café de sucre, ou au goût

250 g (½ lb) de surlonge de bœuf, enveloppée d'une pellicule plastique et mise au congélateur pendant 1 heure

½ botte de coriandre fraîche

½ botte de basilic, de préférence thaïlandais

2 citrons verts, coupés en quartiers

250 g (½ lb) de nouilles de riz plates, d'une largeur de 6 mm (¼ po), mises à tremper dans l'eau chaude pendant 20 minutes

1 oignon blanc, finement tranché

3 oignons verts, parties blanches et vert pâle seulement, finement tranchés

500 g (1 lb) de germes de soya

Amener une grande casserole à fond épais remplie d'eau à ébullition. Ajouter les morceaux de queue et de poitrine de bœuf, ramener à ébullition et faire bouillir pendant 3 minutes. Égoutter, ajouter 4 litres (16 tasses) d'eau fraîche dans la casserole et porter à ébullition.

Entre-temps, mettre une poêle à frire sans gras à feu vif et ajouter le gingembre et les échalotes. Cuire, en remuant le tout à l'occasion, jusqu'à l'obtention d'une couleur uniforme, de 2 à 3 minutes. Mettre dans la casserole et ajouter le daïkon, les carottes, l'anis étoilé, les clous de girofle et les bâtons de cannelle. Ramener le tout à ébullition, réduire à feu doux et laisser mijoter, à demi découvert, pendant 1 ½ heure. Retirer la poitrine de bœuf et laisser refroidir. Laisser mijoter le bouillon jusqu'à ce qu'il devienne odorant et d'une coloration légèrement ambrée, environ 1 heure de plus. →

Couper la poitrine contre le grain en tranches fines. Passer le bouillon à travers un tamis placé sur un bol résistant à la chaleur et retirer le gras. Jeter les morceaux de queue de bœuf et les légumes. Remettre le bouillon dans la casserole et assaisonner le tout avec la sauce de poisson et le sucre. Faire mijoter doucement.

Couper le bœuf partiellement congelé à la diagonale, en tranches fines comme du papier. Disposer sur une assiette. Dans une autre assiette, déposer la coriandre, le basilic et les quartiers de citron vert.

Amener une grande casserole d'eau à ébullition. Ajouter les nouilles, bien mélanger et cuire jusqu'à tendreté, de 1 à 2 minutes. Répartir les nouilles dans les bols. Déposer quelques tranches de poitrine de bœuf dans chaque bol. Garnir de tranches d'oignon blanc, d'oignons verts et de germes de soya. Déposer une louche de bouillon chaud dans les bols. Servir la soupe accompagnée des assiettes de bœuf et de fines herbes mises à la disposition des convives.

19 FÉVRIER

Inspiré de la célèbre paëlla espagnole, ce plat à l'arôme safrané comporte un assemblage alléchant de moules salines, de crevettes douces et de jambon espagnol. Si vous ne trouvez pas de jambon serrano, remplacez-le par du prosciutto. Vous pouvez également remplacer les moules par des palourdes.

RAGOÛT DE FRUITS DE MER SAFRANÉ AU JAMBON SERRANO ET AUX AMANDES

6 portions

170 g (1 tasse) d'amandes blanchies

1,5 litre (6 tasses) de bouillon de poulet

60 ml (¼ tasse) d'huile d'olive

2 oignons jaunes, hachés

1 poivron rouge, haché

½ c. à café de cumin moulu

3 gousses d'ail, émincées

185 g (1 tasse) de jambon serrano haché

470 g (15 oz) de tomates en dés en conserve

105 g (½ tasse) de riz blanc à grain long

¼ c. à café de filaments de safran

Sel et poivre fraîchement moulu

500 g (1 lb) de crevettes de grosseur moyenne, décortiquées et déveinées

12 moules, brossées et ébarbées

155 g (1 tasse) de petits pois surgelés, décongelés

10 g (¼ tasse) de persil plat émincé

Au robot culinaire, réduire les amandes en poudre très fine. Ajouter 250 ml (1 tasse) de bouillon et activer le robot jusqu'à l'obtention d'un mélange très laiteux. Égoutter le mélange dans une passoire à mailles très fines, déposée sur un bol, en pressant les solides pour en extraire le plus de liquide possible. Jeter les solides. Dans une grande casserole à fond épais, faire chauffer l'huile à feu moyen-élevé. Ajouter les oignons et faire revenir jusqu'à ce qu'ils deviennent translucides, environ 2 minutes. Ajouter le poivron, le cumin, l'ail et le jambon et poursuivre la cuisson jusqu'à ce que les légumes soient tendres, environ 5 minutes. Ajouter les tomates et le reste du bouillon et amener à ébullition. Réduire le feu et laisser mijoter 10 minutes pour que les saveurs se développent.

Entre-temps, dans une casserole moyenne, amener 250 ml (1 tasse) d'eau à ébullition à feu moyen. Rincer le riz sous l'eau froide courante jusqu'à ce que l'eau soit claire. Ajouter le riz, le safran et ¼ c. à café de sel à l'eau bouillante. Couvrir, réduire à feu doux et cuire pendant 15 minutes. Retirer du feu et laisser reposer, sans ouvrir, pendant 5 minutes. Séparer les grains de riz à l'aide d'une fourchette. →

Augmenter le feu sous la soupe à moyen-élevé et ajouter le lait d'amandes réservé, les crevettes, les moules en rejetant toutes celles qui ne se referment pas au toucher, et les petits pois. Cuire en remuant à l'occasion jusqu'à ce que les crevettes soient roses et que les moules soient ouvertes, environ 5 minutes. Rejeter toute moule qui n'est pas ouverte. Saler, poivrer, déposer une cuillerée de riz dans chaque bol et garnir avec le ragoût. Servir la soupe, parsemée de persil frais.

20 FÉVRIER

Cette soupe comporte très peu d'éléments. Assurez-vous d'utiliser des ingrédients de toute première qualité, comme un riche bouillon de poulet, des œufs frais de la ferme et du parmesan reggiano fraîchement râpé. Vous pouvez remplacer le chou frisé par des épinards.

STRACCIATELLA AU PARMESAN ET AU CHOU FRISÉ

6 à 8 portions

2 litres (8 tasses) de bouillon de poulet

1 botte de chou frisé (*kale*), les grosses tiges et les nervures retirées, feuilles grossièrement hachées

1 c. à café de fécule de maïs

5 œufs

Sel et poivre fraîchement moulu

125 g (1 tasse) de parmesan râpé

2 c. à soupe d'huile d'olive extra vierge

Dans une grande casserole, faire mijoter le bouillon à feu moyen-élevé. Répartir le chou frisé dans les bols. Dans un bol, mélanger la fécule de maïs et 2 c. à café d'eau. Ajouter les œufs, saler, poivrer et fouetter jusqu'à l'obtention d'un mélange homogène. Incorporer les deux tiers du fromage et l'huile d'olive dans le bouillon. Incorporer délicatement le mélange d'œufs dans le bouillon en maintenant un mouvement circulaire constant. Remuer le tout de façon que les œufs forment d'étroits filaments. Retirer la casserole du feu et laisser reposer jusqu'à ce que les œufs soient cuits, environ 1 ½ minute. À l'aide d'une louche, recouvrir le chou frisé de bouillon et servir en mettant le reste du fromage sur la table à la disposition des convives.

21

FÉVRIER

Pour faire de la crème au citron Meyer : dans un petit bol, mélanger 125 ml (½ tasse) de crème fraîche ou de crème sure à la température ambiante, le zeste râpé de 1 citron Meyer, 1 c. à soupe de jus de citron Meyer frais et une pincée de sel.

SOUPE AUX HARICOTS NOIRS ET À LA CRÈME AU CITRON MEYER

4 à 6 portions

250 g (½ lb) de haricots noirs secs, triés et rincés

1 c. à soupe d'huile d'olive

1 petit oignon blanc, haché

2 gousses d'ail, émincées

1 petit piment jalapeño, épépiné et haché

1 c. à café de cumin moulu

60 ml (¼ tasse) de xérès sec

1 litre (4 tasses) de bouillon de poulet ou de légumes

Sel et poivre fraîchement moulu

Crème au citron Meyer (voir à gauche)

2 oignons verts, parties vert pâle et vert foncé seulement, tranchés (facultatif)

Mettre les haricots secs dans un bol rempli d'eau. Laisser tremper au moins 4 heures ou toute la nuit. Égoutter.

Dans une grande casserole à fond épais, faire chauffer l'huile à feu moyen-élevé. Ajouter l'oignon et l'ail et faire revenir jusqu'à tendreté, environ 5 minutes. Ajouter le jalapeño et le cumin et poursuivre la cuisson en remuant constamment pendant 2 minutes. Ajouter les haricots, le xérès et le bouillon, porter à ébullition. Réduire à feu doux et laisser mijoter à couvert, jusqu'à ce que les haricots soient tendres, environ 1 ¼ heure. Retirer la casserole du feu et laisser refroidir légèrement.

Réduire la soupe en purée au mélangeur, en plusieurs fois. Remettre le tout dans la casserole et faire réchauffer à feu doux. Saler, poivrer. Servir la soupe garnie de crème au citron Meyer et d'oignons verts, si désiré.

22

FÉVRIER

Le basilic thaïlandais frais a un goût encore plus prononcé que le basilic doux italien ; cela vaut la peine de s'en procurer pour agrémenter cette soupe. Pour un repas plus consistant, servez cette soupe sur un lit de riz parfumé au jasmin, cuit à la vapeur.

SOUPE THAÏLANDAISE À LA COURGE ET AU LAIT DE COCO

6 portions

4 échalotes, coupées en quatre

2 piments serrano ou jalapeño, rouges ou verts, épépinés

1 tige de citronnelle, partie centrale blanche seulement, broyée et hachée

430 ml (14 oz) de lait de coco en conserve

500 ml (2 tasses) de bouillon de poulet ou d'eau

6 feuilles de lime kaffir, nervures retirées

1 courge kabocha poivrée ou musquée d'environ 500 g (1 lb), pelée et coupée en morceaux de 2 cm (3/4 po)

1 ½ c. à soupe de sauce de poisson asiatique

1 c. à soupe de jus de citron vert frais

½ c. à café de sucre

15 g (½ tasse) de feuilles de basilic, de préférence thaïlandais

Au mélangeur, réduire en purée lisse les échalotes, les piments, la citronnelle et 60 ml (½ tasse) d'eau. Ouvrir la boîte de conserve du lait de coco sans la secouer. Prélever la crème épaisse qui se trouve à la surface et déposer dans une grande casserole à fond épais. Incorporer la purée d'épices et amener le tout à ébullition à feu moyen-élevé. Réduire à feu moyen et poursuivre la cuisson à découvert, en remuant à l'occasion, jusqu'à ce que le mélange devienne odorant, environ 5 minutes. Ajouter le reste de lait de coco, le bouillon, les feuilles de kaffir et la courge. Mélanger, augmenter le feu à moyen-élevé et porter à ébullition. Réduire à feu doux et laisser mijoter à découvert en remuant une fois ou deux, jusqu'à ce que la courge soit tendre, environ 15 minutes.

Incorporer la sauce de poisson, le jus de citron vert, le sucre et le basilic. Servir.

23

FÉVRIER

Les olives kalamata donnent un bon goût salé à ce ragoût riche, bien que des olives vertes dénoyautées soient tout aussi délicieuses. Procurez-vous une orange biologique, si vous le pouvez, sinon, assurez-vous de bien laver l'orange avant d'en prélever le zeste.

RAGOÛT DE BŒUF AU ZESTE D'ORANGE ET AU VIN ROUGE

6 à 8 portions

2 c. à soupe de farine tout usage

Sel et poivre fraîchement moulu

1,5 kg (3 lb) de rôti d'épaule de bœuf, paré et coupé en morceaux de 4 cm (1 ½ po)

3 c. à soupe d'huile d'olive

1 orange

2 oignons jaunes, hachés

3 gousses d'ail, émincées

2 c. à café de thym émincé

1 ½ c. à soupe de graines de fenouil, broyées

180 ml (¾ tasse) de vin rouge sec

180 ml (¾ tasse) de bouillon de poulet

185 g (1 tasse) de tomates en dés en conserve

4 carottes, pelées et tranchées

220 g (1 ½ tasse) d'olives kalamata, dénoyautées et coupées en deux

10 g (¼ tasse) de persil plat finement haché

Dans un sac de plastique réutilisable, déposer la farine, 2 c. à café de sel et 1 c. à café de poivre. Ajouter le bœuf, fermer le sac et remuer pour bien l'enrober. Dans une grande casserole à fond épais, faire chauffer 1 c. à soupe d'huile à feu moyen-élevé. Retirer du sac la moitié du bœuf, en le secouant pour enlever l'excédent de farine. Mettre en une seule couche dans la casserole. Faire cuire sans remuer jusqu'à ce que la viande ait doré, environ 4 minutes. Mettre dans un bol. Répéter l'opération avec 1 c. à soupe d'huile et le reste du bœuf. Nettoyer la casserole.

À l'aide d'un économe, prélever le zeste de la moitié de l'orange en larges lanières. Râper finement le zeste du reste de l'orange. Réserver. Ajouter 1 c. à soupe d'huile dans la casserole et faire chauffer à feu moyen. Ajouter les oignons et faire revenir jusqu'à tendreté, environ 2 minutes. Incorporer l'ail, les lanières de zeste d'orange, le thym et les graines de fenouil et poursuivre la cuisson jusqu'à ce que le tout soit odorant, environ 45 secondes. Ajouter le vin, porter à ébullition en remuant pour détacher toute particule brunie adhérant au fond de la casserole. Poursuivre la cuisson jusqu'à ce que le liquide ait réduit de moitié, environ 4 minutes. →

Incorporer le bouillon, les tomates et leur jus, et ajouter les morceaux de bœuf cuits et le jus de viande. Porter à ébullition, réduire à feu doux, couvrir et laisser mijoter jusqu'à ce que le bœuf soit tendre, environ 2 ½ heures. Ajouter les carottes et les olives, mélanger. Augmenter le feu à moyen et poursuivre la cuisson jusqu'à ce que les carottes soient cuites, environ 8 minutes. Incorporer le zeste d'orange râpé et le persil, rectifier l'assaisonnement et servir.

24

FÉVRIER

Cette recette s'écarte quelque peu de la recette traditionnelle de la soupe aux pois ; au lieu d'ajouter le jambon au cours de la cuisson, on le sert croustillant en garniture, ce qui ajoute de la texture et du goût à la soupe.

SOUPE AUX POIS CASSÉS JAUNES ET AU JAMBON

4 portions

90 g (3 oz) de jambon, finement tranché

1 c. à soupe de beurre non salé

1 c. à soupe d'huile d'olive

1 oignon jaune, haché

1 branche de céleri, hachée

1 litre (4 tasses) de bouillon de poulet

250 g (½ lb) de pois cassés jaunes, triés et rincés

Sel et poivre fraîchement moulu

Faire chauffer à feu moyen-élevé une grosse casserole à fond épais. Ajouter le jambon et cuire en le retournant une fois, jusqu'à ce qu'il soit croustillant, de 7 à 8 minutes. Laisser refroidir avant de l'émietter. Ajouter le beurre et l'huile dans la casserole. Quand le beurre est fondu, ajouter l'oignon et le céleri et poursuivre la cuisson 5 minutes, jusqu'à tendreté. Verser le bouillon et porter à ébullition. Ajouter les pois, réduire à feu doux et cuire à demi couvert en remuant le tout à l'occasion, jusqu'à ce que les pois soient tendres, de 45 à 50 minutes. Assaisonner de sel et de poivre et servir la soupe, garnie de jambon.

25

FÉVRIER

Choisissez des pâtes dont la dimension s'accorde avec celle des lentilles ; les pâtes dont l'appellation finit par « ini » conviennent parfaitement. Pour une version végétarienne, omettez la pancetta et remplacez le bouillon de poulet par du bouillon de légumes. Laissez-vous tenter et servez cette soupe surmontée d'une bonne cuillerée de mascarpone !

SOUPE DE LENTILLES AVEC PÂTES ET SAUGE

4 portions

3 c. à soupe d'huile d'olive

60 g (2 oz) de tranches de pancetta ou de bacon, hachées

1 petit oignon jaune, haché

2 grosses gousses d'ail, émincées

1 carotte, pelée et finement hachée

1 branche de céleri, finement hachée

1 c. à soupe de sauge émincée

440 g (2 tasses) de lentilles sèches, triées et rincées

250 ml (1 tasse) de tomates en dés en conserve, avec leur jus

1,5 litre (6 tasses) de bouillon de poulet, plus au besoin

Sel et poivre fraîchement moulu

125 g (¼ lb) de tubettinis, ditalinis, ou autres petites pâtes

Dans une grande casserole à fond épais, faire chauffer l'huile à feu moyen-élevé. Ajouter la pancetta et faire revenir jusqu'à coloration dorée, environ 2 minutes. Ajouter l'oignon, l'ail, la carotte, le céleri et la sauge et faire revenir jusqu'à ce que les légumes aient ramolli, environ 3 minutes. Incorporer les lentilles et les tomates, poursuivre la cuisson en remuant à l'occasion, pendant 5 minutes. Mettre à feu vif, verser le bouillon et amener à ébullition. Ajouter 1 c. à soupe de sel, réduire à feu moyen-doux et laisser mijoter, à demi couvert, jusqu'à ce que les lentilles soient presque tendres, de 30 à 40 minutes. Ajouter du bouillon au besoin.

Ajouter les pâtes et cuire en remuant à l'occasion, jusqu'à ce qu'elles ne soient pas encore tout à fait al dente, environ 2 minutes de moins que les directives inscrites sur l'emballage. (Les pâtes continueront à cuire dans la chaleur de la soupe.) Saler, poivrer et servir.

26

FÉVRIER

Au Portugal où ce plat est connu sous le nom de caldo verde *(ou bouillon vert), le chou frisé fait partie des ingrédients de base. La linguiça ou le chorizo sont les saucisses les plus utilisées mais vous pouvez les remplacer par une saucisse de porc à l'ail comme la kielbasa. Servir avec du pain de maïs chaud.*

SOUPE AU CHOU FRISÉ À LA SAUCISSE

4 à 6 portions

60 ml (¼ tasse) d'huile d'olive

2 oignons jaunes, finement hachés

4 gousses d'ail, émincées

3 grosses pommes de terre Russet, environ 1,25 kg (2 ½ lb), pelées et finement tranchées

1, 5 litre (6 tasses) de bouillon de poulet ou de légumes

375 g (¾ lb) de saucisses kielbasa ou autre saucisse cuite, tranchée

1 botte de chou frisé (*kale*), tiges coriaces et nervures retirées, finement tranché

Sel et poivre fraîchement moulu

Huile d'olive extra vierge pour garnir

Dans une grande casserole à fond épais, faire chauffer l'huile d'olive à feu moyen. Ajouter les oignons et l'ail, faire revenir jusqu'à l'obtention d'une coloration dorée, environ 5 à 7 minutes. Ajouter les pommes de terre et poursuivre la cuisson environ 2 minutes. Verser le bouillon, couvrir et porter à ébullition. Réduire à feu doux, laisser mijoter jusqu'à ce que les pommes de terre soient tendres, environ 20 minutes. Retirer du feu et laisser refroidir légèrement.

Réduire la soupe en purée grossière au mélangeur, en plusieurs fois, en laissant entières quelques tranches de pomme de terre. Remettre le tout dans la casserole, ajouter la saucisse, couvrir et laisser mijoter à feu moyen jusqu'à ce que la saucisse soit chaude, environ 5 minutes. Ajouter le chou frisé et poursuivre la cuisson à découvert jusqu'à ce qu'il tombe, tout en conservant sa couleur verte éclatante, de 3 à 5 minutes. Saler, poivrer et servir la soupe, accompagnée d'un filet d'huile d'olive extra vierge.

27

FÉVRIER

La saveur de cette bonne soupe du terroir doit beaucoup à l'ajout du jambon salé et du parmesan ainsi qu'au goût légèrement amer de la scarole mijotant juste assez longtemps dans le bouillon pour tomber et s'adoucir ; si vous n'en trouvez pas, remplacez-la par de la bette à carde ou du chou frisé (kale).

SOUPE AU JAMBON, AUX HARICOTS ET À LA SCAROLE

4 à 6 portions

2 à 3 c. à soupe d'huile d'olive

250 g (½ lb) de jambon en tranches épaisses, coupées en cubes

1 oignon jaune, finement haché

4 gousses d'ail, émincées

1, 75 litre (7 tasses) de bouillon de poulet

1 scarole, partie centrale retirée, les feuilles déchiquetées en morceaux

2 boîtes de 470 g (15 oz) chacune de haricots blancs en conserve, égouttés et rincés

2 c. à soupe de romarin émincé

1/4 c. à café de flocons de piment rouge

60 g (½ tasse) de parmesan râpé

Dans une grande casserole à fond épais, faire chauffer 2 c. à soupe d'huile à feu moyen-élevé. Ajouter le jambon et faire revenir jusqu'à ce qu'il soit croustillant, environ 3 minutes. Réserver dans une assiette. Ajouter plus d'huile dans la casserole si nécessaire et faire revenir l'oignon et l'ail à feu moyen, jusqu'à tendreté, environ 4 minutes. Verser le bouillon et porter à ébullition. Ajouter la scarole et poursuivre la cuisson en remuant jusqu'à ce que les feuilles de scarole soient tombées, de 2 à 3 minutes. Ajouter les haricots, le romarin et les flocons de piment rouge. Porter à ébullition, réduire à feu moyen-doux et laisser mijoter pendant 5 minutes.

Incorporer le jambon. Écraser un peu de haricots pour épaissir légèrement la soupe et laisser mijoter pendant 2 minutes. Saler, poivrer et servir la soupe, garnie d'un peu de fromage. Mettre le reste du fromage sur la table à la disposition des convives.

28

FÉVRIER

Cette simple soupe aux tomates, garnie du trio classique de la cuisine grecque, soit les crevettes, le fromage feta et l'origan, se concocte en moins de 30 minutes. Servez-la avec des tranches de pain de campagne que vous aurez frottées avec une gousse d'ail coupée avant de les faire griller légèrement.

BOUILLON AUX TOMATES AVEC CREVETTES, FETA ET ORIGAN

4 à 6 portions

2 c. à soupe d'huile d'olive

1 petit oignon jaune, haché

4 gousses d'ail, émincées

3 boîtes de 455 g (14 ½ oz) de tomates en dés, égouttées

1 litre (4 tasses) de bouillon de poulet

Sel et poivre fraîchement moulu

250 g (½ lb) de crevettes de grosseur moyenne, décortiquées et déveinées

250 g (½ lb) de fromage feta émietté

2 c. à soupe d'origan frais haché

Dans une grande casserole à fond épais, faire chauffer l'huile à feu moyen-élevé. Ajouter l'oignon et l'ail et faire revenir jusqu'à ce que le tout soit translucide, de 5 à 7 minutes. Ajouter les tomates et poursuivre la cuisson pendant 4 minutes. Verser le bouillon et amener à ébullition. Réduire à feu doux et faire mijoter pendant 20 minutes. Retirer du feu et laisser refroidir légèrement. Réduire la moitié de la soupe en purée au mélangeur. Remettre dans la casserole, saler et poivrer. Tenir au chaud à feu doux pendant la préparation des crevettes.

Préchauffer le gril du four. Verser 125 ml (½ tasse) du bouillon aux tomates dans un plat creux allant au four. Déposer les crevettes en une couche sur le bouillon et parsemer de fromage feta. Passer les crevettes sous le gril pendant 4 minutes. Retirer les crevettes du four et assaisonner d'origan. Remettre les crevettes sous le gril jusqu'à ce qu'elles soient parfaitement cuites, 1 à 2 minutes de plus. À l'aide d'une louche, verser le bouillon dans des bols et garnir de crevettes au feta. Servir.

5 SOUPE BROCOLI-POIREAU *page 61*	**6** SOUPE AU RIZ SAUVAGE ET AU BACON *page 61*	**7** SOUPE DE HARICOTS CANNEBERGE ET PAPPARDELLES *page 63*	
12 UPE CITRONNÉE AUX ASPERGES ET AU RIZ, AVEC PARMESAN *page 65*	**13** SOUPE AU BŒUF, AUX NOUILLES ET AUX JEUNES POUSSES DE BOK CHOY *page 66*	**14** BOUILLON AU PARMESAN AVEC CITRON, POULET ET ÉPINARDS *page 66*	
19 OUPE AU CHOU NAPPA AVEC PORC ET GERMES DE SOYA *page 71*	**20** PÂTES AU BOUILLON AVEC CIBOULETTE *page 71*	**21** SOUPE AU POULET ET CHIPOTLE AVEC AVOCAT ET CITRON VERT *page 72*	
26 LON PARFUMÉ AUX CINQ ÉPICES AVEC MPLINGS AU SAUMON ET OIGNONS *page 76*	**27** BOUILLON AU FENOUIL AVEC BETTE À CARDE ET CHORIZO *page 77*	**28** RAGOÛT DE DOLIQUES À ŒIL NOIR *page 77*	

Lorsque le temps froid cède la place à des jours plus cléments, les légumes feuillus printaniers, comme les jeunes pousses d'épinard, la roquette, les asperges et les artichauts, font une entrée remarquée. Ces tendres légumes se marient avec brio aux fines herbes, aux huiles d'agrume, aux œufs pochés et aux fromages de toutes sortes. Comme les jours de pluie donnent lieu à de belles éclaircies, cette saison se révèle idéale pour la récolte des champignons qui ajouteront saveur et texture aux soupes.

mars

1

MARS

Tout comme les pommes de terre nouvelles sont des pommes de terre n'ayant pas atteint leur pleine maturité, l'ail nouveau est simplement de l'ail immature. D'un goût fin, il ressemble à un jeune poireau ou à un oignon vert. Vous le trouverez sur l'étal des fermiers au début du printemps. Vous pouvez remplacer chaque tête d'ail nouveau par 1 gousse d'ail mature.

SOUPE À L'AIL NOUVEAU ET AUX POMMES DE TERRE NOUVELLES

6 portions

1 c. à soupe de beurre non salé

20 têtes d'ail nouveau, environ 185 g (6 oz), de 1,5 à 2,5 cm (½ à 1 po) de diamètre à la base, les bulbes hachés grossièrement

2 litres (8 tasses) de bouillon de poulet

625 g (1 ¼ lb) de pommes de terre rouges nouvelles, pelées et coupées en quatre

POUR LA GARNITURE

1 ½ c. à soupe d'huile d'olive extra vierge

3 têtes d'ail nouveau, de 1,5 à 2,5 cm (½ à 1 po) de diamètre à la base, les bulbes émincés

2 c. à soupe de persil plat haché

Sel et poivre fraîchement moulu

60 ml (¼ tasse) de crème 35 %

2 c. à soupe de vinaigre de vin blanc

Dans une grande casserole à fond épais, faire fondre le beurre à feu doux. Ajouter l'ail et 125 ml (½ tasse) de bouillon. Couvrir et cuire jusqu'à ce que l'ail soit tendre, environ 20 minutes. Ajouter les pommes de terre et le reste du bouillon et augmenter à feu moyen-élevé. Faire mijoter à couvert jusqu'à ce que les pommes de terre soient tendres, environ 20 minutes.

Entre-temps, préparer la garniture. Faire chauffer l'huile dans une petite casserole à feu doux. Ajouter l'ail émincé et faire revenir jusqu'à tendreté, environ 2 minutes. Ne pas laisser l'ail colorer. Laisser refroidir pendant 10 minutes. Incorporer le persil, saler, poivrer. Réserver.

Retirer la casserole du feu et laisser refroidir légèrement la soupe. Réduire la soupe en purée au mélangeur, en plusieurs fois. Passer à travers un tamis, posé sur une casserole propre. Incorporer la crème et le vinaigre. Rectifier l'assaisonnement et servir avec la garniture.

2

MARS

Pour parer une asperge, la courber doucement à environ 5 cm (2 po) de la base et la tige devrait se casser net, à l'endroit précis où les parties tendre et coriace se rencontrent. Peler les asperges plus charnues.

CRÈME D'ASPERGES

4 à 6 portions

1 c. à soupe de beurre non salé

2 c. à soupe d'huile d'olive

2 poireaux, parties blanches et vert pâle seulement, finement hachés

500 g (1 lb) de grosses asperges, parées, pelées et coupées en morceaux de 5 cm (2 po), les pointes réservées

1 pomme de terre Russet, pelée et coupée en morceaux de 5 cm (2 po)

1 litre (4 tasses) de bouillon de poulet

Sel et poivre blanc moulu

Jus de 1 ½ citron

3 c. à soupe de crème fraîche ou de crème sure

1 c. à soupe de ciboulette finement hachée

Dans une grande casserole à fond épais, faire fondre le beurre et l'huile à feu moyen. Ajouter les poireaux et faire revenir jusqu'à tendreté, environ 5 minutes. Ajouter les asperges et la pomme de terre et poursuivre la cuisson jusqu'à ce que les légumes commencent à ramollir, environ 3 minutes. Ajouter le bouillon, saler et poivrer. Amener le tout à ébullition à feu moyen-élevé. Réduire à feu doux, cuire à demi couvert jusqu'à ce que les légumes soient très tendres, environ 15 minutes.

Entre-temps, amener une petite casserole d'eau à ébullition. Ajouter le jus de citron et les pointes d'asperge réservées et cuire jusqu'à ce qu'elles soient tendres mais toujours croquantes, environ 3 minutes. Égoutter et laisser légèrement refroidir. Réduire la soupe en purée au mélangeur, en plusieurs fois. Remettre la soupe dans la casserole et faire réchauffer à feu doux. Servir la soupe, garnie de crème, de pointes d'asperge et de ciboulette.

3

MARS

Le beurre de morilles séchées donne une note somptueuse à cette soupe mettant en vedette un des légumes favoris du printemps. Parer un artichaut demande une certaine technique qu'il vaut la peine d'apprendre afin d'en déguster le cœur tendre. Cette soupe est excellente, servie avec du poulet rôti.

SOUPE À L'ARTICHAUT AVEC BEURRE DE MORILLES

4 à 6 portions

POUR LE BEURRE DE MORILLES

1 c. à soupe de morilles séchées en dés

1 petite gousse d'ail

Sel

4 c. à soupe de beurre non salé, à la température ambiante

1 c. à soupe de vinaigre de vin blanc, ou le jus de ½ citron

4 gros ou 5 à 6 artichauts moyens, soit environ 1,25 kg (2 ½ lb)

1 c. à soupe de beurre non salé

3 c. à soupe d'huile d'olive

4 échalotes hachées

2 gousses d'ail, émincées

125 ml (½ tasse) de vin blanc sec

500 ml (2 tasses) de bouillon de poulet

Bouquet garni composé de 1 feuille de laurier, 3 brins de thym et 4 brins de persil plat

Sel et poivre fraîchement moulu

Pour le beurre de morilles, mettre les champignons séchés dans un bol et mouiller à hauteur avec de l'eau bouillante. Couvrir et laisser tremper 30 minutes. Égoutter, rincer et presser pour extraire le liquide excédentaire. Au robot culinaire, hacher l'ail et une pincée de sel. Ajouter les champignons et réduire en purée. Ajouter le beurre et mélanger. Mettre le beurre de champignons dans un bol et réfrigérer.

Remplir un grand bol d'eau et ajouter le vinaigre. Peler, puis couper la tige de chaque artichaut au ras de la base. Trancher les tiges en lamelles avant de les déposer dans l'eau vinaigrée. Détacher les feuilles extérieures jusqu'aux feuilles tendres du milieu. Mettre les feuilles extérieures dans une casserole. Couper le ⅓ du sommet de chaque artichaut et couper le reste sur la longueur, en quatre. Retirer le foin de chaque quartier. Au fur et à mesure, mettre les quartiers débarrassés de leur foin dans l'eau vinaigrée.

Ajouter 1, 25 litre (5 tasses) d'eau dans la casserole contenant les feuilles extérieures. Porter à ébullition à feu moyen-élevé et cuire 15 minutes. →

Passer le liquide de cuisson à travers un tamis, posé sur une grande tasse à mesurer. Donne environ 1 litre (4 tasses) de liquide. Jeter les feuilles. Égoutter les artichauts et les hacher. Dans une grande casserole à fond épais, faire fondre le beurre et l'huile à feu moyen-élevé. Ajouter les échalotes et l'ail, faire revenir environ 5 minutes. Ajouter les artichauts hachés et faire revenir environ 5 minutes. Verser le vin et poursuivre la cuisson jusqu'à ce qu'il ne reste plus que 1 à 2 c. à soupe de liquide. Ajouter le liquide de cuisson des artichauts, le bouillon et le bouquet garni. Porter à ébullition, réduire le feu à moyen et cuire, à découvert, jusqu'à ce que les artichauts soient à peine tendres, de 10 à 15 minutes. Retirer du feu et jeter le bouquet garni. À l'aide d'une cuillère à égoutter, mettre les artichauts dans le bol du robot culinaire. Ajouter une petite quantité de liquide de cuisson et réduire en purée. Reverser dans la casserole et mélanger. Réchauffer à feu moyen-élevé, saler, poivrer. Servir, garnie d'un morceau de beurre de morilles.

4

MARS

L'oseille, au goût légèrement acidulé, constitue un merveilleux ajout à une soupe légère comme celle-ci. Si vous n'en trouvez pas, optez pour la couleur latine en ajoutant à la soupe quelques gouttes de jus de citron vert et en la parsemant, au moment de servir, de feuilles de coriandre et de piment jalapeño coupé en lamelles.

SOUPE AUX CREVETTES, CHAMPIGNONS ET OSEILLE

4 à 6 portions

90 g (3 oz) d'oseille ou de jeunes épinards

3 c. à soupe d'huile d'olive

2 échalotes, émincées

4 gousses d'ail, émincées

250 g (½ lb) de champignons de Paris, tranchés

1, 25 litre (5 tasses) de bouillon de poulet

500 g (1 lb) de crevettes, décortiquées et déveinées

Sel et poivre fraîchement moulu

Retirer les tiges coriaces de l'oseille et couper les feuilles en lanières. Dans une casserole, faire chauffer l'huile d'olive à feu moyen-élevé. Ajouter les échalotes et l'ail, faire revenir jusqu'à tendreté, 5 minutes. Ajouter les champignons et cuire en remuant souvent de 7 à 10 minutes. Ajouter le bouillon et porter à ébullition. Ajouter les crevettes et cuire jusqu'à ce qu'elles soient roses, de 2 à 3 minutes. Retirer la casserole du feu et incorporer l'oseille. Saler, poivrer et servir.

5

MARS

Pour faire des croûtons à l'ail, couper 3 tranches de pain paysan en petits cubes. Dans une poêle à frire, faire chauffer 3 c. à soupe d'huile d'olive à feu moyen-élevé, ajouter 2 gousses d'ail finement émincées. Faire dorer l'ail ; éviter de le faire brûler. Retirer l'ail et jeter. Ajouter le pain et faire revenir, en remuant, jusqu'à ce qu'il soit doré, environ 5 minutes.

SOUPE BROCOLI-POIREAU

4 portions

2 c. à soupe d'huile d'olive

2 poireaux, parties blanches et vert pâle seulement, finement hachés

750 g (1 ½ lb) **de brocoli, pied coriace pelé, fleurons et tiges coupés en morceaux de 2,5 cm** (1 po)

1 litre (4 tasses) **de bouillon de poulet**

Sel et poivre blanc moulu

60 g (¼ tasse) **de crème sure ou de yogourt nature**

Croûtons à l'ail (voir à gauche)

2 c. à soupe de ciboulette hachée

Dans une grande casserole à fond épais, faire chauffer l'huile à feu moyen. Ajouter les poireaux, faire revenir jusqu'à tendreté, de 3 à 5 minutes. Ajouter le brocoli et poursuivre la cuisson jusqu'à ce qu'il s'attendrisse légèrement, environ 2 minutes. Ajouter le bouillon et amener à ébullition à feu moyen. Poursuivre la cuisson partiellement à demi couvert, jusqu'à ce que les légumes soient tendres, de 15 à 20 minutes. Retirer du feu et laisser refroidir.

Réduire la soupe en purée au mélangeur ou au robot culinaire, en plusieurs fois. Remettre dans la casserole, faire réchauffer à feu moyen. Saler, poivrer et servir la soupe, garnie de crème sure, de croûtons et de ciboulette.

6

MARS

Le riz sauvage donne de la texture et un goût de noisette à cette soupe. L'ajout de crème et de bacon fumé transforme cette simple soupe en un délice. Servez-la avec une salade verte additionnée d'une vinaigrette aux agrumes.

SOUPE AU RIZ SAUVAGE ET AU BACON

4 portions

8 tranches épaisses de bacon

1 c. à soupe de beurre non salé

1 carotte, pelée et hachée

1 oignon jaune, haché

2 gousses d'ail, émincées

½ c. à café de thym séché

60 ml (¼ tasse) **de vin blanc sec**

1 litre (4 tasses) **de bouillon de poulet**

185 g (1 tasse) **de riz sauvage**

2 c. à soupe de crème 35 %

Sel et poivre fraîchement moulu

Déposer les tranches de bacon dans une grande casserole à fond épais. Cuire à feu moyen-élevé en retournant les tranches une seule fois, jusqu'à ce qu'elles soient croustillantes, environ 8 minutes. Mettre à égoutter sur des essuie-tout. Laisser refroidir avant de couper en morceaux de 2,5 cm (1 po). Réserver.

Ajouter le beurre, la carotte, l'oignon et l'ail dans la casserole et cuire à feu moyen-élevé, en remuant à l'occasion, jusqu'à ce que les carottes s'attendrissent, de 5 à 7 minutes. Incorporer le thym et poursuivre la cuisson pendant 1 minute. Ajouter le vin et cuire environ 3 minutes, en raclant pour détacher les particules brunies adhérant au fond de la casserole. Ajouter le bouillon et le riz, porter à ébullition. Réduire à feu doux, couvrir et laisser mijoter jusqu'à ce que le riz soit tendre, environ 1 heure. Ajouter la crème et le bacon, laisser mijoter à découvert jusqu'à ce que la soupe ait épaissi, environ 5 minutes. Saler, poivrer et servir.

7

MARS

Beaucoup de soupes italiennes proposent une combinaison de haricots et de pâtes. Les haricots canneberge, marbrés de rouge (ou haricots borlotti), comptent parmi les favoris des Italiens. Si vous ne les connaissez pas, sachez qu'il vaut vraiment la peine de les goûter, bien que vous puissiez, bien sûr, les remplacer par d'autres types de haricots dans cette recette.

SOUPE DE HARICOTS CANNEBERGE ET PAPPARDELLES

8 portions

45 g (1 ½ oz) de champignons porcinis séchés, mis à tremper dans de l'eau chaude pendant 30 minutes

8 c. à soupe d'huile d'olive

1 gousse d'ail, émincée

1 petite poignée de feuilles de sauge, finement hachées, plus des feuilles déchiquetées à la main pour garnir

250 ml (1 tasse) de tomates en dés en conserve, avec leur jus

2 litres (8 tasses) de bouillon de poulet

90 g (1 tasse) de pâtes pappardelles ou de tagliatelles, grossièrement cassées

470 g (15 oz) de haricots canneberge (borlotti) en conserve, égouttés et rincés

Sel et poivre fraîchement moulu

Égoutter les champignons, les rincer s'ils sont terreux, puis presser pour extraire le liquide excédentaire. Dans une grande casserole à fond épais, faire chauffer 3 c. à soupe d'huile à feu moyen. Ajouter l'ail, la sauge hachée et les champignons et faire revenir pendant 3 minutes. Ajouter les tomates et poursuivre la cuisson, en remuant à l'occasion, jusqu'à ce que les saveurs se soient développées, environ 5 minutes.

Verser le bouillon dans la casserole et amener le tout à ébullition à feu vif. Ajouter les pâtes et cuire à découvert pendant 5 minutes. Réduire à feu moyen. Incorporer les haricots. Saler, poivrer et servir la soupe, garnie de feuilles de sauge déchiquetées et d'un filet d'huile d'olive (les 5 c. à soupe d'huile restantes).

8

MARS

Une crème de légumes est la marque d'une bonne cuisine maison. Dans cette recette, le chou-fleur mijote doucement avec des pommes de terre et du lait avant d'être réduit en purée bien lisse et veloutée. Pour rendre cette soupe encore plus crémeuse, utilisez un mélange de lait et de crème.

CRÈME DE CHOU-FLEUR AU CERFEUIL

6 portions

1 petit chou-fleur d'environ 375 g (¾ lb), grossièrement haché (incluant le cœur)

1 pomme de terre à bouillir d'environ 250 g (½ lb), pelée et coupée en dés

810 à 875 ml (3 ¼ à 3 ½ tasses) de lait

Sel et poivre blanc moulu

2 c. à soupe de beurre non salé

⅛ c. à café de muscade râpée

10 g (¼ tasse) de cerfeuil ou de persil plat

Amener une grande casserole d'eau à ébullition à feu moyen-élevé. Ajouter le chou-fleur et la pomme de terre, réduire à feu moyen et poursuivre la cuisson jusqu'à ce que les légumes aient légèrement ramolli, environ 5 minutes. Égoutter les légumes et remettre dans la casserole. Ajouter 625 ml (2 ½ tasses) de lait et ½ c. à café de sel, amener à ébullition à feu moyen-élevé. Réduire à feu moyen, couvrir et poursuivre la cuisson jusqu'à ce que le chou-fleur et les pommes de terre soient tendres, de 15 à 20 minutes. Retirer du feu et laisser refroidir légèrement.

Réduire la soupe en purée au mélangeur ou au robot culinaire, en ajoutant le reste du lait au besoin pour obtenir la consistance crémeuse souhaitée. Mettre le tout dans une casserole propre et amener à ébullition à feu moyen. Incorporer le beurre, la muscade et ¼ c. à café de poivre. Servir la soupe, garnie de cerfeuil.

9

MARS

SOUPE AUX CHAMPIGNONS, AU THYM ET AUX OIGNONS VERTS

4 portions

30 g (1 oz) de champignons porcinis séchés

3 c. à soupe de beurre non salé

2 c. à soupe d'huile d'olive

2 échalotes émincées

5 gousses d'ail émincées

750 g (1 ½ lb) de champignons de Paris, tranchés

½ c. à café de thym séché

125 ml (½ tasse) de xérès sec

1 litre (4 tasses) de bouillon de poulet

Sel et poivre fraîchement moulu

1 botte d'oignons verts, parties blanches et vertes, hachés

Dans un petit bol, recouvrir les champignons séchés de 250 ml (1 tasse) d'eau chaude. Couvrir et laisser tremper pendant 30 minutes. Égoutter les champignons et réserver le liquide de trempage. Rincer les champignons s'ils sont terreux, puis les presser pour extraire le liquide excédentaire. Hacher grossièrement les champignons et verser le liquide de trempage à travers un filtre à café déposé sur un bol. Réserver.

Dans une casserole moyenne, faire fondre le beurre et l'huile d'olive à feu moyen-élevé. Ajouter les échalotes et l'ail, faire revenir jusqu'à tendreté, de 4 à 5 minutes. Ajouter les champignons de Paris et poursuivre la cuisson en remuant souvent, jusqu'à l'obtention d'une coloration dorée, de 10 à 12 minutes. Ajouter 125 ml (½ tasse) du liquide de trempage des porcinis et le xérès, cuire jusqu'à ce que la presque totalité du liquide soit évaporé, de 7 à 8 minutes. Ajouter le bouillon de poulet et porter à ébullition. Réduire à feu moyen-doux et laisser mijoter à découvert pendant 25 minutes, jusqu'à ce que les saveurs se soient développées. Saler, poivrer, incorporer les oignons verts et servir.

Il est très utile d'avoir des champignons porcinis séchés en réserve pour ajouter de la saveur aux soupes et aux sauces. Si vous voulez donner une texture veloutée à cette soupe, vous n'avez qu'à réduire la moitié en purée avant d'ajouter les oignons verts.

10

MARS

CRÈME DE PETITS POIS AVEC HUILE D'AGRUME ET CIBOULETTE

4 à 6 portions

1 c. à soupe de beurre non salé

1 c. à soupe d'huile d'olive

1 petit oignon jaune, haché

1 litre (4 tasses) de bouillon de poulet ou de légumes

780 g (5 tasses) de petits pois frais ou surgelés

80 ml (⅓ tasse) de crème 35 %

Sel et poivre fraîchement moulu

Ciboulette finement ciselée

Huile d'agrume en garniture (voir à gauche)

Dans une grande casserole à fond épais, faire fondre le beurre et l'huile à feu moyen-élevé. Ajouter l'oignon, faire revenir jusqu'à ce qu'il soit translucide, environ 5 minutes. Verser le bouillon et amener à ébullition. Ajouter les petits pois et poursuivre la cuisson pendant 5 minutes. Retirer du feu et laisser refroidir légèrement.

Réduire la soupe en purée au mélangeur, en plusieurs fois. Passer la soupe à travers un tamis posé sur un bol en pressant à l'aide d'une cuillère pour en exprimer tout le liquide. Remettre la soupe dans la casserole et ajouter la crème. Amener à ébullition à feu moyen-élevé et retirer du feu. Saler et poivrer. Servir la soupe, garnie de ciboulette et arrosée d'un filet d'huile d'agrume.

Pour l'huile d'agrume, faire chauffer, dans une petite casserole, 125 ml (½ tasse) d'huile d'olive extra vierge et le zeste râpé de 1 citron Meyer. Faire mijoter le tout à feu moyen-doux pendant 10 minutes. Laisser refroidir à la température ambiante. Passer dans un petit tamis posé sur un bol.

11

MARS

Nous savons tous que la soupe à l'oignon fait très bon ménage avec du pain surmonté de fromage gratiné. Nous vous proposons ici une version revisitée de la fameuse soupe à l'oignon française où le fromage et le pain se présentent sous l'aspect d'un sandwich au fromage fondant.

SOUPE AUX TROIS OIGNONS AVEC SANDWICH AU CAMBOZOLA FONDANT

6 portions

2 c. à soupe de beurre non salé

60 ml (¼ tasse) d'huile d'olive

3 gros oignons jaunes, tranchés

6 échalotes, tranchées

3 poireaux, parties blanches et vert pâle seulement, tranchés

1 c. à soupe de sucre brun

60 ml (¼ tasse) de vin blanc sec

1 litre (4 tasses) de bouillon de poulet

Sel et poivre fraîchement moulu

SANDWICH AU FROMAGE FONDANT

12 tranches fines de pain aux canneberges et noix ou autre pain de fruit et de noix

2 c. à soupe de beurre non salé, à la température ambiante

185 g (6 oz) de cambozola ou de camembert, à la température ambiante

Dans une grande casserole à fond épais, faire fondre le beurre et l'huile à feu vif. Ajouter les oignons, les échalotes et les poireaux, faire revenir jusqu'à ce que les oignons soient tendres, de 8 à 10 minutes. Réduire à feu doux et poursuivre la cuisson en remuant à l'occasion, pendant 30 minutes. Saupoudrer de sucre brun, remuer et cuire pendant 10 minutes. Ajouter le vin et faire mijoter en remuant pour détacher les particules brunies au fond de la casserole. Cuire jusqu'à ce que le vin soit absorbé, de 3 à 4 minutes. Ajouter le bouillon et amener à ébullition à feu moyen-élevé. Réduire à feu moyen et laisser mijoter à découvert pendant 10 minutes. Laisser refroidir légèrement. Réduire la moitié de la soupe en purée au mélangeur et reverser dans la casserole. Saler, poivrer.

Pour faire les sandwichs, beurrer chaque tranche de pain. Étendre 30 g (1 oz) de fromage sur la face non beurrée de 6 tranches de pain et déposer les 6 tranches restantes sur ces dernières, faces beurrées vers l'extérieur du sandwich. Dans une poêle à frire, cuire les sandwichs à feu moyen-doux, jusqu'à ce que le pain soit rôti et le fromage, fondu, environ 4 minutes par face. Couper chaque sandwich en deux. Servir avec la soupe.

12

MARS

Cette recette constitue une excellente façon d'accommoder le riz cuit. Les bouts coriaces des asperges ont été également mis à contribution : ils confèrent la saveur du légume au bouillon. Pour qu'elles ne perdent pas leur belle couleur verte, n'ajoutez les pointes d'asperge qu'à la toute fin, au moment de servir la soupe.

SOUPE CITRONNÉE AUX ASPERGES ET AU RIZ, AVEC PARMESAN

4 portions

2 bottes d'asperges

1 litre (4 tasses) de bouillon de poulet

3 c. à soupe de beurre non salé

1 petit oignon jaune, finement haché

3 gousses d'ail, émincées

235 g (1 ½ tasse) de riz blanc cuit

Le zeste râpé de 1 citron

3 c. à soupe de jus de citron frais

Sel et poivre fraîchement moulu

Parmesan râpé pour servir

Casser les bouts coriaces des asperges et réserver. Couper les asperges en tronçons de 2,5 cm (1 po). Dans une casserole, mettre le bouillon et les bouts coriaces des asperges. Amener à ébullition à feu moyen-élevé, réduire à feu doux et faire mijoter pendant 10 minutes. Passer le bouillon à travers un tamis posé sur un bol. Jeter les solides.

Dans une grande casserole à fond épais, faire fondre le beurre à feu moyen-élevé. Ajouter l'oignon et l'ail, faire revenir jusqu'à ce que le tout soit translucide, environ 5 minutes. Ajouter le bouillon et amener à ébullition. Réduire à feu doux, ajouter le riz, les morceaux d'asperges, le zeste et le jus de citron, laisser mijoter jusqu'à ce que les asperges soient tendres mais toujours croquantes, environ 3 minutes. Saler, poivrer et servir, parsemé de parmesan râpé.

13

MARS

La saveur poivrée et piquante du gingembre frais exalte le goût de cette soupe. De plus, la cannelle et l'anis étoilé ajoutent à la complexité de cette dernière tandis que les nouilles et les tranches de bœuf bien tendres lui donnent de la consistance et de la texture. Toutes les variétés de nouilles asiatiques, y compris les vermicelles de riz, se prêtent bien à cette soupe ; vous n'aurez qu'à suivre les directives de cuisson sur l'emballage.

SOUPE AU BŒUF, AUX NOUILLES ET AUX JEUNES POUSSES DE BOK CHOY

6 à 8 portions

10 cm (4 po) de gingembre frais

2 c. à soupe d'huile de canola

1 oignon jaune, finement tranché

4 bâtons de cannelle

1 anis étoilé

5 gousses d'ail, broyées et émincées

2 c. à café de sauce asiatique pimentée à l'ail

1 litre (4 tasses) de bouillon de poulet

125 ml (½ tasse) de sauce soya

1 kg (2 lb) de palette de bœuf, parée et coupée en tranches d'une épaisseur de 6 mm (¼ po)

Sel

750 g (1 ½ lb) de nouilles de blé fraîches chinoises

5 bok choy, soit environ 750 g (1 ½ lb), parés et coupés en quatre

4 oignons verts, en fines lamelles

Peler le gingembre, couper en tranches fines et broyer chaque tranche à l'aide du côté plat de la lame d'un couteau de chef.

Dans une grande casserole à fond épais, faire chauffer l'huile à feu moyen-élevé. Ajouter l'oignon et faire revenir jusqu'à tendreté, environ 3 minutes. Ajouter la cannelle et l'anis étoilé, poursuivre la cuisson en remuant, jusqu'à ce que les épices deviennent odorantes et que les bâtons de cannelle commencent à se dérouler, environ 2 minutes. Ajouter le gingembre broyé, l'ail et la sauce pimentée à l'ail et cuire, en remuant, environ 45 secondes. Ajouter le bouillon et la sauce soya. Verser dans la casserole 1,1 litre (4 ½ tasses) d'eau, couvrir et amener à ébullition à feu vif. Incorporer le bœuf et ramener à ébullition. Réduire à feu doux et laisser mijoter, à demi couvert, jusqu'à ce que le bœuf soit très tendre, environ 1 ½ heure.

Dans une grande casserole, amener 4 litres (16 tasses) d'eau à ébullition à feu vif. Incorporer 1 c. à soupe de sel et les nouilles, ramener à ébullition et cuire jusqu'à ce que les nouilles soient tendres, environ 3 minutes. Égoutter, rincer à l'eau chaude et égoutter de nouveau. Répartir les nouilles dans les bols. À l'aide d'une cuillère à égoutter, retirer et → jeter les bâtons de cannelle, l'anis étoilé et le gingembre de la soupe. Ajouter le bok choy et cuire jusqu'à ce que les légumes soient tendres, mais toujours croquants, environ 5 minutes. Incorporer la moitié des oignons verts. À l'aide d'une louche, verser la soupe sur les nouilles, en répartissant le bœuf et les légumes équitablement. Garnir avec le reste des oignons verts et servir.

14

MARS

Cette recette, déjà très simple, est encore plus facile à faire en utilisant du poulet déjà rôti du supermarché ou du poulet grillé à la maison que vous couperez en morceaux. L'ajout de la croûte d'un morceau de parmesan durant la cuisson ajoute beaucoup de saveur à la soupe.

BOUILLON AU PARMESAN AVEC CITRON, POULET ET ÉPINARDS

4 à 6 portions

2 demi-poitrines de poulet, désossées, sans la peau, d'environ 375 g (¾ lb)

2 c. à soupe d'huile d'olive

1 petit oignon jaune, haché

3 gousses d'ail, émincées

1 croûte de parmesan de 2,5 cm (1 po), plus des copeaux de fromage pour garnir

1,5 litre (6 tasses) de bouillon de poulet

Jus de 1 citron

1 petite botte d'épinards, tiges coriaces retirées

Sel et poivre fraîchement moulu

Dans une petite casserole, recouvrir les poitrines de poulet de 2,5 cm (1 po) d'eau. Amener à ébullition à feu moyen-élevé. Réduire à feu doux et laisser mijoter jusqu'à ce que le poulet soit cuit à cœur, de 15 à 18 minutes, en écumant la surface au besoin. Mettre dans une assiette et laisser refroidir. Déchiqueter le poulet.

Dans une grande casserole à fond épais, faire chauffer l'huile à feu moyen-élevé. Ajouter l'oignon et l'ail, cuire jusqu'à ce que le tout soit translucide, environ 5 minutes. Ajouter la croûte de parmesan, le bouillon et le jus de citron et amener à ébullition. Réduire à feu doux et laisser mijoter à découvert pendant 15 minutes. Ajouter les épinards et le poulet, laisser mijoter en remuant constamment, jusqu'à ce que les épinards tombent. Retirer et jeter la croûte de parmesan. Saler, poivrer et servir la soupe, garnie de copeaux de parmesan.

MARS

15

15

MARS

La soupe miso traditionnelle est servie avec des champignons shiitakes, des oignons verts tranchés et de petits cubes de tofu ; nous lui donnons un air de printemps en la servant plutôt avec des crevettes et des pousses de petits pois.

SOUPE MISO AVEC CREVETTES ET POUSSES DE PETITS POIS

2 portions

1 morceau de kombu de 7,5 cm (3 po)

15 g (½ tasse) de flocons de bonite

2 c. à soupe de pâte de miso blanc

125 g (¼ lb) de crevettes, décortiquées et déveinées

10 g (⅓ tasse) de pousses de petits pois

Dans une grande casserole, recouvrir le kombu de 750 ml (3 tasses) d'eau froide. Amener à ébullition à feu moyen. Retirer et jeter le kombu. Retirer du feu et ajouter les flocons de bonite, remuer une fois le tout doucement. Laisser reposer pendant 5 minutes. Passer le bouillon à travers un tamis et jeter les flocons de bonite. remettre le bouillon dans la casserole.

Dans un petit bol, mélanger la pâte miso à 60 ml (¼ tasse) de bouillon. Remuer jusqu'à l'obtention d'un mélange bien lisse. Incorporer au bouillon dans la casserole et faire réchauffer doucement à feu moyen, en prenant soin de ne pas faire bouillir la soupe.

Ajouter les crevettes et laisser mijoter jusqu'à ce qu'elles deviennent roses, environ 4 minutes. Incorporer les pousses de petits pois et servir.

16

MARS

Les champignons porcinis séchés dégagent un arôme boisé intense qui fait contrepoids au goût riche du bœuf tandis que l'épeautre ajoute une note chaleureuse à la soupe, grâce à sa texture et à son bon goût de noisette.

SOUPE DE BŒUF, CHAMPIGNONS ET ÉPEAUTRE

6 à 8 portions

20 g (¾ oz) de champignons porcinis secs

1 ½ c. à soupe d'huile d'olive

375 g (¾ lb) de champignons café frais, finement tranchés

1 oignon jaune, finement haché

3 carottes, pelées et coupées en tranches de 6 mm (¼ po) d'épaisseur

3 gousses d'ail, émincées

1 ½ c. à café de thym émincé

125 g (¾ tasse) de tomates en dés en conserve

280 g (1 ½ tasse) d'épeautre, rincé et égoutté

2 litres (8 tasses) de bouillon de bœuf

375 g (2 tasses) de bœuf cuit effiloché

4 c. à soupe de persil plat haché

Sel et poivre fraîchement moulu

Dans un bol résistant à la chaleur, recouvrir d'eau chaude les porcinis. Laisser tremper pendant 30 minutes. Retirer les champignons, en réservant le liquide de trempage. Rincer les champignons s'ils sont terreux et presser pour exprimer l'eau excédentaire. Verser le liquide de trempage à travers un filtre à café déposé sur un bol. Réserver.

Dans une grande casserole à fond épais, faire chauffer 1 c. à soupe d'huile à feu moyen. Ajouter les champignons café, cuire jusqu'à ce qu'ils rendent leur eau et que le liquide s'évapore, environ 7 minutes. Ajouter le reste de l'huile et l'oignon, les carottes, l'ail et le thym. Faire revenir jusqu'à ce que les légumes ramollissent et commencent à se colorer, environ 7 minutes. Ajouter les champignons porcinis et leur eau de trempage, les tomates et leur jus, l'épeautre et le bouillon de bœuf. Amener à ébullition à feu vif. Réduire à feu doux et laisser mijoter, en remuant à l'occasion, jusqu'à ce que l'épeautre soit presque tendre, environ 20 minutes.

Ajouter le bœuf effiloché, la moitié du persil et 1 ½ c. à café de sel. Poivrer et bien mélanger le tout. Faire mijoter jusqu'à ce que la viande soit chaude et l'épeautre tendre, environ 10 minutes. Servir la soupe, garnie du reste du persil.

17

MARS

Je n'ai rien contre le corned-beef et le chou, mais célébrer la fête de la Saint-Patrick avec cet agneau à la paysanne, accompagné d'un ragoût de légumes, s'avère à mon avis beaucoup plus festif. En le faisant mijoter pendant 2 heures, vous obtiendrez d'excellents résultats. Servez-le avec d'épaisses tranches de pain irlandais au bicarbonate de soude.

RAGOÛT D'AGNEAU IRLANDAIS

4 à 6 portions

1 kg (2 lb) d'épaule d'agneau désossée, parée et coupée en cubes de 2,5 cm (1 po)

4 pommes de terre blanches à bouillir, pelées et coupées en tranches d'une épaisseur de 1,5 cm (½ po)

2 oignons jaunes, coupés en deux sur la longueur puis en tranches de 1,5 cm (½ po)

1 gros navet, pelé et coupé en tranches de 6 mm (¼ po) d'épaisseur

2 brins de thym frais, ou 4 c. à café de thym séché

3 brins de persil plat, plus pour garnir

Sel et poivre fraîchement moulu

Dans une grande casserole à fond épais, couvrir d'eau les cubes d'agneau. Égoutter et ajouter de l'eau fraîche en dépassant la viande de 2,5 cm (1 po). Amener à ébullition à feu vif et poursuivre la cuisson pendant 5 minutes. À l'aide d'une cuillère à égoutter, déposer l'agneau dans un plat. Verser le bouillon dans un bol.

Disposer la moitié des tranches de pomme de terre dans le fond de la casserole. Couvrir de la moitié des tranches d'oignon, puis recouvrir des tranches de navet. Répartir les cubes d'agneau sur les navets et parsemer de thym et du persil. Assaisonner de 1 c. à café de sel et de ¼ c. à café de poivre. Garnir du reste des oignons puis du reste des tranches de pomme de terre. Passer le bouillon d'agneau à travers un tamis sur les pommes de terre. Amener à ébullition à feu vif. Réduire à feu moyen-doux, couvrir et laisser mijoter jusqu'à ce que l'agneau soit tendre, environ 2 heures. Retirer les brins de thym et de persil. Servir, garni de persil.

18

MARS

L'emploi de deux sortes de riz donne de la texture et de la saveur à cette soupe parfumée. Des ingrédients comme le gingembre, l'ail et la coriandre, connus pour leur propension à combattre les refroidissements, font de cette soupe le plat par excellence à apporter à un ami malade.

SOUPE AU POULET ET RIZ SAUVAGE, PARFUMÉE AU GINGEMBRE

6 portions

90 g (½ tasse) de riz sauvage, rincé

1 c. à soupe d'huile de sésame asiatique

1 c. à soupe d'huile de canola

1 oignon jaune, haché

1 c. à soupe de gingembre frais pelé et râpé

2 gousses d'ail, émincées

1 litre (4 tasses) de bouillon de poulet

1 carotte, pelée et coupée en dés

3 demi-poitrines de poulet, avec les os, sans la peau

2 cuisses de poulet, avec les os, sans la peau

105 g (½ tasse) de riz blanc à grain long

20 g (¼ tasse) d'oignons verts finement tranchés

10 g (¼ tasse) de coriandre fraîche hachée

Sel et poivre fraîchement moulu

Dans une petite casserole, amener 500 ml (2 tasses) d'eau à ébullition. Ajouter le riz sauvage, réduire à feu doux et laisser mijoter à couvert, jusqu'à tendreté, de 45 à 50 minutes. Égoutter.

Entre-temps, dans une grande casserole à fond épais, faire chauffer l'huile de sésame et l'huile de canola à feu moyen-élevé. Ajouter l'oignon et faire revenir jusqu'à tendreté, de 3 à 5 minutes. Ajouter le gingembre et l'ail, poursuivre la cuisson pendant 2 minutes. Ajouter le bouillon, la carotte, le poulet et le riz blanc. Verser 500 ml (2 tasses) d'eau dans la casserole et amener à ébullition. Réduire le feu à moyen-doux et poursuivre la cuisson jusqu'à ce que le poulet soit parfaitement cuit à cœur, environ 15 minutes. Déposer le poulet dans une assiette et laisser refroidir. Désosser la viande et couper le poulet en morceaux. Remettre les morceaux de poulet dans la soupe avec les oignons verts, la coriandre et le riz sauvage. Saler, poivrer et servir.

19

MARS

Une fois réhydratés, les champignons shiitakes séchés acquièrent une texture presque viandeuse et leur eau de trempage s'imprègne d'une saveur agréablement fumée. Ce liquide, qu'on ajoute au bouillon, s'harmonise bien à la douceur du chou, au piquant de l'huile pimentée ainsi qu'au croquant des germes de soya.

SOUPE AU CHOU NAPPA AVEC PORC ET GERMES DE SOYA

6 à 8 portions

10 cm (4 po) de gingembre frais

1,5 litre (6 tasses) de bouillon de poulet

125 ml (½ tasse) de vin de riz chinois ou de xérès sec, plus 3 c. à soupe

5 c. à soupe de sauce soya

250 g (½ lb) de côtelette de longe de porc désossée, coupée en fines lanières

10 champignons shiitakes séchés

1 chou nappa d'environ 1,25 kg (2 ½ lb)

4 c. à café d'huile de canola

6 gousses d'ail, émincées

2 c. à café d'huile de sésame asiatique

Sel

140 g (1 ½ tasse) de pousses de haricots mungo

Huile pimentée asiatique pour servir

6 oignons verts, parties vert foncé seulement, finement coupés

Peler le gingembre. En émincer la moitié. Couper le reste en 6 tranches et broyer chaque tranche à l'aide du côté plat de la lame d'un couteau de chef.

Dans une grande casserole à fond épais, mettre le gingembre broyé, le bouillon et 125 ml (½ tasse) de vin de riz et amener à ébullition à feu vif. Retirer du feu, couvrir et laisser reposer environ 30 minutes. À l'aide d'une cuillère à égoutter, retirer et jeter le gingembre broyé.

Entre-temps, dans un bol, mélanger le gingembre émincé, 3 c. à soupe de vin de riz, 2 c. à soupe de sauce soya et le porc. Laisser reposer à la température ambiante pendant 30 minutes.

Dans un petit bol, recouvrir les champignons séchés de 250 ml (1 tasse) d'eau chaude. Laisser tremper 30 minutes. Égoutter. Enlever les pieds et couper les chapeaux en quatre. Verser le liquide de trempage à travers un filtre à café placé au-dessus de la casserole de bouillon.

Détacher les feuilles de chou et les couper en morceaux de 2,5 cm (1 po). Dans une grande poêle antiadhésive, faire chauffer 2 c. à café d'huile de canola à feu vif. Ajouter le chou et faire revenir pendant 1 minute. Ajouter l'ail et poursuivre la cuisson jusqu'à ce que le → chou soit tendre, mais encore croquant, environ 2 minutes. Remettre dans la casserole. Ajouter 2 c. à café d'huile de canola dans la poêle et faire chauffer à feu vif. Ajouter les champignons, le porc et la marinade, faire revenir jusqu'à ce que le porc soit cuit à cœur, environ 2 minutes. Mettre dans la casserole. Ajouter les 3 c. à soupe restantes de sauce soya, ainsi que l'huile de sésame et 1 c. à café de sel. Amener à ébullition à feu vif, réduire à feu doux et laisser mijoter à demi couvert, 10 à 15 minutes. Servir la soupe, garnie d'une poignée de germes de soya, d'un filet d'huile pimentée et parsemée d'oignons verts.

20

MARS

En Italie, cette soupe s'appelle pasta in brodo. *Elle constitue une entrée merveilleuse et se prête à mille et une garnitures et improvisations. Ajoutez de la couleur et de la saveur en y incorporant des haricots verts, des fines herbes, des petits pois, de la bette à carde ou des épinards.*

PÂTES AU BOUILLON AVEC CIBOULETTE

6 portions

1 kg (2 lb) de carcasses et cous de poulet, gras retiré

1 petit oignon jaune, en quartier

1 petite carotte, pelée et grossièrement hachée

⅛ c. à café de thym séché

155 g (5 oz) de petites pâtes comme les stellines, ditalinis, farfallines

1 c. à soupe de ciboulette ciselée

Sel et poivre fraîchement moulu

60 g (½ tasse) de parmesan râpé

Dans une grande casserole à fond épais, mettre le poulet, l'oignon, la carotte et le thym. Verser 2 litres (8 tasses) d'eau et amener à ébullition. Réduire à feu doux et faire mijoter à découvert pendant 3 heures, en écumant la surface au besoin. Ajouter de l'eau de temps à autre pour maintenir le niveau du début. Passer le liquide dans une passoire déposée sur une casserole propre. Jeter les os. Retirer le gras et jeter. Doit fournir 2 litres (8 tasses) de liquide ; ajouter de l'eau si nécessaire. Chauffer le bouillon à feu moyen-élevé. Ajouter les pâtes et poursuivre la cuisson jusqu'à ce qu'elles soient al dente, de 2 à 3 minutes ou selon les directives inscrites sur l'emballage. Incorporer la ciboulette, saler, poivrer. Servir la soupe, parsemée de fromage.

21

MARS

La saveur exubérante du piment chipotle fumé dans cette soupe classique est tenue en laisse par l'ajout des pois chiches. Vous pouvez garnir cette soupe avec de la coriandre fraîche et/ou du fromage queso fresco émietté.

SOUPE AU POULET ET CHIPOTLE AVEC AVOCAT ET CITRON VERT

6 portions

1, 5 litre (6 tasses) de bouillon de poulet

1 poitrine entière de poulet, avec les os, sans la peau

1 brin de menthe

1 c. à soupe d'huile de canola

½ gros oignon blanc, haché

1 grosse carotte, pelée et hachée

2 gousses d'ail, hachées

1 piment chipotle dans une sauce adobo, finement haché

1 brin de coriandre

Sel et poivre fraîchement moulu

470 g (15 oz) de pois chiches en conserve, égouttés et rincés

1 avocat, dénoyauté, pelé et coupé en dés

1 citron vert, coupé en six

Dans une grande casserole, faire mijoter le bouillon, le poulet et la menthe à feu moyen. Cuire partiellement à découvert, jusqu'à ce que le poulet soit entièrement cuit à cœur, environ 15 minutes, en écumant la surface du bouillon au besoin. Retirer le poulet et la menthe. Jeter la menthe. Laisser le poulet refroidir avant de le désosser et de hacher la chair. Réserver le bouillon.

Dans une grande casserole à fond épais, faire chauffer l'huile à feu moyen. Ajouter l'oignon, la carotte et l'ail, faire revenir jusqu'à ce que les oignons soit translucides, environ 5 minutes. Ajouter le bouillon, le chipotle, la coriandre, ½ c. à café de sel et ½ c. à café de poivre dans la casserole. Faire mijoter à couvert pendant 20 minutes. Incorporer les pois chiches et laisser mijoter, à découvert, pendant 10 minutes. Ajouter le poulet et réchauffer le tout.

Servir la soupe, garnie de dés d'avocat. Mettre les quartiers de citron vert sur la table, à la disposition des convives.

22

MARS

Le couscous israélien a des grains beaucoup plus gros que le couscous marocain, mais il cuit lui aussi de façon relativement rapide. Présentées sur un lit de couscous, les boulettes constituent un repas en soi.

SOUPE MAROCAINE AU COUSCOUS ET AUX BOULETTES D'AGNEAU

4 à 6 portions

POUR LES BOULETTES

1 c. à café de coriandre moulue

1 c. à café de cumin moulu

¼ c. à café de poudre de cari

¼ c. à café d'origan séché

¼ c. à café de thym séché

⅛ c. à café de moutarde sèche

⅛ c. à café de poudre de chili

Pincée de cannelle moulue

Sel et poivre fraîchement moulu

500 g (1 lb) d'agneau haché

2 c. à soupe de pâte de tomate

185 g (1 tasse) de couscous israélien

3 c. à soupe d'huile d'olive

2 échalotes, émincées

5 gousses d'ail, émincées

750 ml (3 tasses) de bouillon de poulet

1 c. à soupe de menthe hachée

Pour faire les boulettes, préchauffer le four à 190 °C (375 °F). Huiler une plaque de cuisson. Dans un petit bol, mélanger la coriandre, le cumin, le cari, l'origan, le thym, la moutarde, le chili et la cannelle. Ajouter ½ c. à café de sel, l'agneau et la pâte de tomate, bien mélanger avec les mains. Façonner chaque boulette en prélevant 1 c. à café du mélange d'agneau et les déposer sur la plaque huilée. Cuire les boulettes à cœur, environ 10 minutes.

Dans une petite casserole, amener 310 ml (1 ¼ tasse) d'eau à ébullition à feu vif. Ajouter le couscous, réduire à feu doux et cuire jusqu'à ce que tout le liquide soit absorbé, de 8 à 10 minutes.

Entre-temps, dans une grande casserole à fond épais, faire chauffer l'huile à feu moyen-élevé. Ajouter les échalotes et l'ail, faire revenir pendant 1 minute. Verser le bouillon et porter à ébullition. Réduire à feu doux, ajouter les boulettes et le couscous et faire mijoter le tout pendant 10 minutes. Retirer du feu. Incorporer la menthe, saler, poivrer et servir.

MARS 23

23

MARS

Le bouillon clair de cette soupe met en valeur les diverses nuances de vert provenant des artichauts et des petits pois. Servez la soupe dans une assiette creuse pour que les convives puissent apprécier en un coup d'œil tous les ingrédients qui la composent.

SOUPE AUX ARTICHAUTS, PETITS POIS ET MENTHE

4 à 6 portions

Jus de ½ citron

12 petits artichauts

2 c. à soupe de beurre non salé

1 oignon jaune, finement haché

2 gousses d'ail, émincées

250 g (½ lb) de champignons café, finement tranchés

1, 25 litre (5 tasses) de bouillon de poulet

155 g (1 tasse) de petits pois frais

2 c. à soupe de menthe hachée

Sel et poivre fraîchement moulu

Remplir un grand bol d'eau et ajouter le jus de citron. Peler, puis couper la tige de chaque artichaut au ras de la base. Détacher les feuilles extérieures jusqu'aux feuilles tendres du milieu. Couper le ⅓ du sommet de chaque artichaut pour retirer les pointes des feuilles. Couper les artichauts sur la longueur, en quatre. Retirer le foin de chaque quartier. Au fur et à mesure, mettre les quartiers débarrassés de leur foin dans l'eau citronnée.

Dans une grande casserole à fond épais, faire fondre le beurre à feu moyen. Ajouter l'oignon et l'ail, faire revenir jusqu'à ce que l'oignon soit translucide, environ 5 minutes. Égoutter les quartiers d'artichaut et les ajouter dans la casserole avec les champignons. Remuer et poursuivre la cuisson pendant 4 minutes. Verser le bouillon et porter à ébullition. Réduire à feu doux et faire mijoter à découvert jusqu'à ce que les artichauts soient tendres, environ 10 minutes. Ajouter les petits pois, cuire pendant 3 minutes. Incorporer la menthe, saler, poivrer et servir.

24

MARS

Ce ragoût sucré sera délicieux servi sur un lit de riz basmati. Il sera encore meilleur le lendemain, alors que les saveurs auront continué à se développer.

RAGOÛT DE PORC AUX PRUNEAUX ET AUX PATATES DOUCES

6 portions

4 c. à soupe d'huile d'olive

Sel et poivre fraîchement moulu

750 g (1 ½ lb) de filet de porc, paré et coupé en cubes de 4 cm (1 ½ po)

1 gros oignon blanc, coupé en deux sur le long, puis en tranches de 6 mm (¼ po) sur la largeur

4 gousses d'ail, émincées

1 grosse patate douce de 375 g (3/4 lb), pelée et coupée en dés de 1,5 cm (½ po)

375 ml (1 ½ tasse) de cidre

500 ml (2 tasses) de bouillon de poulet

185 g (1 tasse) de pruneaux dénoyautés

2 c. à soupe de persil plat émincé

Préchauffer le four à 180 °C (350 °F). Dans une grande casserole à fond épais, faire chauffer 2 c. à soupe d'huile à feu vif. Saler, poivrer généreusement le porc. En plusieurs fois, faire revenir le porc jusqu'à ce qu'il soit doré sur toutes ses faces, 7 à 8 minutes en tout. Mettre dans un bol et réserver.

Réduire à feu moyen-élevé et faire chauffer le reste de l'huile. Ajouter l'oignon, l'ail et les dés de patate douce et cuire, en remuant souvent, jusqu'à ce que les légumes aient ramolli, de 7 à 8 minutes. Ajouter le cidre et amener à ébullition, en remuant pour détacher les particules brunies adhérant au fond de la casserole. Ajouter le porc et les jus de viande accumulés, le bouillon et les pruneaux et mélanger.

Couvrir la casserole et enfourner. Cuire pendant 1 ½ heure. Sortir du four, rectifier l'assaisonnement, incorporer le persil et servir.

25

MARS

Cette soupe comporte trois sortes de légumineuses et de la linguiça, une saucisse portugaise à l'ail et au paprika. Choisissez la version douce ou piquante de la saucisse, à votre goût. Vous donnerez une consistance plus épaisse à la soupe en réduisant en purée une partie des légumineuses.

SOUPE AUX TROIS HARICOTS AVEC LINGUIÇA

4 à 6 portions

155 g (¾ tasse) de chacun de ces haricots secs : haricots pinto, haricots cannellini et pois chiches, égouttés et rincés

2 c. à soupe d'huile d'olive

1 oignon jaune, haché

2 branches de céleri, hachées

3 gousses d'ail, émincées

1 petit poivron rouge, épépiné et haché

1, 25 litre (5 tasses) de bouillon de poulet

1 feuille de laurier

1 carotte, pelée

155 g (5 oz) de saucisse linguiça, coupée en morceaux de 6 mm (¼ po)

185 g (1 tasse) de tomates en dés en conserve

1 c. à café de marjolaine

½ c. à café de paprika fumé

Sel et poivre fraîchement moulu

Mettre les haricots secs et les pois chiches dans un bol rempli d'eau et laisser tremper pendant au moins 4 heures ou toute la nuit. Égoutter.

Dans une grande casserole à fond épais, faire chauffer l'huile à feu moyen-élevé. Ajouter l'oignon, le céleri, l'ail et le poivron, faire revenir jusqu'à tendreté, environ 5 minutes. Ajouter les haricots, le bouillon, la feuille de laurier, la carotte et 1,25 litre (5 tasses) d'eau. Amener à ébullition. Réduire à feu doux et laisser mijoter à découvert, en remuant à l'occasion, jusqu'à ce que les haricots soient tendres, environ 1 ½ heure.

Retirer la carotte et la hacher. Retirer et jeter la feuille de laurier. Au mélangeur, réduire en purée 655 g (3 tasses) des haricots avec 125 ml (½ tasse) du liquide de cuisson. Remettre le tout dans la casserole. Ajouter la saucisse, les tomates avec leur jus, la marjolaine, le paprika et la carotte hachée. Assaisonner de ½ c. à café de sel et de ¼ c. à café de poivre, bien réchauffer. Servir.

26

MARS

Ce bouillon parfumé doit être servi sans attendre puisque les dumplings ne supportent pas d'être réchauffés. Vous pouvez faire le bouillon et assembler les dumplings à l'avance, mais il vaut mieux ne faire cuire ces derniers qu'à la toute dernière minute.

BOUILLON PARFUMÉ AUX CINQ ÉPICES AVEC DUMPLINGS AU SAUMON ET OIGNONS

4 portions

2 c. à soupe d'huile de canola

1 grosse échalote, émincée

1 ½ c. à café de gingembre frais, pelé et émincé

¼ c. à café de cinq épices chinoises

1 litre (4 tasses) de bouillon de poulet

Sel

POUR LES DUMPLINGS

125 g (¼ lb) de filet de saumon, peau et arêtes enlevées, finement haché

2 oignons verts, parties blanches et vert pâle seulement, finement hachés, et plus pour garnir

½ c. à café d'huile de canola

Sel et poivre fraîchement moulu

20 carrés de pâte won ton

Dans une grande casserole, faire chauffer 2 c. à soupe d'huile à feu moyen-élevé. Ajouter l'échalote et le gingembre, faire revenir pendant 3 minutes. Ajouter la poudre de cinq épices, le bouillon, 500 ml (2 tasses) d'eau et 2 c. à café de sel. Amener à ébullition. Réduire à feu doux et laisser mijoter à découvert, environ 15 minutes, le temps que les saveurs se développent. Retirer du feu.

Pour les dumplings, mélanger dans un bol le saumon, les oignons verts hachés et l'huile. Incorporer ¼ c. à café de sel et ⅛ c. à café de poivre.

Déposer 1 c. à café du mélange de saumon au centre de chacun des carrés de won ton. Avec les doigts, humecter d'eau le pourtour de chaque carré de pâte. Plier le carré à la diagonale de façon à former un triangle, en pressant bien pour éliminer les bulles d'air. Bien humecter les deux côtés du triangle et presser fermement pour qu'ils adhèrent l'un à l'autre. Faire mijoter la soupe. Ajouter délicatement les dumplings et poursuivre la cuisson jusqu'à ce qu'ils soient tendres, environ 3 minutes. À l'aide d'une louche, verser la soupe dans les bols, garnir d'oignons verts et servir.

27

MARS

Ce bouillon de fenouil a un goût léger, mais il est très savoureux. La bette à carde donne de la texture et les épices du chorizo explosent en bouche. Vous pouvez remplacer le pecorino romano par du parmesan.

BOUILLON AU FENOUIL AVEC BETTE À CARDE ET CHORIZO

4 portions

375 g (3/4 lb) de chorizo, coupé en deux sur le long puis en tranches de 6 mm (1/4 po)

1 c. à soupe d'huile d'olive

2 échalotes émincées

3 gousses d'ail, émincées

1 bulbe de fenouil, tiges et plumets retirés, coupé en quatre et finement tranché

80 ml (1/3 tasse) de vin blanc sec

1 litre (4 tasses) de bouillon de poulet

1 botte de bette à carde, nervures retirées, les feuilles grossièrement hachées

Sel et poivre fraîchement moulu

Fromage pecorino romano râpé pour servir

Dans une grande casserole à fond épais, faire revenir les tranches de chorizo à feu moyen-élevé jusqu'à ce que les deux faces soient dorées, environ 7 minutes. Mettre dans un bol et réserver.

Dans la même casserole, faire revenir l'huile d'olive, les échalotes, l'ail et le fenouil jusqu'à ce que le fenouil devienne tendre et commence à caraméliser, environ 10 minutes. Ajouter le vin blanc et faire mijoter, en remuant pour détacher les particules brunies adhérant au fond de la casserole. Ajouter le bouillon, laisser mijoter pendant 5 minutes. Ajouter la bette à carde et le chorizo, mélanger et faire mijoter pendant 5 minutes. Saler, poivrer et servir la soupe, parsemée de fromage.

28

MARS

Voici une version plus courte et légèrement plus saine que le ragoût méridional traditionnel. Garnissez-le d'oignon haché et servez-le accompagné de pain de maïs chaud et de piment jalapeño.

RAGOÛT DE DOLIQUES À ŒIL NOIR

4 à 6 portions

2 c. à soupe d'huile d'olive

1 gros oignon jaune, haché

4 gousses d'ail, émincées

1 botte de chou cavalier, haché

155 g (5 oz) de jambon, coupé en cubes

750 ml (3 tasses) de bouillon de poulet

2 boîtes de 470 g (15 oz) de doliques à œil noir, égouttés et rincés

2 c. à soupe de pâte de tomate

Sel et poivre fraîchement moulu

Dans une grande casserole à fond épais, faire chauffer l'huile à feu moyen-élevé. Ajouter l'oignon et l'ail, faire revenir jusqu'à tendreté, de 5 à 7 minutes. Ajouter le chou et le jambon, poursuivre la cuisson en remuant souvent, 5 minutes. Ajouter le bouillon et amener à ébullition. Réduire à feu doux, ajouter les doliques et la pâte de tomate, mélanger et laisser mijoter 30 minutes. Saler, poivrer et servir.

29

MARS

La saison des petits pois est courte, mais en saison, le temps passé à les écosser vaut amplement l'effort. Faites-les cuire la journée même de leur achat. Le riz arborio ajoute du corps et du velouté à la soupe et se marie au bon goût des petits pois. Garnir de menthe fraîche ciselée.

POTAGE AUX PETITS POIS

4 portions

1 c. à soupe d'huile de canola

1 poireau, partie blanche seulement, haché

1 oignon blanc haché

1 petite courgette, parée et hachée

1 c. à soupe de riz arborio

315 g (2 tasses) de petits pois frais ou surgelés

Sel

Dans une grande casserole, faire chauffer l'huile à feu moyen-élevé. Ajouter le poireau, l'oignon et la courgette et remuer. Réduire à feu doux, couvrir et cuire jusqu'à ce que les légumes soient tendres, environ 10 minutes. Ajouter le riz et 750 ml (3 tasses) d'eau. À feu doux, faire mijoter à couvert pendant 10 minutes. Ajouter les petits pois, poursuivre la cuisson à couvert jusqu'à ce qu'ils soient tendres, de 5 à 10 minutes. Retirer du feu et laisser refroidir légèrement. Réduire en purée au mélangeur. Saler et servir.

30

MARS

POTAGE FROID AUX POMMES DE TERRE ET AUX POIREAUX

4 portions

Voici une version allégée de la vichyssoise classique. Comme cette dernière, elle possède un bon goût de beurre grâce aux pommes de terre à chair jaune, tout en ne contenant en fait qu'une petite quantité de beurre.

4 poireaux, parties blanches seulement, hachés

4 gros oignons verts, parties blanches seulement, hachés

750 ml (3 tasses) de bouillon de poulet

500 g (1 lb) de pommes de terre Yukon Gold, pelées et hachées

1 ½ c. à soupe de beurre non salé

Sel et poivre blanc moulu

2 c. à soupe de ciboulette ciselée

Dans une grande casserole à fond épais, mettre les poireaux, les oignons verts et 125 ml (½ tasse) de bouillon à feu moyen-élevé. Porter à ébullition, réduire à feu doux, couvrir et cuire jusqu'à ce que les légumes tombent et commencent à s'attendrir, environ 8 minutes. Ajouter les pommes de terre et le reste du bouillon, couvrir et poursuivre la cuisson jusqu'à ce que les légumes soient très tendres, 25 à 30 minutes. Laisser refroidir environ 15 minutes. Incorporer le beurre.

Réduire la soupe en purée au mélangeur, en plusieurs fois. Remettre le tout dans la casserole. Incorporer ¼ c. à café de sel et poivrer. Couvrir et réfrigérer jusqu'à ce que la soupe soit bien froide, de 3 à 4 heures ou toute la nuit. La soupe épaissira et deviendra très crémeuse. Servir la soupe, garnie de ciboulette.

31

MARS

SOUPE AUX POIS CHICHES, AUX TOMATES ET AU ROMARIN RÔTI

4 à 6 portions

Pour rôtir du romarin, dans une petite poêle à frire, faire chauffer 2 c. à soupe d'huile d'olive à feu vif. Ajouter 4 brins de romarin, 2 à la fois, et frire pendant 1 minute de chaque côté. Déposer sur un essuie-tout pour égoutter. Une fois suffisamment refroidi pour être manipulé, retirer et hacher les aiguilles, si désiré.

500 g (1 lb) de tomates italiennes

4 c. à soupe d'huile d'olive

Sel et poivre fraîchement moulu

1 gros oignon jaune, haché

4 gousses d'ail, émincées

1 c. à café de cumin moulu

½ c. à café de paprika

1 bâton de cannelle

3 boîtes de 470 g (15 oz) chacune de pois chiches, égouttés et rincés

1 litre (4 tasses) de bouillon de poulet

1 c. à soupe de crème sure

Romarin frit pour garnir (voir à gauche)

Préchauffer le four à 230 °C (450 °F). Couper les tomates en deux et déposer en une couche sur une plaque de cuisson. Arroser de 2 c. à soupe d'huile, saler, poivrer. Faire rôtir les tomates jusqu'à ce qu'elles soient tendres et caramélisées, de 25 à 30 minutes. Réserver.

Dans une grande casserole à fond épais, faire chauffer 2 c. à soupe d'huile à feu moyen-élevé. Ajouter l'oignon et l'ail, faire revenir jusqu'à tendreté, environ 5 minutes. Ajouter le cumin, le paprika et le bâton de cannelle et rôtir les épices, en remuant souvent, pendant 2 minutes. Ajouter les pois chiches, les tomates rôties et le bouillon, mélanger et amener à ébullition. Réduire à feu doux et laisser mijoter jusqu'à ce que les pois chiches soient très tendres, environ 45 minutes. Retirer du feu et laisser refroidir légèrement.

Réduire environ les deux tiers de la soupe en purée au mélangeur. Remettre dans la casserole et incorporer la crème sure.

Saler, poivrer et servir la soupe, garnie de romarin rôti.

Les jours qui allongent stimulent la croissance d'une foule d'ingrédients frais comme les oignons et l'ail nouveaux, la ciboulette, le cresson. Ces verdures confèrent aux soupes printanières leurs saveurs franches, inégalées. Les gourganes et les petits pois, dont la saison est si courte, apparaissent ce mois-ci sur les étals des fermiers. Ces deux légumes frais conviennent tout particulièrement aux viandes tendres comme l'agneau et le jambon, dans les soupes et les ragoûts.

avril

1

AVRIL

Les Italiens appellent cette soupe vignole, *ce qui signifie en gros « célébration du printemps ». Soyez donc à l'aise d'utiliser tous les légumes printaniers que vous trouverez. Ajoutez une bonne cuillerée de pesto et servez cette soupe avec du pain paysan et un vin blanc italien comme le Vermentino.*

SOUPE AUX LÉGUMES PRINTANIERS

6 à 8 portions

Jus de ½ citron

8 petits artichauts

4 brins de thym

Sel et poivre fraîchement moulu

1,5 kg (3 lb) de gourganes, écossées

2 c. à soupe d'huile d'olive

8 petits poireaux, parties blanches et vert pâle seulement, coupés en tranches de 2,5 cm (1 po)

1 botte d'oignons verts, hachés

6 tranches de prosciutto, coupées en lanières de 1,5 cm (½ po) d'épaisseur

1,5 l (6 tasses) de bouillon de poulet

60 g (1 tasse) de bette à carde hachée

60 g (1 tasse) d'oseille hachée

30 g (1 tasse) de jeunes épinards

155 g (1 tasse) de petits pois frais ou surgelés

15 g (1 tasse) de feuilles de menthe bien tassées

Remplir un grand bol d'eau et ajouter le jus de citron. Couper la tige de chaque artichaut au ras de la base. Détacher les feuilles extérieures jusqu'aux feuilles tendres du milieu. Couper le ⅓ du sommet de chaque artichaut pour en retirer les pointes. Mettre les artichauts dans l'eau citronnée. Remplir une casserole d'eau et ajouter le thym et une généreuse pincée de sel. Égoutter les artichauts et les mettre dans la casserole. Amener à ébullition à feu moyen-élevé et cuire jusqu'à ce que les artichauts soient tendres, 10 minutes. Refroidir, puis égoutter et couper les artichauts en deux sur le long. Retirer le foin.

Amener une casserole d'eau à ébullition à feu vif. Ajouter les gourganes et cuire pendant 1 minute. Rincer sous l'eau froide et égoutter. Fendre la peau des gourganes et extraire la fève.

Dans une grande casserole à fond épais, faire chauffer l'huile à feu moyen. Ajouter les poireaux, les oignons verts et le prosciutto, faire revenir jusqu'à ce que le prosciutto soit doré, 3 minutes. Ajouter le bouillon et porter à ébullition. Ajouter les légumes et les gourganes. Faire mijoter jusqu'à ce que les légumes soient d'un vert éclatant et que les petits pois flottent à la surface, de 3 à 4 minutes. Saler, poivrer, incorporer la menthe et servir.

2

AVRIL

Ce ragoût bien parfumé est encore meilleur le lendemain, une fois que les épices ont eu le temps de macérer et d'imprégner la viande de leur saveur. Servir avec une salade verte et une vinaigrette au citron.

RAGOÛT D'AGNEAU AUX ABRICOTS SÉCHÉS

6 à 8 portions

2 c. à soupe d'huile d'olive

750 g (1 ½ lb) d'épaule d'agneau désossée, parée et coupée en cubes de 2,5 cm (1 po)

1 gros oignon jaune, haché

3 gousse d'ail, émincées

2 c. à café de cumin moulu

½ c. à café de coriandre moulue

¼ c. à café de poivre de cayenne

Sel et poivre noir fraîchement moulu

500 ml (2 tasses) de bouillon de poulet

455 g (14 ½ oz) de tomates en dés en conserve

270 g (8 ¾ oz) de pois chiches en conserve, égouttés et rincés

60 g (¼ tasse) d'abricots séchés, coupés en deux

1 bâton de cannelle

3 c. à soupe de persil plat haché

Dans une grande casserole à fond épais, faire chauffer l'huile à feu moyen-élevé. Cuire l'agneau en deux fois, jusqu'à ce qu'il soit doré sur toutes ses faces, de 6 à 8 minutes chaque fois. Réserver dans un bol.

Ajouter l'oignon et l'ail dans la casserole, faire revenir jusqu'à tendreté, de 5 à 7 minutes. Ajouter le cumin, la coriandre et le poivre de cayenne, assaisonner de ¼ c. à café de poivre noir, et poursuivre la cuisson en remuant constamment, pendant 2 minutes. Ajouter le bouillon et faire mijoter en remuant pour détacher les particules brunies adhérant au fond de la casserole. Ajouter les tomates, les pois chiches, les abricots, le bâton de cannelle et l'agneau, amener le tout à ébullition. Réduire à feu doux et laisser mijoter à demi couvert en remuant le tout à l'occasion, jusqu'à ce que l'agneau soit tendre et que le ragoût ait épaissi, environ 1 ¼ heure. Incorporer le persil, saler, poivrer et servir.

3

AVRIL

La saveur corsée du bouillon de bœuf et du fromage bleu alliée à la douceur des oignons caramélisés de cette soupe se conjugue avec la note d'acidité et d'éclat que lui confère le vermouth sec.

SOUPE AUX OIGNONS CARAMÉLISÉS ET AUX CROÛTONS DE GORGONZOLA

6 portions

7 c. à soupe de beurre non salé, à la température ambiante

1 kg (2 lb) d'oignons jaunes, finement tranchés

1 kg (2 lb) d'oignons sucrés comme les vidalia, finement tranchés

Sel et poivre fraîchement moulu

180 ml (¾ tasse) de vermouth blanc sec

1 litre (4 tasses) de bouillon de poulet

500 ml (2 tasses) de bouillon de bœuf

3 brins de persil plat, 2 brins de thym et 2 petites feuilles de laurier, ficelés pour en faire un bouquet garni

1 baguette de pain, coupée à la diagonale en tranches de 2,5 cm (1 po)

185 g (6 oz) de fromage bleu acidulé comme le gorgonzola ou le roquefort

Dans une grande casserole à fond épais, faire fondre 3 c. à soupe de beurre à feu moyen. Ajouter tous les oignons et 1 c. à café de sel. Faire revenir, en remuant souvent, jusqu'à ce que les oignons rendent leur eau, que celle-ci s'évapore et que des particules brunies se forment dans le fond de la casserole, environ 45 minutes. Augmenter à feu moyen-élevé, ajouter 80 ml (⅓ tasse) d'eau, faire mijoter et remuer pour détacher les particules brunies adhérant au fond de la casserole. Poursuivre la cuisson jusqu'à ce que l'eau soit complètement évaporée et que des particules brunies se forment à nouveau, environ 5 minutes. Répéter l'opération quatre fois en rajoutant chaque fois 80 ml (⅓ tasse) d'eau.

Ajouter le vermouth, remuer et poursuivre la cuisson jusqu'à ce que le liquide soit presque entièrement évaporé, environ 4 minutes. Ajouter les bouillons de poulet et de bœuf, le bouquet garni et 1 ½ c. à café de sel. Porter à ébullition à feu vif. Réduire à feu doux et laisser mijoter pendant 30 minutes.

Entre-temps, préchauffer le four à 220 °C (425 °F). Déposer les tranches de baguette sur une plaque de cuisson et faire dorer, environ 5 minutes. Retirer du four et préchauffer le gril. Émietter le fromage bleu dans un bol. Incorporer 2 c. à soupe de beurre à l'aide d'une fourchette et remuer, jusqu'à l'obtention d'une pâte relativement lisse. →

Étendre environ 1 c. à soupe du mélange de bleu sur chaque tranche de baguette et remettre sur la plaque de cuisson. Passer sous le gril jusqu'à ce que le fromage soit brun doré à plusieurs endroits, environ 1 ½ minute. Incorporer le reste du beurre à la soupe et remuer vigoureusement. Retirer et jeter le bouquet garni. Saler, poivrer et servir chaque bol, garni de 2 tranches de baguette.

4

AVRIL

Le riz à risotto donne à cette soupe étonnamment facile et rapide à faire une consistance crémeuse s'accordant bien avec le vert vibrant des petits pois, frais, de préférence. Comme touche finale, parsemez la soupe de zeste de citron râpé.

SOUPE VÉNITIENNE AUX PETITS POIS ET AU RIZ

4 portions

2 c. à soupe de beurre non salé

1 échalote, émincée

1 branche de céleri, hachée

105 g (½ tasse) de riz blanc à grain moyen comme le riz arborio

750 ml (3 tasses) de bouillon de poulet

315 g (2 tasses) de petits pois frais ou surgelés

60 g (½ tasse) de fromage parmesan râpé

1 c. à soupe de persil plat émincé

Sel et poivre fraîchement moulu

Dans une grande casserole à fond épais, faire fondre le beurre à feu moyen. Ajouter l'échalote et le céleri, faire revenir jusqu'à ce que l'échalote soit translucide, environ 2 minutes. Ajouter le riz et poursuivre la cuisson en remuant, jusqu'à ce que les grains de riz deviennent translucides avec un point blanc au centre, environ 1 minute.

Augmenter à feu moyen-élevé, ajouter le bouillon et 500 ml (2 tasses) d'eau et porter à ébullition. Réduire à feu doux, couvrir et laisser mijoter jusqu'à ce que le riz soit tendre, environ 15 minutes. Ajouter les pois et poursuivre la cuisson en remuant à l'occasion, pendant 5 minutes. Incorporer le parmesan et le persil, saler, poivrer et servir.

5

AVRIL

Les feuilles d'oseille ressemblent aux feuilles d'épinard et de roquette et comme cette dernière, elles sont souvent considérées comme des fines herbes. La plante s'épanouit dans la fraîcheur du début de printemps, et ses jeunes pousses sont alors à leur apogée en fait de goût et de texture.

POTAGE À L'OSEILLE AVEC CROÛTONS

6 portions

POUR LES CROÛTONS

125 g (¼ lb) de pain au levain de la veille, sans la croûte

3 c. à soupe de beurre non salé, fondu

Sel et poivre fraîchement moulu

2 c. à soupe de beurre non salé

2 oignons jaunes, hachés

280 g (9 oz) d'oseille ou de jeunes épinards

625 g (1 ¼ lb) de petites pommes de terre nouvelles ou rouges, pelées et finement tranchées

500 ml (2 tasses) de bouillon de poulet ou de légumes

125 ml (¼ tasse) de crème 35 %

Pour les croûtons, préchauffer le four à 200 °C (400 °F). Couper le pain en morceaux de 1,5 cm (½ po) et les déposer sur une plaque de cuisson. Verser le beurre fondu sur le pain, saler, poivrer. Faire cuire jusqu'à ce que le tout soit doré et croustillant, de 10 à 15 minutes. Laisser refroidir.

Dans une grande casserole à fond épais, faire fondre 2 c. à soupe de beurre à feu moyen. Ajouter les oignons et faire revenir jusqu'à tendreté, environ 2 minutes. Augmenter à feu vif et ajouter l'oseille, les pommes de terre et le bouillon. Verser 1 litre (4 tasses) d'eau et amener à ébullition. Réduire à feu moyen-doux, couvrir et laisser mijoter jusqu'à ce que les pommes de terre soient tendres, de 15 à 20 minutes. Retirer du feu et laisser refroidir légèrement.

Réduire la soupe en purée lisse au mélangeur, en plusieurs fois. Passer la soupe à travers un tamis posé sur une casserole propre. Incorporer la crème, saler et poivrer. Faire réchauffer, à feu moyen. Servir le potage, garni de croûtons.

6

AVRIL

Garnie de pancetta croustillante et de chapelure au beurre, cette soupe de poireaux toute simple est digne des plus grandes occasions. Pour nettoyer les poireaux, coupez-les sur la longueur et passez-les sous l'eau froide en séparant bien les couches pour en retirer le sable.

CRÈME DE POIREAUX AVEC PANCETTA ET CHAPELURE AU BEURRE

8 portions

90 g (3 oz) de tranches fines de pancetta, coupées en morceaux de 1,5 cm (½ po)

4 c. à soupe de beurre non salé

60 g (1 tasse) de chapelure de pain frais

4 poireaux, parties blanches et vert pâle seulement, finement hachés

2 c. à soupe d'oignon jaune, haché

1 branche de céleri, hachée

1 petite pomme de terre, pelée et hachée

1, 5 litre (6 tasses) de bouillon de poulet

250 ml (1 tasse) de crème 35 %

Dans une poêle à frire, faire revenir la pancetta à feu moyen jusqu'à ce qu'elle soit bien croustillante, de 4 à 5 minutes. Égoutter sur des essuie-tout. Dans une casserole, faire fondre 2 c. à soupe de beurre à feu moyen-élevé. Ajouter la chapelure et poursuivre la cuisson en remuant, jusqu'à l'obtention d'une coloration dorée, environ 5 minutes. Réserver dans une assiette.

Dans une grande casserole à fond épais, faire fondre le reste du beurre à feu moyen-élevé. Ajouter les poireaux, l'oignon, le céleri et la pomme de terre et faire revenir jusqu'à ce que les poireaux soient translucides, de 3 à 4 minutes. Ajouter le bouillon, réduire à feu doux, couvrir et laisser mijoter jusqu'à ce que les pommes de terre soient tendres, environ 15 minutes. Retirer du feu et laisser refroidir légèrement.

Réduire la soupe en purée au mélangeur, en plusieurs fois. Remettre le tout dans la casserole, ajouter la crème et amener à ébullition à feu moyen-élevé. Laisser refroidir avant de passer la soupe à travers une passoire tapissée de coton à fromage, posée sur une casserole propre. Laisser cuire à découvert, à petits bouillons, sur feu doux pendant environ 5 minutes pour que les saveurs se développent. Servir, parsemée de pancetta et de chapelure.

AVRIL

7

7

AVRIL

Les flocons aériens de bonite, un ingrédient-clé du garde-manger japonais, confèrent au bouillon appelé dashi une saveur et un fumet inégalés. Quant au kombu, une algue de mer séchée au goût très doux, il fait lui aussi partie des ingrédients essentiels du dashi. Vous les trouverez dans les supermarchés asiatiques.

DASHI AUX PÉTONCLES, CRESSON ET NOUILLES SOBA

6 à 8 portions

500 g (1 lb) de gros pétoncles de mer, muscles coriaces retirés

2 morceaux de kombu, d'environ 10 cm (4 po) chacun

45 g (1 ½ tasse) de flocons de bonite, légèrement tassés

250 g (½ lb) de nouilles soba au sarrasin

5 c. à soupe de sauce soya

3 c. à soupe de mirin

Sel

1 botte de cresson, tiges coriaces retirées

Couper à l'horizontale chaque pétoncle en trois. Couvrir et réfrigérer jusqu'à utilisation.

Dans une grande casserole, recouvrir les morceaux de kombu de 2 litres (8 tasses) d'eau et faire cuire à petits frémissements à feu moyen; ne pas laisser bouillir. Aussitôt que le liquide se met à mijoter, retirer et jeter les morceaux de kombu. Incorporer les flocons de bonite. Retirer du feu et laisser reposer à couvert, jusqu'à ce que les flocons se déposent au fond de la casserole et que le bouillon (ou dashi) devienne odorant, environ 5 minutes.

Entre-temps, dans une autre grande casserole, amener 2 litres (8 tasses) d'eau à ébullition à feu vif. Ajouter les nouilles, réduire à feu moyen et laisser mijoter jusqu'à tendreté, environ 3 minutes. Égoutter les nouilles, bien les rincer à l'eau chaude courante, les égoutter de nouveau et les répartir dans les bols.

Passer le dashi à travers un tamis posé sur un grand bol et jeter les flocons de bonite. Remettre le dashi dans la casserole. Ajouter la sauce soya et le mirin, cuire à petits frémissements à feu moyen. Ajouter les pétoncles, réduire à feu doux, et laisser mijoter doucement jusqu'à ce que les pétoncles soient entièrement opaques, environ 3 minutes. Goûter le dashi, rectifier l'assaisonnement s'il y a lieu. Ajouter le cresson dans les bols. À l'aide d'une louche, verser le dashi dans les bols et servir.

8

AVRIL

Il existe une foule de recettes familiales pour cette soupe classique si réconfortante que l'on sert souvent durant les festivités entourant la Pâque juive, au printemps. Ici, les boulettes de matsa aux fines herbes mijotent dans un bon bouillon de poulet parfumé au poireau et au gingembre.

SOUPE AUX BOULETTES DE MATSA

6 portions

4 œufs

3 c. à soupe d'huile de canola

155 g (1 tasse) de farine de matsa

2 c. à soupe de persil plat haché

10 g (¼ tasse) de coriandre hachée

Sel et poivre fraîchement moulu

2 à 4 c. à soupe d'eau gazéifiée

1,5 litre (6 tasses) de bouillon de poulet

8 tranches de gingembre pelées

1 poireau, parties blanches et vert pâle seulement, haché

2 c. à soupe de ciboulette émincée

Dans un bol, fouetter les œufs et l'huile. Incorporer la farine de matsa, le persil, la coriandre, ½ c. à café de sel et ⅛ c. à café de poivre. Ajouter 2 c. à soupe d'eau gazéifiée et remuer jusqu'à l'obtention d'un mélange légèrement collant. S'il est trop sec, ajouter 1 à 2 c. à soupe d'eau gazéifié pour obtenir la consistance voulue. Couvrir et réfrigérer jusqu'à ce que le mélange soit froid, environ 2 heures.

Remplir une grande casserole à fond épais aux trois quarts d'eau et ajouter 1 c. à soupe de sel. Amener à ébullition à feu vif, puis réduire à feu doux et laisser mijoter. Façonner le mélange de farine de matsa en 12 boulettes de 2,5 cm (1 po) de diamètre. Plonger les boulettes dans l'eau qui mijote et cuire à découvert, jusqu'à ce qu'elles remontent à la surface et qu'elles soient entièrement cuites, de 30 à 40 minutes. À l'aide d'une cuillère à égoutter, déposer les boulettes de matsa sur une plaque de cuisson. Réserver.

Mettre le bouillon de poulet et le gingembre dans une casserole et porter à ébullition à feu moyen-élevé. Réduire à feu moyen-doux, ajouter le poireau et laisser mijoter à découvert jusqu'à tendreté, environ 10 minutes. Retirer et jeter le gingembre. Ajouter les boulettes de matsa au bouillon qui mijote et faire réchauffer le tout pendant 3 minutes. Verser le bouillon dans les bols et déposer 2 boulettes de matsa dans chaque bol. Servir la soupe, garnie de ciboulette.

9

AVRIL

Les nouilles japonaises udon sont souvent servies froides durant l'été, et chaudes, l'hiver ; les garnitures changent avec les saisons. Ici, elles sont servies avec des épinards, des oignons verts et un œuf cuisant doucement dans le bouillon chaud.

SOUPE AUX NOUILLES UDON AVEC POULET ET ÉPINARDS

4 portions

⅛ c. à café de granules de dashi mélangées à 250 ml (1 tasse) d'eau chaude

1 c. à soupe de mirin

1 c. à soupe de sauce soya

1 c. à café de sucre

½ c. à café de fécule de maïs

Poivre blanc moulu

375 g (¾ lb) de demi-poitrines de poulet désossées et sans peau, coupées en morceaux de 2,5 cm (1 po)

POUR LE BOUILLON

¾ c. à café de granules de dashi mélangées à 1, 5 litre (6 tasses) d'eau chaude

3 c. à soupe de sauce soya foncée

2 c. à soupe de sauce soya claire

2 c. à soupe de vinaigre de riz

1 c. à soupe de sucre

Sel et poivre fraîchement moulu

500 g (1 lb) de nouilles udon ou de nouilles de riz épaisses

90 g (3 tasses) d'épinards non tassés, coupés en lanières de 5 cm, (2 po), plongés 1 minute dans l'eau bouillante, égouttés puis essorés

4 œufs

4 oignons verts, parties blanches et vert pâle seulement, finement tranchés

1 c. à café de poudre de chili

Dans une casserole, mélanger le dashi, le mirin, la sauce soya, le sucre et la fécule de maïs. Ajouter ⅛ c. à café de poivre et porter à ébullition à feu vif. Ajouter les morceaux de poulet, réduire à feu moyen et laisser mijoter à découvert, jusqu'à ce que le poulet soit cuit à cœur, de 10 à 12 minutes. Retirer du feu.

Pour faire le bouillon, mettre dans une grande casserole le mélange de dashi, les sauces soya, le vinaigre et le sucre. Ajouter ⅛ c. à café de poivre et porter à ébullition à feu moyen-élevé. Réduire à feu moyen-doux et laisser mijoter pendant 5 minutes. Garder au chaud.

Amener une casserole remplie d'eau à ébullition à feu vif. Ajouter les nouilles et 1 c. à café de sel. Cuire jusqu'à ce que les nouilles soient tendres, de 2 à 3 minutes. Égoutter et répartir dans les bols. →

Déposer du poulet et des épinards dans chaque bol. Casser un œuf sur le poulet et les épinards et verser délicatement le bouillon chaud dans chaque bol. Servir la soupe, garnie d'oignons verts et saupoudrée de poudre de chili.

10

AVRIL

Pour faire le mascarpone au citron : mélanger dans un petit bol 125 g (4 oz) de mascarpone à la température ambiante, 1 c. à soupe de zeste de citron râpé, 2 c. à café de jus de citron et une pincée de sel.

POTAGE AUX ASPERGES ET AU CERFEUIL AVEC MASCARPONE AU CITRON

4 à 6 portions

1 c. à soupe d'huile d'olive

1 petit oignon jaune, finement haché

2 gousses d'ail, émincées

750 ml (3 tasses) de bouillon de poulet ou de légumes

1 kg (2 lb) d'asperges, parées et hachées

2 c. à soupe de cerfeuil ou de persil plat

Sel et poivre fraîchement moulu

Mascarpone au citron (voir à gauche)

Dans une grande casserole à fond épais, faire chauffer l'huile à feu moyen-élevé. Ajouter l'oignon et l'ail, faire revenir jusqu'à ce que l'oignon soit translucide, environ 5 minutes. Ajouter le bouillon et porter à ébullition. Ajouter les asperges et le cerfeuil, réduire à feu moyen-doux et laisser mijoter jusqu'à ce que les asperges soient tendres, environ 10 minutes. Retirer du feu et laisser refroidir légèrement.

Réduire la soupe en purée au mélangeur, en plusieurs fois. Remettre le tout dans la casserole, saler et poivrer. Réchauffer à feu doux. Servir la soupe, garnie d'une cuillérée de mascarpone au citron.

11

AVRIL

Le veau printanier est à l'honneur dans cette version revisitée d'un classique de la cuisine française et le tout s'agrémente de fines herbes et d'une pincée de safran. Accompagnez ce ragoût d'un vin rosé sec ou d'un vin blanc de qualité avec lequel vous aurez cuisiné ce ragoût avant de déposer le reste de la bouteille sur la table.

RAGOÛT DE VEAU À L'ESTRAGON

4 à 6 portions

1,75 kg (3 ½ lb) de veau à ragoût, paré et coupé en cubes de 5 cm (2 po)

750 ml (3 tasses) de bouillon de poulet

250 ml (1 tasse) de vin blanc sec

3 à 4 c. à soupe d'estragon haché

2 à 3 c. à soupe de persil plat haché

1 grosse gousse d'ail

2 échalotes hachées

2 oignons verts, parties blanches seulement, finement tranchés

½ carotte, pelée et coupée en dés

½ branche de céleri, coupée en dés

2 feuilles de laurier

¼ c. à café de zeste de citron râpé

185 g (1 tasse) de tomates en dés en conserve

Grosse pincée de filaments de safran

Sel et poivre fraîchement moulu

180 ml (¾ tasse) de crème 35 %

2 jaunes d'œufs

Jus de 1 citron

Dans une grande casserole à fond épais, mettre le veau, le bouillon et le vin. Ajouter suffisamment d'eau pour couvrir la viande. Amener à ébullition, réduire à feu doux et écumer la surface au besoin. Ajouter 1 c. à soupe d'estragon et 1 c. à soupe de persil. Ajouter l'ail, les échalotes, les oignons verts, la carotte, le céleri, les feuilles de laurier, le zeste de citron, les tomates et leur jus. Dans un mortier à l'aide d'un pilon, broyer le safran et en mettre la moitié dans la casserole. Saler, poivrer, couvrir et faire mijoter à feu doux jusqu'à ce que la viande soit très tendre sans se défaire complètement, de 2 ½ à 3 heures. À l'aide d'une cuillère à égoutter, transférer la viande dans un bol.

À l'aide d'une cuillère, retirer le gras à la surface du liquide de cuisson. Faire chauffer la casserole à feu vif et laisser bouillir jusqu'à ce que le liquide ait réduit de moitié et que son goût soit très concentré, environ 10 minutes. Retirer et jeter les feuilles de laurier. Ajouter le reste de safran et remettre la viande dans la casserole. Réduire à feu moyen.

Dans un petit bol, à l'aide d'un fouet, mélanger la crème et les jaunes d'œufs. Ajouter une louche de liquide chaud au mélange avant de → verser le tout dans la casserole. Bien mélanger. Cuire à feu moyen jusqu'à ce que le ragoût épaississe légèrement, de 3 à 4 minutes. Incorporer le jus de citron. Saler, poivrer. Parsemer d'estragon et de persil et servir.

12

AVRIL

Les gourganes ou fèves des marais sont très appréciées en France et en Italie, où l'on apprête ce vénérable légume de mille et une façons lorsqu'il est en saison. N'hésitez pas à les mettre en valeur dans cette soupe simple et crémeuse.

SOUPE AUX GOURGANES

6 portions

1,5 kg (3 lb) de gourganes, écossées

2 brins de menthe

1 brin de thym, plus pour garnir

Sel et poivre fraîchement moulu

375 ml (1 ½ tasse) de lait

60 g (¼ tasse) de crème fraîche ou de crème sure

2 c. à soupe de beurre non salé

Dans une grande casserole, amener 1 litre (4 tasses) d'eau à ébullition à feu moyen-élevé. Ajouter les gourganes et cuire pendant 1 à 2 minutes. À l'aide d'une cuillère à égoutter, déposer les gourganes dans une passoire, en réservant le liquide de cuisson. Rincer les gourganes sous l'eau froide courante et égoutter. Fendre la peau de chaque gourgane et extraire la fève de sa membrane. Jeter les membranes.

Verser le liquide de cuisson dans une grande tasse à mesurer. Remettre 250 ml (1 tasse) de liquide dans la casserole et réserver le reste. Ajouter les gourganes, la menthe, le thym et 1 c. à café de sel et amener le tout à ébullition à feu moyen-élevé. Réduire à feu moyen et cuire à demi couvert, jusqu'à ce que les gourganes soient tendres, environ 15 minutes. Retirer du feu et laisser refroidir légèrement.

Réduire la soupe en purée au mélangeur ou au robot culinaire, en plusieurs fois. Remettre dans la casserole et faire chauffer à feu moyen. Incorporer en fouettant doucement 310 ml (1 ¼ tasse) de lait. La soupe sera crémeuse, mais un peu épaisse. Toujours en fouettant le mélange, incorporer la crème fraîche et le beurre, Ajouter du lait ou du liquide de cuisson réservé jusqu'à l'obtention de la consistance désirée. Poivrer et servir la soupe, garnie de thym.

13

AVRIL

Cette soupe rapide à faire est parfaite pour un soir de semaine bien occupé. Vous pouvez remplacer les épinards par n'importe quel légume feuillu; les jeunes pousses de petits pois que l'on retrouve au printemps dans beaucoup de marchés fermiers sont délicieuses dans cette soupe.

SOUPE AUX NOUILLES, CREVETTES ET ÉPINARDS

4 à 6 portions

2 c. à soupe d'huile d'olive

1 oignon jaune, finement haché

2 gousses d'ail, émincées

125 g (¼ lb) de champignons de Paris, finement tranchés

1, 25 litre (5 tasses) de bouillon de poulet

250 g (½ lb) de nouilles udon

250 g (½ lb) de crevettes, décortiquées et déveinées

1 petite botte d'épinards, tiges coriaces retirées

3 oignons verts, parties blanches et vert pâle seulement, finement tranchés

Sel et poivre fraîchement moulu

Dans une grande casserole à fond épais, faire chauffer l'huile à feu moyen-élevé. Ajouter l'oignon, l'ail et les champignons, faire revenir jusqu'à ce que les champignons aient rendu leur eau et commencent à dorer, de 5 à 7 minutes. Ajouter le bouillon et porter à ébullition. Ajouter les nouilles udon et cuire pendant 4 minutes. Ajouter les crevettes et poursuivre la cuisson jusqu'à ce qu'elles deviennent roses, de 2 à 3 minutes. Incorporer les épinards et cuire jusqu'à ce qu'ils tombent. Incorporer les oignons verts. Saler, poivrer et servir.

14

AVRIL

La saveur douce et fraîche de l'ail nouveau donne à cette soupe consistante un accent printanier qui se marie bien avec le goût de noisette du quinoa et la saveur douce et sucrée des artichauts. Vous pouvez remplacer le quinoa par de l'orge ou de l'épeautre déjà cuit.

SOUPE À L'ARTICHAUT, AU QUINOA ET À L'AIL NOUVEAU

6 à 8 portions

Jus de ½ citron

12 artichauts

2 c. à soupe de beurre non salé

1 oignon jaune, coupé en dés fins

4 têtes d'ail nouveau, parties blanches et vert pâle de la base finement hachées, et la partie verte supérieure finement émincée

½ c. à café de thym émincé

1,5 litre (6 tasses) de bouillon de poulet

250 g (¾ tasse) de quinoa cuit

Sel et poivre fraîchement moulu

Huile d'olive extra vierge pour servir

Remplir un grand bol d'eau et ajouter le jus de citron. Couper la tige de chaque artichaut au ras de la base. Détacher les feuilles extérieures jusqu'aux feuilles tendres du milieu. Couper le ⅓ du sommet de chaque artichaut. Au fur et à mesure, mettre les artichauts dans l'eau citronnée.

Dans une grande casserole munie d'une marguerite, amener 5 à 7, 5 cm (2 à 3 po) d'eau à ébullition à feu moyen-élevé. Déposer les artichauts dans la marguerite. Couvrir et cuire à la vapeur jusqu'à ce que les fonds d'artichauts soient tendres sous la pointe d'un couteau, de 35 à 40 minutes. Égoutter les artichauts tête en bas et laisser refroidir. Détacher les feuilles des artichauts et retirer le foin. Couper finement les cœurs.

Dans une grande casserole à fond épais, faire fondre le beurre à feu moyen. Ajouter l'oignon, faire revenir jusqu'à tendreté, environ 5 minutes. Ajouter la base hachée de l'ail nouveau et cuire jusqu'à ce que le tout soit odorant, de 3 à 4 minutes. Ajouter le thym, le bouillon et les artichauts hachés, augmenter à feu vif et amener à ébullition. Réduire à feu doux, couvrir et laisser mijoter 10 minutes.

Réduire la moitié du mélange en purée au mélangeur et remettre dans la casserole. Incorporer le quinoa et 1 ½ c. à café de sel. Cuire à feu moyen-doux jusqu'à ce que la soupe soit chaude, environ 10 minutes. Verser la soupe dans des bols et arroser d'un filet d'huile d'olive. Garnir de la partie supérieure de l'ail et servir.

AVRIL 15

15

AVRIL

La soupe idéale à servir par un beau midi de printemps, accompagnée d'un verre de vin blanc ou même de champagne ! Cette soupe se fait la veille et se réchauffe doucement pendant que vous faites pocher les œufs et griller le prosciutto. Servez-la avec des tranches de baguette rôties.

CRÈME D'ASPERGES AVEC ŒUF POCHÉ ET PROSCIUTTO CROUSTILLANT

4 portions

60 g (2 oz) de prosciutto, finement tranché

2 c. à soupe de beurre non salé

1 oignon jaune, haché

2 gousses d'ail, émincées

60 ml (¼ tasse) de vin blanc sec

750 ml (3 tasses) de bouillon de poulet

2 bottes d'asperges, parées et coupées en morceaux de 1,5 cm (½ po)

2 c. à soupe de crème 35 %

Sel et poivre fraîchement moulu

1 c. à café de vinaigre blanc

4 œufs

Dans une grande casserole, cuire le prosciutto à feu moyen-élevé, en le retournant à l'aide de pinces de cuisine, jusqu'à ce qu'il soit croustillant, environ 7 minutes. Égoutter sur des essuie-tout. Laisser refroidir avant d'émietter.

Ajouter le beurre, l'oignon et l'ail dans la même casserole et faire revenir jusqu'à ce que le tout soit translucide, 5 minutes. Ajouter le vin, faire mijoter et remuer pour détacher les particules brunies adhérant au fond de la casserole, 3 minutes. Verser le bouillon et amener à ébullition. Ajouter les asperges et poursuivre la cuisson à découvert, jusqu'à tendreté, de 8 à 10 minutes. Retirer du feu et laisser refroidir légèrement. Réduire en purée au mélangeur, en plusieurs fois. Remettre dans la casserole, incorporer la crème et amener à ébullition à feu moyen. Saler, poivrer et garder au chaud à feu doux.

Dans une poêle à frire, faire chauffer 2,5 cm (1 po) d'eau à feu moyen. Ajouter le vinaigre et réduire à feu doux pour que l'eau frémisse doucement. Casser un œuf dans un petit bol et le faire glisser délicatement dans l'eau. À l'aide d'une cuillère à soupe, verser à l'occasion de l'eau chaude sur l'œuf. Cuire jusqu'à ce que le blanc soit coagulé, mais le jaune, toujours coulant, environ 5 minutes. Retirer l'œuf à l'aide d'une cuillère à égoutter. Répéter l'opération avec le reste des œufs. Verser une louche de soupe dans les bols, garnir d'un œuf poché et de prosciutto émietté et servir.

16

AVRIL

Vous devrez probablement vous rendre dans une épicerie asiatique pour faire le plein des ingrédients typiquement thaïlandais de cette soupe très parfumée. Les feuilles de lime kaffir se remplacent facilement par le zeste de 1 citron vert. Ajustez la quantité de piments et de jus de citron vert à votre goût.

SOUPE THAÏLANDAISE AIGRE-DOUCE

6 portions

375 g (¾ lb) de grosses crevettes, décortiquées (sauf la queue) et déveinées, carapaces réservées

3 tiges de citronnelle, parties centrales blanches seulement, broyées et coupées en morceaux de 2,5 cm (1 po)

5 tranches fines de 6 mm (¼ po) de galanga

3 feuilles de lime kaffir, fraîches ou séchées

2 c. à soupe de sauce de poisson asiatique

155 g (5 oz) de champignons de Paris, pieds retirés et chapeaux coupés en quatre

1 tomate pelée (voir page 172) et coupée en fins quartiers

¼ de 1 petit oignon, coupé sur le long en fines demi-lune

4 c. à café de pâte de cari thaïlandais rouge ou vert

2 petits piments rouges ou verts, thaïlandais ou serranos

60 ml (¼ tasse) de jus de lime frais, ou au goût

10 g (¼ tasse) de coriandre hachée

Dans une grande casserole, recouvrir les carapaces des crevettes de 1, 25 litre (5 tasses) d'eau. Ajouter la citronnelle. Faire mijoter à feu moyen, à demi couvert, pendant 15 minutes pour que les saveurs se développent. Passer le bouillon à travers un tamis posé sur une casserole propre.

Ajouter le galanga, les feuilles de lime kaffir, la sauce de poisson, les champignons, la tomate, l'oignon et la pâte de cari. Retirer la tige des piments, les couper en quatre sur la longueur. Ajouter plus ou moins de quartiers de piments au bouillon, au goût; il vaut mieux en ajouter moins que trop, au début.

À feu moyen, à demi couvert, laisser mijoter doucement jusqu'à ce que les champignons soient à peine tendres, environ 2 minutes. Goûter et ajouter plus de quartiers de piments si la soupe n'est pas assez épicée. Incorporer les crevettes et laisser mijoter jusqu'à ce qu'elles deviennent roses, environ 2 minutes. Retirer du feu.

Incorporer le jus de citron vert et la coriandre. Goûter et rectifier l'assaisonnement en ajoutant du jus de citron vert, si désiré, et servir.

17

AVRIL

Un trio de champignons, à la fois séchés et frais, crée une saveur et une texture riche et complexe. Le xérès donne une touche d'acidité qui allume le palais. Les xérès secs à très secs ou encore le manzanilla, légèrement plus foncé, conviennent parfaitement aux soupes.

POTAGE AUX TROIS CHAMPIGNONS ET AU XÉRÈS

4 à 6 portions

45 g (1 ½ oz) de champignons séchés comme les porcinis ou les shiitakes

3 c. à soupe d'huile d'olive

1 oignon jaune, finement haché

500 g (1 lb) de champignons de Paris frais, finement tranchés

250 g (½ lb) de champignons shiitakes, pieds retirés et chapeaux finement tranchés

3 c. à soupe de farine tout usage

Sel et poivre fraîchement moulu

1 litre (4 tasses) de bouillon de bœuf, de poulet ou de légumes

125 ml (½ tasse) de crème à café 10 %

60 ml (¼ tasse) de xérès sec

2 c. à soupe de persil plat finement haché

Dans un bol résistant à la chaleur, couvrir les champignons secs de 750 ml (3 tasses) d'eau bouillante. Laisser tremper pendant 30 minutes. Bien égoutter et conserver 500 ml (2 tasses) du liquide de trempage. Passer le liquide de trempage à travers un filtre à café posé sur un autre bol et réserver.

Dans une grande casserole à fond épais, faire chauffer l'huile à feu moyen. Ajouter les l'oignon et faire revenir jusqu'à tendreté, de 5 à 7 minutes. Ajouter les champignons frais et poursuivre la cuisson, en remuant, jusqu'à ce que les champignons soient à peine tendres, environ 3 minutes. Saupoudrer de farine et assaisonner de sel et de poivre. Remuer pour enrober les champignons et cuire, environ 1 minute.

Ajouter le bouillon et le liquide de trempage des champignons réservé. Ajouter les champignons réhydratés et réduire à feu moyen-doux. Faire mijoter jusqu'à ce que tous les champignons soient complètement tendres, environ 15 minutes. Retirer du feu et laisser refroidir légèrement. En s'assurant de laisser un peu de texture à la soupe, réduire en purée au mélangeur ou au robot culinaire, en plusieurs fois. Remettre le tout dans la casserole et mettre à feu moyen. Ajouter la crème et le xérès et poursuivre la cuisson pendant 3 minutes pour que les saveurs se développent. Servir la soupe, garnie de persil.

18

AVRIL

Ce plat de bœuf et de pommes de terre saura vous sustenter et vous réchauffer par un soir de printemps frisquet. Servez-le avec un verre de vin rouge ou avec de la bière brune. Utilisez un vinaigre balsamique de bonne qualité pour incorporer au ragoût.

RAGOÛT DE BŒUF BALSAMIQUE

6 portions

3 c. à soupe de farine tout usage

Sel et poivre fraîchement moulu

1 kg (2 lb) d'épaule de bœuf désossée, parée et coupée en morceaux de 4 cm (1 ½ po)

3 c. à soupe d'huile de canola

1 gros oignon rouge, tranché

2 feuilles de laurier

250 ml (1 tasse) de vin rouge corsé

500 ml (2 tasses) de bouillon de bœuf

500 g (1 lb) de pommes de terre rouges ou Yukon Gold, non pelées, coupées en morceaux de 4 cm (1 ½ po)

3 grosses carottes, pelées et coupées en morceaux de 2,5 cm (1 po)

2 c. à soupe de vinaigre balsamique

Dans un sac de plastique réutilisable, mélanger la farine, ½ c. à café de sel et ½ c. à café de poivre. Ajouter le bœuf, fermer le sac et secouer pour bien enrober le bœuf de farine. Dans une grande casserole à fond épais, faire chauffer l'huile à feu moyen-élevé. Retirer le bœuf du sac, secouer pour enlever l'excédent de farine et déposer dans la casserole en une seule couche. Faire cuire le bœuf jusqu'à ce qu'il soit doré sur toutes ses faces, de 6 à 8 minutes. Répéter avec le reste du bœuf, s'il y a lieu. Réserver le bœuf dans une assiette. Ajouter l'oignon, réduire à feu moyen et faire revenir jusqu'à l'obtention d'une belle couleur dorée, environ 5 minutes. Incorporer les feuilles de laurier, le vin et le bouillon.

Remettre le bœuf et le jus de viande accumulé dans la casserole. Amener doucement à ébullition et réduire à feu doux. Couvrir et cuire jusqu'à ce que la viande soit sur le point de se défaire à la fourchette, de 1 ½ à 2 heures. Ajouter les pommes de terre et les carottes, couvrir et poursuivre la cuisson jusqu'à ce que les légumes soient tendres, environ 30 minutes. Retirer et jeter les feuilles de laurier. Saler, poivrer, incorporer le vinaigre et servir.

19

AVRIL

Parmi les diverses chaudrées de fruits de mer, la chaudrée de palourdes Manhattan remplace la base traditionnelle au lait ou à la crème par des tomates. Le bouillon qui en résulte a une saveur fraîche et éclatante qui met en valeur le goût salin des palourdes.

CHAUDRÉE DE PALOURDES MANHATTAN

4 portions

1 tranche épaisse d'oignon jaune

½ branche de céleri avec les feuilles

1 feuille de laurier

1 gousse d'ail, légèrement broyée

Sel

1, 5 kg (3 lb) de palourdes cherrystone ou du Pacifique, brossées

1 c. à soupe d'huile d'olive

1 tranche épaisse de bacon légèrement fumé, coupée en dés de 6 mm (¼ po)

1 petit oignon, finement haché

1 branche de céleri, finement hachée

1 grosse gousse d'ail, émincée

485 g (15 ½ oz) de tomates broyées, en conserve

1 c. à soupe de persil plat émincé, plus des feuilles entières pour garnir

1 c. à café de feuilles de thym

3 c. à soupe d'orge perlé

Dans une grande casserole à feu vif, mettre l'oignon, le céleri, la feuille de laurier et l'ail. Ajouter 750 ml (3 tasses) d'eau et 1 c. à café de sel, amener à ébullition à feu vif. Réduire à feu doux, couvrir et cuire pendant 20 minutes. Ajouter les palourdes, en jetant celles qui ne se ferment pas au toucher. Augmenter à feu moyen-élevé, couvrir et cuire jusqu'à ce que les palourdes s'ouvrent, 3 à 4 minutes pour celles du Pacifique, 4 à 5 minutes pour les cherrystones. Déposer les palourdes ouvertes dans un grand bol. Jeter les palourdes qui ne sont pas ouvertes.

Passer le bouillon à travers un tamis tapissé de coton à fromage, posé sur un bol résistant à la chaleur. Prélever la chair des palourdes au-dessus du tamis afin de récupérer le jus des palourdes et déposer la chair dans le bol. Couper la chair en morceaux de 1,5 cm (½ po) et réfrigérer. Mesurer le bouillon, rajouter de l'eau pour obtenir 1 litre (4 tasses) de liquide, si nécessaire.

Dans une grande casserole à fond épais, faire chauffer l'huile et le bacon à feu moyen-doux jusqu'à ce que le bacon grésille. Ajouter l'oignon, le céleri et l'ail, faire revenir jusqu'à tendreté, environ 12 minutes. Incorporer le bouillon, les tomates, le persil et le thym. →

Assaisonner de ½ c. à café de sel et de ⅛ c. à café de poivre. Porter à ébullition à feu moyen-élevé. Ajouter l'orge, réduire à feu doux, couvrir et cuire jusqu'à ce que l'orge soit très tendre, environ 50 minutes.

Ajouter les palourdes et poursuivre la cuisson en remuant souvent, jusqu'à ce que le tout soit bien chaud, environ 3 minutes. Servir la chaudrée, garnie de feuilles de persil.

20

AVRIL

Célébrez le printemps et l'arrivée des gourganes avec cette soupe d'inspiration italienne. Vous pouvez remplacer les farfalles par toutes les petites ou moyennes pâtes. Servez aussitôt prête pour ne pas que les pâtes soient trop cuites.

SOUPE AUX GOURGANES ET AUX FARFALLES

6 portions

1,25 kg (2 ½ lb) de gourganes, écossées

2, 1 litres (9 tasses) de bouillon de poulet

185 g (6 oz) de farfalles

1 c. à soupe de jus de citron frais

Sel et poivre fraîchement moulu

60 g (½ tasse) de fromage parmesan râpé

Amener une casserole d'eau à ébullition. Ajouter les gourganes et cuire pendant 20 secondes. Égoutter, rincer sous l'eau froide courante et égoutter de nouveau. Fendre la peau des gourganes et extraire chaque fève de sa membrane. Jeter les membranes.

Dans une grande casserole à fond épais, amener le bouillon à ébullition. Ajouter les farfalles et cuire jusqu'à ce que les pâtes soient al dente, de 10 à 12 minutes ou selon les directives inscrites sur l'emballage. Ajouter les gourganes et le jus de citron. Saler, poivrer. Servir la soupe, en mettant le parmesan sur la table, à la disposition des convives.

21

AVRIL

Le brocoli, en saison de l'automne jusqu'au printemps, confère un goût exquis et une couleur chaleureuse à cette bonne soupe crémeuse. Garnir avec des croûtons ou du bacon croustillant émietté.

CRÈME DE BROCOLI

4 portions

1 brocoli d'environ 625 g (1 ¼ lb), pied pelé, fleurons et tiges grossièrement hachés

500 ml (2 tasses) de lait, plus 250 ml (1 tasse) au besoin

500 ml (2 tasses) de bouillon de poulet

3 c. à soupe de beurre non salé

3 c. à soupe de farine tout usage

Sel et poivre fraîchement moulu

125 ml (½ tasse) de crème 35 %

Dans une casserole à fond large, amener 1,5 cm (½ po) d'eau à ébullition. Déposer une marguerite dans la casserole, ajouter le brocoli, couvrir et cuire à la vapeur jusqu'à tendreté, environ 5 minutes. Retirer le brocoli de la marguerite et laisser refroidir.

Hacher finement le brocoli au robot culinaire.

Faire chauffer à feu doux 500 ml (2 tasses) de lait dans une casserole, et le bouillon, dans une autre. Dans une grande casserole à fond épais, faire fondre le beurre à feu moyen-doux. Incorporer la farine, bien mélanger. À l'aide d'un fouet, incorporer graduellement le lait chaud. Faire cuire en remuant souvent jusqu'à ce que le mélange ait épaissi et bouillonne, environ 3 minutes. À l'aide d'un fouet, incorporer graduellement le bouillon chaud et cuire en remuant lentement, pendant environ 3 minutes. Incorporer le brocoli. Ajouter 1 c. à café de sel et ⅛ c. à café de poivre. Réduire à feu doux, couvrir et cuire, en remuant à l'occasion, pendant 10 minutes.

Retirer du feu et laisser refroidir légèrement.

Réduire la soupe en purée au mélangeur ou au robot culinaire, en plusieurs fois. Remettre le tout dans la casserole et incorporer la crème. Réchauffer à feu doux, en remuant continuellement pendant environ 5 minutes. Si la soupe est trop épaisse, allonger avec un peu de lait en ajoutant 60 ml (¼ tasse) à la fois. Saler, poivrer et servir.

22

AVRIL

La coriandre s'harmonise à la douceur des carottes et à celle, plus exotique et tropicale, de la noix de coco. Servir en entrée, suivi d'un simple poulet rôti ou d'un carré d'agneau.

POTAGE AUX CAROTTES ET À LA NOIX DE COCO

6 à 8 portions

1 ½ c. à café de sucre

Sel et poivre fraîchement moulu

¼ c. à café de coriandre moulue, plus 1 c. à soupe

½ c. à café de poudre de cari

1 ½ c. à café de beurre non salé, plus 3 c. à soupe

60 g (½ tasse) d'amandes effilées, grillées (voir page 207)

1 oignon jaune, haché

1 kg (2 lb) de carottes, pelées et tranchées

30 g (¼ tasse) de noix de coco non sucrée, râpée et grillée

½ c. à café de gingembre moulu

1 litre (4 tasses) de bouillon de poulet

2 boîtes de 440 g (14 oz) de lait de coco

2 c. à café de vinaigre de riz

Mélanger, dans un bol moyen, ½ c. à café de sucre, ¼ c. à café de sel, la coriandre et le cari. Dans une poêle antiadhésive, faire fondre 1 ½ c. à café de beurre, 1 c. à soupe d'eau et le reste du sucre à feu moyen-élevé. Porter à ébullition, en remuant la poêle pour bien mélanger. Ajouter les amandes, remuer pour les enrober et poursuivre la cuisson jusqu'à ce que le liquide soit presque complètement évaporé, environ 45 secondes. Ajouter au mélange d'épices et remuer pour bien enrober les amandes. Déposer en une seule couche sur du papier parchemin et laisser refroidir.

Dans une grande casserole à fond épais, faire fondre 3 c. à soupe de beurre à feu moyen-élevé. Ajouter l'oignon, les carottes, la noix de coco, le gingembre et 1 c. à soupe de coriandre fraîche, mélanger. Réduire à feu doux, couvrir et faire suer les légumes jusqu'à ce qu'ils commencent à rendre leur eau, environ 10 minutes. Ajouter le bouillon et porter à ébullition à feu vif. Réduire à feu doux, couvrir et laisser mijoter jusqu'à ce que les carottes soient tendres, 20 minutes. Retirer du feu et laisser refroidir légèrement.

Réduire en purée au mélangeur. Verser dans une casserole propre. Ajouter le lait de coco, le vinaigre et 1 c. à café de sel. Cuire à feu moyen-doux, en remuant à l'occasion, jusqu'à ce que le tout soit bien chaud, 10 minutes.

23

AVRIL

Cette soupe, remplie des saveurs de la Thaïlande, est très facile à faire et on y devient rapidement accro. Évitez de manger le galanga, la citronnelle et les feuilles de kaffir; ces ingrédients donnent du goût, mais sont trop coriaces pour être consommés.

SOUPE AU POULET ET À LA CITRONNELLE

6 portions

500 g (1 lb) de poitrines de poulet désossées, sans peau, coupées en morceaux de 2,5 cm (1 po)

500 ml (2 tasses) de bouillon de poulet

750 ml (3 tasses) de lait de coco

10 tranches de galanga

4 tiges de citronnelle, parties centrales blanches seulement, broyées et coupées en morceaux de 5 cm (2 po)

6 piments thaïlandais ou 8 piments serranos, coupés en deux sur la largeur

8 feuilles de lime kaffir, nervures retirées

105 g (½ tasse) de champignons de paille, en conserve, égouttés

60 g (½ tasse) de pousses de bambou tranchées

3 c. à soupe de sauce de poisson asiatique

60 ml (¼ tasse) de jus de citron vert frais

7 g (¼ tasse) de coriandre fraîche

Dans une grande casserole, mettre les morceaux de poulet, le bouillon, le lait de coco, le galanga, la citronnelle, les piments et les feuilles de lime kaffir. Amener à ébullition à feu vif, réduire le feu pour maintenir une cuisson à petits frémissements et poursuivre la cuisson à découvert, jusqu'à ce que le poulet soit cuit à cœur, environ 20 minutes.

Incorporer les champignons et les pousses de bambou, augmenter à feu vif et amener à ébullition. Ajouter la sauce de poisson et le jus de citron vert. Goûter et rectifier l'assaisonnement, s'il y a lieu. Servir la soupe, garnie de coriandre.

24

AVRIL

Vous pouvez remplacer les palourdes par des moules dans cette recette. Servir avec du pain croûté pour faire trempette dans le bouillon. La vinaigrette au persil est également délicieuse sur du poulet grillé ou un filet de poisson.

BOUILLON DE FENOUIL AUX PALOURDES ET VINAIGRETTE AU PERSIL

4 portions

POUR LA VINAIGRETTE

15 g (⅓ tasse) de persil plat émincé

Le jus et le zeste de 1 citron

1 c. à soupe d'huile d'olive extra vierge

1 c. à soupe de moutarde de Dijon

1 gousse d'ail, émincée

Sel et poivre fraîchement moulu

1 c. à soupe de beurre non salé

1 c. à soupe d'huile d'olive

2 gousses d'ail, tranchées

2 petits bulbes de fenouil, avec tiges et plumets, tranchés

2 échalotes, émincées

125 ml (½ tasse) de vin blanc sec

250 ml (1 tasse) de bouillon de poulet

1 kg (2 lb) de palourdes japonaises, brossées

Pour la vinaigrette, dans un petit bol, mélanger le persil, le jus et le zeste de citron, l'huile, la moutarde et l'ail. Saler, poivrer et garder à la température ambiante.

Dans une grande casserole à fond épais, faire fondre le beurre et l'huile à feu moyen-élevé. Ajouter l'ail, le fenouil et les échalotes, faire revenir jusqu'à tendreté, environ 5 minutes. Ajouter le vin et poursuivre la cuisson pendant 2 minutes. Verser le bouillon et amener à ébullition. Ajouter les palourdes, en rejetant celles qui ne se ferment pas au toucher. Couvrir et cuire jusqu'à ce que les palourdes s'ouvrent, de 6 à 8 minutes. Rejeter toutes celles qui ne se sont pas ouvertes. Mettre les palourdes et le bouillon dans des bols, arroser d'un filet de vinaigrette et servir.

25 AVRIL

Vous pouvez faire cette soupe à l'avance et la réfrigérer. Vous n'aurez qu'à ajouter du bouillon avant de la réchauffer, car les lentilles auront sûrement absorbé presque tout le liquide. La saucisse kielbasa remplace facilement l'andouillette.

SOUPE AUX LENTILLES ET À L'ANDOUILLETTE

8 à 10 portions

500 g (1 lb) d'andouillette, coupée en tranches de 6 mm (¼ po) d'épaisseur

2 c. à soupe d'huile d'olive

2 carottes, pelées et hachées

1 gros oignon jaune, haché

4 grosses gousses d'ail, émincées

500 g (1 lb) de lentilles, triées et rincées

2 litres (8 tasses) de bouillon de poulet, plus au besoin

1 c. à soupe de crème 35 %

10 g (¼ tasse) de persil plat haché

Sel et poivre fraîchement moulu

Dans une grande casserole à fond épais, faire revenir les tranches de saucisse à feu moyen-élevé, jusqu'à ce qu'elles soient dorées des deux côtés, environ 8 minutes. Réserver dans une assiette.

Ajouter l'huile, les carottes, l'oignon et l'ail dans la casserole, faire revenir jusqu'à tendreté, environ 8 minutes. Incorporer les lentilles et le bouillon, amener à ébullition. Réduire à feu doux et laisser mijoter à découvert, en remuant à l'occasion, jusqu'à ce que les lentilles soient tendres, environ 1 heure. Retirer du feu et laisser refroidir légèrement.

Réduire la moitié de la soupe en purée au robot culinaire. Remettre le tout dans la casserole et bien mélanger. Incorporer la saucisse, la crème et le persil, faire réchauffer le tout à feu doux. Saler, poivrer et servir.

26 AVRIL

Les haricots noirs cuits à petit feu pour permettre aux saveurs de se développer donneront un chili très goûteux. Ajoutez une cuillerée de salsa fraîche aux tomates, si vous le désirez, et accompagnez-le de pain de maïs ou de tortillas au maïs bien chaudes.

CHILI AUX HARICOTS NOIRS

6 à 8 portions

440 g (2 tasses) de haricots noirs secs, triés et rincés

3 c. à soupe d'huile de canola

3 oignons jaunes, finement hachés

5 gousses d'ail, émincées

60 g (¼ tasse) de poudre de chili

4 c. à café d'origan séché

4 c. à café de cumin moulu

1 c. à café de coriandre moulue

1 c. à soupe de paprika

¼ c. à café de poivre de cayenne

750 ml (3 tasses) de bouillon de légumes

280 g (1 ½ tasse) de tomates en dés en conserve

½ à 1 conserve de piments chipotle dans une sauce adobo ou 1 petit piment jalapeño épépiné et émincé

1 c. à soupe de vinaigre de riz ou de vinaigre de vin blanc

3 c. à soupe de coriandre finement hachée, plus 6 à 8 brins pour garnir

Sel

60 g (½ tasse) de fromage munster, coupé en dés

125 g (½ tasse) de crème sure

Mettre les haricots secs dans un bol et recouvrir d'eau froide. Laisser tremper au moins 4 heures ou toute la nuit. Égoutter.

Dans une grande casserole à fond épais, faire chauffer l'huile à feu moyen. Ajouter les oignons et faire revenir jusqu'à tendreté, environ 5 minutes. Incorporer l'ail, la poudre de chili, l'origan, le cumin, la coriandre, le paprika et le poivre de cayenne. Cuire en remuant à l'occasion, environ 5 minutes. Ajouter le bouillon, les tomates et leur jus, les piments et les haricots. Verser 750 ml (3 tasses) d'eau et porter à ébullition. Réduire à feu doux et cuire à demi couvert pendant 45 minutes. Poursuivre la cuisson à découvert, jusqu'à ce que les haricots soient tendres, environ 45 minutes. Si la consistance est trop liquide, à l'aide d'un pilon à pommes de terre, écraser une partie des haricots pour épaissir le mélange. Incorporer le vinaigre et la coriandre hachée. Saler.

Répartir le fromage dans les bols et à l'aide d'une louche, verser le chili. Servir, surmonté de crème sure et de coriandre.

27

AVRIL

Peu d'enfants refuseront de goûter à cette soupe, surtout si vous utilisez des tortellinis rouges ou verts et que vous accompagnez la soupe de pain chaud à l'ail. C'est une recette qui vous permet d'utiliser tous les légumes du frigo.

SOUPE AUX LÉGUMES ET AUX TORTELLINIS

4 à 6 portions

3 c. à soupe d'huile d'olive

1 oignon jaune, haché

2 gousses d'ail, émincées

3 carottes, pelées et hachées

185 g (6 oz) de champignons de Paris, tranchés

1 pomme de terre Russet, pelée et coupée en petits cubes

1 c. à café de thym séché

455 g (14 ½ oz) de tomates en dés en conserve

1 litre (4 tasses) de bouillon de poulet

280 g (9 oz) de tortellinis au fromage

60 g (2 tasses) d'épinards bien tassés

Sel et poivre fraîchement moulu

Dans une grande casserole à fond épais, faire chauffer l'huile à feu moyen-élevé. Ajouter l'oignon et l'ail, faire revenir jusqu'à ce que le tout soit translucide, environ 5 minutes. Ajouter les carottes, les champignons et les cubes de pomme de terre et poursuivre la cuisson en remuant souvent, jusqu'à ce que les légumes soient tendres, environ 8 à 10 minutes. Ajouter le thym et cuire, en remuant, pendant 1 minute. Ajouter les tomates et le bouillon, porter à ébullition. Réduire à feu doux et laisser mijoter à découvert, jusqu'à ce que les carottes et les pommes de terre soient tendres, de 15 à 20 minutes.

Ajouter les tortellinis et cuire environ 8 minutes. Incorporer les épinards et poursuivre la cuisson jusqu'à ce qu'ils tombent. Saler, poivrer et servir.

28

AVRIL

La crème de champignons de tous les jours est rehaussée par l'ajout de cubes de jambon et de petits pois. Pour une saveur plus boisée, remplacer les champignons de couche par des champignons café.

CRÈME DE CHAMPIGNONS AVEC JAMBON ET PETITS POIS

4 portions

3 c. à soupe de beurre non salé

2 c. à soupe d'huile d'olive

500 g (1 lb) de champignons de couche, tranchés

1 petit oignon jaune, haché

2 gousses d'ail, hachées

2 c. à soupe de farine tout usage

60 ml (¼ tasse) de vin blanc sec

500 ml (2 tasses) de bouillon de poulet

185 g (6 oz) de jambon cuit, coupé en cubes

30 g (¼ tasse) de petits pois frais ou surgelés

3 c. à soupe de crème 35 %

Sel et poivre fraîchement moulu

Dans une grande casserole à fond épais, faire fondre le beurre et l'huile à feu moyen-élevé. Ajouter les champignons, l'oignon et l'ail, faire revenir, en remuant souvent, jusqu'à ce que les champignons soient très tendres, 12 à 15 minutes. Incorporer la farine et cuire en remuant constamment pendant 1 minute. Ajouter le vin et poursuivre la cuisson pendant 3 minutes. Ajouter le bouillon et amener à ébullition. Réduire à feu doux et faire mijoter à découvert, jusqu'à ce que la soupe épaississe, environ 20 minutes. Retirer du feu et laisser refroidir légèrement.

Réduire la moitié de la soupe en purée au mélangeur et remettre le tout dans la casserole. Ajouter le jambon, les petits pois et la crème et porter de nouveau à ébullition. Retirer du feu, saler, poivrer et servir.

29

AVRIL

Le sumac, une épice acidulée du Moyen-Orient, ajoute de l'éclat à cette soupe aux épinards, tout comme la feta, d'ailleurs. Cette recette, qui fait appel aux épinards surgelés, devrait faire partie de votre arsenal. Vous pouvez bien sûr utiliser des épinards frais si vous en avez sous la main.

SOUPE AUX ÉPINARDS AVEC SUMAC ET FETA

6 à 8 portions

2 c. à soupe de beurre non salé

1 c. à soupe d'huile d'olive

1 gros oignon jaune, finement haché

4 gousses d'ail, émincées

2 c. à café de sumac

1 ½ c. à café de cumin moulu

1 c. à café de coriandre moulue

¼ c. à café de poivre de cayenne

2 sacs de 500 g (1 lb) d'épinards surgelés, décongelés

1,1 litre (4 ½ tasses) de bouillon de poulet, plus au besoin

Le zeste et le jus de 1 citron

3 c. à soupe de crème 35 %

Sel et poivre noir fraîchement moulu

185 g (6 oz) de feta émiettée

Dans une grande casserole à fond épais, faire fondre le beurre et l'huile à feu moyen-élevé. Ajouter l'oignon et l'ail, faire revenir jusqu'à ce que l'oignon soit translucide, environ 5 minutes. Ajouter le sumac, le cumin, la coriandre et le poivre de cayenne et poursuivre la cuisson pendant 2 minutes. Incorporer les épinards, le bouillon, le zeste et le jus de citron. Porter à ébullition. Réduire à feu doux, laisser mijoter en remuant souvent, pendant 10 minutes. Retirer du feu et laisser refroidir légèrement.

Réduire la moitié de la soupe en purée au mélangeur. Remettre le tout dans la casserole, allonger de bouillon de poulet, si nécessaire, puis incorporer la crème. Saler, poivrer et réchauffer à feu doux. Servir la soupe, garnie de la feta émiettée.

30

AVRIL

L'Allemagne a eu le génie de combiner saucisse et choucroute. Cette soupe, en plus de pouvoir nourrir une armée, a l'avantage de se congeler facilement. Servir avec du pain frais de seigle ou de pumpernickel.

SOUPE SAUCISSE ET CHOUCROUTE

8 à 10 portions

500 g (1 lb) de saucisse kielbasa, tranchée

2 c. à soupe d'huile d'olive

2 oignons jaunes, finement tranchés

4 gousses d'ail, émincées

1 patate douce d'environ 315 g (10 oz), pelée et râpée

1, 5 litre (6 tasses) de bouillon de poulet

500 g (1 lb) de choucroute, égouttée

2 c. à soupe de pâte de tomate

Sel et poivre fraîchement moulu

Faire chauffer une grande casserole à fond épais à feu moyen-élevé. Ajouter les tranches de saucisse, faire revenir jusqu'à ce qu'elles soient dorées des deux côtés, environ 8 minutes. Réserver dans une assiette.

Ajouter l'huile dans la casserole. Ajouter les oignons et l'ail, faire revenir jusqu'à tendreté, en remuant souvent pour détacher les particules brunies adhérant au fond de la casserole, de 5 à 7 minutes. Ajouter la patate douce, le bouillon et 250 ml (1 tasse) d'eau, porter à ébullition. Réduire à feu doux et laisser mijoter à découvert pendant 10 minutes. Ajouter la choucroute, la pâte de tomate et la saucisse, bien mélanger et laisser mijoter à découvert 10 minutes de plus. Saler, poivrer et servir.

5 SOUPE WON TON *page 109*	**6** SOUPE AU QUINOA ET AUX CHAMPIGNONS *page 109*	**7** SOUPE AUX BOULETTES À LA DINDE ET À LA ROQUETTE *page 111*
12 SOUPE AUX LENTILLES VERTES *page 113*	**13** SOUPE AUX FRUITS DE MER ET AU LAIT DE COCO AU CARI *page 114*	**14** SOUPE RAMEN AUX POIS MANGE-TOUT *page 114*
19 PE POULET, ÉPINARDS ET COUSCOUS ISRAÉLIEN, PARFUMÉE AU CARI *page 119*	**20** POTAGE AU CRESSON *page 119*	**21** SOUPE FROIDE AUX COURGETTES ET À L'AVOCAT *page 120*
26 JPE ŒUF-CITRON AVEC GOURGANES ET CROUSTILLES D'AIL *page 124*	**27** SOUPE AUX FRAISES ET AU CITRON *page 125*	**28** CRÈME D'ÉPINARDS ET DE POIREAUX *page 125*

Avec ses jours vivifiants mais de plus en plus gorgés de soleil, le mois de mai représente la quintessence du printemps. Profitez des derniers artichauts, asperges, et gourganes et si la saison se révèle plutôt pluvieuse, sachez que rien n'est aussi réconfortant qu'une bonne crème de champignons sauvages. Bientôt, alors que le fond de l'air continue de se réchauffer, les petits fruits, comme les fraises et les cerises, feront leur apparition sur les étals, un prélude aux soupes froides de la saison estivale.

mai

1

MAI

Cette soupe légère et colorée, qu'on déguste froide ou chaude, est une bonne manière d'accueillir le printemps. Pour varier, remplacez le gingembre par 2 c. à café de graines de cumin ou de coriandre et le zeste d'orange par celui d'un citron jaune ou vert. Pour un goût plus riche, remplacez le bouillon de légumes par du bouillon de poulet.

SOUPE FROIDE AUX CAROTTES AVEC GINGEMBRE ET ZESTE D'ORANGE

4 à 6 portions

2 c. à soupe d'huile d'olive

1 oignon jaune, haché

2 gousses d'ail, émincées

5 cm (2 po) de gingembre, pelé et émincé

1 kg (2 lb) de carottes, finement tranchées

1 litre (4 tasses) de bouillon de légumes

Sel et poivre fraîchement moulu

Zeste râpé de 1 orange

Dans une grande casserole à fond épais, faire chauffer l'huile à feu moyen-élevé. Ajouter l'oignon, l'ail et le gingembre, faire revenir le tout jusqu'à tendreté, environ 5 minutes. Ajouter les carottes, remuer et poursuivre la cuisson pendant 5 minutes. Ajouter le bouillon et porter à ébullition. Réduire à feu doux et laisser mijoter jusqu'à ce que les carottes soient très tendres, environ 35 minutes. Retirer du feu et laisser refroidir légèrement.

Réduire la soupe en purée au mélangeur ou au robot culinaire, en plusieurs fois. Remettre le tout dans la casserole. Saler, poivrer.

Incorporer le zeste d'orange et laisser la soupe refroidir à la température ambiante. Couvrir et réfrigérer jusqu'à ce que la soupe soit bien froide, au moins 3 heures ou toute la nuit. Servir.

2

MAI

Servez cette crème dans des assiettes creuses pour éviter que le saumon se retrouve au fond du bol. Vous pouvez remplacer l'aneth par du cerfeuil ou de la ciboulette.

CRÈME DE POIREAUX ET POMMES DE TERRE AVEC SAUMON FUMÉ ET ANETH

6 portions

2 c. à soupe d'huile d'olive

2 poireaux, parties blanches et vert pâle seulement, hachés

2 pommes de terre Russet, pelées et coupées finement en dés

1 litre (4 tasses) de bouillon de poulet

125 ml (½ tasse) de crème 35 %

1 c. à soupe d'aneth haché

Sel et poivre fraîchement moulu

124 g (¼ lb) de saumon fumé, haché

Dans une grande casserole à fond épais, faire chauffer l'huile à feu moyen-élevé. Ajouter les poireaux et faire revenir jusqu'à tendreté, environ 5 minutes. Ajouter les pommes de terre et le bouillon, porter à ébullition. Réduire à feu doux et laisser mijoter jusqu'à ce que les pommes de terre soient très tendres, environ 20 minutes. Retirer du feu et laisser refroidir légèrement.

Réduire la soupe en purée au mélangeur, en plusieurs fois. Remettre le tout dans la casserole, incorporer la crème et l'aneth. Amener à ébullition, fermer le feu, saler et poivrer.

Servir la crème, garnie de saumon fumé.

3

MAI

N'importe quel fromage bien fait, à pâte molle, convient pour cette soupe. Assurez-vous qu'il soit à la température ambiante et prêt à servir afin qu'il fonde sur-le-champ dans la soupe.

SOUPE AUX CHAMPIGNONS, AU MADÈRE ET AU BRIE

4 portions

60 g (¼ tasse) de beurre non salé

2 petites échalotes, hachées

1 petit oignon blanc, haché

500 g (1 lb) de champignons café, grossièrement hachés

1 pomme de terre Russet, pelée et coupée en dés de 1,5 cm (½ po)

500 ml (2 tasses) de bouillon de poulet

Sel et poivre fraîchement moulu

250 ml (1 tasse) de crème 35 %

2 à 3 c. à soupe de vin de Madère de bonne qualité

Pincée de muscade râpée

60 g (2 oz) de brie, sans la croûte, coupé en 8 à 12 fines tranches

Basilic haché pour garnir

Dans une grande casserole à fond épais, faire fondre le beurre à feu moyen-doux. Ajouter les échalotes et l'oignon, faire revenir jusqu'à transparence, de 5 à 6 minutes. Ajouter les champignons, augmenter à feu moyen et faire revenir jusqu'à ce que les champignons commencent à rendre leur eau, de 8 à 10 minutes ; ne pas laisser les oignons brunir. Ajouter la pomme de terre et le bouillon, saler. Laisser mijoter en ajustant le feu au besoin, à demi couvert, jusqu'à ce que les champignons et la pomme de terre soient tendres, de 15 à 20 minutes. Retirer du feu et laisser refroidir légèrement.

Réduire la soupe en purée au mélangeur ou au robot culinaire, en plusieurs fois. Remettre le tout dans la casserole et incorporer la crème. Ajouter le madère, au goût, la muscade et poivrer.

Verser la soupe dans les bols et ajouter 2 ou 3 tranches de fromage dans chaque bol. Parsemer de basilic et servir.

4

MAI

Servez ce chili végétarien très parfumé avec du pain pita rôti ou sur un lit de couscous ou de riz cuit à la vapeur. La courge musquée peut être remplacée par une courge poivrée ou par une courge Hubbard.

CHILI VÉGÉTARIEN À LA MAROCAINE

6 portions

4 gros piments anchos

4 grosses gousses d'ail entières, plus 6 grosses gousses, tranchées

1 oignon jaune, haché

1 ½ c. à café de curcuma moulu

1 ½ c. à café de cannelle moulue

1 ½ c. à café de cumin moulu

1 ½ c. à café de coriandre moulue

875 g (28 oz) de tomates en dés en conserve

1 courge musquée d'environ 625 g (1 ¼ lb), coupée en deux, épépinée, pelée et coupée en cubes de 1,5 cm (½ po)

2 boîtes de 485 g (15 ½ oz) de pois chiches

2 courgettes, coupées en dés de 1,5 cm (½ po)

60 g (⅓ tasse) d'abricots séchés, tranchés

60 g (⅓ tasse) de pruneaux dénoyautés, tranchés

Dans une casserole, recouvrir les piments de 750 ml (3 tasses) d'eau et amener à ébullition. Retirer du feu. Couvrir et laisser reposer pendant 15 minutes. À l'aide de pinces de cuisine ou d'une cuillère à égoutter, déposer les piments sur une surface de travail ; réserver le liquide. Jeter les tiges et les graines des piments. Au mélangeur ou au robot culinaire, réduire en purée lisse les piments, les 4 gousses d'ail entières et 125 ml (1 ½ tasse) du liquide de trempage des piments. Réserver.

Faire chauffer à feu moyen une grande casserole à fond épais. Vaporiser la casserole d'enduit à cuisson antiadhésif. Ajouter l'oignon, l'ail en tranches, le curcuma, la cannelle, le cumin et la coriandre, faire revenir jusqu'à ce que l'oignon et l'ail soient tendres, environ 5 minutes. Incorporer les tomates et leur jus, les morceaux de courge et la purée de piments. Couvrir et laisser mijoter, en remuant à l'occasion, jusqu'à ce que les morceaux de courge soient tendres, environ 25 minutes.

Incorporer les pois chiches et leur liquide, les courgettes, les abricots et les pruneaux. Faire mijoter à découvert jusqu'à ce que les courgettes soient tendres, environ 15 minutes. Servir.

5

MAI

Les won ton farcis bien dodus mijotant dans le bouillon donnent une soupe assurément réconfortante. Les triangles sont faciles à faire, mais essayez aussi de les façonner en petites aumônières ou en demi-lunes.

SOUPE WON TON

4 à 6 portions

POUR LES WON TON

125 g (¼ lb) de porc, de poulet ou de crevettes, en dés

1 ½ c. à café de gingembre pelé et râpé

2 c. à soupe de châtaignes d'eau, hachées

1 ½ c. à soupe d'oignons verts, parties blanches seulement

1 c. à soupe de coriandre hachée

1 c. à soupe de sauce soya claire

1 c. à café de vin de riz (facultatif)

1 petit œuf

Sel et poivre blanc moulu

24 carrés de pâtes won ton

2 à 3 champignons noirs séchés, mis à tremper dans de l'eau chaude pendant 30 minutes et égouttés

1,5 litre (6 tasses) de bouillon de poulet

50 g (¾ tasse) de feuilles de mini bok choy

1 morceau de carotte de 4 cm (1 ½ po) coupé en julienne

1 oignon vert, partie vert pâle seulement, coupé en julienne

Pour les won ton, au robot culinaire, réduire en purée lisse le porc et le gingembre. Ajouter les châtaignes d'eau, l'oignon vert, la coriandre, la sauce soya, le vin de riz, si désiré, et l'œuf. Saler, poivrer et réduire en purée lisse.

Déposer un carré de pâte won ton sur une surface de travail et, avec les doigts, humecter d'eau froide le pourtour. Mettre 2 à 3 c. à café de la farce au centre et plier le carré à la diagonale de façon à former un triangle. Bien humecter les deux côtés du triangle et presser fermement pour qu'ils adhèrent l'un à l'autre. Ramener les deux pointes au-dessus du monticule et les pincer. Humecter avec un peu d'eau pour bien les sceller. Répéter l'opération jusqu'à ce que tous les carrés soient farcis.

Pour la soupe, retirer et jeter les pieds des champignons et couper les chapeaux en tranches. Dans une casserole, amener le bouillon à ébullition à feu moyen. Ajouter les feuilles de bok choy, la carotte et les champignons et laisser mijoter pendant 2 minutes.

Entre-temps, remplir une casserole au trois quarts d'eau et amener à ébullition à feu vif. →

Ajouter les won ton, réduire à feu moyen et laisser mijoter jusqu'à ce qu'ils remontent à la surface et soient tendres, environ 3 minutes. À l'aide d'une écumoire, répartir les won ton dans les bols.

Verser le bouillon, garnir d'oignon vert et servir.

6

MAI

Sa légèreté et son bon goût de noisette font du quinoa le complément parfait des jeunes légumes, comme les asperges, les artichauts, les pommes de terre nouvelles et les champignons, utilisés dans cette soupe printanière.

SOUPE AU QUINOA ET AUX CHAMPIGNONS

4 portions

2 c. à soupe de beurre non salé

2 c. à soupe de farine tout usage

Sel et poivre fraîchement moulu

1 poireau, partie blanche seulement, coupé en deux et tranché finement

1 carotte, pelée et finement hachée

1 branche de céleri, finement hachée

250 ml (1 tasse) de vin rouge sec

1 litre (4 tasses) de bouillon de légumes ou de poulet

500 g (1 lb) de champignons café, coupés en quatre

60 g (⅓ tasse) de quinoa, bien rincé

Dans une grande casserole à fond épais, faire fondre le beurre à feu moyen. Retirer du feu et ajouter la farine en fouettant. Ajouter ½ c. à café de sel et ¼ c. à café de poivre. Remettre la casserole sur le feu et cuire le roux à feu moyen en remuant constamment jusqu'à ce qu'il commence à prendre couleur, environ 3 minutes. Ajouter le poireau, la carotte et le céleri, bien mélanger. Verser lentement le vin tout en fouettant. Réduire à feu doux et laisser mijoter en remuant à l'occasion jusqu'à ce que les saveurs se soient développées, environ 20 minutes.

Entre-temps, dans une autre casserole, faire mijoter le bouillon à feu moyen. Ajouter les champignons et poursuivre la cuisson à découvert, pendant 10 minutes. Incorporer le bouillon et les champignons au mélange de vin. Amener à ébullition avant de réduire à feu moyen-doux. Ajouter le quinoa et laisser mijoter à découvert, jusqu'à tendreté, environ 20 minutes. Saler, poivrer et servir.

7

MAI

Doublez la recette de boulettes et congelez-en la moitié pour un autre repas. Elles sont particulièrement savoureuses servies sur un lit de nouilles au beurre, parsemées de copeaux de parmesan.

SOUPE AUX BOULETTES À LA DINDE ET À LA ROQUETTE

6 portions

POUR LES BOULETTES

500 g (1 lb) de dinde hachée

125 g (¼ lb) de prosciutto, finement haché

1 gousse d'ail, émincée

60 g (½ tasse) de chapelure épicée

1 œuf, légèrement battu

2 c. à soupe de persil plat émincé

Zeste râpé de 1 citron

Sel et poivre fraîchement moulu

2 c. à soupe de d'huile d'olive

1 oignon jaune, haché

3 gousses d'ail, émincées

1,5 litre (6 tasses) de bouillon de poulet

3 tomates bien mûres, épépinées et hachées

90 g (3 tasses) de roquette

Sel et poivre fraîchement moulu

Fromage pecorino romano râpé pour garnir

Pour les boulettes, préchauffer le four à 190 °C (375 °F). Dans un grand bol, mélanger la dinde hachée, le prosciutto, l'ail, la chapelure, l'œuf, le persil, le zeste de citron, ½ c. à café de sel et ¼ c. à café de poivre. Prélever 1 c. à café du mélange de dinde, façonner une boulette et déposer sur une plaque de cuisson. Répéter jusqu'à ce que toutes les boulettes soient façonnées. Mettre les boulettes au four jusqu'à ce qu'elles soient bien cuites, de 10 à 15 minutes. Réserver.

Dans une grande casserole à fond épais, faire chauffer l'huile à feu moyen-élevé. Ajouter l'oignon et l'ail, faire revenir jusqu'à tendreté, environ 5 minutes. Ajouter le bouillon et porter à ébullition. Réduire à feu doux, ajouter les tomates et faire mijoter pendant 10 minutes. Incorporer la roquette et les boulettes et remuer jusqu'à ce que la roquette tombe, environ 1 minute. Saler, poivrer, garnir de pecorino et servir.

8

MAI

Cette soupe, mettant en vedette les petits pois verts bien tendres, représente à elle seule la quintessence du printemps : elle est tout simplement divine. Cuisinez cette soupe toute l'année en remplaçant les petits pois frais par des petits pois surgelés. Servez-la garnie de crème fraîche ou d'un filet d'huile d'olive.

POTAGE AUX PETITS POIS À LA MENTHE ET AU CITRON

4 à 6 portions

2 c. à soupe de beurre non salé

2 échalotes, émincées

750 ml (3 tasses) de bouillon de poulet

470 g (3 tasses) de petits pois frais ou surgelés, plus pour garnir

20 g (½ tasse) de menthe hachée, plus quelques petites feuilles pour garnir

1 c. à soupe de crème sure

Zeste râpé de 1 citron

Sel et poivre fraîchement moulu

Huile d'olive extra vierge pour garnir

Dans une grande casserole à fond épais, faire fondre le beurre à feu moyen-élevé. Ajouter les échalotes et faire revenir jusqu'à tendreté, 5 minutes. Ajouter le bouillon et porter à ébullition. Ajouter les petits pois en en réservant une petite quantité pour garnir, poursuivre la cuisson jusqu'à tendreté, de 3 à 5 minutes. Incorporer la menthe hachée. Retirer du feu et laisser refroidir légèrement.

Réduire la soupe en purée au mélangeur ou au robot culinaire, en plusieurs fois. Remettre le tout dans la casserole, incorporer la crème sure et faire réchauffer à feu moyen. Fermer le feu et incorporer le zeste de citron, saler, poivrer. Garnir de feuilles de menthe et de petits pois entiers, arroser d'un filet d'huile et servir.

9

MAI

Voici la version simplifiée d'une soupe asiatique classique, avec les saveurs vibrantes du gingembre et du piment. Les nouilles au riz sont rapides à faire, un simple trempage dans de l'eau chaude et on les ajoute à la soupe juste avant de la servir.

SOUPE POULET ET NOUILLES, PARFUMÉE AUX CINQ ÉPICES

4 portions

1, 5 litre (6 tasses) de bouillon de poulet

3 échalotes, finement émincées

2 c. à soupe de gingembre frais, pelé et émincé

1 c. à café de poudre de cinq épices chinoises

3 citrons verts

60 ml (¼ tasse) de sauce de poisson asiatique

2 c. à café de sucre

30 g (1 tasse) de basilic, de préférence thaïlandais, en lanières

1 piment jalapeño, finement émincé

375 g (2 tasses) de poulet cuit déchiqueté

185 g (6 oz) de nouilles de riz séchées, mises à tremper dans de l'eau chaude pendant 15 minutes, puis égouttées

2 oignons verts, parties blanches et vert pâle seulement, finement tranchés

Dans une grande casserole, amener à ébullition à feu vif le bouillon, les échalotes, le gingembre et la poudre de cinq épices. Réduire à feu doux et faire mijoter pendant 10 minutes.

Presser le jus de 2 citrons verts (environ 3 c. à soupe de jus). Dans un petit bol, mélanger le jus de citron vert, la sauce de poisson et le sucre, bien mélanger pour dissoudre le sucre. Couper le citron vert restant en quartiers et les déposer dans une assiette avec le basilic et le piment.

Verser le mélange de jus de citron vert dans le bouillon et incorporer le poulet. Ajouter les nouilles et laisser réchauffer le tout environ 5 secondes. Garnir d'oignons verts et placer les quartiers de citron vert, le basilic et le piment sur la table à la disposition des convives. Servir.

10

MAI

Cette soupe, façon Nouvelle-Orléans, se transforme facilement en utilisant d'autres légumineuses, un bouillon différent ou une autre sorte de saucisse maigre. Servez-la avec du pain de maïs et de la sauce pimentée.

SOUPE AUX HARICOTS ROUGES ET À L'ANDOUILLETTE

6 à 8 portions

875 g (4 tasses) de haricots rouges secs, triés et rincés

1 os de jambon bien charnu d'environ 500 g (1 lb), excès de gras retiré

1 oignon jaune, haché

1 branche de céleri, hachée

2 gousses d'ail, hachées

1 grosse feuille de laurier

½ c. à café de thym séché

Sauce pimentée, comme la sauce tabasco

Sel et poivre fraîchement moulu

250 g (½ lb) d'andouillette ou autre saucisse maigre fumée, coupée en tranches de 6 mm (¼ po) d'épaisseur

Oignons verts, parties blanches et vert pâle seulement, hachés, pour garnir

Couvrir les haricots secs d'eau froide et laisser tremper au moins 4 heures ou toute la nuit.

Dans une grande casserole à fond épais, couvrir l'os de jambon de 1,5 litre (6 tasses) d'eau et amener à ébullition à feu vif. Réduire à feu moyen-doux et laisser mijoter pendant 1 heure, en écumant souvent la surface. Retirer du feu. À l'aide de pinces de cuisine, retirer l'os de la casserole et réserver. Une fois refroidi, prélever la chair autour de l'os, jeter le gras. Retirer le gras à la surface du bouillon et remettre l'os dans le bouillon.

Égoutter les haricots et les ajouter au bouillon avec l'oignon, le céleri, l'ail, la feuille de laurier et le thym. Remettre à feu vif et amener à ébullition. Réduire à feu doux, couvrir et laisser mijoter, en remuant souvent, jusqu'à ce que les haricots soient tendres, environ 2 heures. Retirer et jeter l'os et la feuille de laurier et laisser la soupe refroidir légèrement.

Prélever 655 g (3 tasses) de haricots avec un peu de bouillon et réduire en purée au mélangeur ou au robot culinaire. Remettre dans la casserole. Couper le jambon en dés et ajouter au bouillon. Assaisonner de quelques gouttes de sauce pimentée, saler et poivrer.

Dans une grande poêle, faire revenir les tranches de saucisse à feu moyen-élevé, 2 minutes de chaque côté. Servir la soupe, garnie de saucisse et d'oignons verts.

11

MAI

La vichyssoise est habituellement servie froide, mais si vous la préférez chaude, faites-la réchauffer légèrement après l'avoir mélangée à la crème. Remplacez la crème à café 10 % par du yogourt pour une version plus santé.

VICHYSSOISE AUX POIREAUX ET AUX ASPERGES

6 à 8 portions

5 poireaux, parties blanches et vert pâle seulement, environ 1,25 kg (2 ½ lb)

2 c. à soupe de beurre non salé

2 c. à soupe d'huile de canola

1 c. à café de thym émincé

1,25 litre (5 tasses) de bouillon de poulet

1 petite pomme de terre Russet, pelée et grossièrement hachée

1 kg (2 lb) d'asperges, parées et grossièrement hachées

30 g (1 tasse) de jeunes épinards

250 ml (1 tasse) de crème à café 10 %, plus 3 c. à soupe

Sel et poivre fraîchement moulu

Couper les poireaux en deux sur la longueur puis en morceaux de 6 mm (¼ po) d'épaisseur, rincer et égoutter.

Dans une grande casserole à fond épais, faire fondre 1 c. à soupe de beurre avec 1 c. à soupe d'huile à feu moyen-élevé. Réserver 125 g (1 tasse) de poireaux et mettre le reste dans la casserole avec le thym. Réduire à feu doux et cuire en remuant à l'occasion, jusqu'à tendreté, environ 10 minutes. Ajouter le bouillon et les dés de pomme de terre, augmenter à feu moyen-élevé, couvrir et amener à ébullition. Réduire à feu moyen-doux et laisser mijoter jusqu'à ce que les pommes de terre soient tendres, environ 10 minutes.

Ajouter les asperges, couvrir et poursuivre la cuisson jusqu'à ce que les asperges prennent une couleur verte éclatante et soient tout juste tendres, environ 3 minutes. Incorporer les épinards et cuire jusqu'à ce qu'ils tombent, environ 45 secondes. Retirer du feu et laisser refroidir légèrement.

Réduire la soupe en purée au mélangeur, en plusieurs fois. Verser la purée dans un bol et ajouter 250 ml (1 tasse) de crème, 1 c. à café de sel et du poivre au goût. Mélanger et laisser refroidir à la température ambiante. Verser dans un contenant avec couvercle et réfrigérer jusqu'à ce qu'elle soit bien froide, au moins 3 heures ou toute la nuit.

Au moment de servir, faire chauffer le reste du beurre et de l'huile dans une poêle à frire à feu moyen. Ajouter les poireaux réservés et ¼ c. à café de sel, faire revenir jusqu'à ce que les poireaux soient croustillants, environ 8 minutes. Égoutter sur des essuie-tout.

Goûter la soupe et rectifier l'assaisonnement si nécessaire. Servir, arrosée d'un filet de crème et garnie de poireaux frits.

12

MAI

Parmi toutes les variétés de lentilles, les lentilles françaises du Puy sont celles qui conservent le mieux leur forme une fois cuites. Les lentilles, d'un vert foncé tirant sur le bleu, forment un contraste de couleur qui vaut le coup d'œil lorsqu'elles sont mélangées aux tomates séchées et aux carottes. Nul besoin de réduire cette soupe en purée.

SOUPE AUX LENTILLES VERTES

4 portions

2 tranches épaisses de bacon, coupées en morceaux de 6 mm (¼ po)

1 gousse d'ail, émincée

½ petit oignon jaune, finement haché

2 carottes, pelées et finement hachées

1 branche de céleri, finement hachée

330 g (1 ½ tasse) de petites lentilles vertes (du Puy)

2 c. à café de thym frais

Sel et poivre fraîchement moulu

1 feuille de laurier

2 tomates séchées dans l'huile, égouttées et hachées

Dans une grande casserole à fond épais, faire cuire le bacon à feu moyen, en remuant à l'occasion, jusqu'à ce qu'il soit légèrement croustillant, environ 5 minutes. Ajouter l'ail, l'oignon, les carottes et le céleri, faire revenir jusqu'à ce que l'oignon soit translucide et les légumes tendres, environ 3 minutes. Ajouter les lentilles, bien mélanger. Ajouter 1 litre (4 tasses) d'eau, le thym, 1 c. à café de sel, ½ c. à café de poivre et la feuille de laurier. Réduire à feu doux, laisser mijoter en ajoutant plus d'eau, si nécessaire, jusqu'à ce que les lentilles soient tendres, mais encore fermes, de 30 à 40 minutes.

Garnir de tomates séchées et servir.

13

MAI

Un riche cari au lait de coco, des nouilles fraîches aux œufs, le goût raffiné et salin des fruits de mer font de cette soupe, aux accents citronnés et épicés, une pure merveille. Remplacez les fruits de mer par des tranches fines de poulet ou de bœuf cuit, en les incorporant à la soupe à la fin de la cuisson.

SOUPE AUX FRUITS DE MER ET AU LAIT DE COCO AU CARI

4 à 6 portions

2 c. à soupe d'huile de canola

155 g (½ tasse) de cari rouge asiatique

750 ml (3 tasses) de lait de coco

60 ml (¼ tasse) de sauce de poisson

2 c. à soupe de jus de citron vert frais

2 c. à soupe de sucre brun

1 c. à soupe de pâte de tamarin

Sel

500 g (1 lb) de nouilles asiatiques aux œufs fraîches

250 g (½ lb) de grosses crevettes, décortiquées et déveinées

250 g (½ lb) de calmars entiers, nettoyés et coupés en rondelle de 1,5 cm (½ po)

500 g (1 lb) de moules, brossées et ébarbées

POUR GARNIR

2 oignons verts, parties blanche et vert pâle seulement, coupés en diagonale

Pousses de haricots mungo, brins de coriandre, de basilic thaïlandais et 1 piment serrano coupé en tranches

1 citron vert coupé en quartiers

Dans une grande casserole à fond épais, faire chauffer l'huile à feu moyen-élevé. Ajouter la pâte de cari et faire revenir jusqu'à ce que le tout soit odorant, environ 2 minutes. Ajouter le lait de coco, la sauce de poisson, le jus de citron vert, le sucre brun, la pâte de tamarin et 500 ml (2 tasses) d'eau, puis porter à ébullition. Poursuivre la cuisson pendant 2 minutes et réduire à feu doux, laisser mijoter 10 minutes.

Entre-temps, amener une casserole remplie au trois quarts d'eau à ébullition à feu vif. Incorporer 1 c. à café de sel. Ajouter les nouilles et cuire jusqu'à ce qu'elles soient tout juste tendres, 2 à 3 minutes. Égoutter et répartir dans les bols.

Dans la même casserole, amener 1 litre (4 tasses) d'eau à ébullition. Réduire à feu doux, ajouter les crevettes et cuire jusqu'à ce qu'elles deviennent roses, environ 1 minute.

À l'aide d'une cuillère à égoutter, déposer les crevettes dans un grand bol. Ajouter les calmars dans l'eau frémissante et cuire jusqu'à ce qu'ils deviennent opaques, environ 1 minute. Déposer dans le bol avec les → crevettes. Ajouter les moules dans l'eau frémissante, rejetant toutes celles qui ne se referment pas au toucher. Cuire jusqu'à ce que les coquilles s'ouvrent, de 2 à 3 minutes. Déposer dans le bol des fruits de mer, en rejetant toutes celles qui ne sont pas ouvertes. Jeter le liquide de cuisson.

Ajouter les fruits de mer à la soupe et poursuivre la cuisson environ 3 minutes. À l'aide de pinces de cuisine, recouvrir les nouilles dans les bols de divers fruits de mer avant de verser le bouillon chaud. Garnir au goût, servir. Mettre les quartiers de citron vert sur la table, à la disposition des convives.

14

MAI

Les nouilles ramen constituent un repas à la fois rapide, facile et peu coûteux. Les pois mange-tout et les tomates en dés ajoutent de la saveur et une bonne valeur nutritive à cette soupe idéale pour un repas de semaine.

SOUPE RAMEN AUX POIS MANGE-TOUT

4 à 6 portions

2 c. à soupe d'huile d'olive

2 échalotes, hachées

4 gousses d'ail, émincées

1,5 litre (6 tasses) de bouillon de poulet

90 g (3 oz) de nouilles ramen séchées

455 g (14 ½ oz) de tomates en dés en conserve

155 g (1 ½ tasse) de pois mange-tout, parés et coupés en deux en diagonale

4 oignons verts, parties blanches et vert pâle seulement, finement tranchés

Sel et poivre fraîchement moulu

Sauce pimentée comme la sriracha, pour servir

Dans une grande casserole à fond épais, faire chauffer l'huile à feu moyen-élevé. Ajouter les échalotes et l'ail, faire revenir pendant 3 minutes. Ajouter le bouillon et porter à ébullition. Ajouter les nouilles ramen et les tomates et poursuivre la cuisson en remuant à l'occasion, pendant 5 minutes. Incorporer les pois mange-tout et les oignons verts, cuire pendant 2 minutes. Saler, poivrer et servir, accompagnée de sauce pimentée.

14
MAI

15

MAI

Le cari et le jus d'orange ajoutent de la saveur et de l'éclat à cette soupe de carottes. Pour varier, vous pouvez ajouter au cari de la cannelle ou du gingembre ou carrément le remplacer par l'un ou l'autre de ces ingrédients.

SOUPE DE CAROTTES AU CARI

4 portions

1 c. à soupe d'huile d'olive, plus pour servir

1 grosse échalote, émincée

750 g (1 ½ lb) de carottes, pelées et grossièrement hachées

1 c. à café de poudre de cari

1,5 litre (6 tasses) de bouillon de poulet

2 c. à soupe de jus d'orange

Sel et poivre fraîchement moulu

Dans une grande casserole à fond épais, faire chauffer 1 c. à soupe d'huile à feu moyen. Ajouter l'échalote et faire revenir jusqu'à transparence, environ 2 minutes. Ajouter les carottes, la poudre de cari et le bouillon. Augmenter à feu moyen-élevé et porter à ébullition. Réduire à feu doux, couvrir et poursuivre la cuisson jusqu'à ce que les carottes soient tendres, environ 20 minutes. Retirer du feu et ajouter le jus d'orange. Laisser refroidir légèrement.

Réduire la soupe en purée au mélangeur ou au robot culinaire, en plusieurs fois. Saler, poivrer.

La soupe se sert chaude ou froide. Pour la servir chaude, remettre le tout dans la casserole et réchauffer doucement à feu moyen. Pour la servir froide, laisser refroidir avant de la mettre dans un contenant avec couvercle et réfrigérer pendant au moins 3 heures ou toute la nuit. Servir, arrosée d'un filet d'huile.

16

MAI

Recherchez les jeunes pousses de petits pois au début du printemps sur les étals des fermiers ou tout au long de l'année, dans les épiceries asiatiques. Tendres et sucrées, ces jeunes pousses ont le goût des petits pois frais… sans la tâche de les écosser ! Si vous n'en trouvez pas, remplacez-les par de jeunes épinards.

SOUPE AUX PÂTES ET AUX POUSSES DE PETITS POIS

4 portions

Sel et poivre fraîchement moulu

105 g (½ tasse) de stellines, ou autres petites pâtes pour soupe

2 œufs

1 litre (4 tasses) de bouillon de poulet

1 petite carotte, pelée et hachée

60 g (2 tasses) de pousses de petits pois, hachées

30 g (¼ tasse) de parmesan râpé

Amener une petite casserole d'eau salée à ébullition. Ajouter les pâtes et cuire jusqu'à ce qu'elles soient al dente, environ 8 minutes ou selon les directives inscrites sur l'emballage. Égoutter et rincer sous l'eau froide courante. Dans un petit bol, battre les œufs légèrement, saler, poivrer.

Dans une grande casserole, verser le bouillon et 250 ml (1 tasse) d'eau. Faire frémir à feu moyen-élevé. Ajouter la carotte et laisser mijoter à découvert, jusqu'à ce qu'elle soit tendre, mais encore légèrement croquante de 5 à 6 minutes. Ajouter les pousses de petits pois et laisser mijoter jusqu'à tendreté, de 2 à 3 minutes. Retirer du feu. Verser doucement les œufs battus dans la soupe en remuant délicatement le tout dans une seule direction pour former des filaments d'œuf cuit. Incorporer les pâtes et le fromage. Saler, poivrer et servir.

17 MAI

SOUPE D'ARTICHAUTS AVEC CROSTINIS AU CAMEMBERT

6 portions

Remplacez le camembert par du brie, un Saint-André ou un fromage de chèvre à pâte molle. Vous souhaitez un repas léger ? Prévoyez quelques crostinis de plus que vous servirez à table, accompagnés d'une bouteille de pinot gris. Si vous préférez les artichauts frais, préparez les cœurs selon la méthode indiquée à la page 75.

2 c. à soupe d'huile d'olive

1 petit oignon jaune, haché

2 gousses d'ail, émincées

60 ml (¼ tasse) de vin blanc sec

1 petite pomme de terre Russet, pelée et coupée en petits dés

250 g (8 oz) de cœurs d'artichauts surgelés

500 ml (2 tasses) de bouillon de poulet

Sel et poivre fraîchement moulu

POUR LES CROSTINIS

12 tranches fines de baguette

60 g (2 oz) de camembert, à la température ambiante

Dans une grande casserole à fond épais, faire chauffer l'huile à feu moyen-élevé. Ajouter l'oignon et l'ail, faire revenir jusqu'à transparence, environ 5 minutes. Ajouter le vin blanc et la pomme de terre et poursuivre la cuisson pendant 5 minutes. Ajouter les cœurs d'artichauts et le bouillon, porter à ébullition. Réduire à feu doux et laisser mijoter jusqu'à ce que les pommes de terre soient très tendres, environ 20 minutes. Retirer du feu et laisser refroidir légèrement. Réduire la soupe en purée au mélangeur ou au robot culinaire, en plusieurs fois. Remettre le tout dans la casserole, saler, poivrer.

Pour faire les crostinis, préchauffer le gril du four. Recouvrir chaque tranche de pain d'une mince tranche de camembert. Déposer sur une plaque de cuisson et faire griller jusqu'à ce que le fromage soit légèrement fondu, 1 à 2 minutes. Servir la soupe, garnie de 2 crostinis.

18 MAI

SOUPE AUX HARICOTS ET AUX PÂTES AVEC PESTO DE BASILIC

6 à 8 portions

Pour faire le pesto, au robot culinaire réduire en purée 60 g (⅓ tasse) de noix de pin et 3 gousses d'ail. Ajouter 60 g (2 tasses) de feuilles de basilic bien tassées et réduire en purée. Le moteur toujours en marche, ajouter 125 ml (½ tasse) d'huile d'olive en un filet continu. Arrêter l'appareil et ajouter 60 g (½ tasse) de parmesan. Réduire en purée. Saler et poivrer.

Sel et poivre fraîchement moulu

105 g (1 tasse) de macaronis

2 c. à soupe d'huile d'olive

1 oignon jaune, haché

4 gousses d'ail, émincées

2 c. à soupe de pâte de tomate

1,25 litre (5 tasses) de bouillon de poulet

455 g (14 ½ oz) de tomates en dés en conserve, égouttées

470 g (15 oz) de haricots de Lima, en conserve, rincés et égouttés

470 g (15 oz) de haricots cannellinis en conserve, égouttés

10 g (¼ tasse) de basilic haché

Pesto de basilic (voir à gauche)

Dans une casserole, amener 1 litre (4 tasses) d'eau à ébullition. Ajouter ¼ c. à café de sel et les pâtes, cuire jusqu'à ce qu'elles soient al dente, environ 8 minutes ou selon les directives inscrites sur l'emballage. Égoutter et réserver.

Dans une grande casserole à fond épais, faire chauffer l'huile à feu moyen-élevé. Ajouter l'oignon et l'ail, faire revenir pendant 5 minutes. Ajouter la pâte de tomate, mélanger. Ajouter le bouillon et les tomates, porter à ébullition. Réduire à feu doux et laisser mijoter pendant 20 minutes. Ajouter les pâtes, les haricots de Lima et les haricots cannellinis, laisser mijoter pendant 5 minutes. Incorporer le basilic, saler, poivrer.

Servir la soupe, garnie d'une cuillerée de pesto.

19

MAI

Cette soupe constitue une excellente façon d'apprêter les restes de poulet. Pour la réchauffer, vous devrez peut-être ajouter du bouillon ou de l'eau, car le couscous a tendance à absorber le liquide.

SOUPE POULET, ÉPINARDS ET COUSCOUS ISRAÉLIEN, PARFUMÉE AU CARI

4 à 6 portions

185 g (1 tasse) de couscous israélien

2 demi-poitrines de poulet, désossées et sans peau, environ 375 g (¾ lb)

3 c. à soupe d'huile d'olive

Sel et poivre fraîchement moulu

1 petit oignon jaune, haché

2 gousses d'ail, émincées

½ c. à café de poudre de cari

¼ c. à café de curcuma moulu

1, 5 litre (6 tasses) de bouillon de poulet

60 g (2 tasses) de jeunes épinards

Préchauffer le four à 190 °C (375 °F).

Dans une petite casserole, amener 310 ml (1 ¼ tasse) d'eau à ébullition. Ajouter le couscous, remuer une fois et couvrir. Réduire à feu doux et poursuivre la cuisson jusqu'à ce que la totalité de l'eau soit absorbée, de 8 à 10 minutes. Réserver.

Déposer le poulet sur une plaque de cuisson, enduire de 1 c. à soupe d'huile, saler et poivrer. Faire cuire à cœur, de 18 à 20 minutes. Lorsqu'il est suffisamment refroidi pour être manipulé, couper le poulet en morceaux et réserver.

Dans une grande casserole à fond épais, faire chauffer le reste de l'huile à feu moyen-élevé. Ajouter l'oignon et l'ail, faire revenir jusqu'à tendreté, environ 5 minutes. Incorporer la poudre de cari et le curcuma, mélanger et cuire pendant 2 minutes. Ajouter le bouillon et porter à ébullition. Réduire à feu doux, ajouter le couscous et le poulet, faire mijoter, en remuant à l'occasion, jusqu'à ce que le couscous soit al dente, environ 10 minutes. Incorporer les épinards et poursuivre la cuisson jusqu'à ce qu'ils tombent, environ 45 secondes. Saler, poivrer et servir.

20

MAI

Le cresson vous rappellera sans doute ces petits sandwichs sans croûte, mais ce grand compagnon des salades fait aussi partie des ingrédients traditionnels des soupes britanniques. Les feuilles au goût poivré se retrouvent dans des soupes crémeuses que l'on mange chaudes ou froides ; les soupes chaudes sont souvent garnies de croûtons bien croustillants tandis qu'on ajoute un peu de crème aux soupes froides.

SOUPE AU CRESSON

4 portions

60 ml (¼ tasse) d'huile d'olive

1 oignon jaune, grossièrement haché

2 grosses pommes de terre Yukon Gold, pelées et coupées en dés

500 g (1 lb) de poireaux, parties blanches et vert pâle seulement, finement tranchés

1 litre (4 tasses) de bouillon de poulet ou d'eau

Sel et poivre fraîchement moulu

2 bottes de cresson

250 ml (1 tasse) de crème 35 %

Dans une grande casserole, faire chauffer l'huile à feu moyen. Ajouter l'oignon et faire revenir jusqu'à tendreté, de 5 à 7 minutes. Incorporer les pommes de terre et poursuivre la cuisson pendant 2 minutes. Ajouter les poireaux, augmenter à feu moyen-élevé et cuire, en remuant à l'occasion, jusqu'à ce que les poireaux s'attendrissent et tombent, environ 4 minutes. Ajouter le bouillon, saler et poivrer. Augmenter à feu vif, porter à ébullition, réduire à feu moyen-doux et laisser mijoter à découvert, jusqu'à ce que les légumes soient très tendres, environ 25 minutes.

Retirer les tiges des feuilles de cresson et les jeter. Ajouter les feuilles à la casserole et cuire jusqu'à tendreté, environ 3 minutes. Retirer du feu et laisser refroidir légèrement.

Réduire la soupe en purée au mélangeur ou au robot culinaire, en plusieurs fois. Incorporer la crème. Goûter et rectifier l'assaisonnement au besoin.

Pour servir la soupe chaude, réchauffer doucement à feu moyen. Pour servir la soupe froide, verser dans un contenant avec couvercle et réfrigérer jusqu'à ce qu'elle soit bien froide, au moins 2 heures. À l'aide d'une louche, verser la soupe dans les bols et servir.

21

MAI

Une huile d'olive de qualité et des avocats mûris à point sont essentiels à la réussite de ce plat. Accompagnez-la d'une salade de carottes râpées, avec feta et noix de pin. Cette soupe se sert également à la température ambiante.

SOUPE FROIDE AUX COURGETTES ET À L'AVOCAT

4 portions

105 g (⅔ tasse) d'amandes crues entières

4 courgettes, parées et hachées

4 branches de céleri, hachées

60 ml (¼ tasse) d'huile d'olive extra vierge

60 ml (¼ tasse) de jus de citron frais

2 avocats à point, dénoyautés, pelés et coupés en dés

Quelques gouttes de sauce tabasco

Sel et poivre fraîchement moulu

3 c. à soupe de basilic haché

Au robot culinaire, réduire les amandes en poudre. Ajouter les courgettes, le céleri, l'huile et le jus de citron et réduire en purée bien lisse. Incorporer les avocats et 375 ml (1 ½ tasse) d'eau et réduire de nouveau en purée. Si nécessaire, ajouter 1 c. à soupe d'eau à la fois jusqu'à l'obtention de la consistance désirée. Ajouter le tabasco, saler et poivrer.

Garnir de basilic et servir.

22

MAI

Pour obtenir une soupe moins sucrée et plus festive, remplacez le vin rouge fruité par un Prosecco sec ou un vin rosé pétillant que vous ajouterez juste avant de servir pour en préserver les bulles. Gardez-en un peu pour en servir à vos invités.

SOUPE FROIDE AUX GRIOTTES ET ESTRAGON

6 à 8 portions

1,5 kg (3 lb) de griottes (cerises acides) fraîches, équeutées et dénoyautées

3 c. à soupe de beurre non salé

4 échalotes, émincées

2 c. à café de zeste de citron râpé

500 ml (2 tasses) de vin rouge fruité

2 c. à soupe de fécule de maïs

155 g (⅔ tasse) de sucre, plus au besoin

Sel

500 g (1 lb) de cerises fraîches, équeutées, dénoyautées et coupées en quatre

60 ml (¼ tasse) de crème 35 % (facultatif)

10 g (¼ tasse) d'estragon haché

Réduire en purée bien lisse les griottes au robot culinaire. Passer la purée à travers un tamis posé sur un bol et, à l'aide d'une cuillère de bois, presser les solides pour en extraire le plus de jus possible. Jeter les solides.

Dans une grande casserole à fond épais, faire fondre le beurre à feu moyen. Ajouter les échalotes, faire revenir jusqu'à tendreté, environ 3 minutes. Incorporer le zeste de citron et poursuivre la cuisson jusqu'à ce que le tout soit odorant, environ 45 secondes. Ajouter la purée de griottes, le vin et 375 ml (1 ½ tasse) d'eau et bien mélanger. Augmenter à feu moyen-élevé et laisser mijoter.

Dans un petit bol, mélanger, à l'aide d'un fouet, la fécule de maïs et 60 ml (¼ tasse) d'eau et incorporer au mélange de griottes avec le sucre et une pincée de sel. Réduire à feu moyen-doux et laisser mijoter en remuant souvent, jusqu'à ce que le tout épaississe et prenne la consistance d'une crème légère, environ 4 minutes. Retirer du feu et incorporer les cerises. Mettre la soupe dans un bol qui ne soit pas en aluminium et laisser le tout refroidir complètement.

Couvrir et mettre au réfrigérateur au moins 4 heures ou toute la nuit. Avant de servir, goûter la soupe et rectifier l'assaisonnement en ajoutant du sel ou du sucre, au besoin. Servir la soupe, garnie de crème, si désiré, et parsemée d'estragon.

MAI

23

23

MAI

Les oignons vidalia, ayant un taux de sucre élevé, caramélisent aisément. Mais il faut s'armer de patience, ils n'atteignent souvent leur pleine saveur qu'au bout de 30 minutes.

SOUPE À L'OIGNON AVEC CROÛTONS AU FROMAGE BLEU

4 à 6 portions

3 c. à soupe de beurre non salé

2 c. à soupe d'huile d'olive

4 oignons doux, comme les oignons vidalia, finement tranchés

1 c. à soupe de vinaigre balsamique

3 gousses d'ail, émincées

60 ml (¼ tasse) de vin blanc sec

750 ml (3 tasses) de bouillon de poulet

Sel et poivre fraîchement moulu

POUR LES CROÛTONS AU FROMAGE BLEU

1 baguette, coupée en 8 à 12 tranches fines

90 g (3 oz) de fromage bleu, émietté

Dans une grande casserole à fond épais, faire fondre le beurre et l'huile à feu vif. Ajouter les oignons et faire revenir jusqu'à tendreté, de 5 à 7 minutes. Réduire à feu doux et poursuivre la cuisson en remuant à l'occasion, pendant 30 minutes. Ajouter le vinaigre, mélanger et cuire en remuant à l'occasion, pendant 30 minutes. Incorporer l'ail et poursuivre la cuisson pendant 5 minutes. Ajouter le vin et cuire pendant 2 minutes. Verser le bouillon, augmenter à feu moyen-élevé et porter à ébullition. Retirer du feu et laisser refroidir légèrement.

Réduire la moitié de la soupe en purée au mélangeur. Remettre le tout dans la casserole, saler et poivrer.

Entre-temps, préchauffer le gril du four. Déposer les tranches de pain sur une plaque de cuisson et les enduire de fromage bleu. Placer sous le gril jusqu'à ce que le fromage fonde et que le pain soit grillé, de 1 à 2 minutes. Servir en garnissant chaque bol de 2 ou 3 tranches de pain.

24

MAI

Préparez cette soupe lorsque l'arrivage de crabe frais coïncide avec la récolte printanière d'asperges. Les morceaux ou les flocons de crabe conviennent à cette recette, mais évitez le crabe emballé sous vide, surgelé ou l'imitation de crabe (goberge), car avec si peu d'ingrédients, c'est la fraîcheur qui prime.

SOUPE AU CRABE ET AUX ASPERGES

4 portions

1 litre (4 tasses) de bouillon de poulet

1 c. à café de gingembre frais, pelé et émincé

250 g (½ lb) d'asperges, parées et coupées à la diagonale en morceaux de 2,5 cm (1 po) de longueur

1 c. à soupe de fécule de maïs

1 œuf, battu

2 c. à café de xérès sec

1 c. à café d'huile de sésame

1 c. à café de sauce soya

185 g (1 tasse) de chair de crabe frais, débarrassée de tout fragment de coquille

Dans une grande casserole à fond épais, faire bouillir à gros bouillons à feu moyen-élevé le bouillon et le gingembre. Ajouter les asperges, réduire à feu moyen, couvrir et laisser mijoter jusqu'à ce qu'elles soient tendres, mais encore légèrement croquantes, environ 3 minutes.

Entre-temps, mélanger la fécule de maïs et 2 c. à soupe d'eau. Réserver.

Réduire à feu moyen-doux. Incorporer 2 c. à soupe de bouillon chaud dans l'œuf battu. Verser lentement le mélange d'œuf dans le bouillon en remuant constamment pour former de longs filaments d'œuf cuit. Ajouter le mélange de fécule de maïs, le xérès, l'huile de sésame et la sauce soya au bouillon. Cuire, en remuant, jusqu'à ce que la soupe épaississe légèrement, environ 1 minute. Incorporer la chair de crabe et poursuivre la cuisson jusqu'à ce que le crabe soit chaud, de 2 à 3 minutes. Goûter, rectifier l'assaisonnement au besoin et servir.

25

MAI

La vichyssoise traditionnelle est une soupe froide aux pommes de terre et aux poireaux. Dans cette version, le fenouil occupe la place centrale. Cette soupe est aussi bonne chaude que froide. Vous pouvez donc décider de la manière dont vous la servirez selon la température de la journée.

VICHYSSOISE AU FENOUIL

4 à 6 portions

2 c. à soupe de beurre non salé

1 c. à soupe d'huile d'olive

½ oignon jaune, haché

2 bulbes de fenouil, environ 750 g (1 ½ lb), tiges et plumets retirés, coupés en quatre, évidés et finement tranchés

60 ml (¼ tasse) de vin blanc sec

750 ml (3 tasses) de bouillon de légumes

1 pomme de terre Russet d'environ 375 g (¾ lb), pelée et coupée en dés

125 ml (½ tasse) de crème 35 %

Sel et poivre blanc moulu

Dans une grande casserole à fond épais, faire fondre le beurre et l'huile à feu moyen-élevé. Ajouter l'oignon et le fenouil, faire revenir jusqu'à ce que le fenouil soit très tendre, de 7 à 9 minutes. Ajouter le vin et poursuivre la cuisson en remuant souvent, pendant 2 minutes. Ajouter le bouillon, amener à ébullition, puis ajouter les dés de pomme de terre. Réduire à feu moyen-doux et laisser mijoter jusqu'à ce que les pommes de terre soient très tendres, de 30 à 35 minutes. Retirer du feu et laisser refroidir légèrement. Réduire la soupe en purée au mélangeur, en plusieurs fois. Remettre le tout dans la casserole, incorporer la crème et amener à ébullition. Retirer du feu, saler et poivrer.

Si la soupe est servie froide, laisser refroidir à la température ambiante. Mettre dans un contenant avec couvercle et réfrigérer jusqu'à ce qu'elle soit bien froide, au moins 3 heures ou toute la nuit. Servir.

26

MAI

Pour faire les croustilles d'ail, vous devez trancher finement 8 gousses d'ail. Faire chauffer 2 c. à soupe d'huile d'olive dans une petite poêle à frire à feu moyen. Ajouter l'ail et faire revenir en remuant souvent jusqu'à ce que l'ail soit doré, environ 3 minutes. Égoutter sur des essuie-tout.

SOUPE ŒUF-CITRON AVEC GOURGANES ET CROUSTILLES D'AIL

6 à 8 portions

Sel

1, 5 kg (3 lb) de gourganes, écossées

1 gros citron

2 litres (8 tasses) de bouillon de poulet

145 g (⅔ tasse) de riz blanc à grain long, du basmati par exemple

1 feuille de laurier

2 œufs, à la température ambiante

2 jaunes d'œufs, à la température ambiante

Croustilles d'ail (voir à gauche)

Amener une grande casserole d'eau à ébullition. Ajouter 1 c. à soupe de sel et les gourganes et faire cuire pendant 2 minutes. Égoutter et rincer sous l'eau froide courante. Fendre la peau de chaque fève et extraire la gourgane de sa membrane. Jeter les membranes.

À l'aide d'un économe, prélever le zeste du citron en larges rubans. Presser le citron et mesurer 60 ml (¼ tasse) de jus. Réserver.

Dans une grande casserole à fond épais, porter le bouillon à ébullition à feu vif. Incorporer le riz, le zeste de citron, la feuille de laurier et 1 ½ c. à café de sel. Réduire à feu moyen, couvrir et laisser mijoter jusqu'à ce que le riz soit cuit, de 15 à 20 minutes.

Retirer la feuille de laurier et le zeste de citron du bouillon. Dans un bol, fouetter les œufs, les jaunes d'œufs et le jus de citron. À l'aide d'une louche, prélever environ le quart du bouillon chaud et le verser, en fouettant constamment, dans le mélange d'œufs. Remettre le tout dans la casserole. Ajouter les gourganes, réduire à feu doux et poursuivre la cuisson en remuant, jusqu'à ce que la soupe épaississe et que des volutes de vapeur apparaissent, environ 5 minutes. Ne pas laisser bouillir la soupe et retirer du feu aussitôt qu'elle a épaissi. Goûter et rectifier l'assaisonnement si nécessaire. Garnir de croustilles d'ail et servir.

27

MAI

Pour faire une garniture originale, trempez la base de fraises entières dans de la crème fraîche et parsemez-la de zeste de citron. La menthe fraîche accompagne parfaitement bien cette soupe d'été.

SOUPE AUX FRAISES ET AU CITRON

4 à 6 portions

500 g (1 lb) de fraises fraîches ou surgelées

60 g (¼ tasse) de sucre

2 citrons

60 ml (¼ tasse) de vin blanc sec

4 à 6 c. à café de crème fraîche ou de crème sure pour servir

Faire décongeler les fraises, s'il y a lieu, dans un bol et réserver leur jus. Au mélangeur, réduire en purée les fraises, le sucre, le zeste et le jus de 1 citron et le vin blanc.

Déposer la soupe dans un bol en verre, couvrir et réfrigérer jusqu'à ce qu'elle soit bien froide, au moins 3 heures.

Servir la soupe, garnie de crème fraîche et du zeste râpé du second citron.

28

MAI

Ici, la muscade est l'ingrédient secret qui relève cette simple soupe d'épinards et adoucit le goût des légumes feuillus.

CRÈME D'ÉPINARDS ET DE POIREAUX

4 à 6 portions

1 c. à soupe de beurre non salé

1 c. à soupe d'huile d'olive

2 poireaux, parties blanches et vert pâle seulement, hachés

½ c. à café de muscade râpée

375 ml (1 ½ tasse) de bouillon de légumes

2 grosses bottes d'épinards, tiges coriaces enlevées

60 ml (¼ tasse) de crème 35 %

Sel et poivre fraîchement moulu

Dans une grande casserole à fond épais, faire fondre le beurre et l'huile à feu moyen-élevé. Ajouter les poireaux et la muscade, faire revenir jusqu'à tendreté, de 5 à 7 minutes. Ajouter le bouillon et porter à ébullition. Ajouter les épinards et poursuivre la cuisson en remuant souvent pendant 10 minutes. Retirer du feu et laisser refroidir légèrement.

Réduire la soupe en purée au mélangeur, en plusieurs fois. Remettre dans la casserole, incorporer la crème et amener à ébullition. Saler, poivrer. Servir.

29

MAI

Les asperges printanières sont somptueuses, mais une cuisson prolongée leur fera prendre une coloration brunâtre du plus mauvais effet. Si les pointes des asperges achetées sont dodues, coupez-les en plus petits morceaux de façon qu'elles cuisent plus rapidement dans le bouillon.

CRÈME D'ASPERGES TOUTE SIMPLE

4 à 6 portions

2 c. à soupe d'huile d'olive

1 oignon jaune, haché

2 gousses d'ail, émincées

750 ml (3 tasses) de bouillon de poulet

1 kg (2 lb) d'asperges, parées et coupées en morceaux de 1,5 cm (½ po)

2 c. à soupe de crème 35 %

Zeste et jus de 1 citron

Sel et poivre fraîchement moulu

Dans une grande casserole à fond épais, faire chauffer l'huile à feu moyen-élevé. Ajouter l'oignon et l'ail, faire revenir jusqu'à transparence, environ 5 minutes. Ajouter le bouillon et porter à ébullition. Ajouter les asperges et cuire jusqu'à tendreté, de 8 à 10 minutes. Retirer du feu et laisser refroidir légèrement.

Réduire la soupe en purée au mélangeur, en plusieurs fois. Remettre le tout dans la casserole. Fermer le feu et incorporer le zeste et le jus de citron. Saler, poivrer et servir.

30

MAI

Vous pouvez faire ce bouillon aromatique d'avance, il se conservera 3 jours au réfrigérateur. Faites cuire les crevettes et les oignons verts dans le bouillon juste avant de servir.

BOUILLON PARFUMÉ AU GINGEMBRE AVEC CREVETTES ET OIGNONS VERTS

4 portions

3 oignons verts

2 c. à café d'huile de canola

7,5 cm (3 po) de gingembre frais, pelé et râpé

1 gousse d'ail, émincée

⅛ c. à café de poudre de cinq épices chinoises

125 g (¼ lb) de champignons café, finement tranchés

½ poivron rouge, épépiné et finement tranché

1 litre (4 tasses) de bouillon de poulet

2 c. à soupe de sauce soya

250 g (½ lb) de crevettes de grosseur moyenne, décortiquées et déveinées

Couper finement les oignons verts en diagonale, déposant les parties blanches et vert pâle dans un bol et la partie vert foncé dans un autre.

Dans une grande casserole à fond épais, faire chauffer l'huile à feu moyen-élevé. Ajouter le gingembre et l'ail, faire revenir jusqu'à ce que le tout soit odorant, environ 4 minutes. Ajouter la poudre de cinq épices, les champignons, le poivron rouge et les parties blanches et vert pâle des oignons verts, faire revenir en remuant souvent pendant 3 à 4 minutes. Ajouter le bouillon, 500 ml (2 tasses) d'eau et la sauce soya, faire mijoter pendant 20 minutes. Augmenter à feu vif et porter à ébullition. Ajouter les crevettes et cuire jusqu'à ce qu'elles deviennent roses, environ 3 minutes. Servir la soupe, garnie de la partie vert foncé des oignons verts.

31

MAI

*Cette soupe est aimée des enfants comme des adultes. Elle se compose d'ingrédients que vous avez probablement sous la main dans votre garde-manger. Vous pouvez remplacer les épinards par de la bette à carde ou du chou frisé (*kale*).*

SOUPE AUX ÉPINARDS ET AUX VERMICELLES AVEC ŒUF FRIT

4 portions

1 c. à soupe d'huile d'olive

½ petit oignon jaune, finement tranché

1 gousse d'ail, émincée

1, 25 litre (5 tasses) de bouillon de poulet

250 g (½ lb) de vermicelles, cassés en morceaux de 5 cm (2 po)

1 botte d'épinards, tiges retirées

1 c. à soupe de beurre non salé

4 œufs

Sauce pimentée comme la sriracha, pour servir (facultatif)

Dans une grande casserole à fond épais, faire chauffer l'huile à feu moyen-élevé. Ajouter l'oignon et l'ail, faire revenir jusqu'à transparence, environ 5 minutes. Ajouter le bouillon et porter à ébullition. Ajouter les vermicelles, porter de nouveau à ébullition et poursuivre la cuisson en remuant à l'occasion, pendant 4 minutes. Incorporer les épinards et remuer jusqu'à ce qu'ils tombent, environ 2 minutes. Réduire à feu doux pour conserver la soupe chaude pendant la cuisson des œufs.

Dans une poêle antiadhésive, faire fondre le beurre à feu moyen. Cuire chaque œuf jusqu'à ce que le blanc soit coagulé, mais le jaune encore coulant, de 5 à 6 minutes.

Verser la soupe dans les bols et garnir d'un œuf frit. Servir, accompagnée de sauce pimentée si désiré.

5	6	7
. AUX TOMATES RÔTIES AVEC JAMBON SERRANO ET BURRATA *page 133*	SOUPE FROIDE AUX AMANDES ET AUX RAISINS *page 133*	BOUILLON À LA TOMATE ET AU ROMARIN AVEC CRABE *page 135*
12	**13**	**14**
UILLON ÉPICÉ À LA NOIX DE COCO EC NOUILLES UDON ET CREVETTES *page 137*	SOUPE AUX POIS CHICHES À LA ROMAINE *page 138*	BOUILLON GINGEMBRE-OIGNON AVEC NOUILLES SOBA ET SAUMON *page 138*
19	**20**	**21**
PE CRÉMEUSE AU PIMENT POBLANO *page 143*	SOUPE FROIDE AU MELON MIEL ET À LA MENTHE *page 143*	SOUPE FRAISES ET RHUBARBE AVEC PROSECCO *page 144*
26	**27**	**28**
PE CUBAINE AUX HARICOTS NOIRS *page 148*	SOUPE FROIDE AUX POIVRONS JAUNES AVEC CIBOULETTE *page 149*	SOUPE AU CANTALOUP ET PROSCIUTTO AVEC MASCARPONE *page 149*

juin

Les températures plus chaudes marquent le coup d'envoi des melons, du maïs sucré et des courges d'été, de toutes les formes et de toutes les grosseurs. Ces fruits et légumes conviennent à la confection de soupes légères parfaitement adaptées à la belle saison. Au fur et à mesure que la température grimpe, les soupes froides, comme la classique soupe au concombre et celle mi-sucrée, mi-acidulée, aux fraises et à la rhubarbe, s'avèrent d'excellents choix. Et pour un avant-goût de plage ensoleillée, n'oubliez pas que les chaudrées constituent le support idéal pour les grains de maïs, les morceaux de pommes de terre et les flocons de poisson tendre.

1

JUIN

Au plus fort de l'été, le maïs que l'on vient de cueillir ne nécessite qu'une cuisson minimale. L'ajout de whisky canadien, fait à partir de maïs et autres céréales, donne du caractère à cette chaudrée douce et sucrée. Faites mijoter les épis dans le bouillon pour lui donner encore plus de saveur.

CHAUDRÉE DE MAÏS SUCRÉ AVEC BACON

4 à 6 portions

8 à 10 gros épis de maïs, feuilles et barbes enlevées

4 tranches épaisses de bacon, coupées en morceaux de 1,5 cm (½ po)

1 oignon jaune, haché

250 g (½ lb) de pommes de terre à bouillir, blanches ou rouges, pelées et hachées

1 litre (4 tasses) de bouillon de légumes ou de poulet

1 feuille de laurier

2 c. à soupe de thym frais haché ou 2 c. à café de thym séché

375 à 500 ml (1 ½ à 2 tasses) de lait

1 poivron rouge, épépiné et coupé en dés

1 à 3 c. à soupe de whisky (facultatif)

Généreuse pincée de flocons de piment rouge

Sel et poivre fraîchement moulu

10 g (¼ tasse) de persil plat haché

Tenir un épi de maïs fermement à la verticale sur une planche à découper et découper les grains de haut en bas en le tournant au fur et à mesure. La quantité recherchée est d'environ 750 g (4 tasses) de grains de maïs. Réserver les épis.

Dans une grande casserole à fond épais, faire frire le bacon à feu moyen jusqu'à ce qu'il soit croustillant, environ 5 minutes. À l'aide d'une cuillère à égoutter, le déposer sur des essuie-tout. Quand il a refroidi, l'émietter. Ajouter l'oignon au gras du bacon et faire revenir jusqu'à transparence, environ 10 minutes.

Ajouter les pommes de terre, le bouillon, le laurier, le thym, 375 g (2 tasses) de grains de maïs et les épis réservés. Faire mijoter à découvert jusqu'à ce que les pommes de terre soient tendres, de 12 à 15 minutes.

Retirer du feu, jeter la feuille de laurier et les épis de maïs. Réduire la soupe en purée au mélangeur, en plusieurs fois. Remettre dans la casserole.

Cuire à feu doux et incorporer le reste des grains de maïs, assez de lait pour obtenir une belle consistance, le poivron, le whisky, si désiré, et les flocons de piment rouge. Saler et poivrer. Servir, parsemée de bacon émietté et de persil.

2

JUIN

Avec ses nuances affirmées de carvi et sa saveur rappelant celle du céleri, l'aneth complète bien le goût de terroir des betteraves et celui acidulé du fromage de chèvre frais. Les betteraves jaunes sont aussi sucrées que les rouges, mais elles ont un goût plus fin et plus doux qui confère à cette soupe estivale une grande suavité.

SOUPE À LA BETTERAVE DORÉE AVEC FROMAGE DE CHÈVRE ET ANETH

6 à 8 portions

5 betteraves jaunes, environ 1,25 kg (2 ½ lb), parées

1 pomme de terre Yukon Gold

125 g (¼ lb) de fromage de chèvre frais, émietté

180 ml (¾ tasse) de crème à café 10 %

½ c. à café de jus de citron frais

3 c. à soupe d'aneth émincé, plus pour servir

Sel et poivre fraîchement moulu

2 c. à soupe de beurre non salé

1 oignon jaune, haché

2 gousses d'ail, émincées

1, 5 litre (6 tasses) de bouillon de poulet

1 c. à café de vinaigre de vin blanc

Préchauffer le four à 200 °C (400 °F). Envelopper les betteraves et la pomme de terre dans du papier aluminium et déposer sur une plaque de cuisson. Faire rôtir jusqu'à tendreté en vérifiant la cuisson avec la pointe d'un couteau, environ 1 heure. Ouvrir la papillote et laisser refroidir avant de peler et de hacher les betteraves et la pomme de terre.

Entre-temps, dans un petit bol, mélanger le fromage de chèvre, 60 ml (¼ tasse) de crème, le jus de citron, l'aneth, ¼ c. à café de sel, du poivre au goût. À la fourchette, fouetter vigoureusement jusqu'à ce que le mélange épaississe, mais reste assez liquide pour être versé. Réserver.

Dans une grande casserole à fond épais, faire fondre le beurre à feu moyen. Ajouter l'oignon et l'ail, faire revenir jusqu'à tendreté, environ 5 minutes. Ajouter le bouillon, amener à ébullition à feu moyen-élevé. Incorporer les betteraves et la pomme de terre, réduire à feu doux, faire mijoter à demi couvert, 15 minutes. Retirer du feu et laisser tiédir.

Réduire en purée au mélangeur, en plusieurs fois. Remettre dans la casserole et ajouter le vinaigre, 1 ½ c. à café de sel, du poivre au goût, 125 ml (½ tasse) de crème et laisser mijoter en remuant à l'occasion, 10 minutes.

Saler et poivrer. Servir, garnie d'une cuillerée du mélange de fromage de chèvre et d'aneth.

2 JUIN

3

JUIN

En plus de constituer une bonne entrée estivale, les potages froids se prêtent bien aux expéditions dans la nature. Il suffit de choisir un contenant muni d'un couvercle hermétique et d'un bec verseur. Pour servir, verser la soupe dans des verres évasés ou des tasses.

SOUPE CONCOMBRE ET ANETH

6 portions

3 concombres anglais, pelés, coupés en deux sur le long et épépinés

250 g (1 tasse) de yogourt nature à la grecque ou autre yogourt épais de lait entier

1 c. à soupe de jus de citron frais

3 oignons verts, parties blanches et vert pâle seulement, hachés

3 c. à soupe d'aneth haché

1 gousse d'ail, hachée

1 c. à café de graines de carvi, broyées

Sel et poivre blanc moulu

250 ml (1 tasse) de bouillon de légumes

2 c. à soupe d'huile d'olive extra vierge

Hacher grossièrement 5 demi-concombres et mettre dans un grand bol. Ajouter le yogourt, le jus de citron, les oignons verts, l'aneth, l'ail, les graines de carvi, 1 c. à café de sel et ¼ c. à café de poivre. Remuer, couvrir et laisser les saveurs se développer à la température ambiante pendant 1 heure. Couper en dés le demi-concombre restant et réserver.

Réduire en purée le mélange concombre et yogourt au mélangeur, en plusieurs fois. L'appareil toujours en marche, ajouter lentement le bouillon jusqu'à l'obtention d'un mélange homogène. Verser dans un contenant avec couvercle et réfrigérer jusqu'à ce que la soupe soit bien froide, environ 2 heures.

Au moment de servir, incorporer les dés de concombre et l'huile. Verser la soupe dans des verres évasés et servir.

4

JUIN

Le fait de rôtir la courge d'été au four lui enlève toute trace d'amertume et met en valeur sa saveur délicate et douce. Vous pouvez remplacer la courge d'été par des courgettes, par une courge torticolis ou par des pâtissons.

SOUPE FROIDE À LA COURGE D'ÉTÉ

6 portions

6 courges d'été, parées, coupées en deux puis en tranches

3 c. à soupe d'huile d'olive

Sel et poivre fraîchement moulu

2 poireaux, parties blanches et vert pâle seulement, finement hachés

3 pommes de terre à bouillir comme les Yukon Gold, pelées et hachées

2 gousses d'ail, émincées

1 litre (4 tasses) de bouillon de poulet, plus au besoin

4 c. à soupe de basilic finement haché

2 c. à soupe de ciboulette finement hachée

1 c. à soupe de jus de citron frais

Préchauffer le four à 200 °C (400 °F). Mélanger les courges avec 1 c. à soupe d'huile, saler et poivrer. Étendre sur une plaque de cuisson et rôtir pendant 20 minutes. Réserver.

Dans une grande casserole à fond épais, faire chauffer 2 c. à soupe d'huile à feu moyen. Ajouter les poireaux et faire revenir jusqu'à tendreté, de 5 à 7 minutes. Ajouter les pommes de terre et poursuivre la cuisson jusqu'à ce qu'elles soient légèrement dorées, 5 minutes. Incorporer l'ail et cuire 1 minute de plus. Verser le bouillon, couvrir et cuire jusqu'à ce que les pommes de terre soient tendres, environ 15 minutes.

Retirer du feu et laisser refroidir légèrement. Ajouter les morceaux de courge rôtis. Réduire la soupe en purée au mélangeur, en plusieurs fois. Ajouter du bouillon au besoin pour obtenir la consistance désirée. Verser dans un bol et réfrigérer jusqu'à ce que la soupe soit bien froide, au moins 3 heures.

Incorporer 2 c. à soupe de basilic, la ciboulette et le jus de citron. Saler et poivrer. Servir la soupe, garnie du reste de basilic.

5

JUIN

La combinaison classique tomate et mozzarella se bonifie avec l'ajout du célèbre jambon cru d'Espagne. Assurez-vous que le serrano est complètement sec, il se moudra d'autant plus facilement.

La burrata est un fromage à pâte filée particulièrement crémeux et doux ; tranchez-le juste avant de servir et même s'il ne gardait pas sa forme, aucune importance, les morceaux fondant dans la soupe sont un délice.

SOUPE AUX TOMATES RÔTIES AVEC JAMBON SERRANO ET BURRATA

4 portions

4 fines tranches de jambon serrano

1,25 kg (2 ½ lb) de petites tomates, prunes ou campari, coupées en deux

4 c. à soupe d'huile d'olive

Sel et poivre fraîchement moulu

1 oignon jaune, haché

4 gousses d'ail, émincées

500 ml (2 tasses) de bouillon de poulet

185 g (6 oz) de fromage burrata ou de mozzarella fraîche, tranché

1 c. à soupe de ciboulette finement hachée

Préchauffer le four à 100 °C (200 °F). Disposer le jambon en une seule couche sur une plaque de cuisson et faire cuire jusqu'à ce qu'il soit complètement sec, environ 1 heure 45 minutes. Déposer le jambon sur des essuie-tout et éponger. Émietter, passer au moulin à épices et moudre en fine poudre. Réserver.

Augmenter la température du four à 230 °C (450 °F). Disposer les tomates en une seule couche sur une plaque de cuisson, arroser de 2 c. à soupe d'huile d'olive, saler et poivrer. Faire rôtir les tomates jusqu'à ce qu'elles fondent et caramélisent, de 25 à 30 minutes. Réserver.

Dans une grande casserole à fond épais, faire chauffer 2 c. à soupe d'huile à feu moyen-élevé. Ajouter l'oignon et l'ail, faire revenir jusqu'à transparence, environ 5 minutes. Ajouter les tomates et leur jus, bien mélanger. À l'aide d'une cuillère de bois, défaire quelque peu les tomates et poursuivre la cuisson pendant 3 minutes. Incorporer le bouillon et porter à ébullition. Réduire à feu doux et laisser mijoter pendant 20 minutes. Retirer du feu et laisser tiédir.

Réduire la moitié de la soupe en purée au mélangeur. Remettre dans la casserole, incorporer le jambon moulu. Saler et poivrer.

Verser la soupe dans les bols. Garnir chaque bol d'une tranche de burrata et laisser reposer 1 ou 2 minutes pour que le fromage fonde. Garnir de ciboulette et servir.

6

JUIN

Contrairement à la version tomatée, plus familière, ce gaspacho, d'aspect laiteux, est probablement plus fidèle à la version originale qui ne comprenait que du pain, de l'eau, de l'huile et du vinaigre. Dans le sud de l'Espagne, on donne une touche rafraîchissante à ce gaspacho à base d'amandes en lui ajoutant des raisins pelés.

SOUPE FROIDE AUX AMANDES ET AUX RAISINS

4 portions

170 g (1 tasse) d'amandes blanchies

4 petites tranches de pain rustique, de la veille, croûtes enlevées, immergées dans de l'eau puis égouttées

2 gousses d'ail

Sel et poivre fraîchement moulu

6 c. à soupe d'huile d'olive extra vierge

3 c. à soupe de vinaigre de vin blanc

750 ml (3 tasses) d'eau glacée, plus au besoin

36 raisins verts sans pépins, pelés et coupés en deux

Au robot culinaire ou au mélangeur, mélanger les amandes, le pain mouillé, l'ail et 1 c. à café de sel, activer l'appareil jusqu'à ce que les amandes soient réduites en fine poudre. L'appareil toujours en marche, ajouter lentement l'huile, le vinaigre et 250 ml (1 tasse) d'eau glacée et mélanger jusqu'à l'obtention d'un liquide blanc crémeux. Verser dans un bol.

Incorporer la quantité d'eau glacée nécessaire pour obtenir la consistance désirée. Saler et poivrer. Mettre dans un contenant avec couvercle et réfrigérer jusqu'à ce que la soupe soit bien froide, au moins 2 heures.

Incorporer les raisins et servir.

7

JUIN

Pour faire des bruschettas, badigeonner d'huile d'olive 4 tranches épaisses de pain italien et les frotter avec la partie coupée d'une gousse d'ail. Faire chauffer une poêle à fond cannelé à feu vif jusqu'à ce qu'elle soit très chaude. Y déposer le pain et faire griller environ 3 minutes de chaque côté.

BOUILLON À LA TOMATE ET AU ROMARIN AVEC CRABE

4 portions

1 kg (2 lb) de tomates italiennes mûres, coupées en deux

4 c. à soupe d'huile d'olive

Sel et poivre fraîchement moulu

2 échalotes, émincées

5 gousses d'ail, émincées

½ c. à café de flocons de piment rouge

125 ml (½ tasse) de vin blanc sec

4 c. à café de romarin frais, haché

500 ml (2 tasses) de bouillon de poulet

1 c. à soupe de beurre non salé

125 g (1¼ lb) de morceaux de crabe frais, débarrassé de tout fragment de coquille

Bruschettas (voir à gauche)

Préchauffer le four à 230 °C (450 °F). Déposer les tomates, partie coupée vers le haut, en une seule couche sur une plaque de cuisson, arroser de 2 c. à soupe d'huile, saler et poivrer. Faire rôtir les tomates jusqu'à ce qu'elles fondent et caramélisent, de 25 à 30 minutes. Réserver.

Dans une grande casserole à fond épais, faire chauffer le reste de l'huile à feu moyen. Ajouter les échalotes et l'ail, faire revenir pendant 2 minutes. Ajouter les flocons de piment rouge et poursuivre la cuisson 1 minute de plus. Incorporer les tomates avec leur jus et le vin blanc, faire mijoter pendant 3 minutes. Ajouter le romarin et le bouillon, porter à ébullition. Réduire à feu doux et laisser mijoter 15 minutes. Pour obtenir un bouillon clair, passer à travers un tamis posé sur une casserole de grosseur moyenne, à feu doux.

Dans une petite poêle à frire, faire fondre le beurre à feu vif jusqu'à ce qu'il grésille. Ajouter le crabe, remuer pour bien l'enrober et faire chauffer pendant 30 secondes. Verser le bouillon dans les bols, y répartir le crabe et servir, accompagné de bruschettas.

8

JUIN

Le mélange de légumes frais colore ce potage d'un vert intense et l'ajout de crème sure et de pesto lui confère de la saveur et une texture douce et agréable.

POTAGE AUX HARICOTS DE LIMA, PETITS POIS ET COURGETTES AVEC PESTO

4 portions

2 c. à soupe d'huile d'olive

2 petits oignons jaunes, finement tranchés

4 courgettes, finement tranchées

1 litre (4 tasses) de bouillon de poulet

375 g (2 tasses) de haricots de Lima frais ou surgelés

155 g (1 tasse) de petits pois frais ou surgelés

Sel et poivre fraîchement moulu

2 c. à soupe de crème sure

60 ml (¼ tasse) de pesto de basilic (voir page 118)

Dans une grande casserole à fond épais, faire chauffer l'huile à feu moyen-élevé. Ajouter les oignons et les courgettes, faire revenir jusqu'à ce que le tout devienne doré, de 6 à 7 minutes. Verser le bouillon et porter à ébullition. Incorporer les haricots de Lima et les petits pois. Lorsque le potage bout de nouveau, réduire à feu moyen-doux et faire mijoter jusqu'à ce que les légumes soient tendres, de 20 à 25 minutes. Incorporer ¼ c. à café de sel et ⅛ c. à café de poivre. Retirer du feu et laisser refroidir légèrement.

Réduire en purée bien lisse au mélangeur ou au robot culinaire, en plusieurs fois. Déposer le tout dans une casserole propre et faire réchauffer doucement. Incorporer la crème sure. Servir le potage, garni d'une cuillerée de pesto.

9

JUIN

Les anellinis ou « petits anneaux », ressemblent tout à fait à cela ! Le choix de la forme des pâtes est loin d'être une science exacte, mais un critère important est celui de la dimension par rapport aux autres éléments du plat. Ici, les anellinis sont à peu près de la même grosseur que les légumes en dés et se portent facilement à la bouche à l'aide d'une cuillère à soupe.

SOUPE AUX LÉGUMES ET AUX ANELLINIS

4 à 6 portions

Sel et poivre fraîchement moulu

105 g (½ tasse) d'anellinis ou autres petites pâtes pour la soupe comme les tubettis, les pastinas, l'orzo ou les stellines

6 c. à soupe d'huile d'olive

3 poireaux, parties blanches seulement, finement coupés

1 bulbe de fenouil, tiges et plumets retirés, coupé en petits dés, plus quelques plumets hachés

1 feuille de laurier

1 c. à soupe de thym haché

2 gousses d'ail, broyées

185 g (1 tasse) de grains de maïs frais (environ 2 épis)

2 petites courgettes, coupées en petits dés

3 grosses tomates, pelées (voir page 172), épépinées et coupées en petits dés

5 tomates séchées conservées dans l'huile, égouttées et coupées en petits dés

1,5 litre (6 tasses) de bouillon de légumes

Pesto de basilic (voir page 118), pour servir

Amener une casserole remplie d'eau à ébullition. Saler généreusement, ajouter les pâtes et cuire jusqu'à ce qu'elles soient presque al dente, 6 à 8 minutes (elles continueront à cuire dans le bouillon). Égoutter et ajouter 2 c. à soupe d'huile. Remuer et réserver.

Dans une grande casserole à fond épais, faire chauffer 4 c. à soupe d'huile à feu moyen. Ajouter les poireaux, le fenouil, les plumets de fenouil, le laurier et le thym. Saler, poivrer et faire revenir jusqu'à ce que les légumes soient odorants et commencent à s'attendrir, environ 5 minutes. Ajouter l'ail et poursuivre la cuisson 1 minute. Ajouter le maïs et les courgettes, saler et faire revenir pendant 2 à 3 minutes. Incorporer les tomates fraîches et séchées. Amener à ébullition à feu vif. Réduire à feu moyen et poursuivre la cuisson à découvert jusqu'à ce que tous les légumes soient tendres, de 15 à 20 minutes. Écumer la surface de la soupe, si nécessaire. Ajouter les pâtes. Goûter et rectifier l'assaisonnement, au besoin. Réchauffer et servir, garnie de pesto.

10

JUIN

Un bouillon citronné est sans contredit la base parfaite des soupes printanières et estivales. Le bouillon rehausse la saveur des légumes frais du jardin et se marie très bien au quinoa ainsi qu'à la garniture de fromage et de pain utilisée dans cette recette.

BOUILLON CITRONNÉ AVEC QUINOA, LÉGUMES FEUILLUS ET PARMESAN

4 portions

1,5 litre (6 tasses) de bouillon de poulet ou de légumes

250 g (1 tasse) de quinoa

1 petite botte de chou palmier, de chou frisé ou de bette à carde, tiges et nervures coriaces retirées, feuilles coupées en lanières

1 botte d'oignons verts, parties blanches et vertes, hachés

Sel et poivre fraîchement moulu

125 ml (½ tasse) de jus de citron frais, plus au goût

Huile d'olive extra vierge, pour servir

Copeaux de parmesan, pour garnir

Croûtons à l'ail (voir page 61)

Dans une grande casserole à fond épais, amener le bouillon à ébullition à feu vif. Incorporer le quinoa, réduire à feu moyen-élevé et laisser bouillir à découvert jusqu'à tendreté, environ 15 minutes ou selon les directives inscrites sur l'emballage.

Ajouter le chou palmier, les oignons verts, 1 c. à café de sel, un peu de poivre et cuire jusqu'à ce que le chou soit tendre, environ 5 minutes. Incorporer le jus de citron et poursuivre la cuisson pendant 5 minutes pour permettre aux saveurs de se développer.

Saler, poivrer, ajouter du jus de citron, si désiré. Servir la soupe, arrosée d'un filet d'huile d'olive, garnie de copeaux de fromage et de croûtons à l'ail.

11

JUIN

Cette soupe d'inspiration germanique constitue une entrée ou un plat principal léger et agréable par une chaude soirée d'été. Si vous ne trouvez pas de griottes, utilisez des cerises Bing et des canneberges séchées, et réduire la quantité de miel à 1 c. à soupe, ou au goût. Vous pouvez garnir avec un peu de crème.

SOUPE AUX GRIOTTES ET AU RIESLING

6 portions

500 ml (2 tasses) de riesling sec

500 ml (2 tasses) de jus de cerise

1,1 kg (2 ¼ lb) de griottes fraîches, dénoyautées, ou 1 kg (2 lb) de griottes surgelées, dénoyautées

90 g (½ tasse) de griottes séchées

1 bâton de cannelle d'environ 5 cm (2 po)

90 g (¼ tasse) de miel

60 ml (¼ tasse) de jus d'orange frais

2 c. à soupe de fécule de maïs

1 c. à soupe de zeste d'orange râpé

125 g (½ tasse) de crème sure ou de yogourt nature

¼ c. à café de cardamome moulue

Dans une grande casserole à fond épais, mélanger le vin, le jus de cerise, la moitié des griottes fraîches ou surgelées, les griottes séchées et le bâton de cannelle et faire mijoter à feu moyen. Réduire à feu doux et poursuivre la cuisson à découvert jusqu'à ce que les cerises soient tendres, environ 15 minutes. Retirer du feu. Jeter le bâton de cannelle et laisser refroidir légèrement.

Réduire la soupe en purée au mélangeur ou au robot culinaire, en plusieurs fois, jusqu'à ce que les cerises soient finement hachées tout en conservant une certaine texture. Remettre dans la casserole.

Dans un petit bol, mélanger le miel, le jus d'orange, la fécule de maïs et le zeste d'orange jusqu'à l'obtention d'une pâte. À feu doux, à l'aide d'un fouet, incorporer la pâte dans la soupe. Cuire en remuant à l'occasion jusqu'à épaississement, environ 5 minutes. Incorporer le reste des cerises. Mettre dans un contenant avec couvercle et réfrigérer jusqu'à ce que la soupe soit bien froide, au moins 2 heures.

Dans un petit bol, mélanger la crème sure et la cardamome. Garnir la soupe du mélange de crème sure et de cardamome, et servir.

12

JUIN

Pour ajouter du piquant à cette soupe, incorporez quelques tranches de plus de piment frais et un peu plus de pâte de cari rouge. Pour obtenir une soupe végétarienne, remplacez les crevettes par des cubes de tofu et le bouillon de poulet par un bouillon de légumes.

BOUILLON ÉPICÉ À LA NOIX DE COCO AVEC NOUILLES UDON ET CREVETTES

4 portions

Sel

155 g (5 oz) de nouilles udon

1 c. à soupe d'huile de canola

5 cm (2 po) de gingembre frais, pelé et émincé

2 tiges de citronnelle, parties centrales blanches seulement, écrasées et finement coupées

1 petit piment rouge, épépiné et tranché

2 c. à soupe de pâte de cari rouge

2 boîtes de lait de coco allégé de 440 ml (14 oz) chacune

500 ml (2 tasses) de bouillon de poulet

250 g (½ lb) de crevettes de grosseur moyenne, décortiquées et déveinées

2 oignons verts, parties blanches et vert pâle seulement, finement tranchés en diagonale

Amener une casserole remplie d'eau à ébullition. Ajouter ¼ c. à café de sel et les nouilles udon. Cuire pendant 4 minutes, égoutter et rincer sous l'eau froide courante. Réserver.

Dans une grande casserole à fond épais, faire chauffer l'huile à feu moyen-élevé. Ajouter le gingembre, la citronnelle et le piment, faire revenir jusqu'à tendreté, environ 5 minutes. Incorporer la pâte de cari rouge, le lait de coco et le bouillon, mélanger à l'aide d'un fouet. Amener à ébullition, réduire à feu doux et laisser mijoter pendant 10 minutes. Faire à nouveau bouillir la soupe, ajouter les crevettes et cuire jusqu'à ce qu'elles deviennent roses, environ 2 minutes. Ajouter les nouilles et remuer. À l'aide de pinces de cuisine, répartir les nouilles dans les 4 bols. Recouvrir de bouillon, garnir d'oignons verts et servir.

13

JUIN

Le mélange de pâtes et de légumineuses est une combinaison que l'on retrouve partout en Italie, et la soupe aux pâtes et aux pois chiches des Romains mérite en tous points sa grande popularité. Les pois chiches y côtoient des morceaux cassés de pâtes longues comme les tagliatelles ou les fettuccines. Des ditalinis (mini tubes), des maltagliatis (retailles de pâtes aux œufs) ou encore des quadruccis (carrés de pâtes) s'avéreraient tout aussi authentiques et délicieux.

SOUPE AUX POIS CHICHES À LA ROMAINE

4 portions

330 g (1 ½ tasse) de pois chiches secs, triés et rincés

½ c. à café de bicarbonate de soude

1 grosse gousse d'ail, non pelée, plus 2 gousses d'ail, émincées

1 branche de céleri avec les feuilles

1 petit brin de romarin

Sel et poivre fraîchement moulu

3 c. à soupe d'huile d'olive

60 g (2 oz) de pancetta tranchée, coupée en petits dés

2 c. à soupe de pâte de tomate

250 g (½ lb) de tagliatelles ou fettuccines, cassées en morceaux de 5 cm (2 po)

Mettre les pois chiches dans un bol, recouvrir d'eau froide dépassant les pois chiches de 7,5 cm (3 po). Laisser tremper 24 heures. Égoutter et bien rincer.

Dans une grande casserole, mettre les pois chiches, la gousse d'ail non pelée, le céleri, le romarin et 1,75 litre (7 tasses) d'eau. Amener à ébullition à feu moyen-élevé. Ajuster le feu au besoin pour cuire constamment à petits frémissements, à demi couvert, jusqu'à ce que les pois chiches soient tendres, environ 1 ½ heure.

Retirer la casserole du feu. Prélever 125 ml (½ tasse) du liquide de cuisson et réserver. Incorporer 2 c. à café de sel et laisser les pois chiches reposer pendant 5 minutes. Retirer et jeter l'ail, le céleri et le romarin. Prélever 220 g (1 tasse) de pois chiches et les écraser à l'aide d'une fourchette ou d'un pilon à pomme de terre. Remettre dans la casserole, bien mélanger.

Dans une poêle à frire, faire chauffer l'huile d'olive à feu moyen-doux. Ajouter la pancetta et faire revenir jusqu'à qu'elle dore, 3 minutes. Incorporer l'ail émincé, réduire à feu doux et poursuivre la cuisson jusqu'à ce que l'ail soit tendre, 1 minute. Ajouter la pâte de tomate et le liquide de cuisson réservé, mélanger. Ajouter la pancetta et les pâtes et amener à ébullition à feu moyen. Cuire 10 minutes, jusqu'à ce que les pâtes soient al dente. Saler, poivrer et servir.

14

JUIN

Même les enfants, sans parler des adultes, qui entretiennent des doutes à propos du poisson se laissent tenter par les filets de saumon à chair ferme, surtout lorsque ceux-ci sont servis avec des nouilles de sarrasin baignant dans un délicieux bouillon. Accompagnez cette soupe d'une salade d'inspiration asiatique comme des concombres aux graines de sésame.

BOUILLON GINGEMBRE-OIGNON VERT AVEC NOUILLES SOBA ET SAUMON

4 portions

4 oignons verts

1 litre (4 tasses) de bouillon de poulet

5 cm (2 po) de gingembre frais, pelé et émincé

1 anis étoilé

2 c. à soupe de sauce soya

1 c. à café de mirin

Quelques gouttes d'huile de sésame asiatique

185 g (6 oz) de nouilles soba, cassées en deux

375 g (¾ lb) de darnes de saumon dans la partie centrale, coupées en 4 morceaux égaux, peau et arêtes retirées

2 c. à soupe d'huile d'olive

Sel et poivre fraîchement moulu

Trancher finement les oignons verts, en déposant les parties blanches et vert pâle dans un bol et la partie vert foncé, dans un autre.

Dans une grande casserole à fond épais, cuire le bouillon, le gingembre, les parties blanches et vert pâle des oignons verts, l'anis étoilé, la sauce soya, le mirin et l'huile de sésame à feu moyen-élevé. Porter à ébullition, réduire à feu doux et laisser mijoter pendant 10 minutes. Fermer le feu, couvrir la casserole et laisser reposer pendant 10 minutes.

Passer la soupe dans un tamis, jeter les solides et remettre le bouillon dans la casserole. Amener à ébullition. Ajouter les nouilles soba et cuire, en remuant une fois ou deux, pendant 4 minutes. Garder au chaud à feu doux.

Faire chauffer une petite poêle à frire à feu vif jusqu'à ce qu'elle soit très chaude. Badigeonner d'huile le saumon, saler et poivrer. Saisir le saumon de 4 à 5 minutes de chaque côté.

À l'aide de pinces de cuisine, répartir les nouilles soba dans 4 assiettes creuses. Recouvrir de bouillon chaud et surmonter d'une darne de saumon. Garnir avec la partie vert foncé des oignons verts et servir.

14
JUIN

JUIN 15

15

JUIN

Vos invités seront époustouflés par la couleur vibrante de cette soupe. Pour une question de commodité, cette recette demande des poivrons rôtis en pot, mais rien ne vous empêche de les faire rôtir vous-même. Si c'est le cas, vous aurez besoin de 3 poivrons frais. Servez la soupe avec des quesadillas ou des croustilles de tortilla.

POTAGE AUX POIVRONS ROUGES RÔTIS AVEC SALSA AU MAÏS ÉPICÉE

4 à 6 portions

2 c. à soupe d'huile d'olive

1 petit oignon jaune, haché

2 gousses d'ail, émincées

750 g (24 oz) de poivrons rouges rôtis en pot, égouttés

1 pomme de terre Russet, pelée et coupée en dés

1 litre (4 tasses) de bouillon de poulet

1 c. à soupe de crème sure

Sel et poivre fraîchement moulu

SALSA AU MAÏS ÉPICÉE

1 c. à soupe de beurre non salé

1 c. à soupe de piment jalapeño émincé

1 c. à soupe d'oignon vert finement émincé, parties blanches et vert pâle seulement

185 g (1 tasse) de grains de maïs frais (environ 2 épis) ou surgelés

Sel et poivre fraîchement moulu

Dans une grande casserole à fond épais, faire chauffer l'huile à feu moyen-élevé. Ajouter l'oignon et l'ail, faire revenir jusqu'à transparence, environ 5 minutes. Ajouter les poivrons rôtis et les dés de pomme de terre, remuer et cuire pendant 3 minutes. Ajouter le bouillon et porter à ébullition. Réduire à feu doux et laisser mijoter jusqu'à ce que les pommes de terre soient très tendres, de 25 à 30 minutes. Retirer du feu et laisser refroidir légèrement.

Réduire la soupe en purée au mélangeur ou au robot culinaire, en plusieurs fois. Remettre dans la casserole, incorporer la crème sure, saler et poivrer.

Entre-temps, pour faire la salsa, faire fondre le beurre dans une petite poêle à feu vif. Ajouter le piment jalapeño et l'oignon vert, faire revenir en remuant constamment, jusqu'à ce que le beurre commence à brunir, environ 2 minutes. Ajouter les grains de maïs, mélanger et poursuivre la cuisson pendant 2 minutes. Saler et poivrer. Garnir la soupe de salsa au maïs et servir.

16

JUIN

Pour rehausser le goût des légumes verts de cette soupe estivale, ajoutez-y un peu de muscade râpée. Cela vaut peut-être la peine de faire dégorger les courgettes pour les débarrasser de leur amertume. Ne vous inquiétez pas, la soupe ne sera pas trop salée, puisque le sel utilisé sera vite éliminé lorsque vous égoutterez et rincerez les tranches de courgette.

SOUPE AUX COURGETTES ET AUX PÂTES, PARFUMÉE À LA MENTHE

6 portions

3 c. à soupe d'huile d'olive

1 oignon jaune, haché

2 litres (8 tasses) de bouillon de poulet

3 pommes de terre Russet, pelées et coupées en dés

Sel et poivre fraîchement moulu

3 petites courgettes, finement tranchées

90 g (1 tasse) de petites pâtes comme les ditalinis et les tubettis

2 c. à soupe de menthe hachée

45 g (1/3 tasse) de fromage pecorino romano râpé

Dans une grande casserole à fond épais, faire chauffer l'huile à feu moyen. Ajouter l'oignon et faire revenir jusqu'à tendreté, environ 5 minutes. Incorporer le bouillon et les pommes de terre, saler et poivrer. Amener à ébullition, ajouter les courgettes et cuire jusqu'à ce que les légumes soient tendres, environ 10 minutes. Ajouter les pâtes et poursuivre la cuisson en remuant fréquemment, jusqu'à ce que les pâtes soient al dente, de 8 à 10 minutes ou selon les directives inscrites sur l'emballage. Incorporer la menthe. Garnir de fromage et servir.

17

JUIN

POTAGE À LA BETTERAVE RÔTIE ET FETA

4 portions

Ce potage, si simple à faire, est d'une couleur et d'une saveur spectaculaires. Le fait de rôtir les betteraves concentre leur goût naturellement sucré et le salé de la feta en fait le complément idéal.

3 grosses betteraves rouges ou jaunes, parées en coupant les fanes à 2,5 cm (1 po)

1 ½ c. à soupe d'huile d'olive

1 c. à soupe de beurre non salé

¼ oignon jaune, haché

1 litre (4 tasses) de bouillon de poulet, de bœuf ou de légumes

Sel et poivre fraîchement moulu

75 g (½ tasse) de feta émiettée

2 c. à soupe d'aneth haché

Préchauffer le four à 180 °C (350 °F). Déposer les betteraves dans un plat de cuisson, badigeonner d'huile. Faire rôtir jusqu'à ce que la peau des betteraves se perce aisément à la fourchette, environ 1 heure. Retirer du four. Une fois les betteraves suffisamment refroidies, les peler et les hacher.

Dans une grande casserole à fond épais, faire fondre le beurre à feu moyen. Ajouter l'oignon et faire revenir jusqu'à transparence, environ 2 minutes. Incorporer les betteraves et le bouillon, amener doucement à ébullition, réduire à feu doux et laisser mijoter à découvert pendant 10 minutes. Retirer du feu et laisser refroidir légèrement.

Réduire la soupe en purée au mélangeur ou au robot culinaire, en plusieurs fois. Servir chaud ou laisser tiédir à la température ambiante, verser dans un contenant avec couvercle et réfrigérer jusqu'à ce que le potage soit bien froid, au moins 2 heures ou toute la nuit. Saler, poivrer et servir le potage, garni de la feta et d'aneth.

18

JUIN

RAGOÛT DE POIS CHICHES AU CARI

4 portions

Moudre de l'ail, du gingembre et du piment constitue souvent la première étape de bon nombre de recettes indiennes. On fait revenir la pâte qui en résulte dans un peu d'huile afin d'en libérer le maximum de saveur avant d'y ajouter du liquide. Dans cette recette, le ragoût végétarien de pois chiches et de pommes de terre a suffisamment de corps pour être servi sur un simple lit de riz vapeur.

1 oignon jaune, grossièrement haché

2 c. à soupe de gingembre frais, pelé et émincé

4 gousses d'ail, hachées

1 petit piment jalapeño rouge ou vert, épépiné et haché

1 ½ c. à soupe de poudre de cari

Sel et poivre fraîchement moulu

4 c. à soupe d'huile de maïs ou d'arachide

2 grosses pommes de terre à bouillir, pelées et coupées en petits cubes

250 g (½ lb) de gombos frais ou surgelés, parés et coupés en tranches épaisses (facultatif)

375 ml (1 ½ tasse) de bouillon de poulet ou de légumes

455 g (14 ½ oz) de pois chiches en conserve, égouttés et rincés

Riz vapeur pour servir

Au mélangeur, mélanger 1 c. à soupe d'eau, l'oignon, le gingembre, l'ail et le piment, jusqu'à l'obtention d'une pâte homogène. Dans un petit bol, mélanger la poudre de cari et ½ c. à café de sel.

Faire chauffer une grande poêle à frire à feu vif et ajouter 2 c. à soupe d'huile. Ajouter les pommes de terre et faire revenir jusqu'à ce qu'elles soient légèrement dorées, environ 5 minutes. Assaisonner de ¼ c. à café de sel et, à l'aide d'une cuillère à égoutter, déposer dans un bol. Remettre la poêle à feu vif et ajouter 1 c. à soupe d'huile. Ajouter les gombos, si désiré, et faire revenir jusqu'à ce qu'ils soient légèrement croustillants, environ 5 minutes. Déposer les gombos dans le bol avec les pommes de terre.

Remettre la poêle à feu moyen-élevé et ajouter 1 c. à soupe d'huile. Incorporer la pâte d'ail et d'oignon, faire revenir jusqu'à ce que le tout soit odorant, environ 2 minutes. Incorporer le mélange de cari le bouillon, et mélanger et porter à ébullition. Remettre les légumes dans la poêle et ajouter les pois chiches. Réduire à feu doux et laisser mijoter à découvert jusqu'à ce que les pommes de terre soient tendres, de 15 à 20 minutes. Saler, poivrer et servir sur un lit de riz vapeur.

19 JUIN

SOUPE CRÉMEUSE AU PIMENT POBLANO

4 à 6 portions

Le gros piment poblano est extrêmement polyvalent. On peut le farcir, le couper en « rajas » (en lanières) qu'on utilisera de nombreuses façons comme, entre autres, dans cette soupe traditionnelle, simple et élégante. La crème fait contrepoids à la saveur du piment et les petits pois confèrent au mélange leur belle couleur verte.

60 g (¼ tasse) de beurre non salé

1 c. à café d'huile de canola

4 piments poblanos, rôtis, pelés, épépinés et hachés

1 oignon blanc, haché

3 gousses d'ail, hachées

1,5 litre (6 tasses) de bouillon de poulet

155 g (1 tasse) de petits pois frais ou surgelés

Sel et poivre fraîchement moulu

75 g (½ tasse) d'amandes blanchies, finement moulues

5 c. à soupe de crème fraîche ou de crème sure

Dans une grande casserole à fond épais, faire fondre le beurre avec l'huile à feu moyen. Ajouter les piments, l'oignon et l'ail, faire revenir en remuant jusqu'à tendreté, environ 3 minutes. Incorporer le bouillon et les petits pois, saler et poivrer. Faire mijoter à découvert pendant 10 minutes pour que les saveurs se développent. Retirer du feu et laisser refroidir légèrement.

Ajouter les amandes moulues et réduire la soupe en purée, au mélangeur en plusieurs fois. Goûter et rectifier l'assaisonnement au besoin. Remettre dans la casserole et réchauffer la soupe à feu moyen. Garnir de crème et servir.

20 JUIN

SOUPE FROIDE AU MELON MIEL ET À LA MENTHE

6 portions

Les longues journées ensoleillées de l'été donnent aux melons une saveur sucrée incomparable. Cette soupe doit la couleur de sa robe au vert tendre du melon miel, mais vous pouvez le remplacer par d'autres melons, comme le casaba, le crenshaw ou le melon de Perse, avec autant de succès. Quelques gouttes de jus de citron vert et quelques feuilles de menthe font de cette soupe, simple et rafraîchissante, une entrée idéale à un repas cuit sur le gril.

½ melon miel d'environ 1 kg (2 lb), épépiné, pelé et haché

7 g (¼ tasse) de feuilles de menthe non tassées, plus des brins de menthe pour servir

3 c. à soupe de jus de citron vert frais, plus au besoin

1 c. à soupe de miel

Sel

Tranches très fines de citron vert pour garnir

Réduire en purée lisse et légère le melon, les feuilles de menthe, 3 c. à soupe de jus de citron vert et le miel au mélangeur, en plusieurs fois, en activant l'appareil environ 2 minutes chaque fois. Verser dans un contenant avec couvercle et réfrigérer au moins 2 heures. Avant de servir, assaisonner de jus de citron vert si désiré et de sel. Servir la soupe, garnie de tranches de citron vert et de brins de menthe.

21 JUIN

SOUPE FRAISES ET RHUBARBE AVEC PROSECCO

4 portions

Les fraises sucrées et la rhubarbe acidulée constituent un merveilleux tandem dans cette soupe apéro tout à fait festive. N'ajoutez le mousseux qu'à la dernière minute afin de lui conserver tout son pétillant. Vous pouvez garnir cette soupe de fraises coupées en petits dés et lui ajouter un brin de menthe.

375 g (¾ lb) de rhubarbe, finement tranchée

500 g (1 lb) de fraises, équeutées et coupées en deux

2 c. à soupe de jus d'orange frais

125 g (½ tasse) de sucre

125 ml (½ tasse) de prosecco ou autre vin mousseux sec

Mettre la rhubarbe et 125 ml (½ tasse) d'eau dans une grande casserole à feu moyen. Cuire en remuant souvent, pendant 10 minutes. Ajouter les fraises, le jus d'orange et le sucre. Mélanger et cuire pendant 5 minutes. Retirer du feu et laisser refroidir légèrement.

Réduire la soupe en purée au mélangeur. Laisser tiédir à la température ambiante. Mettre dans un contenant avec couvercle et réfrigérer au moins 3 heures ou toute la nuit. Incorporer le prosecco au moment de servir.

22 JUIN

SOUPE AUX RAVIOLIS, À LA ROQUETTE ET AU FROMAGE

4 portions

Cette soupe est meilleure fraîche, car les délicats raviolis qu'elle contient risquent de se défaire quand on la réchauffe. N'hésitez pas à changer les ingrédients de la farce des raviolis, selon vos goûts et vos préférences. Du fromage de chèvre et de la pancetta, des artichauts, de l'ail et de la ricotta seraient tout aussi délicieux.

POUR LES RAVIOLIS

1 c. à café d'huile d'olive

15 g (½ tasse) de roquette

90 g (⅓ tasse) de fromage ricotta

2 c. à soupe de fromage parmesan râpé

Pincée de muscade râpée

Sel et poivre fraîchement moulu

20 carrés de pâtes won ton

2 c. à soupe d'huile d'olive

2 échalotes, finement tranchées

4 gousses d'ail, finement tranchées

1 litre (4 tasses) de bouillon de poulet

455 g (14 ½ oz) de tomates en dés en conserve

1 c. à soupe de pâte de tomate

Sel et poivre fraîchement moulu

30 g (1 tasse) de roquette

10 g (¼ tasse) de basilic haché

Fromage parmesan râpé pour servir

Pour les raviolis, faire chauffer l'huile dans une petite poêle à feu moyen. Ajouter la roquette et faire revenir jusqu'à ce qu'elle tombe, 1 minute. Déposer sur une planche à découper, laisser tiédir et hacher finement.

Dans un petit bol, mélanger la ricotta, le parmesan, la muscade et la roquette, saler et poivrer. Déposer 1 c. à café du mélange au centre de chaque carré de pâte won ton. Humecter d'eau le pourtour et plier de façon à former un triangle, en pressant les rebords pour enlever les bulles d'air et pour qu'ils adhèrent l'un à l'autre. Répéter l'opération jusqu'à ce que tous les carrés soient farcis.

Dans une grande casserole à fond épais, faire chauffer l'huile à feu moyen-élevé. Ajouter les échalotes et l'ail, faire revenir jusqu'à tendreté, 4 minutes. Ajouter le bouillon, les tomates et la pâte de tomate, amener à ébullition. Réduire à feu doux et laisser mijoter 10 minutes. Saler et poivrer. Ajouter les raviolis et faire mijoter environ 2 minutes. Incorporer la roquette et le basilic, faire cuire jusqu'à ce que les légumes tombent, environ 1 minute. Servir en mettant le parmesan sur la table.

23

JUIN

La moqueca *est un ragoût de poisson traditionnel qui varie d'une région à l'autre du Brésil. Cette version-ci comprend des tomates, des poivrons, beaucoup d'assaisonnement et une touche de lait de coco crémeux. Vous pouvez remplacer le vivaneau par n'importe quel poisson blanc à chair ferme que vous offrira le poissonnier, en autant qu'il soit d'une fraîcheur irréprochable.*

RAGOÛT DE POISSON À LA BRÉSILIENNE

4 portions

455 g (14 ½ oz) de tomates en dés en conserve

1 oignon blanc, haché

2 gousses d'ail, émincées

1 feuille de laurier

2 citrons verts : le jus de 1 et l'autre coupé en quartiers

500 g (1 lb) de vivaneau rouge, coupé en morceaux de 5 cm (2 po)

2 c. à soupe d'huile d'olive

1 petit poivron rouge, épépiné et coupé en dés

440 ml (14 oz) de lait de coco en conserve

250 ml (1 tasse) de bouillon de poulet

250 ml (1 tasse) de jus de palourde en pot

3 oignons verts, parties blanches et vert pâle seulement, hachés

2 c. à soupe de coriandre, émincée

Sauce pimentée comme le tabasco

Sel et poivre fraîchement moulu

Dans un bol, mélanger les tomates, l'oignon, l'ail, la feuille de laurier et le jus de 1 citron vert. Déposer le poisson dans la marinade et mélanger. Couvrir le bol et réfrigérer pendant 1 heure. Retirer le poisson du bol en le débarrassant de la marinade. Réserver la marinade.

Dans une grande casserole à fond épais, faire chauffer l'huile à feu moyen-élevé. Ajouter la marinade et le poivron, et faire revenir jusqu'à ce que les légumes soient très tendres, de 8 à 10 minutes. Ajouter le lait de coco, le bouillon et le jus de palourde, porter à ébullition. Réduire à feu doux et incorporer le poisson. Cuire jusqu'à ce que le poisson se défasse en flocons, de 4 à 5 minutes.

Incorporer délicatement les oignons verts et la coriandre. Saler, poivrer et assaisonner de quelques gouttes de sauce pimentée. Servir, accompagné de quartiers de citron vert.

24

JUIN

Une chaudrée n'est pas forcément synonyme de palourdes. Inspirée de la soupe ajiaco *colombienne, cette soupe substantielle comprend une grande variété de textures. Trois sortes de pommes de terre se marient au maïs estival pour composer cette mémorable chaudrée réconfortante.*

CHAUDRÉE AUX TROIS POMMES DE TERRE, AVEC MAÏS, CORIANDRE ET CITRON VERT

4 à 6 portions

2 c. à soupe d'huile de canola

1 oignon jaune, haché

6 oignons verts, parties blanches et vert pâle seulement, hachés

2 gousses d'ail, émincées

2 pommes de terre Russet, environ 500 g (1 lb) au total, pelées et coupées en cubes

1 patate douce d'environ 250 g (½ lb), pelée et coupée en cubes

2 pommes de terre à chair jaune, environ 500 g (1 lb) au total, pelées et coupées en cubes

2 litres (8 tasses) de bouillon de poulet

20 g (½ tasse) de coriandre hachée

Sel et poivre fraîchement moulu

280 g (1 ½ tasse) de grains de maïs (environ 3 épis)

250 ml (1 tasse) de lait ou de crème 35 %

1 avocat

2 c. à soupe de jus de citron vert frais

Dans une grande casserole à fond épais, faire chauffer l'huile à feu moyen-élevé. Ajouter l'oignon jaune et les oignons verts, faire revenir jusqu'à tendreté, environ 5 minutes. Ajouter l'ail et les pommes de terre Russet, la patate douce et les pommes de terre à chair jaune. Incorporer le bouillon et la moitié de la coriandre. Porter à ébullition, réduire à feu doux et laisser mijoter à découvert jusqu'à ce que les pommes de terre soient tendres et que les saveurs se soient développées, environ 20 minutes. Saler et poivrer. Ajouter le maïs et le lait. Faire mijoter jusqu'à ce que le maïs soit tendre, environ 5 minutes ; ne pas laisser bouillir. Épaissir le bouillon si désiré en écrasant quelques pommes de terre.

Entre-temps, dénoyauter, peler et hacher l'avocat. Arroser de jus de citron vert. Incorporer le reste de la coriandre dans la casserole. Servir la chaudrée, garnie de morceaux d'avocat.

25

JUIN

Les versions commerciales ne se comparent pas à la fraîcheur de cette simple soupe aux nouilles. Servez-vous des légumes que vous avez sous la main. Les champignons chinois comprennent la variété shiitake, enoki et celle de paille ; même les champignons de couche s'avèrent délicieux.

NOUILLES RAMEN AVEC EDAMAMES ET CHAMPIGNONS

6 portions

1 litre (4 tasses) de bouillon de poulet

60 ml (¼ tasse) de sauce soya

3 c. à soupe de ketchup

⅛ c. à café d'huile de piment

280 g (9 oz) de nouilles ramen

250 g (½ lb) de champignons chinois, finement tranchés

75 g (½ tasse) d'edamames cuits et écossés

4 oignons verts, parties blanches et vert pâle seulement, hachés

Sauce pimentée comme la sauce sriracha, pour servir (facultatif)

Dans une grande casserole à fond épais, amener le bouillon, 500 ml (2 tasses) d'eau, la sauce soya, le ketchup et l'huile de piment à ébullition à feu moyen-élevé. Ajouter les nouilles ramen, les champignons et les edamames. Réduire à feu moyen-doux et laisser mijoter pendant 5 minutes. Incorporer les oignons verts.

Servir et mettre la sauce pimentée à la disposition des convives.

26

JUIN

Les restaurants cubains servent depuis longtemps cette soupe aux haricots noirs, riche et épaisse. L'élément clé de cette soupe est le sofrito, un mélange savoureux d'oignon, d'ail, de poivron, de piment, de fines herbes et d'épices. Ici, nous le mettons en purée et nous l'incorporons directement à la soupe.

SOUPE CUBAINE AUX HARICOTS NOIRS

6 portions

440 g (2 tasses) de haricots noirs secs, triés et rincés

2 feuilles de laurier

POUR LE SOFRITO

180 ml (¾ tasse) d'huile d'olive

2 poivrons rouges, épépinés et hachés

2 gros oignons blancs, hachés

8 gousses d'ail, hachées

2 c. à soupe d'origan séché

1 ½ c. à soupe de cumin moulu

Sel

1 c. à soupe de sucre

1 c. à soupe de vinaigre de xérès, plus au besoin

2 c. à soupe de xérès, plus au besoin

1 oignon rouge, finement émincé, pour servir

15 g (½ tasse) de feuilles de coriandre, pour servir

Recouvrir les haricots secs d'eau froide et laisser tremper au moins 4 heures ou toute la nuit. Égoutter et déposer dans une grande casserole à fond épais. Ajouter le laurier et 4 litres (16 tasses) d'eau. Amener à ébullition à feu vif, réduire à feu doux et laisser mijoter en remuant à l'occasion et en ajoutant de l'eau si nécessaire jusqu'à ce que les haricots soient tendres, environ 2 heures.

Entre-temps, pour faire le sofrito, dans une grande poêle à frire, faire chauffer l'huile à feu moyen. Ajouter les poivrons et faire revenir jusqu'à tendreté, environ 5 minutes. Ajouter les oignons et poursuivre la cuisson jusqu'à ce qu'ils soient tendres, de 10 à 12 minutes. Incorporer l'ail, l'origan, le cumin et 1 ½ c. à café de sel, cuire jusqu'à ce que l'ail soit odorant, environ 2 minutes. Retirer du feu et laisser tiédir, retirer les feuilles de laurier. Réduire en purée au mélangeur ou au robot culinaire, en plusieurs fois, de 2 à 3 minutes chaque fois.

Incorporer le sofrito aux haricots et ajouter le sucre, laisser mijoter de 20 à 30 minutes. Incorporer le vinaigre et le xérès. Goûter, rectifier l'assaisonnement au besoin. Servir la soupe, garnie d'oignon rouge et de coriandre.

27 JUIN

Le goût sucré de cette soupe provient des poivrons jaunes et de la carotte tandis que la note épicée porte la marque distinctive du gingembre frais. Servez-la avec une tranche de pain paysan grillée, surmontée de fromage fondu et de prosciutto finement tranché.

SOUPE FROIDE AUX POIVRONS JAUNES AVEC CIBOULETTE

4 portions

2 c. à soupe d'huile d'olive

2 gousses d'ail, émincées

½ oignon jaune, haché

1 petite carotte, pelée et finement tranchée

1 c. à soupe de gingembre frais, pelé et émincé

3 poivrons jaunes, rôtis, pelés, épépinés et hachés

250 ml (1 tasse) de bouillon de poulet

1 c. à soupe de crème 35 %

Sel et poivre fraîchement moulu

2 c. à soupe de ciboulette hachée

Dans une grande casserole à fond épais, faire chauffer l'huile à feu moyen-élevé. Ajouter l'ail, l'oignon et la carotte et faire revenir jusqu'à ce que les carottes commencent à s'amollir, de 5 à 7 minutes. Ajouter le gingembre et les poivrons, poursuivre la cuisson pendant 3 minutes, en remuant souvent. Incorporer le bouillon et porter à ébullition. Réduire à feu doux et laisser mijoter pendant 25 minutes. Retirer du feu et laisser refroidir légèrement.

Réduire la soupe en purée au mélangeur, en plusieurs fois. Remettre dans la casserole, ajouter la crème et amener doucement à ébullition. Retirer du feu, saler, poivrer et laisser la soupe refroidir complètement.

Verser dans un contenant avec couvercle et réfrigérer jusqu'à ce que la soupe soit bien froide, au moins 3 heures ou toute la nuit. Garnir de ciboulette et servir.

28 JUIN

Voici une soupe aux notes très sucrées, contrebalancées par l'ajout des miettes de prosciutto, le compagnon classique du cantaloup dans l'assiette d'antipasti. Le jambon donne une note salée à la soupe et la cuillerée de mascarpone crémeux vient en adoucir le goût.

SOUPE AU CANTALOUP ET PROSCIUTTO AVEC MASCARPONE

4 à 6 portions

60 g (2 oz) de prosciutto, finement tranché

1 cantaloup très mûr, pelé et coupé en morceaux

2 c. à soupe de vinaigre de champagne

Sel et poivre fraîchement moulu

60 g (¼ tasse) de fromage mascarpone

1 citron vert, coupé en quartiers, pour servir

Dans une petite poêle à frire, faire revenir le prosciutto à feu moyen-élevé, en le retournant une fois, jusqu'à ce qu'il soit très croustillant, environ 10 minutes. Égoutter sur des essuie-tout. Laisser refroidir avant d'émietter.

Au robot culinaire, réduire les morceaux de cantaloup en purée. Ajouter le vinaigre et bien mélanger. Saler, poivrer. Verser dans un contenant avec couvercle et réfrigérer jusqu'à ce que la soupe soit bien froide, au moins 3 heures.

Servir la soupe, garnie d'une cuillerée de mascarpone, de prosciutto émietté et de quelques gouttes de jus de citron vert.

29

JUIN

SOUPE D'AVOCAT AVEC CREVETTES ET SALSA

6 à 8 portions

Habituellement servie glacée, cette soupe latino-américaine est également délicieuse à la température ambiante. Le goût vif et fruité de la salsa aux tomates contraste agréablement avec celui, riche et crémeux, de l'avocat. Vous pouvez remplacer les tomates par des suprêmes de pamplemousse ou autre fruit tropical de votre choix.

3 gros avocats, dénoyautés, pelés et grossièrement hachés

750 ml (3 tasses) de bouillon de poulet

250 ml (1 tasse) de crème 35 %

2 c. à soupe de jus de citron frais

Sel et poivre fraîchement moulu

POUR LA SALSA

3 tomates, environ 500 g (1 lb), finement hachées

1 petit oignon rouge, émincé

2 à 3 piments jalapeños, émincés

2 gousses d'ail, émincées

3 c. à soupe de jus de citron jaune ou vert frais

10 g (¼ tasse) de coriandre hachée

60 ml (¼ tasse) d'huile d'olive

12 à 16 crevettes cuites, décortiquées et coupées en dés

En plusieurs fois, réduire les avocats, le bouillon et la crème en purée au mélangeur. Verser dans un bol. Ajouter le jus de citron, saler et poivrer. Couvrir et réfrigérer jusqu'à ce que la soupe soit froide, sans plus, environ 1 heure.

Entre-temps, préparer la salsa. Mélanger les tomates, l'oignon, les piments, l'ail, le jus de citron, la coriandre et l'huile. Saler et poivrer.

Servir la soupe, garnie de crevettes et de salsa.

30

JUIN

MINESTRONE PROVENÇAL

4 à 6 portions

Pour faire du pistou, réduire en purée au mélangeur 3 à 4 gousses d'ail, ¼ c. à café de gros sel de mer et 30 g (1 tasse) de feuilles de basilic. L'appareil toujours en marche, verser lentement 80 ml (⅓ tasse) d'huile d'olive extra vierge en filet jusqu'à l'obtention d'un mélange épais et vert éclatant. Réfrigéré dans un contenant hermétique, le pistou se conserve 5 jours. Donne 125 ml (½ tasse).

500 ml (2 tasses) de bouillon de poulet

3 petites pommes de terre à bouillir, pelées et coupées en dés

2 carottes, pelées et coupées en dés

1 c. à café de thym frais ou ½ c. à café de thym séché

1 c. à café de sarriette fraîche, ou ½ c. à café de sarriette séchée

Sel et poivre fraîchement moulu

1 grosse courgette, coupée en dés

1 petit oignon jaune, coupé en dés

250 g (1 lb) de haricots verts fins, parés et coupés en tronçons de 2,5 cm (1 po)

500 g de haricots canneberge frais, écossés ou 220 g (1 tasse) de haricots de Lima en conserve

90 g (½ tasse) de spaghettis cassés en morceaux de 5 cm (2 po)

Pistou (voir à gauche)

Dans une grande casserole à fond épais, amener le bouillon et 1,5 litre (6 tasses) d'eau à ébullition à feu moyen-élevé. Ajouter les pommes de terre, les carottes, le thym, la sarriette, 2 c. à café de sel et ½ c. à café de poivre. Réduire à feu moyen et poursuivre la cuisson jusqu'à ce que les carottes soient tendres, environ 20 minutes.

Ajouter la courgette, l'oignon, les haricots verts et les haricots canneberge, et cuire jusqu'à ce que les haricots canneberge soient tendres, de 15 à 20 minutes.

Ajouter les spaghettis et poursuivre la cuisson jusqu'à ce que les pâtes soient al dente, 10 à 11 minutes ou selon les directives inscrites sur l'emballage. Goûter et rectifier l'assaisonnement. Incorporer 2 c. à soupe de pistou dans la soupe.

Verser la soupe dans les bols et servir, en mettant le reste du pistou à la disposition des convives.

30
JUIN

juillet

Le chaud soleil du mois de juillet fait mûrir les tomates dont on célèbre la saveur sucrée dans des soupes aux fines herbes et aux petites pâtes auxquelles on ajoute des céréales ou de la viande pour en faire un repas plus substantiel. Tandis que les piments grillés confèrent au maïs et aux haricots tout le brûlant de l'été, les soupes froides, constituées de fruits et de légumes frais, se voient pour leur part bonifiées par le vin mousseux, par la menthe vibrante ou par le mordant du vinaigre. Elles constituent l'introduction parfaite à un brunch en plein air ou à une soirée BBQ au jardin.

1

JUILLET

Cette soupe constitue une entrée rafraîchissante à un dîner d'inspiration méditerranéenne d'agneau grillé au cumin et de couscous aux fines herbes.

SOUPE FROIDE CONCOMBRE ET YOGOURT AVEC CITRON ET MENTHE

8 à 10 portions

6 gros concombres anglais, environ 2,5 kg (5 lb), pelés et épépinés

8 c. à soupe de menthe émincée

4 c. à soupe d'huile d'olive extra vierge

Zeste et jus de 1 gros citron

1 litre (4 tasses) de bouillon de poulet

1 kg (4 tasses) de yogourt nature

2 petites gousses d'ail, émincées

Sel et poivre fraîchement moulu

Hacher finement 1 concombre. Déposer entre deux couches de papier essuie-tout, en pressant pour en extraire le plus d'eau de végétation possible. Transférer dans un petit bol, ajouter 2 c. à soupe de menthe hachée et 1 c. à soupe d'huile. Couvrir et réfrigérer. Couper les 5 concombres restants en gros morceaux et réduire en purée au robot culinaire ou au mélangeur avec le reste de la menthe, le zeste de citron et 500 ml (2 tasses) de bouillon. Verser dans un grand bol en verre. Ajouter les 500 ml (2 tasses) de bouillon restant ainsi que le mélange de concombre et de menthe, 3 c. à soupe d'huile, le jus de citron, le yogourt et l'ail. Ajouter 1 ½ c. à café de sel et du poivre. Mélanger, couvrir et réfrigérer jusqu'à ce que la soupe soit bien froide, au moins 4 heures, ou jusqu'à 12 heures. Servir.

2

JUILLET

Il est avantageux de faire dégorger les courgettes afin d'en enlever l'amertume. Ne vous inquiétez pas du sel. Il sera éliminé lorsque vous presserez et rincerez les courgettes.

SOUPE DE COURGETTES

4 portions

750 à 1 kg (1 ½ à 2 lb) de petites courgettes, râpées

Sel et poivre fraîchement moulu

2 c. à soupe de beurre non salé

2 oignons jaunes, hachés

500 ml (2 tasses) de bouillon de poulet

Pincée de muscade râpée

2 c. à café de menthe finement hachée

750 ml (3 tasses) de lait

½ c. à café de jus de citron frais

4 minces tranches de citron

Déposer la moitié des courgettes dans un tamis, posé sur un bol. Saler et ajouter le reste des courgettes, saler de nouveau. Laisser dégorger pendant 25 à 30 minutes. Prélever un peu de courgettes à la fois et presser pour en extraire l'eau de végétation. Remettre dans le tamis et rincer sous l'eau froide courante pour enlever le sel. Presser de nouveau les courgettes et réserver.

Dans une grande casserole à fond épais, faire fondre le beurre à feu moyen-doux. Ajouter les oignons et faire revenir jusqu'à transparence, de 3 à 4 minutes. Incorporer le bouillon, couvrir et laisser mijoter jusqu'à ce que les oignons soient tendres, de 15 à 20 minutes. Retirer du feu et laisser refroidir légèrement.

Réduire la soupe en purée au mélangeur, en plusieurs fois. Remettre dans la casserole. Ajouter les courgettes, une pincée de muscade et 1 c. à café de menthe. Couvrir et faire mijoter de 6 à 8 minutes. Incorporer le lait et le jus de citron, saler et poivrer. Faire réchauffer sans laisser bouillir. Servir la soupe, parsemée de menthe et garnie de tranches de citron.

3

JUILLET

Dans cette chaudrée réinventée, le sucré rencontre le piquant. L'ajout de piment frais et de piment séché donne du caractère à cette soupe traditionnelle à base de crème. Faites-la au cœur de l'été lorsque les épis de maïs, tendres et sucrés, ne requièrent qu'un minimum de cuisson pour être à leur meilleur.

SOUPE DE MAÏS ÉPICÉE

4 portions

3 tranches de bacon, hachées

1 petit oignon jaune, haché

1 branche de céleri, hachée

1 piment poblano, épépiné et haché

2 gousses d'ail, émincées

1 litre (4 tasses) de lait

250 ml (1 tasse) de crème 35 %

2 pommes de terre à bouillir, pelées et coupées en cubes

560 g (3 tasses) de grains de maïs frais (environ 6 épis) ou surgelés

½ c. à café de flocons de piment rouge

Sel et poivre fraîchement moulu

Dans une grande casserole à fond épais, faire revenir le bacon à feu moyen jusqu'à ce qu'il soit croustillant, environ 5 minutes. Déposer sur des essuie-tout. Ajouter dans la casserole l'oignon, le céleri, le piment poblano et l'ail, faire revenir jusqu'à ce que les légumes soient légèrement dorés, de 6 à 7 minutes.

Augmenter à feu moyen-élevé, ajouter le lait, la crème et les pommes de terre, amener à ébullition. Réduire à feu doux et laisser mijoter à découvert jusqu'à ce que les pommes de terre soient tendres, environ 15 minutes. Incorporer le maïs et les flocons de piment rouge et poursuivre la cuisson jusqu'à ce que le maïs soit cuit, environ 5 minutes. Retirer du feu et laisser refroidir légèrement.

Réduire environ 500 ml (2 tasses) de la soupe en purée au mélangeur ou au robot culinaire. Remettre le tout dans la casserole et faire réchauffer. Saler, poivrer et garnir de bacon.

4

JUILLET

L'ail et le safran définissent bien le côté méditerranéen de ce ragoût riche en mollusques et en crustacés comme les palourdes, les moules et les crevettes. Servez avec du pain croûté bien chaud et des quartiers de citron.

RAGOÛT DE POISSON À LA MÉDITERRANÉENNE

6 portions

60 ml (¼ tasse) d'huile d'olive

½ petit oignon jaune, finement haché

1 branche de céleri avec les feuilles, hachée

1 carotte, pelée et hachée

3 gousses d'ail, émincées

1 c. à café de thym séché

½ c. à café de flocons de piment rouge

2 anchois conservés dans l'huile

250 ml (1 tasse) de vin blanc sec

455 g (14 ½ oz) de tomates en dés en conserve

1 litre (4 tasses) de fumet de poisson

Pincée de filaments de safran, mis à tremper dans 1 c. à soupe d'eau chaude

1 feuille de laurier

1 brin de romarin

1 kg (2 lb) de filets de poisson à chair blanche et ferme, coupés en petits morceaux

12 palourdes du Pacifique, brossées

12 moules, brossées et ébarbées

375 g (¾ lb) de grosses crevettes, décortiquées et déveinées

Sel

3 c. à soupe de persil plat émincé

Dans une grande casserole à fond épais, faire chauffer l'huile à feu moyen. Ajouter l'oignon, le céleri et la carotte, faire revenir jusqu'à ce que les oignons soient translucides, de 3 à 5 minutes. Ajouter l'ail, le thym, les flocons de piment et les anchois, poursuivre la cuisson jusqu'à ce que les anchois aient fondu, 3 minutes. Incorporer le vin et faire mijoter jusqu'à ce que le liquide ait réduit de moitié, 10 minutes. incorporer les tomates et leur jus, le bouillon, le safran, laurier et le romarin. Ajouter 250 ml (1 tasse) d'eau. Réduire à feu moyen-doux et laisser mijoter 15 minutes. Ajouter le poisson, couvrir et laisser mijoter jusqu'à ce que le poisson devienne opaque, 2 minutes. Ajouter les palourdes, couvrir et faire mijoter jusqu'à ce qu'elles ouvrent, 6 minutes. Ajouter les moules, couvrir et cuire jusqu'à ce qu'elles ouvrent, 3 à 4 minutes. Rejeter toute palourde et moule non ouvertes. Ajouter les crevettes et cuire jusqu'à ce qu'elles deviennent roses, 2 minutes. Retirer du feu, saler. Servir, garni de persil.

5

JUILLET

Cette soupe bien simple comporte des nouilles de blé et des tranches de porc. Elle est assaisonnée avec le trio classique de la cuisine asiatique : ail, gingembre et sauce soya. Placez le porc au congélateur pendant une demi-heure. Il sera plus facile à trancher très mince.

SOUPE AUX NOUILLES SOBA

4 portions

2 c. à soupe d'huile de canola

2 côtelettes de porc désossées, coupées en tranches d'une épaisseur de 6 mm (¼ po)

1 c. à soupe de gingembre pelé et râpé

2 gousses d'ail, finement tranchées

¼ oignon jaune, finement haché

1 c. à soupe de sauce soya

1,5 litre (6 tasses) de bouillon de poulet

250 g (½ lb) de nouilles soba

4 champignons de couche, tranchés

4 oignons verts, parties blanches et vert pâle seulement, tranchés

Sel et poivre fraîchement moulu

Dans une petite poêle à frire, faire chauffer l'huile à feu moyen. Ajouter le porc et faire revenir jusqu'à ce qu'il soit doré, environ 4 minutes. Ajouter le gingembre, l'ail, l'oignon et la sauce soya, faire revenir jusqu'à ce que l'oignon soient translucides, environ 2 minutes. Retirer du feu.

Dans une grande casserole à fond épais, porter le bouillon à ébullition à feu moyen-élevé. Ajouter les nouilles soba, remuer pour séparer les nouilles et cuire jusqu'à tendreté, environ 5 minutes. Incorporer le mélange de porc, les champignons et les oignons verts, poursuivre la cuisson pendant 1 minute pour bien réchauffer le tout. Saler, poivrer et servir.

6

JUILLET

Cette soupe bien simple met en évidence le goût légèrement fumé des aubergines rôties. Pour ajouter une touche sucrée, déposez-y une cuilllerée de purée de poivrons rôtis au moment de servir. Cette soupe se sert chaude ou froide.

SOUPE À L'AUBERGINE RÔTIE AVEC MENTHE

4 à 6 portions

750 g (1 ½ lb) de petites ou moyennes aubergines

2 c. à soupe de beurre non salé

1 petit oignon jaune, finement haché

1 gousse d'ail, finement hachée

625 ml (2 ½ tasses) de bouillon de légumes

½ c. à soupe de menthe finement hachée

250 ml (1 tasse) de crème 35 %

Sel et poivre blanc moulu

Brins de menthe pour garnir

Préchauffer le four à 190 °C (375 °F).

Déposer les aubergines dans un plat de cuisson et, à l'aide d'une fourchette, piquer la chair à plusieurs endroits. Faire rôtir en les tournant à l'occasion, jusqu'à ce que la peau soit brunie uniformément et très fripée, de 1 à 1 ½ heure. Laisser refroidir avant de peler.

Dans une grande casserole à fond épais, faire fondre le beurre à feu moyen. Ajouter l'oignon et l'ail, faire revenir jusqu'à ce que les légumes soient bien dorés, de 3 à 5 minutes. Ajouter les aubergines et les défaire à l'aide d'une cuillère de bois, poursuivre la cuisson de 2 à 3 minutes. Incorporer le bouillon et la menthe hachée, amener à ébullition. Réduire à feu doux, couvrir et laisser mijoter environ 20 minutes. Retirer du feu et laisser refroidir légèrement.

Réduire la soupe en purée au mélangeur, en plusieurs fois. Remettre dans la casserole, incorporer la crème et faire réchauffer à feu moyen-doux. Saler, poivrer et servir, garnie de brins de menthe.

7

JUILLET

Faire griller les piments frais sur la cuisinière jusqu'à ce qu'ils soient noircis rehausse et adoucit leur goût piquant, faisant ressortir une note sucrée et fumée qui confère à cette soupe une saveur complexe.

SOUPE AUX HARICOTS PINTO AVEC JALAPEÑOS RÔTIS

6 à 8 portions

1,5 litre (6 tasses) de bouillon de poulet

1 os de jambon

6 piments jalapeños

4 gousses d'ail

2 c. à soupe d'huile d'olive

2 oignons jaunes, finement hachés

2 carottes, pelées et finement hachées

1 ½ c. à café d'origan séché

1 ½ c. à café de cumin moulu

¾ c. à café de coriandre moulue

¾ c. à café de poudre de chili

455 g (14 ½ oz) de tomates en dés en conserve

2 boîtes de 455 g (14 ½ oz) chacune de haricots pinto, égouttés

60 ml (¼ tasse) de jus de citron vert frais

Sel et poivre fraîchement moulu

250 g (1 tasse) de crème sure

10 g (⅓ tasse) de feuilles de coriandre

Dans une grande casserole, amener à ébullition le bouillon et l'os de jambon à feu moyen-élevé. Réduire à feu doux, couvrir et laisser mijoter 1 heure. Retirer l'os de jambon et le jeter.

Entre-temps, dans une petite poêle à frire, griller les piments et l'ail à feu moyen en remuant à l'occasion, jusqu'à ce que les légumes soient légèrement noircis, environ 15 minutes. Laisser refroidir. Épépiner et émincer 4 des piments. Couper les 2 autres en fines rondelles. Émincer l'ail.

Dans une grande casserole à fond épais, faire chauffer l'huile à feu moyen. Ajouter les oignons et les carottes, faire revenir jusqu'à tendreté, environ 6 minutes. Incorporer les piments émincés, l'ail, l'origan, le cumin, la coriandre et la poudre de chili, faire revenir 2 minutes. Ajouter le bouillon de jambon, les tomates et leur jus, les haricots. Porter à ébullition, réduire à feu doux et laisser mijoter 20 minutes. Retirer du feu et laisser tiédir. Réduire la moitié de la soupe en purée au mélangeur. Remettre dans la casserole. Ajouter le jus de citron vert, 2 ½ c. à café de sel et du poivre au goût. Réchauffer à feu moyen-doux, en remuant à l'occasion, 10 minutes. Servir, garnie de crème sure, de rondelles de piment et de coriandre.

8

JUILLET

Cette soupe est délicieuse chaude ou froide. Servez-la avec du pain naan grillé : badigeonnez le pain naan d'huile d'olive, faites-le griller dans une poêle cannelée très chaude et parsemez de fleur de sel.

SOUPE FROIDE AUX POIVRONS ROUGES ET AU FENOUIL, PARFUMÉE À L'INDIENNE

6 portions

3 c. à soupe de beurre non salé

1 oignon jaune, haché

2 gousses d'ail, émincées

3 poivrons rouges, épépinés et hachés

1 bulbe de fenouil, tiges et plumet retirés, haché

2 carottes, pelées et finement tranchées

1 ½ c. à café de garam masala

1 litre (4 tasses) de bouillon de poulet

2 c. à soupe de crème sure

Sel et poivre fraîchement moulu

Dans une grande casserole à fond épais, faire fondre le beurre à feu moyen-élevé. Ajouter l'oignon et l'ail, faire revenir jusqu'à transparence, environ 5 minutes. Ajouter les poivrons, le fenouil et les carottes et poursuivre la cuisson en remuant souvent, jusqu'à ce que les légumes amollissent, de 10 à 12 minutes. Ajouter le garam masala et cuire pendant 1 minute. Incorporer le bouillon et amener à ébullition. Réduire à feu doux et laisser mijoter pendant 30 minutes. Retirer du feu et laisser refroidir légèrement.

Réduire la soupe en purée au mélangeur, en plusieurs fois. Remettre dans la casserole, ajouter la crème sure et amener à ébullition. Retirer du feu, saler et poivrer. Laisser refroidir complètement, couvrir, mettre au réfrigérateur pendant au moins 3 heures avant de servir.

9

JUILLET

Une huile d'olive verte et poivrée de bonne qualité fait toute la différence dans une soupe qui ne requiert pas de cuisson, comme celle-ci. Des croûtons salés et croustillants forment un bon contraste avec cette soupe douce et soyeuse.

GASPACHO DE CONCOMBRE ET DE RAISINS VERTS

4 à 6 portions

300 g (1 tasse) de tranches de baguette

1 c. à soupe de jus de citron frais

2 c. à café de vinaigre de vin blanc, plus au goût

90 g (½ tasse) d'amandes crues

3 petits concombres anglais, pelés, épépinés et hachés

375 g (2 tasses) de raisins verts

1 gousse d'ail, grossièrement hachée

60 ml (¼ tasse) d'huile d'olive extra vierge

Sel et poivre fraîchement moulu

Mettre les tranches de baguette, le jus de citron et 2 c. à café de vinaigre de vin blanc dans un bol. Bien mélanger.

Au robot culinaire, réduire les amandes en poudre fine. Ajouter le concombre, les raisins et l'ail et réduire en purée. Ajouter le mélange de pain, l'huile et 80 ml (⅓ tasse) d'eau. Réduire en purée. Saler, poivrer et ajouter du vinaigre de vin blanc, si désiré. Mettre dans un contenant avec couvercle et réfrigérer jusqu'à ce que le gaspacho soit bien froid, au moins 2 heures. Servir.

10

JUILLET

L'alliance classique du porc et des haricots est encore meilleure lorsqu'on utilise des haricots frais du jardin jumelés à des croûtons de jambon-fromage bouillonnants. On retrouve des haricots de Lima frais de juin à septembre. Choisissez des gousses fermes, dodues et d'un vert foncé.

SOUPE AUX HARICOTS DE LIMA ET CROÛTONS DE JAMBON

6 portions

2 kg (4 lb) de haricots de Lima frais, écossés (environ 4 tasses) ou 2 sacs de 500 g (1 lb) de haricots de Lima surgelés, décongelés

2 litres (8 tasses) de bouillon de poulet

1 pomme de terre Russet, pelée et coupée en dés de 1,5 cm (½ po)

1 oignon jaune, haché

2 gousses d'ail, hachées

1 carotte, pelée et hachée

Sel et poivre fraîchement moulu

6 tranches de pain français, d'une épaisseur de 2,5 cm (1 po)

125 ml (½ tasse) de crème 35 %

90 g (½ tasse) de jambon paysan haché

45 g (⅓ tasse) de fromage cheddar râpé

2 c. à soupe de fromage à la crème, à la température ambiante

1 c. à soupe de mayonnaise

1 c. à soupe de feuilles de thym

Dans une grande casserole à fond épais, mélanger les haricots, le bouillon, la pomme de terre, l'oignon, l'ail et la carotte. Ajouter ½ c. à café de sel et ½ c. à café de poivre. Amener à ébullition à feu vif, réduire à feu doux et faire cuire, à demi couvert, en remuant à l'occasion jusqu'à ce que les légumes soient très tendres, environ 1 heure.

Entre-temps, préchauffer le four à 200°C (400°F). Déposer les tranches de pain sur une plaque de cuisson et faire griller, environ 10 minutes. Retirer du four et mettre le gril en marche. Installer une grille à 15 cm (6 po) de la source de chaleur. Retirer la soupe du feu et laisser refroidir légèrement. Réduire la soupe en purée au mélangeur, en plusieurs fois. Remettre dans la casserole et incorporer la crème. Réchauffer la soupe à feu doux.

Dans un petit bol, mélanger le jambon, le cheddar, le fromage à la crème et la mayonnaise, poivrer. Étendre uniformément la préparation sur le pain grillé. Passer sous le gril jusqu'à ce que la garniture soit dorée et bouillonnante, environ 2 minutes. Servir la soupe, garnie de thym. Mettre les croûtons à la disposition des convives.

11

JUILLET

La garniture de maïs, bacon et thym frits rehausse la saveur de cette simple soupe. Vous pouvez la faire à l'avance, mais ne faites la garniture qu'au moment de servir. Accompagnez-la de scones au babeurre.

SOUPE AU MAÏS ET AUX COURGETTES AVEC BACON

4 à 6 portions

6 tranches épaisses de bacon

1 c. à soupe d'huile d'olive

1 oignon jaune, haché

3 gousses d'ail, émincées

2 courgettes, parées, coupées en deux sur la longueur et finement tranchées

1 litre (4 tasses) de bouillon de poulet

560 g (3 tasses) de grains de maïs frais (environ 6 épis) ou surgelés

Sel et poivre fraîchement moulu

1 c. à soupe de beurre non salé

¼ c. à café de feuilles de thym émincées

Dans une grande casserole à fond épais, faire revenir le bacon à feu moyen, en le retournant une fois, jusqu'à ce qu'il soit croustillant, environ 8 minutes. Déposer sur des essuie-tout. Laisser refroidir avant de le couper en dés. Réserver.

Ne conserver que 1 c. à soupe de gras de bacon dans la casserole, jeter le reste. Ajouter l'huile, l'oignon et l'ail, faire revenir jusqu'à transparence, environ 5 minutes. Ajouter les courgettes et poursuivre la cuisson 5 minutes. Incorporer le bouillon et amener à ébullition. Ajouter 470 g (2 ½ tasses) de grains de maïs. Retirer du feu et laisser refroidir légèrement. Réduire la soupe en purée au mélangeur, en plusieurs fois. Remettre dans la casserole, saler et poivrer.

Dans une petite poêle à frire, faire fondre le beurre à feu vif. Ajouter le reste des grains de maïs, le bacon et le thym. Faire revenir, en remuant constamment, pendant 2 minutes et retirer du feu.

Servir la soupe, garnie du mélange de maïs et de bacon.

12

JUILLET

Vous pourrez faire cette soupe d'avance et la congeler, mais ne cuisez les calmars qu'à la toute dernière minute sinon ils risquent de devenir caoutchouteux. Vous pouvez utiliser des calmars surgelés pour cette recette.

RAGOÛT DE CALMARS

6 portions

2 c. à soupe d'huile d'olive

1 oignon jaune, haché

4 gousses d'ail, émincées

1/2 c. à café de flocons de piment rouge

875 g (28 oz) de tomates broyées en conserve

500 ml (2 tasses) de bouillon de poulet

1 poivron rouge, rôti (voir page 191), pelé, épépiné et haché

10 g (¼ tasse) de basilic haché

2 c. à soupe d'origan haché

Sel et poivre fraîchement moulu

1 kg (2 lb) de calmars, nettoyés, le corps coupés en fines rondelles, les tentacules laissées entières

Dans une grande casserole à fond épais, faire chauffer l'huile d'olive à feu moyen-élevé. Ajouter l'oignon et l'ail, faire revenir jusqu'à transparence, environ 5 minutes. Ajouter les flocons de piment rouge et poursuivre la cuisson en remuant constamment, pendant 2 minutes. Incorporer les tomates, le bouillon et le poivron, amener à ébullition. Réduire à feu doux et laisser mijoter pendant 30 minutes. Ajouter le basilic et l'origan, poursuivre la cuisson pendant 5 minutes. Saler, poivrer.

Augmenter à feu moyen-élevé et ajouter les calmars. Cuire jusqu'à ce que les calmars soient opaques et bien cuits, de 3 à 5 minutes. Servir.

13

JUILLET

Rôtir les poivrons en fait ressortir toute la douceur et le velouté, tandis que le feu de la harissa et l'acidulé du fromage de chèvre ajoutent une nouvelle dimension à cette soupe nord-africaine. On trouve la harissa dans les supermarchés et dans les épiceries spécialisées.

SOUPE AUX POIVRONS ROUGES RÔTIS AVEC FROMAGE DE CHÈVRE ET HARISSA

4 portions

4 poivrons rouges d'environ 750 g (1 ½ lb)

3 c. à soupe d'huile d'olive

1 oignon jaune, haché

1 gousse d'ail, émincée

1 litre (4 tasses) de bouillon de poulet

455 g (14 ½ oz) de pois chiches en conserve, égouttés

¾ c. à café de paprika fumé

½ c. à café de cumin moulu

Sel

1 c. à café de vinaigre de xérès

½ à 1 c. à café de harissa

60 g (2 oz) de fromage de chèvre frais, émietté

Préchauffer le four à 190 °C (375 °F). Déposer les poivrons sur une plaque de cuisson et arroser de 1 c. à soupe d'huile. Faire rôtir jusqu'à ce que la peau soit boursouflée et que les poivrons soient bien tendres, de 35 à 45 minutes. Laisser refroidir avant de les peler et de les épépiner. Couper les poivrons en morceaux de 4 cm (1 ½ po).

Dans une grande casserole à fond épais, faire chauffer les 2 c. à soupe d'huile restantes à feu moyen-élevé. Ajouter l'oignon et l'ail, faire revenir jusqu'à tendreté, de 4 à 5 minutes. Ajouter les poivrons, le bouillon, les pois chiches, le paprika et le cumin. Assaisonner de ¼ c. à café de sel. Couvrir et réduire à feu moyen, laisser mijoter pendant 15 minutes pour que les saveurs se développent. Retirer du feu et laisser refroidir légèrement.

Réduire la soupe en purée au mélangeur ou au robot culinaire, en plusieurs fois. Remettre dans la casserole et incorporer le vinaigre et la harissa. Servir la soupe, garnie de fromage de chèvre.

14

JUILLET

Cette soupe magnifique constitue un repas léger, parfait pour une chaude soirée d'été. Servez-la dans des assiettes creuses pour mettre en valeur la morue charbonnière caramélisée et accompagnez-la d'une salade froide d'algues ou d'une salade d'épinards aux graines de sésame.

SOUPE MISO À LA MORUE CHARBONNIÈRE ET AUX OIGNONS VERTS

2 portions

1 morceau de kombu d'environ 7,5 cm (3 po)

15 g (½ tasse) de flocons de bonite

2 c. à soupe de pâte miso

155 g (5 oz) de morue charbonnière, coupée en 2 à 4 morceaux

1 c. à soupe d'huile d'olive

Sel et poivre fraîchement moulu

1 oignon vert, parties blanches et vert pâle seulement, finement tranché

Dans une casserole, recouvrir le kombu de 750 ml (3 tasses) d'eau froide. Amener à ébullition à feu moyen, puis retirer et jeter le kombu. Fermer le feu, ajouter les flocons de bonite, en remuant délicatement une seule fois, et laisser reposer 5 minutes. Passer le bouillon à travers un tamis et le remettre dans la casserole. Mettre le miso dans un petit bol, ajouter 60 ml (¼ tasse) de bouillon chaud. Mélanger jusqu'à l'obtention d'un tout homogène. Incorporer le mélange de miso dans la casserole de bouillon et faire réchauffer doucement, en prenant soin de ne pas laisser bouillir la soupe.

Faire chauffer une petite poêle à frire à feu vif, jusqu'à ce qu'elle soit très chaude. Badigeonner la morue d'huile, saler, poivrer et saisir jusqu'à ce que le poisson soit cuit, environ 4 minutes par côté. Pour servir, verser la soupe dans les bols, déposer un ou deux morceaux de poisson et parsemer d'oignon vert.

14
JUILLET

JUILLET 16

15

JUILLET

Vous pouvez ajuster la consistance de cette soupe et, conséquemment, sa teneur en gras, en modifiant la proportion de bouillon et de crème. Servez-la avec une salade verte et beaucoup de pain croûté pour ne rien perdre de la sauce.

CHAUDRÉE DE MOULES

4 à 6 portions

1 c. à soupe d'huile d'olive

1 échalote, finement tranchée

125 ml (½ tasse) de vin blanc sec

625 ml (2 ½ tasses) de bouillon de poulet

1 kg (2 lb) de moules, brossées et ébarbées

6 tranches épaisses de bacon

1 petit oignon jaune, haché

1 petit bulbe de fenouil d'environ 250 g (½ lb), tiges et plumets retirés, coupé en quatre et finement tranché

1 pomme de terre Russet, pelée et coupée en dés

250 ml (1 tasse) de crème 35 %

1 c. à soupe de persil plat émincé

Sel et poivre fraîchement moulu

Dans une grande casserole à fond épais, faire chauffer l'huile d'olive à feu moyen-élevé. Ajouter l'échalote et faire revenir jusqu'à tendreté, 2 minutes. Incorporer le vin et 125 ml (½ tasse) de bouillon et porter à ébullition. Ajouter les moules, rejetant celles qui ne se ferment pas au toucher, couvrir et cuire à la vapeur jusqu'à ce que les moules soient ouvertes, de 5 à 7 minutes. Mettre les moules dans un bol, rejetant celles qui ne se sont pas ouvertes. Lorsqu'elles ont suffisamment refroidi, retirer les moules de leur coquille, hacher grossièrement et réfrigérer. Verser le liquide de cuisson des moules dans un bol et réserver.

Dans une grande casserole à fond épais, faire revenir le bacon à feu moyen, en le retournant une fois, jusqu'à ce qu'il soit croustillant, environ 8 minutes. Déposer sur des essuie-tout. Lorsqu'il a refroidi, le couper en morceaux de 1,5 cm (½ po). Garder 1 c. à soupe du gras de bacon dans la casserole et faire revenir l'oignon et le fenouil jusqu'à ce que les légumes soient tendres, environ 7 minutes. Incorporer le liquide de cuisson des moules et 500 ml (2 tasses) du bouillon restant, porter à ébullition. Ajouter la pomme de terre, réduire à feu moyen-doux et cuire jusqu'à ce qu'elle soit tendre, environ 20 minutes. Ajouter le bacon, les moules et la crème, laisser mijoter pendant 5 minutes. Incorporer le persil, saler, poivrer au goût et servir.

16

JUILLET

L'utilisation de tomates jaunes et rouges donne à cette soupe une couleur vibrante. Conservez-lui un peu de texture afin de mieux goûter la splendeur des tomates en saison. Accompagnez-la de gressins et de beurre, ou encore de croûtons à l'ail (voir page 61).

SOUPE AUX TOMATES HEIRLOOM ET AU BASILIC

6 portions

3 c. à soupe d'huile d'olive

1 gros oignon jaune, haché

4 gousses d'ail, émincées

2 carottes, pelées et finement hachées

3 tomates rouges heirloom, environ 1 kg (2 lb), grossièrement hachées

3 tomates jaunes heirloom, environ 1 kg (2 lb), grossièrement hachées

500 ml (2 tasses) de bouillon de poulet

2 c. à café de sucre

1 c. à soupe de crème 35 %

10 g (⅓ tasse) de basilic haché

Sel et poivre fraîchement moulu

Dans une grande casserole à fond épais, faire chauffer l'huile à feu moyen-élevé. Ajouter l'oignon, l'ail et les carottes, faire revenir jusqu'à ce que les légumes soient très tendres, environ 5 minutes. Incorporer les tomates, le bouillon et le sucre, remuer et amener à ébullition. Réduire à feu doux et laisser mijoter pendant 30 minutes. Retirer du feu et laisser refroidir légèrement. Réduire la moitié de la soupe en purée au robot culinaire. Remettre dans la casserole et ajouter la crème. Incorporer le basilic, saler, poivrer au goût et servir.

17 JUILLET

SOUPE TOM YUM AUX CREVETTES

6 portions

La citronnelle au merveilleux parfum citronné donne à la cuisine thaïlandaise son arôme caractéristique. Tout comme les feuilles de lime kaffir, elle équilibre magnifiquement le feu de la pâte de piments rôtis dans cette préparation classique.

375 g (¾ lb) de grosses crevettes non décortiquées

2 c. à soupe d'huile de canola

4 tiges de citronnelle, parties centrales blanches seulement, broyées et coupées en morceaux de 5 cm (2 po)

6 tranches de galanga frais ou 3 tranches de galanga séché

6 piments verts thaïlandais ou 8 piments verts serranos, épépinés et coupés en deux

1,5 litre (6 tasses) de bouillon de poulet

8 feuilles de lime kaffir, nervures retirées

1 à 2 c. à soupe de pâte de piments rôtis

220 g (1 tasse) de champignons de paille en conserve, égouttés

Pousse de bambou de 10 cm (4 po), finement tranchée

3 c. à soupe de sauce de poisson asiatique

60 ml (¼ tasse) de jus de citron vert frais

1 piment rouge frais, tranché

7 g (¼ tasse) de feuilles de coriandre

Décortiquer et déveiner les crevettes, réserver les carapaces. Rincer les crevettes. Dans une grande casserole à fond épais, faire chauffer l'huile à feu moyen-élevé. Ajouter les carapaces des crevettes, faire revenir, en remuant, jusqu'à ce qu'elles soient orangées, environ 1 minute.

Ajouter la citronnelle, le galanga, les piments verts, le bouillon et 4 feuilles de lime kaffir. Augmenter à feu vif et amener à ébullition. Réduire à feu moyen et laisser mijoter à découvert pendant 15 minutes pour que les saveurs se développent. Passer le bouillon à travers un tamis posé sur une casserole propre. Jeter les solides. Ajouter la pâte de piments, au goût, les champignons et les pousses de bambou, bien mélanger et porter à ébullition à feu moyen. Ajouter les crevettes et les 4 feuilles de lime kaffir restantes. Poursuivre la cuisson jusqu'à ce que les crevettes deviennent roses et opaques, de 1 à 2 minutes. Ajouter la sauce de poisson et le jus de citron vert. Garnir de feuilles de coriandre et de tranches de piment rouge, et servir.

18 JUILLET

SOUPE MEXICAINE AU POULET ET AU CITRON VERT

6 portions

La fameuse soupe au poulet que l'on vous propose ici est d'inspiration mexicaine. Elle se distingue par l'addition d'une bonne quantité de jus de citron vert. Le mordant unique du jus de citron vert s'allie au parfum de l'ail, de l'origan et du piment.

8 à 10 petits citrons verts

2 demi-poitrines de poulet non désossées, avec la peau, d'environ 315 g (10 oz) chacune

Sel et poivre fraîchement moulu

1 c. à soupe d'huile d'olive

1 gros oignon blanc, haché

5 gousses d'ail, émincées

1 piment jalapeño, épépiné et émincé

750 ml (3 tasses) de bouillon de poulet

1 ½ c. à café d'origan séché

1 avocat, dénoyauté, pelé et coupé en dés

60 g (2 oz) de fromage queso fresco ou de ricotta salata, émietté

Croustilles de tortillas, pour servir

Couper 2 citrons verts en quartiers et réserver. Presser la quantité de citrons verts nécessaire pour obtenir 60 ml (¼ tasse) de jus.

Assaisonner le poulet de 1 c. à café de sel et ½ c. à café de poivre. Dans une grande casserole à fond épais, faire chauffer l'huile à feu moyen. Ajouter le poulet, côté peau vers le bas, et cuire en retournant la volaille une fois, jusqu'à ce qu'elle soit bien dorée, environ 5 minutes. Déposer dans une assiette. Ajouter l'oignon dans la casserole et faire revenir jusqu'à transparence, environ 4 minutes. Incorporer l'ail et le piment et faire revenir jusqu'à ce que le tout soit odorant, environ 1 minute. Incorporer le bouillon, 750 ml (3 tasses) d'eau, le jus de citron vert et l'origan. Remettre le poulet dans la casserole. Augmenter à feu vif et porter à ébullition, écumant la surface au besoin. Réduire à feu moyen-doux, faire mijoter à demi couvert, jusqu'à ce que le poulet soit cuit à cœur, environ 40 minutes.

Tout en continuant à faire mijoter la soupe, retirer le poulet. Lorsqu'il a suffisamment refroidi, retirer la peau et les os. Couper le poulet en bouchées et remettre dans la soupe. Servir, accompagnée de dés d'avocat, de fromage, de croustilles de tortillas et de quartiers de citron vert.

19

JUILLET

Ce plat demande de la poudre de cari de Madras, un ingrédient classique de la cuisine indienne, et de la pâte de cari rouge thaïlandais. Bien que la soupe comme telle regorge de saveurs et de textures, les garnitures traditionnelles en décuplent le plaisir.

SOUPE BIRMANE AU POULET ET CARI

6 portions

2 c. à soupe d'huile d'arachide, plus au besoin pour frire

560 g (1 ⅛ lb) de nouilles fines aux œufs chinoises, fraîches

3 gousses d'ail, émincées

2 c. à soupe de pâte de cari rouge thaïlandais

2 c. à café de cari de Madras

½ c. à café de curcuma moulu

125 ml (½ tasse) de crème de coco

375 g (¾ lb) de cuisses de poulet, désossées et sans peau, coupées en morceaux de 6 mm (¼ po)

1 litre (4 tasses) de bouillon de poulet

750 ml (3 tasses) de lait de coco

2 c. à soupe de sauce de poisson asiatique

1 c. à café de sucre brun

2 c. à soupe de jus de citron frais

3 c. à soupe de chou chinois haché, rincé à l'eau froide et égoutté

3 oignons verts, parties blanches et vert pâle seulement, hachés

½ concombre anglais, pelé et finement tranché

Échalotes rôties (voir page 28)

2 citrons, coupés en quartiers

Verser 5 cm (2 po) d'huile d'arachide dans une casserole et faire chauffer jusqu'à ce qu'un thermomètre à friture atteigne 190 °C (375 °F). Prélever une poignée de nouilles et les déposer dans l'huile chaude. Faire frire jusqu'à l'obtention d'une belle couleur dorée, environ 1 minute. À l'aide d'un tamis, déposer sur des essuie-tout.

Amener une grande casserole remplie d'eau à ébullition. Ajouter le reste des nouilles, remuer et porter de nouveau à ébullition. Cuire pendant 1 minute. Égoutter, rincer sous l'eau froide courante jusqu'à ce que les nouilles soient froides. Bien égoutter.

Dans une grande casserole à fond épais, faire chauffer 2 c. à soupe d'huile à feu moyen. Ajouter l'ail et faire revenir jusqu'à ce qu'il soit doré, 2 minutes. Ajouter la pâte de cari, le cari et le curcuma, faire revenir jusqu'à ce que l'huile devienne odorante et d'une riche couleur jaune, environ 2 minutes. Incorporer la crème de coco, augmenter à feu moyen-élevé et cuire, en remuant fréquemment, jusqu'à ce que la crème mijote et que de l'huile perle à la surface, de 5 à 8 minutes. Ajouter le poulet et remuer pour bien l'enrober.

Augmenter à feu vif, incorporer le bouillon, le lait de coco, la sauce de poisson et le sucre brun, et porter à ébullition. Réduire à feu moyen-doux et laisser mijoter à découvert pendant 10 minutes. Incorporer le jus de citron et retirer du feu.

Répartir les nouilles cuites à l'eau dans les bols. Ajouter la soupe. Garnir de chou, d'oignons verts, concombres, échalotes et de nouilles frites. Accompagner de quartiers de citron.

20

JUILLET

Si simple à faire et toujours délicieux, ce bouillon de bœuf avec tortellinis est un plat rassasiant et réconfortant, convenant à n'importe quelle période de l'année. Essayez d'autres pâtes farcies et ajoutez une poignée d'épinards pour varier.

BOUILLON DE BŒUF AVEC TORTELLINIS

4 portions

1,5 litre (6 tasses) de bouillon de bœuf

375 g (12 oz) de tortellinis au fromage frais

Sel et poivre fraîchement moulu

45 g (1/3 tasse) de parmesan râpé

10 g (1/4 tasse) de basilic émincé

Dans une casserole, porter le bouillon à ébullition à feu moyen-élevé. Ajouter les tortellinis et cuire pendant 5 minutes ou selon les directives inscrites sur l'emballage. Saler et poivrer. Servir, garni de parmesan et de basilic.

21

JUILLET

Aucune recette n'utilise une pleine boîte de chipotle. La solution ? Congeler le reste dans un bac à glaçons. Une fois les cubes congelés, transférez-les dans un sac à congélation.

PURÉE MAÏS ET CHIPOTLE AVEC SALSA DE CREVETTES NORDIQUES ET D'AVOCAT

4 portions

2 c. à soupe d'huile d'olive

1 petit oignon jaune, haché

2 gousses d'ail, émincées

½ petit piment chipotle dans une sauce adobo, haché

875 ml (3 ½ tasses) de bouillon de poulet

750 g (4 tasses) de grains de maïs frais, environ 8 épis

Sel et poivre fraîchement moulu

POUR LA SALSA

155 g (5 oz) de crevettes nordiques cuites, grossièrement hachées

1 avocat à point, dénoyauté, pelé et coupé en petits dés

1 c. à soupe de jus de citron vert frais

2 c. à café de coriandre hachée

Sel et poivre fraîchement moulu

Dans une grande casserole à fond épais, faire chauffer l'huile d'olive à feu moyen-élevé. Ajouter l'oignon et l'ail, faire revenir jusqu'à transparence, environ 5 minutes.

Ajouter le piment chipotle, remuer et poursuivre la cuisson pendant 2 minutes. Incorporer le bouillon et porter à ébullition. Ajouter les grains de maïs et cuire pendant 5 minutes. Retirer du feu et laisser refroidir légèrement. Réduire la soupe en purée au mélangeur ou au robot culinaire, en plusieurs fois. Remettre dans la casserole, saler et poivrer.

Pour faire la salsa, mélanger les crevettes et les dés d'avocat dans un petit bol. Incorporer le jus de citron vert et la coriandre. Saler et poivrer. Servir la soupe, garnie de salsa.

22

JUILLET

Cette soupe est particulièrement spectaculaire. Elle est si facile à réaliser et pourtant on jurerait qu'elle provient de la cuisine d'un grand restaurant. Prélevez les lanières de melon sur un quartier de melon pelé avec un économe.

SOUPE AUX DEUX MELONS

4 à 6 portions

POUR LA SOUPE AU CANTALOUP

1 cantaloup très mûr d'environ 1 kg (2 lb), coupé en deux, épépiné, pelé et haché

2 c. à soupe de crème sure

2 c. à soupe de jus d'orange frais

Sel

POUR LA SOUPE AU MELON MIEL

1 melon miel très mûr d'environ 1 kg (2 lb), coupé en deux, épépiné, pelé et haché

2 c. à soupe de crème sure

2 c. à soupe de jus de raisin blanc frais

Sel

Lanières de melon pour garnir (voir à gauche)

Quartiers de citron vert pour servir

Pour faire la soupe au cantaloup, réduire le cantaloup en purée au robot culinaire. Ajouter la crème sure, le jus d'orange et une pincée de sel. Actionner par intermittence, en plusieurs fois. Verser dans un contenant avec couvercle et réfrigérer jusqu'à ce que la soupe soit bien froide, au moins 2 heures. Laver et assécher le robot culinaire.

Pour faire la soupe au melon miel, réduire le melon miel en purée au robot culinaire. Ajouter la crème sure, le jus de raisin blanc et une pincée de sel. Actionner par intermittence, en plusieurs fois. Verser dans un contenant avec couvercle et réfrigérer jusqu'à ce que la soupe soit bien froide, au moins 2 heures.

Déposer un emporte-pièce de 7,5 cm (3 po) au centre d'une assiette creuse. Maintenir l'emporte-pièce en place d'une main et de l'autre, verser la soupe au cantaloup au centre de l'emporte-pièce, en le remplissant aux trois quarts. En maintenant toujours l'emporte-pièce en place, verser la soupe au melon miel à l'extérieur de l'emporte-pièce jusqu'à ce que le fond de l'assiette soit recouvert. Retirer délicatement l'emporte-pièce. Garnir de lanières de melon et servir en mettant les quartiers de citron vert à la disposition des convives.

JUILLET

24

23

JUILLET

Faites cette soupe lorsque l'été bat son plein et que les tomates sont à leur meilleur. Servez-la avec une simple salade d'endive et une vinaigrette légère au babeurre.

SOUPE PANZANELLA D'ÉTÉ AUX PETITES PÂTES

4 à 6 portions

1 pain croûté italien

3 c. à soupe d'huile d'olive

Sel et poivre fraîchement moulu

250 g (8 oz) de petites pâtes comme les conchigliettes ou les ditalinis

2 échalotes, émincées

3 gousses d'ail, émincées

1 kg (2 lb) de tomates mûres, coupées en dés

500 ml (2 tasses) de bouillon de poulet

10 g (1/3 tasse) de basilic haché

Parmesan râpé pour servir

Préchauffer le four à 190 °C (375 °F). Couper 60 g (2 oz) de pain en cubes de façon à obtenir 2 tasses. Déposer les cubes de pain sur une plaque de cuisson, arroser de 1 c. à soupe d'huile, saler et poivrer. Faire rôtir au four en remuant une fois, jusqu'à ce que le pain soit bien doré, environ 12 minutes. Réserver.

Amener une casserole remplie d'eau salée à ébullition. Ajouter les pâtes et les cuire al dente, environ 8 minutes ou selon les directives inscrites sur l'emballage.

Dans une grande casserole à fond épais, faire chauffer le reste de l'huile à feu moyen-élevé. Ajouter les échalotes et l'ail, faire revenir jusqu'à transparence, environ 5 minutes. Ajouter les tomates et poursuivre la cuisson jusqu'à ce qu'elles amollissent, environ 5 minutes. Incorporer le bouillon et porter à ébullition. Réduire à feu doux et laisser mijoter pendant 15 minutes pour que les saveurs se développent. Retirer du feu et laisser refroidir légèrement.

Réduire la moitié de la soupe en purée au mélangeur ou au robot culinaire. Remettre dans la casserole et ajouter le pain grillé. Poursuivre la cuisson pendant 10 minutes. Incorporer les pâtes et le basilic, saler et poivrer. Servir la soupe, parsemée de fromage parmesan.

24

JUILLET

Voici un fabuleux repas familial de semaine. Le bouillon est savoureux et le poulet ainsi que les gnocchis rendent cette soupe plus substantielle. Utilisez des restes de poulet pour gagner du temps.

SOUPE AU POULET AVEC GNOCCHIS, BASILIC ET PARMESAN

4 à 6 portions

2 petites demi-poitrines de poulet, désossées et sans peau

3 c. à soupe d'huile d'olive

Sel et poivre fraîchement moulu

½ oignon jaune, haché

2 gousses d'ail, émincées

1 litre (4 tasses) de bouillon de poulet

455 g (14 ½ oz) de tomates en dés en conserve

545 g (17 ½ oz) de gnocchis aux pommes de terre

30 g (1 tasse) de jeunes épinards

10 g (1/4 tasse) de basilic haché

Parmesan râpé pour servir

Préchauffer le four à 190 °C (375 °F). Déposer les poitrines de poulet sur une plaque de cuisson, badigeonner de 1 c. à soupe d'huile, saler et poivrer. Faire rôtir le poulet jusqu'à ce qu'il soit cuit à cœur, de 18 à 20 minutes. Laisser le poulet refroidir avant de le découper en bouchées.

Dans une grande casserole à fond épais, faire chauffer le reste de l'huile à feu moyen-élevé. Ajouter l'oignon et l'ail, faire revenir jusqu'à transparence, environ 5 minutes. Incorporer le bouillon, les tomates et leur jus, amener le tout à ébullition. Ajouter le poulet et les gnocchis et poursuivre la cuisson pendant 5 minutes. Retirer du feu, ajouter les épinards et le basilic et remuer jusqu'à ce qu'ils tombent. Saler et poivrer. Servir la soupe, en mettant le parmesan à la disposition des convives.

25 JUILLET

Pour peler les tomates, porter une casserole remplie d'eau à ébullition. À l'aide d'un couteau bien affûté, tracer un X peu profond à la base de chaque tomate. Remplir un bol d'eau glacée. Mettre les tomates dans l'eau bouillante pendant 15 secondes et, à l'aide d'une cuillère à égoutter, les transférer dans l'eau glacée pour arrêter la cuisson. Enlever la pelure avec les mains ou avec un couteau d'office.

GASPACHO

6 à 8 portions

2 c. à café de pâte d'anchois

1 litre (4 tasses) de jus de tomate

1,5 kg (3 lb) de tomates, pelées (voir à gauche), épépinées et finement hachées

500 ml (2 tasses) de bouillon de légumes ou de poulet

2 c. à soupe d'huile d'olive

2 c. à soupe de vinaigre de vin rouge

3 gousses d'ail, émincées

Sel et poivre fraîchement moulu

3 concombres anglais, pelés, épépinés et finement hachés

½ oignon rouge, finement haché

15 g (⅓ tasse) de basilic finement haché, plus 2 c. à soupe

1 poivron rouge, épépiné et finement haché

1 poivron jaune, épépiné et finement haché

Croûtons à l'ail (voir page 61), pour servir

Dans un grand bol en verre, mettre la pâte d'anchois et le jus de tomate, mélanger au fouet jusqu'à ce que la pâte d'anchois se dissolve. Incorporer les tomates, le bouillon, l'huile, le vinaigre et l'ail, bien mélanger. Saler et poivrer. Ajouter les concombres, l'oignon et le 15 g (⅓ tasse)de basilic, bien mélanger. Ajouter les poivrons rouges et jaunes en en réservant 2 c. à soupe pour la garniture.

Réduire 750 ml (3 tasses) de la soupe en purée au mélangeur. Remettre dans le bol. Couvrir et réfrigérer jusqu'à ce que la soupe soit bien froide et que les saveurs se soient développées, au moins 3 heures. Servir la soupe, garnie des poivrons réservés, des croûtons et de 2 c. à soupe de basilic.

26 JUILLET

Le fromage farmer est un fromage blanc frais semblable au fromage cottage dont on aurait extrait le petit lait. Servez la soupe avec du manioc en morceaux, des carottes et du guacamole.

SOUPE AU MAÏS ET PIMENTS RÔTIS AVEC FROMAGE FARMER

4 à 6 portions

3 épis de maïs frais, avec leurs pelures

2 c. à soupe de beurre non salé

1 petit oignon jaune, haché

3 gousses d'ail, émincées

1 c. à café de cumin moulu

½ c. à café de coriandre moulue

1 piment poblano, rôti (voir page 191), épépiné et haché

1 pomme de terre Russet, pelée et coupée en petits dés

1 litre (4 tasses) de bouillon de poulet, plus au besoin

1 c. à soupe de crème sure

Sel et poivre fraîchement moulu

250 g (½ lb) de fromage farmer, émietté

Préchauffer le four à 200 °C (400 °F). Déposer les épis sur une plaque de cuisson et faire rôtir pendant 35 minutes. Retirer du four et laisser refroidir. Retirer les pelures et prélever les grains des épis. Réserver.

Dans une grande casserole à fond épais, faire fondre le beurre à feu moyen-élevé. Ajouter l'oignon et l'ail, faire revenir jusqu'à transparence, environ 5 minutes. Ajouter le cumin et la coriandre et faire griller les épices en remuant souvent, pendant 2 minutes. Incorporer le piment poblano, la pomme de terre, le maïs et le bouillon, mélanger et amener à ébullition. Réduire à feu doux et laisser mijoter jusqu'à ce que les pommes de terre soient très tendres, environ 25 minutes. Retirer du feu et laisser refroidir légèrement.

Réduire la soupe en purée au mélangeur ou au robot culinaire, en plusieurs fois. Remettre dans la casserole et ajouter du bouillon pour obtenir la consistance désirée. Incorporer la crème sure, saler et poivrer. Servir la soupe, garnie de fromage farmer.

27

JUILLET

Une fois rôtie, la peau des nectarines s'enlève très facilement. Servir au brunch avec des scones au citron. Cette soupe est également délicieuse servie chaude, garnie de fromage burrata.

SOUPE AUX NECTARINES RÔTIES AVEC MENTHE

4 portions

500 g (1 lb) de nectarines, dénoyautées et tranchées

2 c. à café de vinaigre balsamique

1 c. à café d'huile d'olive

Sel et poivre fraîchement moulu

125 ml (½ tasse) de vin blanc sec

3 c. à soupe de jus de citron frais

2 c. à soupe de miel

Menthe hachée pour garnir

Préchauffer le four à 200 °C (400 °F). Mélanger les nectarines, le vinaigre et l'huile. Saler et poivrer. Déposer en une seule couche sur une plaque de cuisson et faire rôtir jusqu'à ce que le tout ait caramélisé, environ 25 minutes. Peler les nectarines.

Réduire les nectarines en purée au robot culinaire. Ajouter le vin, le jus de citron et le miel et actionner par intermittence plusieurs fois. Verser dans un contenant avec couvercle et réfrigérer jusqu'à ce que la soupe soit bien froide, au moins 3 heures.

Servir la soupe, garnie de menthe.

28

JUILLET

Ce potage froid allie l'exotisme du lait de coco au bon goût de beurre de l'avocat. Recherchez le crabe le plus frais possible, garnir d'un peu de ciboulette, et le tour est joué !

SOUPE AU CRABE ET À L'AVOCAT

4 portions

3 avocats, pelés, dénoyautés et grossièrement hachés

2 piments serranos, épépinés et hachés

250 ml (1 tasse) de lait de coco

Jus de 1 citron vert, plus au besoin

Sel et poivre blanc moulu

250 g (½ lb) de morceaux de crabe frais, débarrassés de tout fragment de carapace

Au robot culinaire, mélanger les avocats, les piments, le lait de coco et le jus de citron vert. Ajouter 180 ml (¾ tasse) d'eau et réduire en purée bien lisse. Saler, poivrer et ajouter du jus de citron vert au goût. Verser dans un contenant avec couvercle et réfrigérer jusqu'à ce que la soupe soit bien froide, au moins 2 heures ou jusqu'à 8 heures. Servir, garnie de crabe.

29

JUILLET

Comme le tofu se conserve dans du liquide, vous devrez prendre soin de bien l'égoutter avant de l'utiliser. Ce qui aura l'avantage d'en rehausser la saveur tout en évitant qu'il ne dilue le bouillon.

SOUPE AUX NOUILLES AVEC CITRONNELLE ET TOFU

4 à 6 portions

90 g (3 oz) de nouilles de riz

250 g (½ lb) de tofu ferme

1 c. à café d'huile de canola

2 tiges de citronnelle, parties centrales blanches seulement, broyées et finement tranchées

2 gousses d'ail, émincées

1,5 litre (6 tasses) de bouillon de poulet

1 c. à soupe de jus de citron vert frais

1 c. à café de sauce de poisson asiatique

2 oignons verts, parties blanches et vert pâle seulement, hachés

2 c. à soupe de coriandre ciselée

Dans un bol, couvrir les nouilles de riz d'eau chaude. Laisser tremper 10 minutes et égoutter.

Couper le tofu en deux à l'horizontale. Mettre les deux morceaux dans une assiette, couvrir une seconde assiette et y déposer une boîte de conserve pour faire un poids. Laisser reposer 20 minutes de façon à extraire le plus de liquide du tofu. Jeter le liquide accumulé et couper le tofu en très petits cubes.

Dans une grande casserole à fond épais, faire chauffer l'huile à feu moyen. Ajouter la citronnelle et l'ail, faire revenir jusqu'à tendreté, de 5 à 6 minutes. Incorporer le bouillon et amener à ébullition. Réduire à feu doux et laisser mijoter à découvert pendant 20 minutes. Ajouter le tofu, les nouilles de riz le jus de citron vert et la sauce de poisson et poursuivre la cuisson pendant 5 minutes. Incorporer les oignons verts et la coriandre. Servir.

30

JUILLET

Comme ces raviolis sont très délicats et se défont si on les cuit trop longtemps, ne les cuisez qu'à la dernière minute. S'il vous reste de la farce, faites-en des crostinis. Délicieux !

BOUILLON GINGEMBRE ET OIGNONS VERTS AVEC RAVIOLIS AUX PETITS POIS

4 à 6 portions

1 litre (4 tasses) de bouillon de poulet

5 cm (2 po) de gingembre frais, pelé et émincé

2 oignons verts, parties blanches et vert pâle seulement, finement hachés, partie verte réservée

1 anis étoilé

2 c. à soupe de sauce soya

1 c. à café de mirin

Quelques gouttes d'huile de sésame

POUR LES RAVIOLIS

155 g (1 tasse) de petits pois frais ou surgelés, décongelés

2 c. à soupe de fromage ricotta

1 c. à soupe de fromage parmesan râpé

2 c. à café d'huile de canola

Sel et poivre fraîchement moulu

24 carrés de pâtes won ton

Dans une grande casserole, mettre le bouillon, le gingembre, les oignons verts, l'anis étoilé, la sauce soya, le mirin et l'huile de sésame. Amener à ébullition à feu moyen-élevé, réduire à feu doux et laisser mijoter 10 minutes. Retirer du feu, couvrir et laisser reposer 10 minutes. Passer le bouillon, jeter les matières solides et verser dans la casserole.

Entre-temps, pour faire les raviolis, mettre les petits pois, la ricotta, le parmesan et l'huile au robot culinaire. Ajouter ½ c. à café de sel et ¼ c. à café de poivre. Actionner à plusieurs reprises pour grossièrement hacher les petits pois mais sans réduire en purée. Déposer 1 c. à café du mélange au centre de chaque carré de pâte won ton. À l'aide des doigts, humecter le pourtour du carré et plier de façon à former un triangle. Presser les deux côtés du triangle de manière et à faire adhérer les deux côtés l'un à l'autre. Ramener les deux pointes au-dessus du monticule et les pincer. Humecter avec un peu d'eau pour bien les sceller. Répéter l'opération jusqu'à ce que tous les carrés soient farcis. Porter de nouveau à ébullition, ajouter délicatement les raviolis et les faire cuire 3 minutes. Servir la soupe, garnie de la partie verte des oignons verts.

31

JUILLET

Les boulettes de viande manquent parfois de goût et de moelleux, mais pas celles-ci, préparées avec les ingrédients du Sud-Est asiatique et façonnées tout en délicatesse.

BOUILLON AUX OIGNONS ROUGES ET AUX FINES HERBES AVEC BOULETTES VIETNAMIENNES À LA DINDE

6 portions

POUR LES BOULETTES

500 g (1 lb) de dinde hachée

1 échalote, émincée

2 gousses d'ail, émincées

2 c. à soupe de sauce de poisson asiatique

1 c. à soupe de coriandre émincée

Sel et poivre fraîchement moulu

Zeste râpé et jus de 1 citron vert

2 c. à soupe d'huile d'olive

5 cm (2 po) de gingembre frais, pelé et râpé

2 tiges de citronnelle, parties centrales blanches seulement, broyées et finement tranchées

1,5 litre (6 tasses) de bouillon de poulet

¼ petit oignon rouge, finement tranché

1 c. à soupe de coriandre émincée

2 c. à café de menthe émincée

Pour faire les boulettes, préchauffer le four à 190 °C (375 °F). Enduire d'huile une plaque de cuisson. Dans un bol, combiner la dinde hachée, l'échalote, l'ail, la sauce de poisson, la coriandre, 1 c. à café de sel, ½ c. à café de poivre et le zeste de citron vert. Bien mélanger avec les mains. Pour chaque boulette, prélever une bonne c. à café du mélange, façonner en boulette et déposer sur la plaque préparée. Enfourner jusqu'à ce que les boulettes soient entièrement cuites, de 10 à 12 minutes.

Dans une grande casserole à fond épais, faire chauffer l'huile à feu moyen-élevé. Ajouter le gingembre et la citronnelle, faire revenir en remuant constamment pendant 4 minutes. Incorporer le bouillon et le jus de citron vert et porter à ébullition. Réduire à feu doux et laisser mijoter 10 minutes pour que les saveurs se développent. Ajouter les boulettes, l'oignon rouge, la coriandre et la menthe et poursuivre la cuisson pendant 5 minutes. Servir.

5 OUPE AUX POIVRONS ROUGES À L'ESPAGNOLE *page 181*	**6** SOUPE AUX TOMATES AVEC VIN BLANC ET ÉCHALOTES *page 181*	**7** SOUPE AU POULET ET FIDEO AVEC FROMAGE QUESO FRESCO *page 183*
12 UPE AUX PÊCHES ET AU RIESLING *page 185*	**13** GASPACHO JAUNE AVEC RICOTTA AU CITRON ET AU BASILIC *page 186*	**14** SOUPE FROIDE AUX CONCOMBRES ET AU BABEURRE AVEC CREVETTES À L'ANETH *page 186*
19 SOUPE AU MELON GLACÉ AVEC CHAMPAGNE ET GINGEMBRE *page 191*	**20** SOUPE ÉPICÉE AUX PIMENTS POBLANOS AVEC LANIÈRES DE TORTILLA *page 191*	**21** BOUILLABAISSE *page 192*
26 SOUPE AUX TOMATES RÔTIES EC CRÈME FRAÎCHE CITRONNÉE *page 196*	**27** SOUPE AU MISO AVEC TOFU ET HARICOTS KILOMÈTRES *page 197*	**28** BOUILLON TOMATES ET BASILIC AVEC CHEVEUX D'ANGE *page 197*

Durant les canicules d'été, les légumes avides de chaleur prospèrent : les tomates et les poivrons rougissent, les concombres et les haricots verts foisonnent et l'aubergine connaît son apogée. Touillez-les ensemble avec de l'ail et des fines herbes fraîches comme du basilic, de la coriandre, de l'aneth et de la menthe. Et, bien sûr, les soupes froides sont toujours de mise sous forme de gaspachos inventifs ou de soupes de fruits sucrées.

août

1

AOÛT

Inspirée par le plat du terroir le plus aimé en France, cette soupe est l'heureux mariage de légumes hauts en couleur comme les aubergines, d'un violet profond, les courges d'été, les poivrons et les tomates, d'un beau rouge vif, le tout accompagné de feuilles de basilic. Cette soupe représente la quintessence de l'été.

SOUPE À LA RATATOUILLE

4 portions

3 c. à soupe d'huile d'olive

2 gousses d'ail, émincées

1 aubergine, pelée et coupée en petits cubes

1 courgette, parée et hachée

1 oignon jaune, coupé en quatre

1 poivron rouge, épépiné et haché

4 grosses tomates, pelées (voir page 172) et coupées en quatre

500 à 750 ml (2 à 3 tasses) de bouillon de poulet

Sel et poivre fraîchement moulu

10 g (¼ tasse) de basilic émincé

Dans une grande casserole à fond épais, faire chauffer 2 c. à soupe d'huile à feu moyen. Ajouter l'ail et faire revenir jusqu'à ce qu'il devienne odorant, environ 1 minute. Ajouter l'aubergine, la courgette, l'oignon et le poivron, faire revenir en remuant à l'occasion, jusqu'à ce que les légumes soient tendres, de 10 à 15 minutes. Ajouter les tomates et l'huile restante (1 c. à soupe). Cuire en remuant à l'occasion, jusqu'à ce que les tomates commencent à se défaire, environ 15 minutes. Réduire à feu doux et laisser mijoter pendant 15 minutes.

Ajouter 250 ml (1 tasse) de bouillon aux légumes. Réduire la soupe en purée au mélangeur ou au robot culinaire. Remettre dans la casserole et faire chauffer à feu moyen. Ajouter du bouillon jusqu'à l'obtention d'une soupe épaisse. Faire mijoter jusqu'à ce qu'elle soit chaude, environ 5 minutes. Saler, poivrer et servir, garnie de basilic.

2

AOÛT

Quel bonheur estival que de transformer un melon d'eau en une soupe délicieuse et inhabituelle en y ajoutant le mordant du piment jalapeño ! Ne lésinez pas sur le nombre de croûtons au fromage de chèvre, ils disparaîtront très rapidement car le salé du fromage complète admirablement bien le sucré du melon d'eau.

GASPACHO AU MELON D'EAU AVEC CROÛTONS DE FROMAGE DE CHÈVRE

6 portions

750 g (4 tasses) de melon d'eau bien mûr, pelé et coupé en cubes

1 petit concombre anglais, pelé, épépiné et haché

1 petite tomate, hachée

2 oignons verts, parties blanches et vertes, hachés

½ petit piment jalapeño, épépiné et haché

1 c. à café de vinaigre de vin blanc

2 c. à café d'huile d'olive extra vierge

Sel et poivre fraîchement moulu

POUR LES CROÛTONS DE FROMAGE DE CHÈVRE

90 g (3 oz) de fromage de chèvre, à la température ambiante

2 c. à soupe de crème 35%

1 petite baguette de pain, finement tranchée

Mettre 560 g (3 tasses) du melon au robot culinaire et activer par intermittence plusieurs fois pour hacher grossièrement. Ne pas réduire en purée. Verser dans un grand bol. À l'aide d'un couteau de chef, couper le reste du melon d'eau en dés et mettre dans le bol avec le melon haché. Le mélange doit être en gros morceaux. Réduire le concombre, la tomate, les oignons verts et le piment jalapeño en purée au robot culinaire. Verser dans le bol du melon d'eau. Incorporer le vinaigre et l'huile, saler et poivrer. Couvrir le bol et réfrigérer pendant 1 heure.

Pour faire les croûtons de fromage de chèvre, préchauffer le gril du four. Mélanger le fromage de chèvre et la crème dans un bol. Saler et poivrer. Étendre en couche épaisse sur les tranches de pain. Déposer sur une plaque de cuisson et mettre sous le gril jusqu'à ce que le fromage fonde et dore, de 2 à 3 minutes. Servir la soupe et mettre les croûtons de fromage de chèvre à la disposition des convives.

3

AOÛT

Il existe une foule de versions de cette soupe classique de la Toscane. Par contre, la plupart contiennent des œufs, du pain et des légumes, comme des poivrons et des tomates.

ACQUA COTTA

8 portions

125 ml (½ tasse) d'huile d'olive

2 oignons rouges, hachés

375 g (¾ lb) de poivrons rouges et jaunes, épépinés et hachés

3 branches de céleri, hachées

500 g (1 lb) de tomates, pelées (voir page 172), épépinées et hachées

Sel et poivre fraîchement moulu

3 œufs

60 g (½ tasse) de parmesan râpé

8 tranches de pain de la veille, grillées

1 gousse d'ail

Dans une grande casserole à fond épais, faire chauffer l'huile à feu moyen. Ajouter les oignons et faire revenir jusqu'à ce qu'ils soient odorants, environ 4 minutes. Ajouter les poivrons et le céleri, faire revenir jusqu'à tendreté, environ 10 minutes. Incorporer les tomates. Saler et poivrer. Réduire à feu doux, couvrir et laisser mijoter doucement en remuant à l'occasion, jusqu'à ce que la soupe ait épaissi, environ 1 heure.

Verser 2 litres (8 tasses) d'eau dans la casserole, faire mijoter à nouveau et poursuivre la cuisson pendant 10 minutes. Dans un petit bol, fouetter les œufs et le parmesan et verser dans la soupe. Remuer vigoureusement pendant 1 minute, puis retirer la casserole du feu. Saler et poivrer.

Frotter le pain grillé avec la gousse d'ail et répartir dans les bols. Verser la soupe sur le pain et servir.

4

AOÛT

Vous pouvez remplacer les épinards par de la roquette, du cresson ou encore, au printemps, par des pousses de petits pois. Ajouter quelques gouttes de jus de citron juste avant de déguster la soupe. Servez-la accompagnée d'une miche de pain et d'un vin blanc vif et fruité.

SOUPE AU POULET POCHÉ AVEC ÉPINARDS

6 à 8 portions

1 poulet de 1,75 kg (3 ½ lb)

2,5 cm (1 po) de gingembre frais plus un second morceau de 5 cm (2 po), pelé et coupé en julienne (facultatif)

1 oignon, non pelé, les extrémités coupées et taillé en deux

2 branches de céleri, coupées en quatre

2 grosses carottes, pelées et coupées en quatre

Poignée de tiges de persil plat

2 brins de thym

1 c. à café de grains de poivre noir

1 petite feuille de laurier

Sel

60 g (1 tasse) de jeunes épinards, grossièrement hachés

Quartiers de citron pour servir

Sauce pimentée comme la sriracha

Mettre le poulet dans une grande casserole à fond épais. Ajouter le morceau de gingembre, l'oignon, le céleri, les carottes, le persil, le thym, les grains de poivre, la feuille de laurier et 1 c. à café de sel. Recouvrir largement les ingrédients d'eau froide. Amener à ébullition à feu vif, réduire immédiatement à feu doux et faire mijoter en écumant la surface au besoin, jusqu'à ce que le jus qui s'écoule de la partie la plus épaisse de la cuisse du poulet soit clair, environ 1 ½ heure. Retirer le poulet de la casserole et le déposer dans une assiette. Passer le bouillon dans un tamis posé sur un bol et jeter les matières solides. Tapisser le tamis de deux couches de coton fromage et passer de nouveau le bouillon pour le débarrasser du gras. Rincer la casserole et y verser le bouillon dégraissé.

Une fois que le poulet a suffisamment refroidi, le désosser et le couper en morceaux. Jeter les os et la peau. Mettre les morceaux de poulet ainsi que les jus de volaille accumulés dans l'assiette dans la casserole. Saler, amener à ébullition, incorporer les épinards et remuer jusqu'à ce qu'ils tombent. Servir la soupe, garnie de gingembre en julienne, si désiré, et mettre les quartiers de citron et la sauce pimentée à la disposition des convives.

5

AOÛT

Cette soupe, épaissie à la chapelure et garnie de câpres et d'anchois, a une touche décidément ibérique. Vous pouvez la servir chaude ou froide, à votre goût.

SOUPE AUX POIVRONS ROUGES À L'ESPAGNOLE

8 portions

1 gros oignon jaune, tranché

4 grosses gousses d'ail, tranchées

1 c. à soupe de marjolaine hachée

1 c. à soupe de paprika, du pimenton espagnol de préférence

Sel et poivre fraîchement moulu

3 c. à soupe d'huile d'olive

4 poivrons rouges, rôtis (voir page 191), pelés, épépinés et hachés avec leur jus de cuisson s'il y a lieu

60 g (1 tasse) de chapelure de pain frais

4 anchois conservés dans l'huile d'olive

1 litre (4 tasses) de bouillon de poulet ou de légumes

4 c. à café de câpres

Préchauffer le four à 230 °C (450 °F). Déposer les tranches d'oignon sur une plaque de cuisson avec rebord. Parsemer d'ail, de marjolaine et de paprika. Saler légèrement et poivrer généreusement. Arroser d'huile et remuer pour bien enrober les oignons. Faire rôtir en remuant souvent, jusqu'à ce que les oignons soient dorés et tendres, de 15 à 20 minutes.

Au robot culinaire, réduire en plusieurs fois, si nécessaire, les oignons rôtis et les poivrons avec leur jus en purée grossière. Ajouter la chapelure et 2 anchois, réduire de nouveau en purée grossière. Ajouter 500 ml (2 tasses) de bouillon, réduire de nouveau en purée. Verser dans une grande casserole à fond épais avec le reste du bouillon et faire mijoter à feu moyen, en remuant souvent. Goûter et rectifier l'assaisonnement s'il y a lieu.

Verser la soupe dans les bols. Couper les 2 anchois restants en 8 morceaux et en déposer un morceau dans chaque bol. Parsemer de câpres et servir.

6

AOÛT

Les tomates prunes ou italiennes sont disponibles tout au long de l'année, mais c'est l'été que leur saveur et leur couleur sont à leur apogée. Il suffit d'un peu de vin, d'ail et de quelques feuilles de basilic pour les mettre en valeur.

SOUPE AUX TOMATES AVEC VIN BLANC ET ÉCHALOTES

4 portions

10 tomates italiennes, coupées en deux

2 gousses d'ail, émincées

4 c. à soupe de basilic haché

5 c. à soupe d'huile d'olive

4 échalotes, coupées en deux

375 ml (1 ½ tasse) de vin blanc sec

Sel et poivre fraîchement moulu

Préchauffer le four à 200 °C (400 °F). Déposer les moitiés de tomate, côté coupé vers le haut, dans une rôtissoire. Parsemer d'ail et de 1 c. à soupe de basilic. Arroser de 4 c. à soupe d'huile d'olive. Faire rôtir jusqu'à ce que les tomates soient fondantes, environ 40 minutes. Enlever et jeter la peau des tomates.

Dans une grande casserole à fond épais, faire chauffer l'huile restante à feu moyen-élevé. Ajouter les échalotes et faire revenir environ 2 minutes. Ajouter les tomates rôties, le vin et 125 ml (½ tasse) d'eau, amener à ébullition. Réduire à feu moyen-doux et laisser mijoter à découvert, jusqu'à ce que le mélange ait épaissi, environ 20 minutes. Saler et poivrer. Retirer du feu et laisser refroidir légèrement.

Réduire la soupe à la consistance souhaitée au mélangeur ou au robot culinaire, en plusieurs fois. Remettre dans la casserole et réchauffer avant de servir, garnie du basilic restant.

7

AOÛT

Les fideo sont des pâtes fines espagnoles similaires aux vermicelles. Servez-les avec des tortillas de maïs grillées coupées en triangles.

SOUPE AU POULET ET FIDEO AVEC FROMAGE QUESO FRESCO

6 portions

2 petites demi-poitrines de poulet, désossées et sans peau

3 c. à soupe d'huile d'olive

Sel et poivre fraîchement moulu

1 oignon blanc, haché

4 gousses d'ail, émincées

1 c. à café d'origan séché

2 c. à soupe de pâte de tomate

½ piment chipotle dans une sauce adobo, émincé

1,5 litre (6 tasses) de bouillon de poulet

125 g (1 ½ tasse) de nouilles fideo ou de vermicelles cassés en morceaux de 5 cm (2 po)

2 c. à soupe de coriandre ciselée

1 avocat, dénoyauté, pelé et coupé en dés

90 g (3 oz) de fromage queso fresco, émietté

Préchauffer le four à 190 °C (375 °F). Déposer les poitrines de poulet sur une plaque de cuisson et les badigeonner de 1 c. à soupe d'huile. Saler et poivrer. Faire rôtir le poulet jusqu'à ce qu'il soit cuit à cœur, environ 20 minutes. Laisser refroidir le poulet avant de le couper en morceaux. Réserver.

Dans une grande casserole à fond épais, faire chauffer les 2 c. à soupe d'huile restantes à feu moyen-élevé. Ajouter l'oignon et l'ail, faire revenir jusqu'à transparence, environ 5 minutes. Ajouter l'origan, la pâte de tomate et le piment chipotle, mélanger. Incorporer le bouillon et amener à ébullition. Ajouter les fideo et cuire pendant 8 minutes. Ajouter les morceaux de poulet et la coriandre. Mélanger. Saler et poivrer.

Servir la soupe, garnie de dés d'avocat et de fromage émietté.

8

AOÛT

Voici une soupe froide bien lisse, assaisonnée simplement de citron et d'épices parfumées. Il existe diverses recettes de poudre de cari : goûtez à plusieurs jusqu'à ce que vous trouviez le mélange d'épices qui vous sied. Comme elle s'évente vite, il vaut mieux acheter la poudre de cari en petites quantités.

SOUPE FROIDE AU MAÏS ET AU CARI

6 portions

2 c. à soupe d'huile d'olive

2 poireaux, parties blanches et vert pâle seulement, finement hachés

2 petites pommes de terre rouges, pelées et grossièrement hachées

940 g (5 tasses) de grains de maïs frais (environ 10 épis) ou surgelés

2 c. à café de poudre de cari de Madras

1,5 litre (6 tasses) de bouillon de poulet

2 c. à soupe de jus de citron frais

Sel et poivre blanc moulu

6 tranches fines de citron

125 g (½ tasse) de crème sure

3 c. à soupe de persil plat finement haché

Dans une grande casserole à fond épais, faire chauffer l'huile à feu moyen. Ajouter les poireaux et faire revenir jusqu'à tendreté, environ 5 minutes. Ajouter les pommes de terre et 845 g (4 ½ tasses) de grains de maïs et poursuivre la cuisson 2 minutes. Ajouter la poudre de cari et cuire 1 minute de plus. Incorporer le bouillon et le jus de citron et amener à ébullition. Réduire à feu moyen-doux, faire mijoter à demi couvert, jusqu'à ce que les pommes de terre soient tendres, environ 20 minutes. Retirer du feu et laisser refroidir légèrement.

Réduire la soupe en purée au mélangeur, en plusieurs fois. Passer le mélange au tamis ou au moulin à légumes en pressant pour extraire le plus de liquide possible. Jeter les matières solides. Saler et poivrer la soupe. Laisser tiédir à la température ambiante. Verser dans un contenant avec couvercle et réfrigérer jusqu'à ce que la soupe soit bien froide, au moins 3 heures. Juste avant de servir, amener une petite casserole remplie d'eau aux trois quarts à ébullition. Ajouter le reste des grains de maïs et les blanchir 1 minute. Égoutter et laisser refroidir. Servir la soupe, garnie de grains de maïs, de tranches de citron, de crème sure et de persil émincé.

9

AOÛT

La poudre filé, de couleur vert olive, provient de feuilles de sassafras séchées et moulues. Tout comme l'okra, elle est fréquemment utilisée pour épaissir les gumbos. Vous la trouverez au rayon des épices des épiceries spécialisées.

SOUPE CAJUN AUX CREVETTES

4 portions

2 c. à soupe d'huile d'olive

45 g (¼ tasse) d'oignon jaune, finement haché

2 gousses d'ail, émincées

½ poivron vert, épépiné et finement haché

1 piment serrano, épépiné et finement haché

455 g (14 ½ oz) de tomates en dés en conserve

500 ml (2 tasses) de bouillon de poulet

½ c. à café de thym émincé

¼ c. à café de poivre de cayenne

500 g (1 lb) de crevettes, décortiquées et déveinées

½ c. à café de poudre filé

Sel et poivre noir fraîchement moulu

Dans une grande casserole à fond épais, faire chauffer l'huile à feu moyen-élevé. Ajouter l'oignon et faire revenir jusqu'à transparence, environ 2 minutes. Incorporer l'ail et le poivron, puis ajouter le piment serrano, les tomates avec leur jus, le bouillon, le thym et le poivre de cayenne. Porter à ébullition, réduire à feu doux et laisser mijoter à découvert pendant 15 minutes.

Ajouter les crevettes et la poudre filé et cuire jusqu'à ce que les crevettes soient roses et opaques, environ 3 minutes. Saler, poivrer et servir.

10

AOÛT

Les haricots verts frais ont la vedette dans cette soupe paysanne portugaise. Si possible, utilisez du bouillon de légumes : il mettra davantage en évidence les saveurs des légumes qu'un bouillon de poulet.

SOUPE AUX HARICOTS VERTS

4 à 6 portions

5 c. à soupe d'huile d'olive

2 oignons jaunes, hachés

500 g (1 lb) de tomates, pelées (voir page 172), épépinées et hachées

500 g (1 lb) de pommes de terre à bouillir, pelées et coupées en dés

1 litre (4 tasses) de bouillon de légumes ou de poulet

500 g (1 lb) de haricots verts, parés et taillés en diagonale en morceaux de 2,5 cm (1 po)

Sel et poivre fraîchement moulu

3 c. à soupe de menthe hachée (facultatif)

Dans une grande casserole à fond épais, faire chauffer l'huile à feu moyen. Ajouter les oignons et faire revenir jusqu'à tendreté, de 8 à 10 minutes. Ajouter les tomates et les pommes de terre, faire revenir de 3 à 5 minutes. Incorporer le bouillon, augmenter à feu vif et porter à ébullition. Réduire à feu doux et laisser mijoter à découvert, jusqu'à ce que les pommes de terre soient très tendres, environ 20 minutes. Retirer du feu et laisser refroidir légèrement.

Réduire la soupe en purée au mélangeur ou au robot culinaire, en plusieurs fois. Remettre dans la casserole.

Remplir une autre casserole aux trois quarts d'eau salée et amener à ébullition. Ajouter les haricots verts, cuire jusqu'à ce qu'ils soient tendres, mais encore légèrement croquants, environ 5 minutes. Égoutter, en réservant un peu d'eau de cuisson pour allonger la soupe si nécessaire.

Réchauffer la soupe, saler et poivrer. Ajouter les haricots verts et laisser mijoter à feu moyen jusqu'à ce que la soupe soit bien chaude, environ 5 minutes. Si la consistance est trop épaisse, ajouter de l'eau de cuisson réservée.

Servir, parsemée de menthe, si désiré.

11

AOÛT

La longe de porc se frotte à l'ail et aux piments serranos dans cette soupe à l'accent tout à fait latin. L'épaule de porc donnera un aussi bon résultat. Servez la soupe avec des tortillas, des quartiers de citron vert et une bière mexicaine bien glacée.

SOUPE DE PORC À L'AIL ET AUX PIMENTS

4 à 6 portions

Sel et poivre fraîchement moulu

500 g (1 lb) de longe de porc désossée, coupée en cubes

2 c. à soupe d'huile d'olive

1 petit oignon jaune, haché

2 gousses d'ail, émincées

3 piments serranos, épépinés et hachés

60 g (¼ tasse) de riz à grain long

1,25 litre (5 tasses) de bouillon de poulet

10 g (¼ tasse) de coriandre émincée

Jus de 1 citron vert

Saler et poivrer les cubes de porc. Dans une grande casserole à fond épais, faire chauffer 1 c. à soupe d'huile à feu moyen-élevé. En plusieurs fois si nécessaire, ajouter le porc, en le faisant dorer sur les 4 faces, environ 6 minutes. À l'aide d'une cuillère à égoutter, déposer sur une assiette.

Réduire à feu moyen et ajouter le reste de l'huile dans la casserole. Ajouter l'oignon, l'ail, les piments et le riz, remuer. Verser le bouillon et amener à ébullition. Réduire à feu doux, couvrir et laisser mijoter jusqu'à ce que le riz soit tendre, environ 15 minutes.

Remettre le porc dans la casserole, incorporer la coriandre et le jus de citron vert et poursuivre la cuisson jusqu'à ce que le porc soit cuit à cœur, environ 5 minutes. Saler, poivrer et servir.

12

AOÛT

Toutes les sortes de pêches ou de nectarines conviennent à cette soupe s'apparentant au fameux cocktail italien, le Bellini. Légèrement alcoolisée, elle constitue une entrée particulièrement délicieuse pour un repas en plein air. Vous pouvez également la servir à la fin d'un dîner de grillades.

SOUPE AUX PÊCHES ET AU RIESLING

4 portions

1 kg (2 lb) de pêches mûres, pelées

375 g (1 ½ tasse) de yogourt nature

2 c. à soupe de porto tawny

80 ml (⅓ tasse) de riesling

¼ c. à café de gingembre moulu

Pincée de muscade râpée

Miel (facultatif)

Feuilles de menthe pour garnir

Couper les pêches en deux et les dénoyauter. Couper une demi-pêche en petits cubes pour utiliser comme garniture, les déposer dans un bol, couvrir et réfrigérer jusqu'à utilisation.

Hacher grossièrement le reste des pêches et réduire en purée lisse au robot culinaire. Verser la purée dans un bol et incorporer le yogourt, le porto, le riesling, le gingembre et la muscade. Bien mélanger à l'aide d'un fouet. Goûter et ajouter du miel, si désiré. Couvrir et réfrigérer jusqu'à ce que la soupe soit bien froide, au moins 4 heures.

Servir, garnie des petits cubes de pêche réservés et de menthe.

13

AOÛT

Si vous aimez le gaspacho plus épicé, ajoutez de la sauce pimentée ou même un piment jalapeño frais. Servez la ricotta au citron et au basilic à la température ambiante, elle se mélangera plus facilement au gaspacho. Un reste de ricotta au citron et au basilic est excellent dans un sandwich roulé aux légumes.

GASPACHO JAUNE AVEC RICOTTA AU CITRON ET AU BASILIC

6 à 8 portions

2 poivrons jaunes, épépinés et hachés

1 concombre anglais, pelé, épépiné et haché

4 tomates jaunes, environ 1 kg (2 lb) au total, hachées, avec leur jus

1 petit oignon jaune, haché

2 gousses d'ail, hachées finement

2 c. à soupe de vinaigre de vin blanc

60 ml (¼ tasse) d'huile d'olive

Sel et poivre fraîchement moulu

Sauce tabasco

POUR LA RICOTTA AU CITRON ET AU BASILIC

250 g (1 tasse) de ricotta, à la température ambiante

Zeste râpé de 1 citron

10 g (¼ tasse) de basilic haché

Sel

Au robot culinaire, hacher finement, séparément, les poivrons, le concombre, les tomates et l'oignon, sans toutefois les réduire en purée. Au fur et à mesure, mettre les légumes dans un grand bol. Ajouter l'ail, le vinaigre et l'huile, bien mélanger. Saler et poivrer, ajouter de la sauce tabasco au goût.

Pour la ricotta au citron et au basilic, mettre la ricotta, le zeste de citron, le basilic et du sel dans un bol, bien mélanger.

Servir le gaspacho, garni de ricotta au citron et au basilic.

14

AOÛT

Visuellement attirante et très rafraîchissante, cette soupe est parfaite pour le lunch ou pour un buffet d'été. La garniture de crevettes à l'aneth la rend plus substantielle.

SOUPE FROIDE AUX CONCOMBRES ET AU BABEURRE AVEC CREVETTES À L'ANETH

4 portions

5 concombres anglais, pelés, épépinés et hachés

4 oignons verts, parties blanches et vert pâle seulement, hachés

1 grosse gousse d'ail

60 ml (¼ tasse) de babeurre

375 g (1 ½ tasse) de yogourt entier nature

2 c. à soupe de jus de citron frais

Sel et poivre fraîchement moulu

POUR LES CREVETTES À L'ANETH

125 g (¼ lb) de crevettes nordiques, grossièrement hachées

1 c. à soupe d'aneth haché

Sel et poivre fraîchement moulu

Mettre les concombres, les oignons verts et l'ail au robot culinaire et hacher finement. Ajouter le babeurre, le yogourt et le jus de citron et réduire en purée. Saler et poivrer. Verser dans un contenant avec couvercle et réfrigérer pendant 1 heure.

Pour les crevettes à l'aneth, mélanger les crevettes et l'aneth dans un petit bol. Saler et poivrer.

Servir la soupe, garnie de crevettes à l'aneth.

15

AOÛT

Vous pouvez également servir cette soupe en purée bien lisse. Une fois les légumes cuits, réduisez-les en purée au mélangeur, en plusieurs fois. L'aubergine rôtie devient veloutée, presque crémeuse, et la soupe prend un petit goût fumé bien agréable.

SOUPE À L'AUBERGINE RÔTIE AVEC CUMIN ET YOGOURT GREC

6 à 8 portions

1 c. à soupe d'huile d'olive, plus pour badigeonner

2 grosses aubergines, environ 1,25 kg (2 ½ lb) au total, pelées et coupées à l'horizontale en tranches d'une épaisseur de 2,5 cm (1 po)

3 tomates mûres, environ 625 g (1 ¼ lb) au total, parées, coupées en deux et épépinées

3 carottes, pelées et finement hachées

5 échalotes, finement hachées

3 gousses d'ail, émincées

¾ c. à café de thym émincé

¼ c. à café de cumin moulu

250 ml (1 tasse) de vin blanc sec

1,25 litre (5 tasses) de bouillon de poulet ou de légumes

Sel et poivre fraîchement moulu

125 g (½ tasse) de yogourt grec nature (facultatif)

Préparer le gril au charbon de bois ou au gaz pour cuisson à chaleur directe, à feu moyen-élevé. Huiler la grille. Badigeonner d'huile les tranches d'aubergine ainsi que les moitiés de tomate et les déposer sur la grille chaude. Cuire, en tournant au besoin, jusqu'à ce que les légumes soient tendres et qu'apparaissent les marques du gril, environ 8 minutes pour les tomates et 10 minutes pour les aubergines. Retirer du feu et déposer sur une planche à découper. Une fois que les légumes ont suffisamment refroidi, retirer la peau des tomates et hacher grossièrement les tranches d'aubergine.

Dans une grande casserole à fond épais, faire chauffer 1 c. à soupe d'huile à feu moyen-élevé. Ajouter les carottes, faire revenir jusqu'à ce qu'elles commencent à s'attendrir, environ 4 minutes. Ajouter les échalotes, l'ail, le thym et le cumin, poursuivre la cuisson en remuant à l'occasion jusqu'à ce que le mélange soit odorant, environ 2 minutes. Incorporer les tomates, les aubergines, le vin et le bouillon, porter à ébullition. Réduire à feu doux, faire mijoter à demi couvert pendant 20 minutes. Assaisonner de 1 ½ c. à café de sel et de poivre au goût. Servir la soupe, garnie d'une cuillerée de yogourt, si désiré.

16

AOÛT

Cette soupe s'inspire de la crème de maïs classique servie en plat d'accompagnement. Servez-la avec une focaccia chaude et une salade verte garnie de mandarines et de tranches d'avocat, sans oublier le bifteck grillé, bien sûr.

SOUPE AU MAÏS CRÉMEUX AVEC BACON ET SAUGE

6 portions

5 tranches épaisses de bacon

2 c. à soupe de beurre non salé

1 c. à soupe d'huile d'olive

2 poireaux, parties blanches et vert pâle seulement, hachés

5 feuilles de sauge, hachées

1 litre (4 tasses) de bouillon de poulet

1 kg (6 tasses) de grains de maïs frais (environ 12 épis) ou surgelés

2 c. à soupe de crème 35 %

Sel et poivre fraîchement moulu

Dans une grande casserole à fond épais, faire cuire le bacon à feu moyen, en le retournant une fois, jusqu'à ce qu'il soit croustillant, environ 8 minutes. Déposer le bacon sur des essuie-tout, laisser refroidir et émietter. Réserver.

Dans la même casserole, faire fondre le beurre avec l'huile à feu moyen. Ajouter les poireaux, faire revenir jusqu'à tendreté, environ 4 minutes. Ajouter la sauge et poursuivre la cuisson en remuant, pendant 1 minute. Incorporer le bouillon et amener à ébullition à feu moyen-élevé. Ajouter le maïs et cuire pendant 5 minutes. Retirer du feu et laisser refroidir légèrement.

Réduire la moitié de la soupe en purée au mélangeur. Remettre dans la casserole, incorporer la crème et faire réchauffer à feu moyen-doux. Saler, poivrer et servir la soupe, garnie de bacon émietté.

17

SOUPE À L'AVOCAT AVEC JUS DE CITRON VERT ET RHUM

4 à 6 portions

AOÛT

Cette soupe, inspirée des Tropiques, doit être servie immédiatement, car l'avocat brunit rapidement. Servez-la dans de petits verres garnis de tranches de citron vert en guise d'apéro pour le brunch ou pour le cocktail.

2 avocats à point

1 litre (4 tasses) de bouillon de poulet très froid

360 ml (1 ½ tasse) de crème 35 % très froide

60 ml (¼ tasse) de rhum blanc

1 c. à café de poudre de cari

Sel

60 ml (¼ tasse) de jus de citron vert frais, plus au goût

Peler et dénoyauter les avocats, les hacher grossièrement. Mettre au mélangeur avec le bouillon de poulet, la crème, le rhum, la poudre de cari, 1 c. à café de sel et 60 ml (¼ tasse) de jus de citron vert. Mélanger.

Goûter et rectifier l'assaisonnement s'il y a lieu en ajoutant du jus de citron vert et du sel. Servir sans attendre dans des bols ou des verres bien froids.

18

SOUPE SUCCOTASH AUX POIS MANGE-TOUT AVEC PISTOU AU PERSIL ET À LA MENTHE

4 à 6 portions

AOÛT

Le pistou est une sauce classique de la cuisine provençale, faite à l'origine avec de l'ail, du basilic et de l'huile d'olive. Ici, on a remplacé le basilic par du persil et de la menthe, ce qui ajoute une note de fraîcheur et donne une couleur vibrante à la soupe.

60 ml (¼ tasse) d'huile d'olive

1 oignon jaune, haché

4 gousses d'ail, émincées

1,5 litre (6 tasses) de bouillon de poulet

500 g (1 lb) de haricots de Lima, écossés (environ 2 tasses)

560 g (3 tasses) de grains de maïs frais (environ 6 épis) ou surgelés

185 g (6 oz) de pois mange-tout, parés et coupés en deux en diagonale

Sel et poivre fraîchement moulu

POUR LE PISTOU

30 g (1 tasse) de persil plat

15 g (½ tasse) de feuilles de menthe

2 petites gousses d'ail

2 oignons verts, parties blanches et vert pâle seulement, hachés

60 ml (¼ tasse) d'huile d'olive

2 c. à soupe de jus de citron frais

Dans une grande casserole à fond épais, faire chauffer l'huile à feu moyen-élevé. Ajouter l'oignon et l'ail, faire revenir jusqu'à transparence, environ 5 minutes. Incorporer le bouillon et amener à ébullition. Ajouter les haricots de Lima et cuire jusqu'à tendreté, de 12 à 15 minutes. Ajouter les grains de maïs et poursuivre la cuisson 3 minutes. Ajouter les pois mange-tout et cuire 3 minutes de plus. Saler et poivrer.

Pour le pistou, mettre au robot culinaire le persil, la menthe, l'ail et les oignons verts et activer par intermittence jusqu'à ce que le tout soit haché finement. Incorporer l'huile, le jus de citron, ¼ c. à café de sel et ⅛ c. à café de poivre, bien mélanger.

Servir la soupe, garnie de pistou.

19

AOÛT

Les bulles et les épices font de cette soupe une entrée élégante pour un fin dîner d'été. Choisissez le cantaloup ou le melon miel le plus sucré que vous pourrez trouver. Garnir de fraises tranchées ou de framboises entières.

SOUPE AU MELON GLACÉ AVEC CHAMPAGNE ET GINGEMBRE

4 à 6 portions

940 g (5 tasses) de cantaloup ou de melon miel, grossièrement haché

1 c. à soupe de gingembre frais, pelé et râpé

1 c. à soupe de jus de citron frais

750 ml (3 tasses) de champagne sec ou de mousseux, bien froid

1 à 2 c. à soupe de sucre glace

Brins de menthe pour garnir

Réduire le melon et le gingembre en purée au mélangeur, au robot culinaire ou au moulin à légumes. Passer la purée dans un tamis posé sur un bol, en pressant au moyen d'une cuillère de bois pour extraire le plus de liquide possible. Incorporer le jus de citron. Couvrir et réfrigérer, au moins 2 heures ou toute la nuit.

Incorporer le champagne. Ajouter juste assez de sucre glace pour rehausser la teneur en sucre du melon tout en évitant que la soupe ne devienne franchement sucrée. Servir, garnie de brins de menthe.

20

AOÛT

Pour rôtir des piments ou des poivrons, préchauffez le gril. Coupez le piment ou le poivron en deux sur la longueur et retirez les graines et les membranes blanchâtres. Déposez la partie coupée sur une plaque de cuisson et faites rôtir à 13 cm (5 po) de la source de chaleur jusqu'à ce que la peau se boursoufle et noircisse, environ 6 minutes. Retirez du four et couvrez sans serrer de papier d'aluminium, laissez refroidir 10 minutes avant d'enlever la peau.

SOUPE ÉPICÉE AUX PIMENTS POBLANOS AVEC LANIÈRES DE TORTILLA

4 à 6 portions

2 c. à soupe de beurre non salé

1 petit oignon blanc, haché

4 piments poblanos, environ 375 g (¾ lb), rôtis (voir à gauche), pelés, épépinés et hachés

2 poivrons verts, rôtis (voir à gauche), pelés, épépinés et hachés

1 petite pomme de terre Russet, pelée et coupée en dés

1 ½ c. à café de cumin moulu

¾ c. à café de coriandre moulue

750 ml (3 tasses) de bouillon de poulet

80 ml (⅓ tasse) de crème 35 %

Sel

POUR LES LANIÈRES DE TORTILLA

Huile de canola pour frire

2 tortillas de maïs, coupées en deux puis en lanières de 6 mm (¼ po)

60 g (¼ tasse) de crème sure

Dans une grande casserole à fond épais, faire fondre le beurre à feu moyen-élevé. Ajouter l'oignon et faire revenir jusqu'à tendreté, environ 5 minutes. Ajouter les piments poblanos, les poivrons, les dés de pomme de terre, le cumin, la coriandre et le bouillon, amener à ébullition. Réduire à feu doux et laisser mijoter jusqu'à ce que les pommes de terre soient très tendres, environ 25 minutes. Retirer du feu et laisser refroidir légèrement.

Réduire la soupe en purée au mélangeur, en plusieurs fois. Remettre dans la casserole, incorporer la crème et amener à ébullition. Fermer le feu et saler au goût.

Pour faire les lanières de tortilla, verser 6 mm (¼ po) d'huile dans une petite poêle à frire et mettre à feu vif. Lorsque l'huile est très chaude (une lanière de tortilla ajoutée dans la poêle doit grésiller immédiatement), faire frire les lanières, en plusieurs fois, jusqu'à ce qu'elles dorent, 2 minutes par côté. Déposer sur des essuie-tout et saler pendant qu'elles sont chaudes.

Servir la soupe, garnie d'une cuillerée de crème sure et de quelques lanières de tortilla.

21

AOÛT

Pour faire la rouille, mettez au mélangeur 2 piments séchés et épépinés, 4 gousses d'ail, 1 c. à soupe de chapelure, 2 gros jaunes d'œufs et ½ c. à café de sel de mer. Actionnez l'appareil jusqu'à l'obtention d'une pâte. L'appareil toujours en marche, versez lentement 125 ml (4 oz) d'huile d'olive extra vierge en un mince filet continu jusqu'à ce que le mélange soit lisse et crémeux. Se conserve 1 semaine dans un contenant hermétique au réfrigérateur. Donne 180 ml (¾ tasse).

BOUILLABAISSE

6 à 8 portions

60 ml (¼ tasse) d'huile d'olive

1 oignon jaune, haché

2 poireaux, parties blanches seulement, grossièrement hachés

1 lanière de zeste d'orange

2 tomates, pelées (voir page 172) et grossièrement hachées

1 tige de fenouil d'environ 15 cm (6 po), finement émincée

2 gousses d'ail, broyées

2 brins de thym

1 feuille de laurier

Sel et poivre fraîchement moulu

500 ml (2 tasses) de vin blanc sec

5 pommes de terre à bouillir, environ 750 g (1 ½ lb), pelées et coupées en tranches de 1,5 cm (½ po) d'épaisseur

¼ c. à café de filaments de safran

1 kg (2 lb) de darnes ou de filets de poisson à chair ferme, coupés en morceaux de 4 cm (1 ½ po)

1 kg (2 lb) de poisson entier à chair tendre, nettoyé et coupé en morceaux de 4 cm (1 ½ po)

500 g (1 lb) de moules, brossées et ébarbées

180 ml (¾ tasse) de rouille (voir à gauche)

8 tranches de pain paysan, grillé et frotté avec 1 gousse d'ail

1 c. à soupe de persil plat émincé

Dans une grande casserole à fond épais, faire chauffer l'huile à feu moyen-élevé. Ajouter l'oignon et les poireaux, faire revenir jusqu'à transparence, de 2 à 3 minutes. Incorporer le zeste, les tomates, le fenouil, l'ail, le thym et le laurier. Assaisonner de ½ c. à café de sel et ½ c. à café de poivre. Ajouter le vin, les pommes de terre et 250 ml (1 tasse) d'eau, porter à ébullition. Réduire à feu doux, couvrir et laisser mijoter 25 minutes. Augmenter à feu moyen-élevé et faire bouillir à gros bouillons. Incorporer le safran. Déposer le poisson à chair ferme dans la soupe, ajouter juste assez d'eau bouillante pour couvrir et poursuivre la cuisson jusqu'à ce que le poisson soit à moitié cuit, environ 7 minutes. Ajouter le poisson à chair tendre, les moules, en rejetant celles qui ne se ferment pas au toucher, et juste assez d'eau bouillante pour couvrir. Faire bouillir jusqu'à ce que les moules soient ouvertes, de 3 à 4 minutes. Rejeter toutes celles qui ne se sont pas ouvertes. →

Incorporer 2 à 3 c. à soupe de bouillon dans la rouille. Déposer une tranche de pain grillé au fond de chaque bol. Garnir de poisson, de moules et de pommes de terre. Verser le bouillon et parsemer de persil. Servir, accompagnée de la rouille.

22

AOÛT

Cette soupe, haute en couleur, utilise ce que l'été a de mieux à nous offrir. Une partie du bouillon a été mise en purée pour donner du corps à la soupe.

SOUPE AUX TOMATES, COURGETTES ET MAÏS FRAIS

4 à 6 portions

2 courgettes, parées, coupées en deux et tranchées

3 c. à soupe d'huile d'olive

Sel et poivre fraîchement moulu

1 oignon jaune, haché

5 gousses d'ail, émincées

4 tomates italiennes, hachées

1 litre (4 tasses) de bouillon de légumes ou de poulet

180 g (1 tasse) de grains de maïs frais (environ 2 épis)

15 g (⅓ tasse) de basilic haché

Préchauffer le four à 200 °C (400 °F). Arroser les courgettes de 1 c. à soupe d'huile, saler et poivrer. Bien mélanger. Déposer sur une plaque de cuisson et faire rôtir pendant 20 minutes. Réserver.

Dans une grande casserole à fond épais, faire chauffer le reste de l'huile à feu moyen-élevé. Ajouter l'oignon et l'ail, faire revenir jusqu'à tendreté, environ 5 minutes. Ajouter les tomates, remuer et poursuivre la cuisson pendant 3 minutes. Incorporer le bouillon et amener à ébullition. Réduire à feu doux et laisser mijoter pendant 20 minutes. Retirer du feu et laisser refroidir légèrement.

Réduire la moitié de la soupe en purée au mélangeur. Remettre dans la casserole, saler et poivrer. Porter de nouveau à ébullition, ajouter le maïs et cuire pendant 5 minutes. Ajouter les courgettes et le basilic. Servir.

23

AOÛT

Pour faire le pesto de tomates séchées au soleil, au robot culinaire, émincez 1 gousse d'ail. Hachez grossièrement des tomates séchées dans l'huile que vous aurez égouttées. Ajoutez dans le robot culinaire avec 2 c. à soupe d'huile d'olive, 2 c. à soupe de basilic et 2 c. à soupe de noix de pin. Salez et poivrez. Réduisez en purée épaisse, en ajoutant de l'huile au besoin.

SOUPE AUX LÉGUMES D'ÉTÉ RÔTIS AVEC PESTO

4 à 6 portions

2 poireaux, parties blanches et vert pâle seulement, finement hachés

4 carottes, pelées et coupées en morceaux de 5 cm (2 po)

2 courgettes, pelées et coupées en morceaux de 5 cm (2 po)

2 aubergines japonaises, pelées et coupées en morceaux de 5 cm (2 po)

2 grosses tomates, coupées en quartiers

2 pommes de terre, environ 315 g (10 oz) au total, pelées et coupées en morceaux de 5 cm (2 po)

1,1 litre (4 ½ tasses) de bouillon de poulet, plus au besoin

2 c. à soupe d'huile d'olive

Sel et poivre fraîchement moulu

2 c. à soupe de basilic finement haché

2 c. à soupe de jus de citron frais

Pesto de basilic (page 118) ou pesto aux tomates séchées au soleil (voir à gauche) pour servir

Préchauffer le four à 220 °C (425 °F). Dans une grande rôtissoire à fond épais, mélanger les poireaux, les carottes, les courgettes, les aubergines, les tomates, les pommes de terre, 125 ml (½ tasse) de bouillon et l'huile, saler, poivrer et mélanger pour enrober. Faire rôtir, en retournant les légumes une fois, jusqu'à ce que les légumes soient tendres, environ 40 minutes. Retirer du feu et laisser refroidir légèrement.

Réduire les légumes en purée au mélangeur avec 125 ml (½ tasse) de bouillon, en plusieurs fois. Verser dans une grande casserole et incorporer le bouillon restant, le basilic et le jus de citron. Si nécessaire, ajouter du bouillon pour obtenir la consistance désirée. Cuire 3 minutes à feu doux pour que les saveurs se développent. Saler et poivrer.

Servir la soupe, garnie de pesto.

24

AOÛT

L'utilisation de la cannelle et du gingembre pour rehausser la saveur des petits fruits mûrs d'été est inhabituelle, mais ô combien délicieuse ! Servez avec une boule de crème glacée à la vanille et vous obtiendrez un fabuleux dessert d'été. Vous pouvez même faire cette soupe ou dessert au cœur de l'hiver en utilisant des fruits surgelés.

SOUPE ÉPICÉE AUX PETITS FRUITS

4 portions

750 g (1 ½ lb) de fraises, équeutées et coupées en deux

500 g (1 lb) de framboises

180 ml (¾ tasse) de jus de canneberge

1 bâton de cannelle

1 ½ c. à café de gingembre frais, pelé et râpé

90 g (⅓ tasse) de sucre

Dans une grande casserole, mettre les fraises, les framboises, le jus de canneberge, le bâton de cannelle, le gingembre et le sucre. Faire cuire à feu moyen-doux en remuant souvent, pendant 7 minutes. Retirer du feu, retirer le bâton de cannelle et laisser refroidir légèrement.

Réduire la soupe en purée au mélangeur, en plusieurs fois. Verser dans un contenant avec couvercle et réfrigérer jusqu'à ce que la soupe soit bien froide, environ 3 heures. Servir.

25

AOÛT

Déposer les moules au milieu de la table dans un grand plat de service constitue une façon amusante et festive de les présenter, qui plaira à tous. Accompagnez ce plat de pain pour ne rien perdre du précieux bouillon.

BOUILLON SAFRANÉ AVEC MOULES

4 portions

1 c. à café de filaments de safran

125 ml (½ tasse) de vin blanc sec

2 c. à soupe de beurre non salé

2 c. à soupe d'huile d'olive

1 petit oignon jaune, haché

3 gousses d'ail, tranchées

250 ml (1 tasse) de bouillon de poulet

Sel et poivre fraîchement moulu

1 kg (2 lb) de moules, brossées et ébarbées

2 c. à soupe de persil plat haché

Avec les doigts, broyer délicatement les filaments de safran dans un petit bol, recouvrir du vin blanc. Réserver.

Dans une grande casserole à fond épais, faire fondre le beurre et l'huile à feu moyen-élevé. Ajouter l'oignon et l'ail, faire revenir jusqu'à tendreté, environ 5 minutes. Ajouter le mélange de safran et poursuivre la cuisson pendant 2 minutes. Incorporer le bouillon et porter à ébullition. Saler et poivrer. Ajouter les moules en rejetant celles qui ne se ferment pas au toucher. Couvrir et cuire jusqu'à ce que les moules s'ouvrent, de 8 à 10 minutes.

Déposer les moules et leur bouillon dans un grand bol en rejetant les moules qui ne se sont pas ouvertes. Parsemer de persil et servir à la bonne franquette.

26

AOÛT

Faire votre propre crème fraîche est un jeu d'enfant. Mettez à chauffer 250 ml (1 tasse) de crème jusqu'à ce qu'elle devienne tiède, ajoutez 1 c. à soupe de babeurre et laissez reposer le tout à la température ambiante de 12 à 48 heures, jusqu'à ce que la crème épaississe et devienne acidulée. Une fois que vous y aurez goûté et que la saveur et la texture seront celles que vous recherchez, réfrigérez-la.

SOUPE AUX TOMATES RÔTIES AVEC CRÈME FRAÎCHE CITRONNÉE

4 à 6 portions

2 kg (4 lb) de tomates italiennes, coupées en deux sur la longueur et épépinées

5 c. à soupe d'huile d'olive

Sel et poivre fraîchement moulu

1 petit oignon jaune, haché

3 gousses d'ail, émincées

500 ml (2 tasses) de bouillon de poulet

POUR LA CRÈME FRAÎCHE CITRONNÉE

60 g (¼ tasse) de crème fraîche ou de crème sure, à la température ambiante

Zeste râpé et jus de 1 citron

Préchauffer le four à 230 °C (450 °F). Déposer les tomates sur une plaque de cuisson. Badigeonner de 3 c. à soupe d'huile, saler, poivrer. Remuer délicatement et disposer en une seule couche. Rôtir jusqu'à ce que les tomates fondent et caramélisent, environ 25 minutes.

Dans une grande casserole à fond épais, faire chauffer le reste de l'huile à feu moyen-élevé. Ajouter l'oignon et l'ail, faire revenir jusqu'à tendreté, environ 5 minutes. Ajouter les tomates et faire revenir de 3 à 4 minutes. Incorporer le bouillon, amener à ébullition, réduire à feu doux et laisser mijoter à découvert, pendant 15 minutes. Retirer du feu et laisser refroidir légèrement. Réduire la soupe en purée au mélangeur, en plusieurs fois. Remettre dans la casserole, saler et poivrer.

Pour faire la crème fraîche citronnée, dans un bol, mélanger la crème fraîche, le zeste et 1 c. à soupe de jus de citron. À l'aide d'un fouet, bien mélanger. Rectifier l'assaisonnement en ajoutant du jus de citron, du sel et du poivre, si nécessaire. Servir la soupe, garnie de crème fraîche citronnée.

27

AOÛT

En plus d'être délicieuse, la soupe au miso a des propriétés digestives et immunitaires. C'est une soupe légère et raffinée. Si vous ne trouvez pas de haricots kilomètres, remplacez-les par des haricots verts. Servez-la avec des nouilles froides au sésame.

SOUPE AU MISO AVEC TOFU ET HARICOTS KILOMÈTRES

2 portions

90 g (3 oz) de tofu ferme

Sel

125 g (½ lb) de haricots kilomètres, coupés en morceaux de 2,5 cm (1 po)

1 morceau de kombu d'environ 7,5 cm (3 po)

15 g (½ tasse) de flocons de bonite

2 c. à soupe de pâte de miso blanc

1 oignon vert, parties blanches et vert pâle seulement, finement tranché

Égoutter le tofu et le couper en deux à l'horizontale. Mettre les deux morceaux dams une assiette et déposer une seconde assiette sur le tofu, en la surmontant d'une boîte de conserve. Laisser reposer 20 minutes de façon à extraire le plus de liquide possible du tofu. Jeter le liquide accumulé et couper le tofu en très petits cubes. Réserver.

Amener une petite casserole remplie d'eau à ébullition et ajouter 1 c. à soupe de sel. Ajouter les haricots kilomètres et cuire jusqu'à ce qu'ils soient tendres, mais encore légèrement croquants, environ 3 minutes. Égoutter les haricots et réserver.

Mettre le kombu et 750 ml (3 tasses) d'eau froide dans une casserole, porter à ébullition à feu moyen. Retirer le kombu et le jeter. Fermer le feu, ajouter les flocons de bonite en remuant une fois et laisser reposer pendant 5 minutes. Passer la soupe au tamis et remettre le bouillon dans la casserole. Mettre la pâte de miso dans un petit bol et ajouter 60 ml (¼ tasse) de bouillon chaud. Mélanger jusqu'à ce que le tout soit homogène. Incorporer le mélange de miso dans la casserole et faire chauffer doucement en prenant soin de ne pas faire bouillir la soupe. Ajouter le tofu, les haricots kilomètres et l'oignon vert. Faire chauffer quelques minutes et servir.

28

AOÛT

Version moderne de la classique soupe au poulet et aux nouilles, cette recette d'été constitue une bonne façon d'apprêter les restes de poulet grillé ainsi que la boîte entamée de cheveux d'ange qui dort sur les tablettes de votre garde-manger.

BOUILLON TOMATES ET BASILIC AVEC CHEVEUX D'ANGE

4 portions

2 c. à soupe d'huile d'olive

½ petit oignon jaune, finement tranché

3 gousses d'ail, émincées

1,25 litre (5 tasses) de bouillon de poulet

250 g (½ lb) de cheveux d'ange, cassés en morceaux de 5 cm (2 po)

4 tomates italiennes, hachées

10 g (⅓ tasse) de basilic haché

Sel et poivre fraîchement moulu

Parmesan râpé pour servir

Dans une grande casserole à fond épais, faire chauffer l'huile à feu moyen. Ajouter l'oignon et l'ail, faire revenir jusqu'à transparence, 5 minutes. Incorporer le bouillon et porter à ébullition. Ajouter les pâtes, porter à ébullition et cuire en remuant une fois ou deux, 4 minutes. Ajouter les tomates et cuire 3 minutes. Fermer le feu, incorporer le basilic, saler et poivrer. Servir, garnie d'une généreuse cuillerée de parmesan.

29

AOÛT

L'oseille ressemble beaucoup à l'épinard. Avec le temps, son goût devient plus acidulé. Choisissez donc des feuilles jeunes et petites. En refroidissant, cette soupe s'épaissit ; vous devrez donc ajouter du bouillon pour la réchauffer. Vous pouvez remplacer l'oseille par de jeunes épinards.

SOUPE LENTILLES-OSEILLE

4 à 6 portions

2 c. à soupe d'huile d'olive

1 oignon jaune, haché

3 gousses d'ail, émincées

Sel et poivre fraîchement moulu

220 g (1 tasse) de lentilles

1,25 litre (5 tasses) de bouillon de légumes

20 g (⅓ tasse) d'oseille hachée

Zeste et jus de 1 citron

Dans une grande casserole à fond épais, faire chauffer l'huile à feu moyen-élevé. Ajouter l'oignon, l'ail, 1 c. à café de sel et ¼ c. à café de poivre, faire revenir 5 minutes. Incorporer les lentilles et le bouillon, porter à ébullition. Réduire à feu doux et faire mijoter à demi couvert, 40 minutes. Laisser tiédir. Réduire en purée au mélangeur, en plusieurs fois. Remettre dans la casserole et incorporer l'oseille, le zeste et le jus de citron. Saler, poivrer et servir.

30

AOÛT

Vous pouvez remplacer les haricots romano par des pois mange-tout. Utilisez un très bon parmesan et ne le râpez qu'au moment de servir la soupe.

SOUPE AUX HARICOTS ROMANO ET AUX COURGETTES AVEC PARMESAN

4 à 6 portions

2 c. à soupe d'huile d'olive

1 petit oignon jaune, finement haché

2 gousses d'ail, émincées

3 petites courgettes, parées et coupées sur le long en tranches de 1,5 cm (½ po)

Sel et poivre fraîchement moulu

1 litre (4 tasses) de bouillon de poulet

250 g (½ lb) de haricots romano, parés et coupés en deux

455 g (14 ½ oz) de tomates en dés en conserve

Fromage parmesan râpé pour servir

Dans une grande casserole à fond épais, faire chauffer l'huile à feu moyen. Ajouter l'oignon et l'ail, faire revenir jusqu'à transparence, environ 5 minutes. Ajouter les courgettes, saler, poivrer et poursuivre la cuisson en remuant pendant 2 minutes. Incorporer le bouillon et cuire jusqu'à ce que les courgettes soient tendres, de 6 à 8 minutes. Ajouter les haricots romano ainsi que les tomates et leur jus et poursuivre la cuisson pendant 5 minutes. Saler, poivrer et servir la soupe, parsemée de parmesan.

31

AOÛT

La soupe pho est une soupe réconfortante qui nous vient du Sud-Est asiatique. Le bouillon léger et les saveurs piquantes satisfont l'appétit sans surcharger l'estomac. Mettre le porc au congélateur pendant une demi-heure avant de le couper afin de faire des tranches aussi fines que du papier.

PHO AU PORC

2 portions

90 g (3 oz) de nouilles de riz

1 anis étoilé

1 c. à soupe de graines de coriandre

1 bâton de cannelle

2 gousses d'ail entières

1 litre (4 tasses) de bouillon de poulet

5 cm (2 po) de gingembre frais, pelé et émincé

1 c. à soupe de sauce de poisson asiatique

1 c. à café de sucre

125 g (¼ lb) de filet de porc, coupé en tranches très minces

½ citron vert coupé en quatre

2 c. à soupe de feuilles de coriandre

¼ oignon rouge, finement tranché

1 petit piment rouge, épépiné et finement tranché

Sauce pimentée comme la sriracha

Dans un bol, recouvrir les nouilles d'eau chaude et laisser tremper 10 minutes. Égoutter et réserver.

Dans une petite poêle à frire, mettre l'anis étoilé, les graines de coriandre, le bâton de cannelle et les gousses d'ail. Faire griller à feu moyen en remuant souvent, jusqu'à ce que le mélange soit odorant, de 2 à 3 minutes.

Dans une grande casserole, mettre le bouillon, le gingembre, la sauce de poisson, le sucre et les épices grillées. Amener à ébullition à feu moyen-élevé. Réduire à feu doux et laisser mijoter pendant 30 minutes. Passer le bouillon au tamis et remettre dans la casserole. Amener de nouveau à ébullition, ajouter les nouilles et cuire pendant 5 minutes.

À l'aide de pinces de cuisine, prélever les nouilles et les répartir dans les deux bols. Ajouter la moitié du porc dans chaque bol. Verser le bouillon chaud sur le porc, suffisamment pour recouvrir les nouilles et cuire le porc. Servir, en mettant à la disposition des convives les quartiers de citron vert, la coriandre, l'oignon rouge, le piment et la sauce pimentée.

Les merveilleux jours de l'été indien sont une bénédiction pour les cuisiniers, leur offrant les récoltes tardives de tomates, de poivrons et d'aubergines ainsi que les primeurs de la saison automnale. Un peu plus tard, vers la fin du mois, apparaîtront les patates douces, les courges à la chair orangée et autres légumes racines qui feront des soupes simples et nutritives pour le retour à l'école. Les ragoûts et les chilis deviennent plus substantiels grâce à l'ajout de charcuteries et de saucisses fraîches, alors que les jours raccourcissent et que les nuits se font plus froides.

septembre

1

SEPTEMBRE

On retrouve dans cette soupe à la consistance fabuleuse maintes saveurs typiquement toscanes. Les haricots et l'épeautre en font un repas complet. Servez-la avec un vin rouge italien, chianti ou sangiovese.

SOUPE TOSCANE À L'ÉPEAUTRE AVEC HARICOTS BLANCS, TOMATES ET BASILIC

6 portions

90 g (½ tasse) d'épeautre

Sel et poivre fraîchement moulu

3 c. à soupe d'huile d'olive

1 gros oignon jaune, haché

3 gousses d'ail, émincées

1 litre (4 tasses) de bouillon de poulet

470 g (15 oz) de haricots cannellinis ou autres haricots blancs en conserve, égouttés et rincés

455 g (14 ½ oz) de tomates en dés en conserve

75 g (2 tasses) d'épinards, bien tassés

20 g (½ tasse) de basilic haché

Dans une petite casserole, amener 375 ml (1 ½ tasse) d'eau à ébullition. Ajouter l'épeautre et une pincée de sel, réduire à feu doux et cuire à demi couvert, jusqu'à ce que l'eau soit entièrement absorbée, de 20 à 25 minutes.

Dans une grande casserole à fond épais, faire chauffer l'huile à feu moyen-élevé. Ajouter l'oignon et l'ail, faire revenir jusqu'à transparence, environ 5 minutes. Incorporer le bouillon et porter à ébullition. Réduire à feu doux et ajouter les haricots, les tomates avec leur jus et l'épeautre. Faire mijoter à découvert pendant 10 minutes pour permettre aux saveurs de se développer. Ajouter les épinards et le basilic, remuer jusqu'à ce que les épinards tombent. Saler, poivrer et servir.

2

SEPTEMBRE

Les derniers piments et épis de maïs de la saison se mêlent aux premiers champignons de l'automne dans cette soupe délicieuse d'inspiration latine. La crema est une crème 35 % un peu acidulée vendue dans les épiceries mexicaines.

SOUPE AUX PIMENTS POBLANOS AVEC MAÏS ET CHAMPIGNONS

6 portions

1 c. à soupe d'huile de canola

1 oignon blanc, grossièrement haché

2 gousses d'ail

375 g (2 tasses) de grains de maïs frais ou surgelés

3 piments poblanos, rôtis (voir page 191), pelés, épépinés et grossièrement hachés

1 litre (4 tasses) de bouillon de poulet

½ c. à café d'origan

2 c. à soupe de beurre non salé

250 g (½ lb) de chanterelles, de champignons café ou autres, tranchés

Sel et poivre fraîchement moulu

125 ml (½ tasse) de crema ou de crème sure, allongée de lait

90 g (3 oz) de fromage munster ou farmer, coupé en cubes de 6 mm (¼ po), à la température ambiante

Dans une grande casserole à fond épais, faire chauffer l'huile à feu moyen-doux. Ajouter l'oignon et l'ail, faire revenir jusqu'à transparence, environ 5 minutes. Augmenter à feu moyen et ajouter la moitié du maïs, la moitié des piments et 250 ml (1 tasse) du bouillon. Amener à ébullition, incorporer l'origan et faire mijoter à découvert jusqu'à ce que le maïs soit cuit, de 10 à 15 minutes. Retirer du feu et laisser refroidir légèrement.

En plusieurs fois, réduire la soupe en purée au mélangeur en ajoutant 125 ml (½ tasse) du bouillon restant. Passer au tamis et remettre dans la casserole. Incorporer le reste du bouillon (625 ml/2 ½ tasses) et faire mijoter à feu moyen-doux.

Entre-temps, faire fondre le beurre dans une poêle à frire à feu moyen. Ajouter le reste des piments, le reste du maïs et les champignons. Bien mélanger, saler, poivrer et faire revenir jusqu'à ce que les champignons aient rendu leur eau et que celle-ci se soit évaporée, environ 8 minutes.

Ajouter le mélange de champignons et la *crema* dans la soupe, remuer, couvrir et laisser mijoter 10 minutes pour que les saveurs se développent. Saler, poivrer et servir la soupe, garnie de fromage.

1 SEPTEMBRE

3

SEPTEMBRE

Appelée pappa al pomodoro, *cette soupe italienne met en relief une poignée d'ingrédients de tous les jours comme les tomates mûres, le pain (de préférence celui de la veille), l'huile d'olive et le basilic. Grâce aux croûtons, au basilic frit et à l'huile au basilic, cette version acquiert une dimension cosmopolite.*

SOUPE PAIN ET TOMATES AVEC HUILE AU BASILIC

4 à 6 portions

30 g (1 tasse) de basilic, bien tassé

180 ml (¾ tasse) d'huile d'olive extra vierge, plus 8 c. à soupe

1 pain de campagne, croûte enlevée, coupé en cubes de 4 cm (1 ½ po)

Sel et poivre fraîchement moulu

3 branches de céleri, émincées

3 oignons blancs, émincés

2 carottes, pelées et émincées

2 gousses d'ail, émincées

2 c. à soupe de pâte de tomate

1 kg (2 lb) de tomates italiennes, pelées (voir page 172), épépinées et grossièrement hachées

1 c. à café de sucre

Pour faire l'huile de basilic, amener une petite casserole d'eau à ébullition. Préparer un bol d'eau glacé. Réserver 8 à 12 feuilles de basilic. Blanchir le reste dans l'eau bouillante pendant 10 secondes. Égoutter et plonger dans l'eau glacée. Égoutter de nouveau et presser les feuilles pour extraire le plus de liquide possible. Mettre au mélangeur, ajouter 180 ml (¾ tasse) d'huile et actionner jusqu'à l'obtention d'un mélange homogène d'un vert profond. Passer dans un tamis tapissé d'un coton à fromage.

Préchauffer le four à 180 °C (350 °F). Déposer les cubes de pain en une seule couche sur une plaque de cuisson, saler, poivrer et arroser de 2 c. à soupe d'huile d'olive. Mettre au four jusqu'à ce que le pain soit légèrement grillé, environ 10 minutes.

Entre-temps, dans une grande casserole à fond épais, faire chauffer 4 c. à soupe d'huile d'olive à feu moyen. Ajouter le céleri, les oignons, les carottes et l'ail, faire revenir jusqu'à ce que les légumes aient ramolli sans être colorés, environ 10 minutes. Incorporer la pâte de tomate et poursuivre la cuisson 5 minutes. Ajouter les tomates et le sucre, saler et poivrer. Faire mijoter en remuant à l'occasion, jusqu'à ce que les tomates soient tendres, environ 10 minutes.

Ajouter les cubes de pain grillés et 1,5 litre (6 tasses) d'eau dans la casserole. Remuer et amener presque au point d'ébullition à feu moyen-élevé, poursuivre la cuisson à découvert en remuant souvent, 15 minutes. Fouetter vigoureusement pour défaire les cubes de pain. Garder au chaud.

Dans une petite poêle à frire, faire chauffer 2 c. à soupe d'huile à feu moyen. Faire frire les feuilles de basilic réservées, en les retournant une fois, jusqu'à ce qu'elles deviennent croustillantes et légèrement translucides, 30 secondes. Déposer sur des essuie-tout.

Servir la soupe, garnie de basilic frit et arrosée d'huile de basilic.

4

SEPTEMBRE

Pour faire les croûtons, enlevez la croûte de 4 à 6 tranches de pain de campagne et coupez les tranches en cubes. Faites chauffer 80 ml (⅓ tasse) d'huile d'olive extra vierge dans une poêle à frire à feu moyen-élevé. Faites revenir les cubes de pain en remuant souvent, jusqu'à ce qu'ils soient bien dorés sur toutes les faces, de 5 à 7 minutes. Déposez les cubes de pain sur des essuie-tout.

SOUPE AIL ET SAUGE AVEC CROÛTONS ET ŒUFS POCHÉS

6 portions

20 gousses d'ail, grossièrement hachées

10 feuilles de sauge

Sel et poivre fraîchement moulu

6 œufs

Croûtons (voir à gauche)

2 c. à soupe de persil plat haché

6 c. à soupe d'huile d'olive extra vierge

Dans une grande casserole à fond épais, mettre 2 litres (8 tasses) d'eau, l'ail et la sauge. Amener à ébullition à feu vif et faire bouillir jusqu'à ce que l'ail soit tendre, environ 15 minutes. Retirer du feu. À l'aide d'une cuillère à égoutter, retirer l'ail et la sauge. Jeter la sauge et broyer l'ail à la fourchette. Remettre l'ail dans la casserole, saler et poivrer.

Remettre la soupe à bouillir, puis réduire le feu pour que la soupe mijote doucement. Dans un petit bol, casser un œuf et le glisser délicatement dans le bouillon frémissant. Répéter l'opération pour le reste des œufs. Poursuivre la cuisson jusqu'à ce que les blancs soient opaques et les jaunes toujours coulants, environ 2 minutes.

À l'aide d'une cuillère à égoutter, retirer délicatement les œufs de la soupe et les déposer dans les bols. Répartir le bouillon dans les bols, garnir avec les croûtons et parsemer de persil. Arroser d'un filet d'huile d'olive et servir.

5

SEPTEMBRE

Dans cette soupe simple et rassasiante d'inspiration espagnole, des pommes de terre râpées ont été ajoutées aux boulettes baignant dans un bouillon à base de tomates et de persil avec une pointe de piment qui donne du mordant à l'ensemble.

SOUPE ÉPICÉE AUX BOULETTES

6 portions

4 grosses pommes de terre Russet, environ 1 kg (2 lb)

500 g (1 lb) de porc maigre haché

1 oignon blanc, une moitié émincée, l'autre grossièrement hachée

½ c. à café d'origan séché

Sel et poivre fraîchement moulu

2 œufs, légèrement battus

500 g (1 lb) de tomates mûres, hachées, ou 455 g (14 ½ oz) de tomates en dés en conserve, égouttées

1 litre (4 tasses) de bouillon de poulet

2 c. à soupe d'huile de canola

1 c. à soupe de farine tout usage

1 piment jalapeño, partiellement fendu

1 tige de persil plat, haché

7 g (¼ tasse) de coriandre pour garnir

Peler les pommes de terre et râper en utilisant les trous de grosseur moyenne. Envelopper les pommes de terre râpées dans un linge de cuisine et presser pour en extraire le plus possible d'eau de végétation possible. Dans un bol, mélanger les pommes de terre râpées, le porc, l'oignon émincé, l'origan, 1 c. à café de sel et 1 c. à café de poivre. Ajouter les œufs et mélanger. Avec les mains, façonner des boulettes de 2,5 cm (1 po) de diamètre.

Au mélangeur, réduire les tomates et l'oignon haché en purée bien lisse en ajoutant un peu de bouillon si nécessaire.

Dans une grande casserole à fond épais, faire chauffer l'huile à feu moyen. En procédant en plusieurs fois, faire dorer les boulettes, environ 10 minutes. Réserver dans une assiette.

À feu moyen, saupoudrer la farine sur l'huile chaude dans la casserole et cuire en remuant, 4 minutes. Verser lentement le mélange de tomates et ajouter le piment et le persil. Cuire en remuant à l'occasion, jusqu'à ce que le mélange épaississe et fonce, environ 3 minutes.

Ajouter le reste du bouillon et les boulettes. Laisser mijoter à découvert, de 10 à 15 minutes. Retirer le piment. Saler, poivrer et servir, parsemée de coriandre.

6

SEPTEMBRE

Le fait de rôtir la courge donne à la soupe un goût à la fois fumé et sucré, tandis que la pomme ajoute une note acidulée. Servez-la comme en Nouvelle-Angleterre, avec des tranches de cheddar fort déposées au fond des bols – vous attraperez ainsi du fromage fondu à chaque cuillerée de soupe !

SOUPE À LA COURGE MUSQUÉE RÔTIE

4 à 6 portions

2 c. à café d'huile d'olive

1 courge musquée d'environ 1,5 kg (3 lb), coupée en deux

3 c. à soupe de beurre non salé

1 petit oignon jaune, haché

1 pomme Granny Smith, pelée, évidée et hachée

2 gousses d'ail, hachées

500 ml (2 tasses) de bouillon de poulet, plus au besoin

Sel et poivre blanc moulu

¼ c. à café de coriandre moulue

⅛ c. à café de muscade

Crème sure pour garnir

Cannelle moulue pour servir

Préchauffer le four à 200 °C (400 °F). Badigeonner d'huile les surfaces coupées de la courge. Déposer la courge, face coupée vers le bas, dans une rôtissoire et cuire jusqu'à ce que la pointe d'un couteau transperce facilement la pelure, de 45 à 50 minutes. Laisser refroidir, jeter les graines, prélever la chair.

Dans une grande casserole à fond épais, faire fondre le beurre à feu moyen. Ajouter l'oignon et la pomme, faire revenir jusqu'à tendreté, de 10 à 12 minutes. Ajouter l'ail et poursuivre la cuisson 1 minute. Incorporer le bouillon, la courge, 1 c. à café de sel et ¼ c. à café de poivre. Amener à ébullition, réduire à feu doux, couvrir et laisser mijoter jusqu'à ce que le mélange ait légèrement épaissi, environ 10 minutes. Laisser refroidir légèrement.

Réduire la soupe en purée au mélangeur, en plusieurs fois. Remettre dans la casserole et incorporer la coriandre et la muscade. Allonger la soupe avec du bouillon si nécessaire pour obtenir la consistance désirée et faire réchauffer à feu doux. Servir la soupe, garnie de crème sure et de cannelle.

7 SEPTEMBRE

Ce plat, essentiellement une soupe toscane aux légumes, peut être servi comme telle le premier jour. Ce n'est que le lendemain qu'elle deviendra une soupe ribollita, *ce qui signifie littéralement « rebouillie » en ajoutant du pain grillé. Comme elle est plus dense que la plupart des soupes, certains la dégustent même à la fourchette.*

RIBOLLITA

6 à 8 portions

125 ml (½ tasse) d'huile d'olive extra vierge, plus pour servir

2 carottes, pelées et grossièrement hachées

2 branches de céleri, hachées

2 oignons jaunes, grossièrement hachés

2 pommes de terre, pelées et coupées en morceaux

2 courgettes, grossièrement hachées

185 g (1 tasse) de tomates en dés en conserve

1 botte de chou palmier (noir de Toscane), nervures centrales coriaces retirées, feuillage coupé en larges lanières

½ chou de Savoie, grossièrement haché

1 botte d'épinards, tiges enlevées et grossièrement hachés

655 g (21 oz) de haricots cannellinis ou autre variété de haricots blancs en conserve, égouttés et rincés

Feuilles de 3 brins de thym

Sel et poivre fraîchement moulu

5 tranches de pain paysan de la veille, grillées

Dans une grande casserole à fond épais, faire chauffer l'huile à feu moyen. Ajouter les carottes, le céleri, les oignons, les pommes de terre et les courgettes, faire revenir jusqu'à ce que les légumes soient tendres, de 10 à 15 minutes. Incorporer les tomates et leur jus, 1 litre (4 tasses) d'eau, les choux et les épinards. Augmenter à feu vif et amener presque à ébullition, réduire à feu doux et poursuivre la cuisson jusqu'à ce que les légumes verts soient tendres, 45 minutes.

Incorporer les haricots et cuire 10 minutes à feu moyen. Ajouter le thym, saler et poivrer. Retirer du feu et laisser tiédir. Couvrir et réfrigérer pour la nuit.

Le lendemain, préchauffer le four à 180 °C (350 °F). Déposer les tranches de pain grillées dans un plat de cuisson d'une capacité de 2 litres (8 tasses) et y verser la soupe. Cuire en remuant à l'occasion avec une cuillère de bois pour que les tranches de pain se défassent dans la soupe, de 20 à 25 minutes. Poursuivre la cuisson sans remuer, jusqu'à ce qu'une croûte dorée se forme à la surface de la soupe, 5 à 10 minutes. Poivrer, arroser généreusement d'huile d'olive et servir.

8 SEPTEMBRE

Pour griller des noix, faites chauffer 1 c. à soupe d'huile d'olive dans une petite poêle à frire à feu moyen. Ajouter les amandes et faire revenir en remuant constamment jusqu'à ce que les amandes soient dorées, environ 3 minutes.

POTAGE FENOUIL ET POIREAUX AVEC AMANDES GRILLÉES

4 à 6 portions

2 bulbes de fenouil

2 c. à soupe de beurre non salé

2 poireaux, parties blanches et vert pâle seulement, hachés

60 ml (¼ tasse) de vin blanc sec

500 ml (2 tasses) de bouillon de légumes

125 ml (½ tasse) de crème 35 %

Sel et poivre blanc moulu

30 g (¼ tasse) d'amandes effilées, grillées (voir à gauche)

Retirer les tiges et les plumets des bulbes de fenouil. Réserver quelques plumets pour garnir. Hacher les bulbes de fenouil.

Dans une grande casserole à fond épais, faire fondre le beurre à feu moyen-élevé. Ajouter le fenouil et les poireaux, faire revenir jusqu'à ce que les légumes aient ramolli, environ 10 minutes. Ajouter le vin et poursuivre la cuisson pendant 5 minutes. Incorporer le bouillon et amener à ébullition. Réduire à feu doux et laisser mijoter à découvert, jusqu'à ce que les légumes soient tendres et le bouillon goûteux, environ 20 minutes. Laisser refroidir légèrement.

Réduire la soupe en purée au mélangeur, en plusieurs fois. Remettre dans la casserole et incorporer la crème. Amener presque à ébullition, retirer du feu, saler et poivrer.

Servir le potage, garni d'amandes et de plumets de fenouil.

9

SEPTEMBRE

La traditionnelle chaudrée au maïs atteint de nouveaux sommets grâce aux morceaux de homard ajoutés juste avant de servir. Le bacon se révèle l'accompagnement idéal du homard à la chair sucrée et saline, du tendre maïs d'été, des pommes de terre moelleuses et de la crème soyeuse. Parfaite pour un dîner de fin d'été, servez-la avec une salade mesclun et du pain chaud.

CHAUDRÉE AU HOMARD ET AU MAÏS SUCRÉ

6 à 8 portions

3 homards cuits d'environ 750 g (1 ½ lb) chacun

4 oignons jaunes

4 épis de maïs, épluchés

250 ml (1 tasse) de vin blanc sec

455 g (14 ½ oz) de tomates en dés en conserve

4 brins de persil plat, plus 4 c. à soupe de persil émincé

6 brins de thym

2 feuilles de laurier

Sel et poivre fraîchement moulu

6 tranches de bacon, coupées en fines lanières

2 c. à soupe de beurre non salé

1 c. à café de paprika doux

5 pommes de terre Yukon Gold, environ 1,25 kg (2 ½ lb), pelées et coupées en morceaux de 2 cm (¾ po)

375 ml (1 ½ tasse) de crème 35 %

Prélever la chair des homards, la couper en dés et réfrigérer. Mettre les carapaces dans une grande casserole à fond épais. Ajouter 1,75 litre (7 tasses) d'eau et porter à ébullition à feu vif. Trancher finement 2 oignons et mettre dans la casserole. Détacher les grains de maïs des épis. Mettre les épis dans la casserole ainsi que le vin, les tomates et leur jus, les brins de persil, 4 brins de thym, le laurier et ½ c. à café de sel. Réduire à feu moyen et laisser mijoter pendant 1 ½ heure, en écumant au besoin. Passer dans un tamis déposé sur un grand bol résistant à la chaleur. Jeter les matières solides.

Hacher finement 2 oignons. Dans une grande casserole, faire revenir le bacon à feu moyen jusqu'à ce qu'il soit croustillant, 8 minutes. Égoutter sur des essuie-tout. Ne conserver que 2 c. à soupe du gras de bacon et mettre à feu moyen. Ajouter le beurre et les oignons, faire revenir jusqu'à tendreté, 5 minutes. Ajouter le paprika et poursuivre la cuisson 1 minute. Ajouter les pommes de terre, 2 brins de thym et 1,5 litre (6 tasses) du bouillon de homard. Porter à ébullition à feu vif. Couvrir et faire cuire jusqu'à ce que les pommes de terre commencent à s'attendrir, environ 8 minutes. À l'aide d'une cuillère de bois, écraser quelques morceaux de pommes de terre et mélanger.

Poursuivre la cuisson jusqu'à ce que les pommes de terre soient tendres, environ 5 minutes. Réduire à feu doux et ajouter le homard, les grains de maïs, le bacon, la crème, 2 c. à café de sel et de poivre au goût. Cuire jusqu'à ce que le maïs soit tendre et le homard, bien chaud, de 6 à 8 minutes. Incorporer le persil haché et servir.

10

SEPTEMBRE

L'orge perlé est de l'orge dont on a retiré l'enveloppe externe et le germe, ne laissant qu'un petit grain poli, ressemblant au nacre de la perle, d'où son nom. Dans cette recette, les petits grains servent à épaissir la soupe en lui donnant une texture moelleuse fort agréable.

SOUPE AUX LÉGUMES ET À L'ORGE

6 portions

2,5 litres (10 tasses) de bouillon de poulet ou de légumes

125 g (½ tasse) d'orge perlé

2 carottes, pelées et coupées en dés

2 panais, pelés et coupés en dés

2 pommes de terre à bouillir, non pelées et coupées en dés

1 rutabaga, pelé et coupé en dés

60 g (1 tasse) de fleurons de brocoli

1 c. à café de thym haché

1 c. à café d'origan haché

1 c. à soupe de persil plat haché

Dans une grande casserole, amener le bouillon à ébullition à feu vif. Ajouter l'orge, réduire à feu moyen-doux, couvrir et laisser mijoter jusqu'à ce que l'orge soit presque tendre, de 15 à 20 minutes.

Augmenter à feu moyen-élevé et amener à ébullition. Ajouter les carottes, les panais, les pommes de terre, le rutabaga, le brocoli, le thym et l'origan. Faire mijoter à découvert jusqu'à ce que tous les légumes soient tendres, environ 15 minutes. Servir la soupe, garnie de persil.

11 SEPTEMBRE

Le roux cuit lentement donne un goût de noisette à ce ragoût qui regorge de crevettes et de saucisses dans un bouillon complexe, sans être trop épais.

GOMBO AUX FRUITS DE MER ÉPICÉS ET AUX SAUCISSES

6 portions

8 c. à soupe d'huile de canola

250 g (½ lb) d'okras, parés et coupés en tranches de 1,5 cm (½ po)

6 c. à soupe de farine tout usage

1 gros oignon jaune, haché

1 poivron vert, haché

1 poivron rouge, haché

3 gousses d'ail, émincées

455 g (14 ½ oz) de tomates en dés en conserve

1,25 litre (5 tasses) de fumet de poisson ou de jus de palourde en bouteille

2 feuilles de laurier

2 ½ c. à soupe d'assaisonnement créole

Sel et poivre fraîchement moulu

250 g (½ lb) d'andouillette, coupée en morceaux de 2,5 cm (1 po)

500 g (1 lb) de grosses crevettes, décortiquées et déveinées

185 g (1 tasse) de morceaux de crabe frais

1 c. à café de poudre filé

2 c. à soupe de persil plat finement émincé

Dans une grande casserole à fond épais, faire chauffer 2 c. à soupe d'huile à feu moyen. Ajouter les okras et faire revenir en remuant à l'occasion, jusqu'à ce qu'ils soient tendres et dorés, environ 15 minutes. Déposer dans un bol et réserver. Dans la même casserole, faire chauffer 6 c. à soupe d'huile pendant 2 minutes. Ajouter la farine et à l'aide d'un fouet mélanger jusqu'à homogénéité. Cuire en remuant jusqu'à ce que le mélange devienne brun foncé, environ 4 minutes. Ajouter l'oignon, les poivrons et l'ail, faire revenir jusqu'à tendreté, de 8 à 10 minutes. Ajouter les okras, les tomates et leur jus, le fumet, le laurier et l'assaisonnement créole. Saler et poivrer. Amener à ébullition à feu moyen-élevé, réduire à feu moyen-doux et laisser mijoter 30 minutes.

Incorporer les morceaux de saucisse, les crevettes et le crabe, cuire jusqu'à ce que les saucisses soient chaudes et les crevettes, roses, environ 3 minutes. Ajouter la poudre filé et remuer pendant 30 secondes. Retirer du feu et jeter les feuilles de laurier. Servir le gombo, parsemé de persil.

12 SEPTEMBRE

Pour rompre le jeûne à la fin du jour durant le ramadan, les Marocains servent cette soupe consistante, appelée harira. *Elle comprend souvent des pois chiches, mais cette version opte plutôt pour un mélange de fèves des marais et de lentilles. Choisissez des petites lentilles brunes, comme celles cultivées en Ombrie.*

SOUPE À L'AGNEAU ET AUX LENTILLES AVEC CORIANDRE ET PERSIL

8 portions

105 g (½ tasse) de petites fèves des marais séchées, triées et rincées

2 c. à soupe d'huile d'olive

1 oignon jaune, haché

500 g (1 lb) d'épaule d'agneau désossée, dégraissée et coupée en morceaux de 1,5 cm (½ po)

1 c. à café de gingembre moulu

½ c. à café de cannelle moulue

½ c. à café de curcuma moulu

⅛ c. à café de graines de carvi, broyées

455 g (14 ½ oz) de tomates en dés en conserve

220 g (1 tasse) de petites lentilles brunes

8 filaments de safran, mis à tremper dans 2 c. à soupe d'eau chaude

105 g (½ tasse) d'orzo ou autres petites pâtes

10 g (¼ tasse) de coriandre ciselée

10 g (¼ tasse) de persil plat ciselé

Sel et poivre fraîchement moulu

1 gros citron coupé en 8 quartiers

Dans un bol, recouvrir largement les fèves séchées d'eau froide et laisser tremper au moins 4 heures ou toute la nuit. Égoutter.

Dans une grande casserole à fond épais, faire chauffer l'huile à feu moyen-élevé. Ajouter l'oignon et l'agneau, faire revenir jusqu'à ce que l'oignon soit tendre et la viande, dorée, de 6 à 8 minutes. Ajouter le gingembre, la cannelle, le curcuma et les graines de carvi, faire revenir 1 minute. Incorporer les fèves et 2 litres (8 tasses) d'eau et amener à ébullition à feu vif. Réduire à feu moyen-doux, couvrir et laisser mijoter jusqu'à ce que les fèves soient tendres, 1 heure. Ajouter les tomates et leur jus, les lentilles, le safran et son eau de trempage. Couvrir et poursuivre la cuisson jusqu'à ce que les lentilles soient tendres, environ 1 heure, en ajoutant de l'eau au besoin.

Environ 10 minutes avant de servir, amener une grande casserole d'eau salée à ébullition et cuire les pâtes al dente, environ 5 minutes. Égoutter et ajouter à la soupe. Incorporer les fines herbes, cuire 5 minutes. Saler, poivrer et servir la soupe, accompagnée de citron.

13 SEPTEMBRE

Voici une délicieuse recette de base de chili. Il peut nourrir un grand nombre de convives et se congèle très bien. Servez-le à même la casserole de cuisson et laissez vos invités créer leur propre version en mettant sur la table du fromage râpé, de la crème sure, des cubes d'avocat, de l'oignon rouge en dés et des feuilles de coriandre fraîche.

CHILI À LA DINDE ET AUX HARICOTS BLANCS

6 portions

2 c. à soupe d'huile d'olive

1 oignon jaune, haché

2 gousses d'ail, émincées

1 poivron rouge, épépiné et haché

500 g (1 lb) de dinde hachée

1 c. à soupe de cumin moulu

1 c. à café de poudre de piment ancho

1 c. à café de poudre de chili, plus au besoin

875 g (28 oz) de tomates en dés en conserve

470 g (15 oz) de haricots blancs en conserve, égouttés et rincés

2 c. à soupe de coriandre hachée

Fromage cheddar râpé pour garnir

Oignon rouge émincé pour garnir

Dans une grande casserole à fond épais, faire chauffer l'huile à feu moyen-élevé. Ajouter l'oignon, l'ail et le poivron, faire revenir jusqu'à tendreté, environ 7 minutes. Ajouter la dinde hachée et cuire en défaisant la viande jusqu'à ce qu'elle soit dorée, environ 8 minutes. Incorporer le cumin, la poudre de piment ancho et la poudre de chili, poursuivre la cuisson 2 minutes. Ajouter les tomates et leur jus, les défaire à l'aide d'une cuillère de bois. Ajouter les haricots, remuer et porter à ébullition.

Réduire à feu doux et laisser mijoter à découvert, en remuant à l'occasion, jusqu'à ce que les saveurs se développent et que la soupe ait légèrement épaissi, environ 45 minutes.

Incorporer la coriandre, saler et poivrer. Servir le chili, garni de fromage et d'oignon rouge.

14 SEPTEMBRE

Communément appelé chile verde *ou* chili vert, *ce plat facile à faire et vraiment délicieux est l'un des ragoûts traditionnels les plus populaires du Nouveau-Mexique. Les marchés locaux vendent les piments verts frais ou surgelés. Si vous n'en trouvez pas, remplacez-les par des piments anaheim ou poblanos.*

RAGOÛT AUX PIMENTS VERTS

6 portions

3 c. à soupe d'huile d'arachide ou de canola

1 kg (2 lb) d'épaule de porc désossée, parée et coupée en cubes de 2 cm (¾ po)

1 oignon blanc, haché

2 gousses d'ail, émincées

250 g (½ lb) de champignons blancs ou café, coupés en quatre

375 g (¾ lb) de petites pommes de terre à chair jaune, coupées en quatre sur le long

1 ½ c. à café de graines de coriandre, grillées et moulues

1 c. à café d'origan séché

2 feuilles de laurier

1,5 litre (6 tasses) de bouillon de poulet

Sel

12 à 16 piments verts du Nouveau-Mexique, environ 1 kg (2 lb), rôtis (voir page 191), pelés, épépinés et hachés

6 c. à soupe de crème sure

Feuilles de coriandre pour garnir

Dans une grande casserole à fond épais, faire chauffer l'huile à feu vif. En plusieurs fois, ajouter le porc et faire dorer sur toutes les faces, de 6 à 8 minutes chaque fois. Réserver dans une assiette. Ajouter l'oignon dans l'huile qui reste au fond de la casserole, faire revenir jusqu'à ce qu'il soit légèrement doré, environ 4 minutes. Ajouter l'ail et cuire 1 minute. Ajouter les champignons et faire revenir jusqu'à ce que les bords soient dorés, de 3 à 4 minutes. Ajouter les pommes de terre, la coriandre moulue, l'origan et les feuilles de laurier. Remettre la viande dans la casserole. Remuer, verser le bouillon et ajouter 1 c. à café de sel. Amener à ébullition, réduire à feu moyen et faire mijoter à découvert, jusqu'à ce que la viande commence à s'attendrir, environ 30 minutes.

Incorporer les piments et laisser mijoter à découvert, jusqu'à ce que la viande soit très tendre, environ 20 minutes. Ajouter 1 c. à café de sel, goûter et rectifier l'assaisonnement s'il y a lieu. Servir le ragoût, garni de crème sure et de coriandre.

SEPTEMBRE

16

15

SEPTEMBRE

Comme les champignons frais contiennent beaucoup d'eau de végétation, il est important de bien les faire revenir pour qu'ils rendent leur eau avant de les ajouter à la soupe de façon à éviter de la diluer.

SOUPE AUX CHAMPIGNONS AVEC POULET

4 portions

30 g (1 oz) de champignons séchés, comme les porcinis

1 litre (4 tasses) de bouillon de poulet

4 c. à soupe de beurre non salé

1 oignon jaune, finement haché

375 g (¾ lb) de champignons café frais, finement tranchés

45 g (¼ tasse) de farine tout usage

Sel et poivre blanc moulu

2 c. à café de sauce soya

500 g (1 lb) de demi-poitrines de poulet, désossées et sans peau, coupées contre le grain en fines tranches

250 ml (1 tasse) de crème à café 10 %

60 ml (¼ tasse) de porto tawny

Persil plat finement haché pour garnir

Dans une casserole, mettre les champignons séchés et le bouillon. Couvrir, amener à ébullition à feu moyen-élevé et cuire pendant 5 minutes. Retirer du feu.

Dans une grande casserole à fond épais, faire fondre le beurre à feu moyen. Ajouter l'oignon et faire revenir jusqu'à tendreté, environ 5 minutes. Ajouter les champignons café, faire revenir jusqu'à tendreté, environ 3 minutes. Saupoudrer de farine, saler, poivrer et poursuivre la cuisson en remuant jusqu'à ce que la farine soit incorporée et les champignons enrobés, environ 1 minute. Passer les champignons réhydratés à travers un filtre à café et réserver le bouillon. Ajouter le bouillon de trempage, les champignons réhydratés et la sauce soya dans la casserole et faire mijoter, à demi couvert, jusqu'à ce que les champignons soient tendres, environ 15 minutes. Retirer du feu et laisser refroidir légèrement.

Réduire la soupe en purée au mélangeur, en plusieurs fois, en prenant soin de garder une certaine texture. Remettre dans la casserole, ajouter le poulet et faire mijoter à feu moyen jusqu'à ce que le poulet soit cuit à cœur, de 2 à 4 minutes. Ajouter la crème et le porto, laisser mijoter environ 1 minute pour que les saveurs se développent. Servir la soupe, garnie de persil.

16

SEPTEMBRE

Grâce à l'andouillette épicée et au chou frisé (kale)*, cette soupe regorge de saveurs et de vitamines. Servez-la accompagnée de bruschettas frottées d'ail, recouvertes de tomates et de basilic frais.*

SOUPE AUX PETITES PÂTES ET AU CHOU FRISÉ AVEC ANDOUILLETTE

4 portions

200 g (1 tasse) de petites pâtes à soupe stellines, orzo ou dittalinis

315 g (10 oz) d'andouillette, coupée en trois morceaux

1 c. à soupe d'huile d'olive

1 oignon jaune, haché

2 gousses d'ail, émincées

1 botte de chou frisé (*kale*), nervures retirées, feuilles hachées

1 litre (4 tasses) de bouillon de poulet

1 c. à soupe de pâte de tomate

Sel et poivre fraîchement moulu

Fromage parmesan râpé

Amener une casserole d'eau salée à ébullition à feu vif. Ajouter les pâtes et cuire jusqu'à ce qu'elles soient al dente, selon les directives inscrites sur l'emballage. Égoutter et réserver.

Dans une grande casserole à fond épais, faire cuire les morceaux de saucisse à feu moyen jusqu'à ce qu'ils aient perdu leur teinte rosée au centre, environ 15 minutes. Retirer de la casserole et les couper en tranches d'une épaisseur de 6 mm (¼ po).

Ajouter l'huile dans la casserole et faire chauffer à feu moyen-élevé. Ajouter l'oignon et l'ail, faire revenir jusqu'à transparence, environ 5 minutes. Ajouter le chou frisé, remuer et faire revenir 3 à 4 minutes. Incorporer le bouillon et amener à ébullition. Réduire à feu doux. Ajouter les pâtes, la saucisse et la pâte de tomate. Bien mélanger. Faire mijoter en remuant souvent, pendant 5 minutes. Saler, poivrer et servir la soupe, parsemée de parmesan.

17 SEPTEMBRE

SOUPE AUX HARICOTS CANNEBERGE ET AU BROCOLINI ÉPICÉ

4 à 6 portions

Vous reconnaîtrez les haricots canneberge à leur cosse marbrée de rose et de blanc. Si vous n'en trouvez pas, vous pouvez utiliser des haricots surgelés ou en conserve. Servez cette soupe avec une focaccia.

2 c. à soupe d'huile d'olive

1 petit oignon jaune, coupé en dés

2 gousses d'ail, émincées

⅛ c. à café de flocons de piment rouge

Sel et poivre fraîchement moulu

1,25 litre (5 tasses) de bouillon de légumes

500 g (1 lb) de haricots canneberge en gousse, écossés

1 botte de brocolini, tiges coriaces enlevées, coupé en morceaux de 1,5 cm (½ po)

Dans une grande casserole à fond épais, faire chauffer l'huile à feu moyen-élevé. Ajouter l'oignon et l'ail, faire revenir jusqu'à transparence, environ 5 minutes. Ajouter les flocons de piment, ½ c. à café de sel et ¼ c. à café de poivre, poursuivre la cuisson 1 minute. Incorporer le bouillon et amener à ébullition. Ajouter les haricots et cuire jusqu'à ce qu'ils soient tendres, de 15 à 20 minutes. Ajouter le brocolini et cuire pendant 5 minutes. Saler, poivrer et servir.

18 SEPTEMBRE

MINESTRONE AU PESTO

6 portions

Les meilleures concoctions de cette soupe sont faites à partir de légumes de saison. N'hésitez pas à vous servir de chou, de haricots verts, d'aubergine, de chou-fleur, de petits pois, de courgettes, de poireaux ou de tout autre légume qui vous apparaîtrait de toute première fraîcheur au marché, ou encore, d'utiliser de ce que vous avez sous la main. Le talon de fromage parmesan mis à mijoter dans la soupe donne au bouillon une saveur riche et intense.

30 g (1 oz) de champignons porcinis séchés

60 ml (¼ tasse) d'huile d'olive

1 oignon jaune, haché

2 carottes, pelées et hachées

1 branche de céleri, hachée

1 botte de bette à carde, nervures enlevées et feuilles hachées

3 pommes de terre à bouillir (Yukon Gold ou autres), pelées et hachées

250 g (1 ½ tasse) de courge musquée, pelée, épépinée et coupée en dés

4 tomates fraîches, pelées (voir page 172), épépinées et hachées, ou environ 375 g (2 tasses) de tomates italiennes en dés, avec leur jus, en conserve

250 g (2 tasses) de haricots canneberges fraîchement écossés, soit 1 kg (2 lb) non écossés

1 talon de fromage parmesan

Sel et poivre fraîchement moulu

105 g (1 tasse) de macaronis, tubettis ou autres petites pâtes à soupe

60 ml (¼ tasse) de pesto au basilic (voir page 118) ou de pesto du commerce

Fromage parmesan râpé pour servir

Dans un bol, couvrir les champignons de 500 ml (2 tasses) d'eau chaude et faire tremper pendant 30 minutes. Passer le liquide dans un filtre à café et le réserver. Bien rincer les champignons sous l'eau froide courante. Bien égoutter et hacher.

Dans une grande casserole à fond épais, faire chauffer l'huile à feu moyen. Ajouter l'oignon, les carottes et le céleri, faire revenir jusqu'à ce que les légumes soient tendres et dorés, de 10 à 15 minutes. Ajouter les champignons, la bette à carde, les pommes de terre, la courge, les tomates, les haricots et le talon de parmesan. Verser le liquide de trempage dans la casserole et ajouter assez d'eau pour dépasser les légumes de 1,5 cm (½ po), amener à ébullition et réduire à feu doux. Saler, poivrer et cuire à découvert, en remuant à l'occasion, jusqu'à ce que les légumes soient tendres, environ 1 ½ heure, en ajoutant de l'eau au besoin.

Ajouter les pâtes et cuire en remuant souvent jusqu'à ce qu'elles soient al dente, environ 15 minutes. Retirer le talon de fromage. Servir la soupe, garnie de pesto, et mettre le parmesan à la disposition des convives.

19 SEPTEMBRE

SOUPE AUX LÉGUMES, AU POULET ET AUX FARFALLES

6 portions

Alors que le temps devient frisquet, un classique du retour en classe s'impose: la fameuse soupe poulet et nouilles. Cette version est pleine de bons légumes et de tendres pâtes en forme de papillon. Le bouillon se prépare en un rien de temps: parfait pour les soirs de semaine bien occupés! Versez la soupe qui reste dans un contenant isotherme pour apporter le lendemain au travail ou à l'école.

1 petit poulet de 1,5 kg (3 lb), coupé en quatre, peau enlevée

1 gros oignon jaune, grossièrement haché

1 carotte, pelée et grossièrement hachée

6 brins de persil plat, plus 10 g (¼ tasse) de persil finement haché

1 c. à café de thym haché finement

2 feuilles de laurier

3 branches de céleri avec les feuilles, coupées en morceaux de 1,5 cm (½ po)

½ petit chou de Savoie de 185 g (6 oz), cœur retiré et grossièrement haché

250 g (½ lb) de haricots verts, parés et coupés en morceaux de 2,5 cm (1 po)

210 g (2 tasses) de farfalles

1 c. à soupe de jus de citron frais

Sel et poivre fraîchement moulu

90 g (¾ tasse) de parmesan râpé

Dans une grande casserole à fond épais, mettre le poulet, l'oignon, la carotte, les brins de persil, le thym et les feuilles de laurier. Ajouter 2,5 litres (10 tasses) d'eau et amener à ébullition à feu vif. Réduire à feu moyen-doux, couvrir et laisser mijoter jusqu'à ce que la chair du poulet se détache des os, environ 1 heure.

Déposer le poulet dans une assiette. Passer le bouillon au tamis et remettre dans la casserole. Jeter les matières solides. Une fois le poulet suffisamment refroidi, prélever la chair et la couper en morceaux de 2,5 cm (1 po).

Ajouter le céleri, le chou, les haricots verts et les farfalles dans la casserole et faire mijoter à couvert, jusqu'à ce que les farfalles soient al dente, de 10 à 12 minutes ou selon les directives inscrites sur l'emballage. Ajouter les morceaux de poulet, le persil haché et le jus de citron. Saler et poivrer. Poursuivre la cuisson jusqu'à ce que le poulet soit chaud.

Servir la soupe, garnie de parmesan.

20 SEPTEMBRE

SOUPE POIREAUX-POMMES DE TERRE AVEC PROSCIUTTO FRIT

6 à 8 portions

Comme ils poussent dans un sol sablonneux et qu'on retrouve souvent du sable entre leurs couches, il est important de bien rincer les poireaux. Après les avoir coupés en deux sur la longueur, nettoyez en séparant chaque couche avec les doigts sous l'eau froide courante.

8 poireaux, environ 2 kg (4 lb), parties blanches et vert pâle seulement

60 ml (¼ tasse) d'huile d'olive

6 tranches de prosciutto, environ 90 g (3 oz), coupées en lanières

Sel et poivre fraîchement moulu

1 ½ c. à café de thym émincé

2 c. à soupe de farine tout usage

2 litres (8 tasses) de bouillon de poulet

5 pommes de terre Yukon Gold, environ 1,25 kg (2 ½ lb), pelées et coupées en morceaux de 2,5 cm (1 po)

2 petites feuilles de laurier

10 g (¼ tasse) de ciboulette hachée

Couper les poireaux en deux sur la longueur et couper chaque moitié en tronçons de 1,5 cm (½ po). Dans une grande casserole à fond épais, faire chauffer l'huile à feu moyen. Ajouter le prosciutto et faire revenir jusqu'à ce qu'il soit croustillant, environ 6 minutes. Déposer sur des essuie-tout.

Ajouter les poireaux et ½ c. à café de sel dans la casserole, remuer. Réduire à feu moyen-élevé, couvrir et laisser mijoter en remuant à l'occasion, jusqu'à ce que les poireaux commencent à s'attendrir, 10 minutes. Ajouter le thym et la farine, poursuivre la cuisson en remuant, jusqu'à ce que la farine soit incorporée.

Augmenter à feu moyen-élevé et, en remuant constamment, verser doucement le bouillon. Ajouter les pommes de terre et le laurier, poivrer, couvrir et amener à ébullition. Réduire à feu moyen-doux et laisser mijoter jusqu'à ce que les pommes de terre commencent à s'attendrir, environ 6 minutes. Retirer du feu et laisser reposer, à couvert, jusqu'à ce que les pommes de terre soient tendres, environ 15 minutes. Jeter les feuilles de laurier et faire de nouveau mijoter la soupe. Si désiré, avec le dos d'une grosse cuillère, écraser quelques morceaux de pomme de terre et mélanger pour épaissir la soupe.

Servir la soupe, garnie de prosciutto frit et de ciboulette.

21

SEPTEMBRE

SOUPE AUX PATATES DOUCES ET AU PIMENT CHIPOTLE

4 à 6 portions

Cette soupe a un léger goût de chipotle, mais, si vous la préférez plus piquante, ajustez l'assaisonnement en conséquence. La soupe se prépare d'avance et se congèle bien. Servez-la avec une salade de chou rouge et de pomme.

2 c. à soupe de beurre non salé

1 petit oignon blanc, haché

2 gousses d'ail, émincées

1 piment chipotle dans une sauce adobo, émincé

2 patates douces, environ 750 g (1 ½ lb), pelées et coupées en dés

1,1 litre (4 ½ tasses) de bouillon de poulet

Sel et poivre fraîchement moulu

1 c. à soupe de ciboulette hachée

Dans une grande casserole à fond épais, faire fondre le beurre à feu moyen-élevé. Ajouter l'oignon et l'ail, faire revenir jusqu'à transparence, environ 5 minutes. Ajouter le piment chipotle et les patates douces, faire revenir en remuant souvent, pendant 5 minutes. Incorporer le bouillon et porter à ébullition. Réduire à feu doux, faire mijoter à découvert jusqu'à ce que les patates douces soient très tendres, de 30 à 35 minutes. Retirer du feu et laisser refroidir légèrement.

Réduire la soupe en purée au mélangeur, en plusieurs fois. Remettre dans la casserole, saler et poivrer. Servir la soupe, garnie de ciboulette.

22

SEPTEMBRE

BOUILLON SAFRANÉ AVEC PÉTONCLES ET PANCETTA

4 portions

Vous pouvez remplacer les pétoncles de mer par des pétoncles de baie, mais il vous faudra diminuer de moitié le temps de cuisson. Les crevettes et les calmars sont également de bons substituts. Pour une version plus crémeuse, incorporez 125 ml (½ tasse) de crème 35 % après avoir réduit le feu, juste avant de saler et de poivrer.

Bonne pincée de filaments de safran

125 ml (½ tasse) de vin blanc sec

90 g (3 oz) de tranches de pancetta, coupées en dés

2 c. à soupe de beurre non salé

2 échalotes, finement hachées

125 ml (½ tasse) de xérès sec

750 ml (3 tasses) de bouillon de poulet

Sel et poivre noir fraîchement moulu

12 gros pétoncles de mer, environ 625 g (1 ¼ lb) au total, muscles coriaces retirés

2 c. à soupe d'huile d'olive

1 c. à soupe de cerfeuil ou de persil haché

Avec les doigts, broyer délicatement le safran dans un petit bol et ajouter le vin blanc. Réserver.

Dans une grande casserole à fond épais, faire revenir la pancetta à feu moyen-élevé en remuant souvent, jusqu'à ce qu'elle soit bien dorée, environ 4 minutes. Égoutter sur des essuie-tout. Réserver.

Ajouter le beurre et les échalotes dans la casserole, faire revenir jusqu'à tendreté, environ 5 minutes. Ajouter le xérès et cuire jusqu'à évaporation, environ 4 minutes. Ajouter le mélange de vin et de safran et poursuivre la cuisson jusqu'à ce que le liquide soit réduit de moitié. Incorporer le bouillon et amener à ébullition. Réduire à feu doux, saler et poivrer.

Faire chauffer une poêle à frire à feu vif. Mélanger les pétoncles avec l'huile, du sel et du poivre. Lorsque la poêle est très chaude, ajouter les pétoncles et les saisir d'un côté jusqu'à légère coloration dorée, de 2 à 3 minutes. Retourner les pétoncles et saisir jusqu'à légère coloration dorée, de 1 à 2 minutes. Verser le bouillon dans des assiettes creuses. Déposer 3 pétoncles dans chaque bol, parsemer de cerfeuil et de la pancetta réservée. Servir.

22 SEPTEMBRE

23 SEPTEMBRE

Pour faire la crème d'avocat, une version acidulée du guacamole, on ajoute du jus de citron vert et de la crème sure à l'avocat écrasé. La crème, en fondant dans la soupe, lui apporte une touche soyeuse tout en adoucissant le côté piquant du chorizo.

RAGOÛT CHORIZO ET POULET AVEC CRÈME D'AVOCAT

4 à 6 portions

½ poitrine de poulet désossée et sans peau

250 g (½ lb) de chorizo mexicain, coupé en tranches de 1,5 cm (½ po)

2 c. à soupe d'huile d'olive

1 oignon jaune, haché

2 gousses d'ail, émincées

1 poivron rouge, épépiné et haché

1 litre (4 tasses) de bouillon de poulet

1 c. à soupe de thym émincé

Sel et poivre fraîchement moulu

POUR LA CRÈME D'AVOCAT

1 avocat, dénoyauté et pelé

60 g (¼ tasse) de crème sure

1 c. à soupe de jus de citron vert frais

Dans une petite casserole, recouvrir largement d'eau froide la poitrine de poulet et porter à ébullition à feu vif. Réduire à feu doux et laisser mijoter jusqu'à ce que le poulet soit cuit à cœur, de 15 à 18 minutes, en écumant la surface au besoin. Retirer le poulet de la casserole, le laisser refroidir et l'effilocher.

Faire chauffer une grande casserole à fond épais à feu moyen-élevé. Ajouter le chorizo et faire revenir, en remuant souvent, jusqu'à ce qu'il soit doré, environ 8 minutes. Transférer dans un bol. Verser l'huile dans la casserole. Ajouter l'oignon et l'ail, faire revenir jusqu'à transparence, environ 5 minutes. Ajouter le poivron, remuer et poursuivre la cuisson 3 minutes. Incorporer le poulet, le chorizo, le bouillon et le thym et laisser mijoter à découvert environ 15 minutes. Saler et poivrer.

Pour préparer la crème d'avocat, mettre l'avocat dans un petit bol et écraser à la fourchette jusqu'à ce qu'il soit crémeux et lisse. Ajouter la crème sure, le jus de citron vert, 2 généreuses pincées de sel et mélanger. Servir la soupe, accompagnée de la crème d'avocat.

24 SEPTEMBRE

Les feuilles de lime kaffir sont un ingrédient fort utilisé dans la cuisine du Sud-Est asiatique. On trouve ces feuilles très aromatiques dans les épiceries asiatiques. Vous pouvez les remplacer par du zeste et du jus de citron vert frais.

BOUILLON À LA LIME KAFFIR AVEC RAVIOLIS AUX SHIITAKES

4 portions

1 litre (4 tasses) de bouillon de poulet

1 c. à café de gingembre frais, pelé et émincé

1 oignon vert, parties blanches et vert pâle seulement, finement tranché

5 feuilles de lime kaffir, déchirées en deux

2 c. à soupe de sauce soya

2 à 3 gouttes d'huile de sésame

POUR LES RAVIOLIS AUX SHIITAKES

60 g (2 oz) de champignons shiitakes séchés

½ c. à café de gingembre frais, pelé et émincé

½ c. à café de sauce soya

¼ c. à café d'huile de sésame grillé

1 c. à soupe d'oignon vert, parties blanches et vert pâle seulement, émincé, plus quelques fines tranches de la partie vert foncé

Poivre fraîchement moulu

24 carrés de pâte won ton

Dans une grande casserole, amener à ébullition à feu moyen-élevé le bouillon, le gingembre, l'oignon vert, les feuilles de lime kaffir et la sauce soya. Réduire à feu doux et laisser mijoter 10 minutes. Retirer du feu, ajouter l'huile de sésame, au goût, couvrir et laisser reposer 10 minutes. Passer le bouillon au tamis et remettre dans la casserole.

Pour préparer les raviolis, dans un petit bol, couvrir les shiitakes d'eau très chaude. Faire tremper au moins 30 minutes. Égoutter et hacher finement. Dans un bol, mélanger les champignons réhydratés, le gingembre, la sauce soya, l'huile de sésame et l'oignon vert émincé. Poivrer. Déposer 1 c. à café du mélange de champignons au centre de chaque carré de pâte won ton. Humecter d'eau le pourtour du carré et plier de façon à former un triangle, en pressant bien les rebords pour qu'ils adhèrent l'un à l'autre. Rapprocher les deux pointes les plus éloignées, humecter et presser. Répéter l'opération jusqu'à ce que tous les carrés soient farcis.

Remettre le bouillon sur le feu et amener à ébullition. Ajouter les raviolis et poursuivre la cuisson jusqu'à ce qu'ils soient tendres, 3 minutes. Déposer les raviolis dans les bols et recouvrir de bouillon. Servir la soupe, garnie des tranches d'oignon vert.

25

SEPTEMBRE

Voici une soupe au cari délicieuse que vous pourrez varier à votre guise. Durant l'hiver, remplacez les aubergines par des cubes de patate douce et vous obtiendrez un cari idéal par temps froid. Vous pouvez également remplacer la pâte de cari rouge par une pâte de cari vert ou jaune, selon ce que vous avez sous la main.

SOUPE À L'AUBERGINE ET AU TOFU PARFUMÉE AU CARI

4 portions

500 g (1 lb) de tofu extra ferme

3 c. à soupe de beurre non salé

1 petit oignon jaune, tranché

1 tige de citronnelle, partie centrale blanches seulement, broyée et finement tranchée

3 petites aubergines, coupées en cubes

1 poivron rouge, épépiné et coupé en fines lanières

2 boîtes de 470 g (15 oz) de lait de coco léger

1 à 2 c. à soupe de pâte de cari rouge thaïlandaise

1 c. à soupe de sauce de poisson

2 feuilles de lime kaffir, déchiquetées

125 ml (½ tasse) de bouillon de légumes

2 c. à soupe de coriandre hachée

Égoutter le tofu et couper en deux à l'horizontale. Mettre les deux morceaux dams une assiette et déposer une seconde assiette sur le tofu, en la surmontant d'une boîte de conserve. Laisser reposer 20 minutes de façon à extraire le plus de liquide possible du tofu. Jeter le liquide accumulé et couper le tofu en cubes.

Dans une grande casserole à fond épais, faire fondre le beurre à feu moyen. Ajouter l'oignon et faire revenir jusqu'à tendreté, environ 4 minutes. Ajouter la citronnelle, les aubergines et le poivron et poursuivre la cuisson jusqu'à ce que les aubergines s'attendrissent, de 5 à 7 minutes. Déposer le mélange dans un bol.

Ajouter dans la casserole le lait de coco, la pâte de cari, la sauce de poisson, les feuilles de lime kaffir et le bouillon, cuire jusqu'à ce que le liquide commence à épaissir, environ 5 minutes. Remettre le mélange de légumes dans la casserole et faire cuire 10 minutes. Incorporer le tofu et poursuivre la cuisson en remuant, pendant 3 minutes. Retirer du feu, garnir de coriandre et servir.

26

SEPTEMBRE

Rien de plus réconfortant à l'automne que de savourer un potage à la citrouille. Vous pouvez toujours remplacer la citrouille par de la courge musquée ou des patates douces. Servez cette soupe accompagnée d'une salade Waldorf aux noix de Grenoble, aux raisins secs et aux pommes hachées.

SOUPE À LA CITROUILLE RÔTIE PARFUMÉE AUX CINQ ÉPICES

4 à 6 portions

1 petite citrouille d'environ 1,5 kg (3 lb), pelée, épépinée et coupée en dés

3 c. à soupe d'huile d'olive

Sel et poivre fraîchement moulu

2 c. à soupe de beurre non salé

1 petit oignon jaune, haché

2 gousses d'ail, émincées

½ c. à café de poudre de cinq épices

1,1 litre (4 ½ tasses) de bouillon de légumes

Préchauffer le four à 200 °C (400 °F). Tapisser une plaque de cuisson de papier parchemin. Dans un bol, mélanger les dés de citrouille avec l'huile, saler et poivrer. Déposer en une seule couche sur la plaque de cuisson préparée et faire rôtir jusqu'à tendreté, environ 25 minutes.

Dans une grande casserole à fond épais, faire fondre le beurre à feu moyen-élevé. Ajouter l'oignon et l'ail, faire revenir jusqu'à transparence, environ 5 minutes. Ajouter la poudre de cinq épices, mélanger, poursuivre la cuisson pendant 1 minute. Incorporer les dés de citrouille et le bouillon, porter à ébullition. Réduire à feu doux et laisser mijoter environ 15 minutes pour que les saveurs se développent. Retirer du feu et laisser refroidir légèrement.

Réduire la soupe en purée au mélangeur, en plusieurs fois. Remettre dans la casserole, saler, poivrer et servir.

27

SEPTEMBRE

Pour faire l'aïoli, mettez 8 gousses d'ail, 1 c. à café de sel de mer et 6 gros jaunes d'œufs au mélangeur et actionnez jusqu'à ce qu'une pâte se forme. L'appareil toujours en marche, ajoutez de l'huile d'olive extra vierge en un mince filet continu, jusqu'à ce que le mélange soit épais et crémeux. Versez dans un contenant hermétique. Le mélange se conservera jusqu'à 5 jours au réfrigérateur. Donne environ 500 ml (2 tasses) d'aïoli.

BOURRIDE

6 portions

750 g (1 ½ lb) de parures de poisson à chair blanche (tête, queue, arêtes)

2 carottes, pelées et coupées en quatre

1 oignon jaune, coupé en quatre

1 bulbe de fenouil, cœur, tiges et plumets retirés, coupé en quatre

3 gousses d'ail

1 branche de céleri, coupée en quatre

4 brins de persil plat

3 brins de thym

1 feuille de laurier

1 morceau de 5 cm (2 po) d'écorce d'orange séchée

Sel

500 ml (2 tasses) de vin blanc sec

1 kg (2 lb) de filets de lotte ou d'autre poisson à chair blanche et ferme, coupés en cubes de 2,5 cm (1 po)

6 tranches de pain paysan de la veille, d'environ 2,5 cm (1 po) d'épaisseur

250 ml (1 tasse) d'aïoli maison (voir à gauche) ou du commerce

6 jaunes d'œufs

Persil plat haché pour garnir (facultatif)

Dans une grande casserole à fond épais, mettre les parures de poisson, les carottes, l'oignon, le fenouil, l'ail, le céleri, le persil, le thym, la feuille de laurier et l'écorce d'orange. Ajouter 1 c. à café de sel et 2 litres (8 tasses) d'eau. Porter à ébullition à feu moyen-élevé, en écumant régulièrement la surface. Réduire à feu doux et laisser mijoter 15 minutes. Ajouter le vin, augmenter à feu vif et porter de nouveau à ébullition. Réduire à feu doux et laisser mijoter encore 15 minutes. À l'aide d'une cuillère à égoutter, retirer et jeter les matières solides. Tapisser un tamis, posé sur une grande casserole, de plusieurs couches de coton à fromage et passer le liquide. Donne environ 1,5 litre (6 tasses).

Mettre la casserole à feu moyen et faire chauffer presque au point d'ébullition. Ajouter la lotte et cuire jusqu'à ce qu'elle soit opaque, environ 5 minutes. À l'aide d'une cuillère à égoutter, déposer dans une assiette et recouvrir sans serrer de papier d'aluminium.

Déposer une tranche de pain dans chaque bol. Verser juste assez de bouillon pour qu'il soit absorbé par le pain. Dans un grand bol, à l'aide d'un fouet, mélanger la moitié de l'aïoli et les jaunes d'œufs. Toujours en fouettant, ajouter le bouillon en un mince filet continu. Verser dans une casserole propre et mettre à feu très doux. Faire chauffer en remuant délicatement et en évitant de laisser bouillir le mélange, jusqu'à l'obtention d'une texture semblable à de la crème légère, de 6 à 7 minutes.

Répartir le poisson dans les bols, recouvrir de bouillon crémeux et garnir de persil haché, si désiré. Servir en mettant l'aïoli restant à la disposition des convives.

28

SEPTEMBRE

Quoi de mieux pour accompagner cette soupe classique qu'un bon sandwich au fromage fondu ? Faites des mini sandwichs en insérant du cheddar fumé entre deux tranches de baguette. Vous sauverez du temps en achetant des poivrons rôtis en pot.

SOUPE AUX TOMATES ET AUX POIVRONS ROUGES RÔTIS

4 à 6 portions

1 c. à soupe de beurre non salé

1 c. à soupe d'huile d'olive

½ oignon jaune, haché

2 gousses d'ail, émincées

2 poivrons rouges, rôtis (voir page 191), pelés, épépinés et hachés

875 g (28 oz) de tomates en dés en conserve

2 c. à soupe de crème 35 %

Sel et poivre fraîchement moulu

Dans une grande casserole à fond épais, faire chauffer le beurre et l'huile à feu moyen-élevé. Ajouter l'oignon et l'ail, faire revenir jusqu'à transparence, environ 5 minutes. Ajouter les poivrons, remuer et poursuivre la cuisson 3 minutes. Incorporer les tomates et leur jus, amener à ébullition, réduire à feu doux et laisser mijoter à découvert, 20 minutes. Retirer du feu et laisser refroidir légèrement.

Réduire la soupe en purée au mélangeur, en plusieurs fois. Remettre dans la casserole, incorporer la crème et faire chauffer presque au point d'ébullition. Retirer du feu, saler, poivrer et servir.

29 SEPTEMBRE

Les panais et les pommes forment une combinaison gagnante : les pommes avivent le goût de terroir des panais. N'oubliez surtout pas les canapés au gruyère fondu, vous constaterez que les tremper dans la soupe s'avère une expérience mémorable !

POTAGE POMMES ET PANAIS AVEC CANAPÉS AU GRUYÈRE

4 à 6 portions

6 panais, pelés et hachés, environ 560 g (4 tasses)

1 c. à soupe d'huile d'olive

Sel et poivre fraîchement moulu

3 c. à soupe de beurre non salé

1 petit oignon jaune, haché

¼ c. à café de muscade râpée

2 pommes Granny Smith, pelées, évidées et hachées, plus des tranches de pomme pour garnir

1,5 litre (6 tasses) de bouillon de poulet

Sel et poivre blanc moulu

CANAPÉS AU GRUYÈRE

125 g (4 oz) de gruyère, râpé

1 pain croûté, coupé en tranches de 6 mm (¼ po) d'épaisseur

Préchauffer le four à 200 °C (400 °F). Tapisser une plaque de cuisson de papier parchemin. Dans un bol, mélanger les panais avec l'huile, saler et poivrer. Déposer en une seule couche sur la plaque de cuisson préparée et rôtir jusqu'à ce que les panais commencent à caraméliser, 25 minutes.

Dans une grande casserole à fond épais, faire fondre le beurre à feu moyen-élevé. Ajouter l'oignon et faire revenir jusqu'à transparence, environ 5 minutes. Ajouter la muscade et poursuivre la cuisson pendant 1 minute. Ajouter les pommes, remuer et cuire jusqu'à ce qu'elles commencent à s'attendrir, environ 5 minutes. Incorporer le bouillon et les panais et amener à ébullition. Réduire à feu doux et laisser mijoter à découvert, 20 minutes. Retirer du feu et laisser refroidir légèrement.

Réduire la soupe en purée au mélangeur, en plusieurs fois. Remettre dans la casserole, saler et poivrer.

Pour les canapés au gruyère, préchauffer le gril du four. Mettre 2 c. à soupe de fromage râpé sur chaque tranche de pain. Déposer les tranches sur la plaque de cuisson et faire griller jusqu'à ce que le fromage fonde, de 2 à 3 minutes.

Servir le potage, garni de tranches de pomme et accompagné de 1 ou 2 canapés au gruyère.

30 SEPTEMBRE

Une longue cuisson à petit feu confère une tendreté sans pareille à la tranche de palette. Recherchez les haricots plats aux étals des fermiers. Si vous n'en trouvez pas, remplacez-les par des haricots verts ; vous n'aurez alors qu'à soustraire 15 minutes au temps de cuisson.

RAGOÛT DE BŒUF À L'ITALIENNE

4 portions

3 c. à soupe d'huile d'olive

1 tranche de palette de bœuf d'environ 1 kg (2 lb), parée

2 c. à soupe de vinaigre de vin rouge

2 gros oignons vidalia, coupés en deux sur la longueur, puis coupés en tranches de 1,5 cm (½ po)

2 poivrons rouges, épépinés et coupés en lanières de 1,5 cm (½ po)

2 poivrons verts, épépinés et coupés en lanières de 1,5 cm (½ po)

500 ml (2 tasses) de bouillon de bœuf

250 g (½ lb) de haricots plats, coupés en morceaux de 5 cm (2 po)

250 g (½ lb) de champignons café, finement tranchés

Sel et poivre fraîchement moulu

Dans une grande casserole à fond épais, faire chauffer 1 c. à soupe d'huile à feu moyen-élevé. Ajouter la tranche de palette et faire revenir en la retournant une fois, jusqu'à ce que les deux côtés soient bien dorés, de 4 à 6 minutes. Déposer sur une assiette. Ajouter le vinaigre dans la casserole et faire chauffer presque au point d'ébullition. Racler pour détacher les particules brunies adhérant au fond de la casserole. Verser sur la tranche de palette.

Dans la même casserole, faire chauffer le reste de l'huile (2 c. à soupe). Ajouter les oignons et les poivrons et faire revenir jusqu'à ce que les légumes soient dorés, environ 10 minutes. Ajouter 2 à 3 c. à soupe d'eau si nécessaire pour empêcher les légumes de coller. Incorporer doucement le bouillon, en raclant pour détacher les particules brunies adhérant au fond de la casserole. Remettre la viande dans la casserole et amener à ébullition. Réduire à feu moyen-doux, couvrir et faire mijoter doucement jusqu'à ce que la viande soit très tendre, environ 2 ½ heures.

Ajouter les haricots et les champignons, couvrir et laisser mijoter jusqu'à tendreté, de 20 à 30 minutes. Déposer la viande sur une planche à découper et couper en morceaux. Remettre dans la casserole, à feu moyen, et laisser mijoter pour réchauffer le tout, de 2 à 3 minutes. Saler, poivrer et servir.

29
SEPTEMBRE

5 SOUPE À LA COURGE MUSQUÉE AVEC POIRES ET ROMARIN *page 229*	**6** SOUPE NAVET, POMME ET POMME DE TERRE *page 229*	**7** FREGOLA AU SAFRAN AVEC FRUITS DE MER *page 231*
12 SOUPE AU CHOU-FLEUR EC FROMAGE BLEU ET CHEDDAR *page 233*	**13** SOUPE AUX LENTILLES JAUNES PARFUMÉE AU CARI *page 234*	**14** RAGOÛT DE BŒUF AUX NAVETS ET AUX LÉGUMES FEUILLUS *page 234*
19 CRÈME D'ÉPINARDS *page 239*	**20** BOUILLON À LA NOIX DE COCO ET AU CITRON VERT AVEC LÉGUMES *page 239*	**21** RAGOÛT DE POIS CHICHES À L'INDIENNE *page 240*
26 RAGOÛT DE PORC ET DE TOMATILLES RÔTIES *page 244*	**27** SOUPE MISO *page 245*	**28** POTAGE AUX CAROTTES ET AUX POIRES ASIATIQUES *page 245*

Les légumes racines et les courges d'hiver apportent leurs couleurs chaudes à la cuisine d'automne. Les légumes de saison, des carottes et des panais jusqu'aux courges musquées et aux citrouilles, se transforment en purées douces et lisses, agrémentées du piquant du gingembre et de la complexité du cari. Les bières d'automne et les cidres se révèlent de merveilleux ajouts à la soupe, accentuant avec subtilité le fumet des viandes et contrebalançant les fromages de caractère.

octobre

1

OCTOBRE

Des carottes fraîches réduites en purée avec des oignons doux, de l'ail et du bouillon de poulet : voilà les ingrédients de cette soupe d'une belle couleur orangée dont le goût est encore rehaussé par du zeste d'orange. Le gingembre ajoute une note piquante à cette soupe de consistance agréable.

SOUPE CAROTTE-GINGEMBRE

4 portions

2 c. à soupe de beurre non salé

1 gros oignon doux comme le vidalia ou le walla walla, finement haché

2 gousses d'ail, émincées

500 g (1 lb) de carottes, coupées en tranches de 6 mm (¼ po)

Sel et poivre fraîchement moulu

1,5 litre (6 tasses) de bouillon de poulet

1 ½ c. à café de gingembre frais, pelé et râpé

½ c. à café de zeste d'orange fraîchement râpé

Ciboulette hachée pour garnir

Dans une grande casserole à fond épais, faire fondre le beurre à feu moyen-doux. Lorsque la mousse commence à se résorber, ajouter l'oignon et faire revenir jusqu'à ce qu'il s'attendrisse et devienne translucide, de 10 à 12 minutes. Ajouter l'ail et faire revenir jusqu'à ce qu'il soit odorant, environ 30 secondes. Ajouter les carottes et remuer pour les enrober de beurre. Saler au goût.

Incorporer 500 ml (2 tasses) de bouillon, augmenter à feu vif et amener à ébullition. Réduire à feu doux, faire mijoter à couvert jusqu'à ce que les carottes soient tendres sous la pointe d'un couteau, environ 20 minutes. Enlever le couvercle et retirer la casserole du feu, laisser refroidir légèrement.

Réduire la soupe en purée au mélangeur, en plusieurs fois. Remettre dans la casserole, faire réchauffer à feu moyen-doux et, à l'aide d'un fouet, incorporer le reste du bouillon. Ajouter le gingembre et le zeste d'orange. Faire réchauffer doucement, en remuant à l'occasion, environ 10 minutes. Saler, poivrer et servir, garnie de ciboulette.

2

OCTOBRE

Les pommes et le cheddar forment un jumelage classique et jugé insurpassable. Peut-on imaginer faire mieux ? Eh bien oui, lorsque l'on plonge de fins anneaux d'échalotes dans l'huile chaude pour obtenir une garniture croquante et croustillante. Servez la soupe avec une salade et préparez-vous à recevoir les compliments de vos invités !

SOUPE AU CHEDDAR ET AU CIDRE AVEC ÉCHALOTES RÔTIES

6 à 8 portions

4 c. à soupe de beurre non salé

2 oignons jaunes, hachés

1 branche de céleri, hachée

1 pomme de terre Yukon Gold, pelée et hachée

2 gousses d'ail, émincées

2 c. à soupe de farine tout usage

625 ml (2 ½ tasses) de bouillon de poulet

625 ml (2 ½ tasses) de cidre

250 ml (1 tasse) de crème à café 10 %

2 feuilles de laurier

2 brins de thym

2 c. à soupe d'eau-de-vie de pomme ou de calvados

375 g (¾ lb) de fromage cheddar anglais, râpé

Sel et poivre fraîchement moulu

Échalotes rôties (voir page 28)

Dans une grande casserole à fond épais, faire fondre 3 c. à soupe de beurre à feu moyen-élevé. Ajouter les oignons, le céleri, la pomme de terre et l'ail et remuer. Réduire à feu doux, cuire à couvert, en remuant à l'occasion, jusqu'à ce que les légumes soient tendres, environ 12 minutes. Saupoudrer la farine sur les légumes et poursuivre la cuisson en remuant constamment jusqu'à ce que la farine soit incorporée.

En remuant, incorporer graduellement le bouillon, le cidre et la crème. Augmenter à feu moyen-élevé, ajouter le laurier et le thym, amener à ébullition. Réduire à feu doux et laisser mijoter 10 minutes. Retirer le laurier et le thym. Laisser tiédir.

Réduire en purée au mélangeur. Verser dans une casserole propre. Incorporer l'eau-de-vie de pomme. En dehors du feu, en fouettant constamment, ajouter graduellement le fromage. Fouetter jusqu'à ce que le fromage fonde. Mettre à feu moyen-doux, ajouter 1 c. à café de sel et du poivre au goût et réchauffer, en remuant souvent, environ 10 minutes. Servir la soupe, garnie d'échalotes rôties.

3

OCTOBRE

Cette savoureuse soupe parfumée est un plat parfaitement adapté à la saison froide et devient une entrée de choix pour tout repas de fête. Elle est tout aussi délicieuse servie froide. Réservez 4 à 6 fines tranches de la partie vert pâle des poireaux pour décorer la soupe.

SOUPE POIREAUX ET POMMES, PARFUMÉE AU CARI

6 portions

1 c. à soupe de beurre non salé

3 grosses pommes croquantes comme les Golden Delicious, Pippin ou Granny Smith, pelées, évidées et coupées en cubes de 1,5 cm (½ po)

2 branches de céleri, finement tranchées

2 c. à café de poudre de cari de Madras

4 gros poireaux, parties blanches et 5 cm (2 po) du vert, coupés en deux sur la longueur et tranchés

1 litre (4 tasses) de bouillon de légumes

1 petite pomme de terre Russet, pelée et coupée en dés de 1,5 cm (½ po)

125 ml (½ tasse) de lait

Sel et poivre fraîchement moulu

Dans une grande casserole à fond épais, faire fondre le beurre à feu moyen-doux. Ajouter les pommes, le céleri, la poudre de cari et les poireaux, bien mélanger. Cuire en remuant à l'occasion, jusqu'à ce que les poireaux s'attendrissent, environ 5 minutes. Couvrir et poursuivre la cuisson 5 minutes, en remuant une fois. Incorporer le bouillon et la pomme de terre, porter à ébullition à feu moyen-élevé. Réduire à feu doux et faire mijoter à couvert jusqu'à ce que les pommes et la pomme de terre soient tendres sous la pointe d'un couteau, environ 20 minutes. Retirer du feu et laisser refroidir légèrement.

Réduire la soupe en purée bien lisse au mélangeur ou au robot culinaire, en plusieurs fois. Remettre dans la casserole et incorporer le lait. Saler et poivrer. Faire réchauffer à feu doux sans laisser bouillir. Servir.

4

OCTOBRE

Bien que le poisson soit ici remplacé par de gros morceaux de poulet moelleux, la présence des pommes de terre à chair ferme et du bacon nous confirme que cette chaudrée est bel et bien fidèle à la tradition. Pour sauver du temps, achetez du poulet déjà cuit chez votre épicier.

CHAUDRÉE DE POULET

4 à 6 portions

3 tranches épaisses de bacon

2 c. à soupe de beurre non salé

2 oignons jaunes, hachés

2 branches de céleri, coupées en dés

2 carottes, pelées et coupées en dés

3 gousses d'ail, émincées

750 ml (3 tasses) de bouillon de poulet

625 g (1 ¼ lb) de pommes de terre Yukon Gold, pelées et coupées en dés

¼ c. à café de sauce pimentée, comme le tabasco

Sel et poivre fraîchement moulu

750 g (4 tasses) de poulet cuit, coupé en morceaux de 2,5 cm, (1 po)

Dans une grande casserole à fond épais, faire cuire le bacon à feu moyen, en le retournant une fois, jusqu'à ce qu'il soit bien doré, de 5 à 7 minutes. Déposer sur des essuie-tout. Laisser refroidir et émietter.

Ajouter le beurre au gras de bacon dans la casserole et faire chauffer à feu moyen. Ajouter les oignons, le céleri, les carottes et l'ail. Faire revenir jusqu'à ce que les légumes soient tendres, environ 12 minutes. Incorporer le bouillon et porter à ébullition à feu vif. Ajouter les pommes de terre, la sauce pimentée, 1 c. à café de sel et ⅛ c. à café de poivre. Réduire à feu moyen-doux et faire mijoter à couvert, jusqu'à ce que les pommes de terre soient tendres, de 10 à 12 minutes. Ajouter le poulet et poursuivre la cuisson jusqu'à ce qu'il soit chaud. Saler, poivrer et servir la chaudrée, garnie de bacon émietté.

5

OCTOBRE

Résineux, floral et juste un tout petit peu poivré, le romarin frais est un contrepoint savoureux non seulement aux poires, mais aussi à la courge riche et veloutée et aux oignons doux qui donnent à cette soupe une texture si soyeuse.

SOUPE À LA COURGE MUSQUÉE AVEC POIRES ET ROMARIN

6 à 8 portions

2 c. à soupe de beurre non salé

1 c. à soupe d'huile de canola

1 oignon jaune, finement haché

1 courge musquée d'environ 1,5 kg (3 lb), pelée, épépinée et coupée en tranches de 6 mm (¼ po)

1,5 litre (6 tasses) de bouillon de poulet ou de légumes

1 brin de romarin, plus 1 c. à café de romarin émincé

4 c. à café de sucre brun bien tassé

3 grosses poires à point, anjou ou bartlett, pelées, évidées et coupées en tranches de 6 mm (¼ po)

125 ml (½ tasse) de crème à café 10 %

Sel et poivre fraîchement moulu

Dans une grande casserole à fond épais, faire chauffer 1 c. à soupe de beurre et l'huile à feu moyen. Ajouter l'oignon, faire revenir 7 minutes.

Ajouter la courge, le bouillon et le brin de romarin. Amener à ébullition à feu vif, puis réduire à feu moyen-doux et faire mijoter à demi couvert 20 minutes.

Entre-temps, préchauffer le four à 260 °C (500 °F). Dans une petite casserole, faire fondre le reste du beurre. Dans un bol, mélanger le beurre fondu et 2 c. à café de sucre brun. Réserver quelques tranches de poires et ajouter le reste dans le bol, remuer. Étendre en une seule couche sur une plaque de cuisson avec rebord et faire rôtir jusqu'à ce que les poires commencent à dorer, environ 8 minutes. Les retourner et saupoudrer de romarin émincé, poursuivre la cuisson jusqu'à ce que les poires soient tendres et dorées, environ 7 minutes. Laisser refroidir.

Retirer de la casserole le brin de romarin. Retirer du feu et laisser tiédir. Réduire en purée au mélangeur. Verser dans une casserole propre. Ajouter le reste du sucre brun, la crème, 2 ½ c. à café de sel et du poivre au goût, bien mélanger. Faire réchauffer à feu moyen-doux 10 minutes.

Servir la soupe, garnie des tranches de poires réservées.

6

OCTOBRE

Les navets peuvent rebuter les gens qui n'apprécient pas spécialement les légumes, mais, cuits avec des pommes et des pommes de terre, leur goût fort s'atténue et s'adoucit. Il faut se rappeler que plus les navets sont jeunes et petits et plus leur goût est délicat.

SOUPE NAVET, POMME ET POMME DE TERRE

4 portions

2 c. à soupe de beurre non salé

1 petit oignon jaune, coupé finement en dés

1 c. à café de thym haché

1 feuille de laurier

Sel et poivre blanc moulu

500 g (1 lb) de navets, pelés et coupés en morceaux de 1,5 cm (½ po)

2 pommes sures, comme la Braeburn, la Granny Smith, la Jonagold ou la Pippin, pelées, évidées et coupées en quartiers

250 g (½ lb) de pommes de terre Yukon Gold, pelées et coupées en quartiers

2 c. à soupe de crème fraîche ou de crème sure

2 c. à soupe de persil plat haché

Dans une grande casserole à fond épais, faire fondre le beurre à feu moyen-doux. Ajouter l'oignon, le thym, la feuille de laurier et une pincée de sel, faire revenir jusqu'à ce que l'oignon soit tendre, de 10 à 12 minutes. Ajouter les navets, les pommes, les pommes de terre, une pincée de sel et 250 ml (1 tasse) d'eau. Faire mijoter à couvert jusqu'à ce que les légumes et les pommes soient tendres, de 10 à 15 minutes. Ajouter 1 litre (4 tasses) d'eau, augmenter à feu vif et amener à ébullition. Réduire à feu doux et laisser mijoter à découvert pendant 20 minutes. Retirer la casserole du feu, jeter la feuille de laurier et laisser refroidir légèrement.

Réduire la soupe en purée au mélangeur, en plusieurs fois. Remettre dans la casserole et faire réchauffer. Ajouter de l'eau si la soupe est trop épaisse. Saler et poivrer. Servir la soupe, garnie de crème et de persil.

7

OCTOBRE

La fregola, une curiosité culinaire, est un type de pâte originaire de la Sardaigne, en Italie. Vous pouvez la remplacer par du couscous israélien que l'on trouve plus facilement. Servez ce ragoût consistant avec une rafraîchissante salade boston et poires et beaucoup de bon pain croûté pour tremper dans la sauce.

FREGOLA AU SAFRAN AVEC FRUITS DE MER

4 portions

1 c. à café de filaments de safran

60 ml (¼ tasse) de vin blanc sec

2 c. à soupe d'huile d'olive

250 g (½ lb) de crevettes de grosseur moyenne, décortiquées et déveinées

250 g (½ lb) de pétoncles de grosseur moyenne, muscles coriaces retirés

1 petit oignon jaune, haché

2 gousses d'ail, émincées

500 ml (2 tasses) de bouillon de poulet

185 g (1 tasse) de fregola ou de couscous israélien

Sel et poivre fraîchement moulu

250 g (½ lb) de palourdes, brossées

2 c. à soupe de persil plat émincé

Écraser le safran dans un bol et ajouter le vin blanc. Réserver.

Dans une grande casserole à fond épais, faire chauffer 1 c. à soupe d'huile à feu vif. Lorsque la casserole est très chaude, ajouter les crevettes et les saisir 1 minute de chaque côté (ne pas les cuire complètement). Déposer dans un bol. Ajouter les pétoncles dans la casserole et les saisir 1 minute de chaque côté en évitant de les cuire complètement. Déposer dans le bol, avec les crevettes.

Ajouter le reste de l'huile dans la casserole avec l'oignon et l'ail et faire revenir jusqu'à tendreté, environ 5 minutes. Ajouter le mélange de safran et poursuivre la cuisson 2 minutes. Incorporer le bouillon et amener à ébullition. Ajouter la fregola, remuer et réduire à feu moyen-doux. Cuire pendant 12 minutes, saler et poivrer. Ajouter les palourdes, en rejetant celles qui ne se ferment pas au toucher. Couvrir la casserole et faire cuire à la vapeur pendant 3 minutes. Retirer le couvercle et ajouter les crevettes et les pétoncles. Remettre le couvercle et poursuivre la cuisson jusqu'à ce que les palourdes soient ouvertes et les crevettes et pétoncles, cuits à cœur. Rejeter les palourdes qui ne se sont pas ouvertes. Servir la fregola, garnie de persil.

8

OCTOBRE

Voici une bonne façon de faire augmenter la consommation de légumes au sein de votre famille. Le chou-fleur rôti prend un goût sucré, contrebalancé par le goût de noisette du parmesan. Utilisez un parmesan de bonne qualité et servez la soupe avec du pain à l'ail et une salade verte.

SOUPE AU CHOU-FLEUR RÔTI ET AU PARMESAN

4 à 6 portions

1 chou-fleur d'environ 1 kg (2 lb), coupé en fleurons

2 c. à soupe d'huile d'olive

Sel et poivre fraîchement moulu

2 c. à soupe de beurre non salé

1 oignon jaune, haché

3 gousses d'ail, émincées

750 ml (3 tasses) de bouillon de poulet, plus au besoin

60 g (½ tasse) de fromage parmesan râpé

Préchauffer le four à 200 °C (400 °F) et tapisser une plaque de cuisson de papier parchemin. Mélanger le chou-fleur avec l'huile, saler et poivrer. Étendre sur la plaque de cuisson préparée et faire rôtir au four, jusqu'à ce que le chou-fleur soit très tendre, de 30 à 35 minutes.

Dans une grande casserole à fond épais, faire fondre le beurre à feu moyen-élevé. Ajouter l'oignon et l'ail, faire revenir jusqu'à transparence, environ 5 minutes. Ajouter le chou-fleur et le bouillon, porter à ébullition. Réduire à feu doux et laisser mijoter 15 minutes pour que les saveurs se développent. Retirer du feu et laisser refroidir légèrement.

Réduire la soupe en purée au mélangeur ou au robot culinaire, en plusieurs fois. Remettre dans la casserole à feu doux. Si nécessaire, ajouter du bouillon, 60 ml (¼ tasse) à la fois, jusqu'à l'obtention de la consistance désirée. Incorporer le parmesan et remuer jusqu'à ce qu'il soit fondu. Saler, poivrer au goût et servir.

9

OCTOBRE

L'automne nous offre ces étals de marché avec des cageots empilés bien haut, remplis de courges d'hiver. Dans cette recette, vous pouvez remplacer la courge poivrée par la courge musquée, la Hubbard, le giraumon turban, la courge butternut ou la citrouille. Une jolie pastille de beurre composé surmonte la soupe et fond en répandant sa riche saveur de noix.

SOUPE À LA COURGE POIVRÉE AVEC BEURRE DE NOIX GRILLÉES

6 portions

4 courges poivrées d'environ 500 g (1 lb) chacune

1 c. à soupe de beurre non salé, à la température ambiante

2 tranches de bacon, finement hachées

1 gros oignon jaune, haché

1,5 litre (6 tasses) de bouillon de poulet

60 ml (¼ tasse) de crème 35 %

Généreuse pincée de muscade râpée

60 ml (¼ tasse) de jus d'orange frais

BEURRE DE NOIX GRILLÉES

30 g (¼ tasse) de noix de Grenoble

2 c. à café d'huile de noix

Généreuse pincée de sucre

Sel et poivre fraîchement moulu

2 c. à soupe de beurre non salé, à la température ambiante

Préchauffer le four à 190 °C (375 °F). Huiler légèrement une plaque de cuisson. Couper chaque courge en deux et déposer, face coupée vers le bas, sur la plaque. Faire cuire jusqu'à ce que la pointe d'un couteau perce facilement la peau des courges, environ 45 minutes. Retirer du four et laisser tiédir. Retirer les graines et prélever la chair. Laisser le four à 190 °C (375 °F).

Dans une grande casserole à fond épais, faire fondre le beurre à feu moyen. Ajouter le bacon et l'oignon, faire revenir 10 minutes. Augmenter à feu vif, ajouter la courge et le bouillon et amener à ébullition. Réduire à feu moyen et laisser mijoter à découvert, 30 minutes.

Entre-temps, préparer le beurre de noix. Dans un petit bol, mélanger les noix, l'huile de noix, le sucre, du sel et du poivre au goût et étendre sur une plaque de cuisson. Faire rôtir jusqu'à ce que les noix soient dorées, de 5 à 7 minutes. Retirer du four, laisser refroidir et hacher finement. Dans un petit bol, à l'aide d'une fourchette, mélanger les noix et le beurre. Saler et poivrer. Déposer le beurre de noix sur une pellicule plastique et, en se servant de la pellicule plastique, façonner un boudin d'environ 2,5 cm (1 po) de diamètre. Envelopper et réfrigérer.

Retirer la soupe du feu et laisser refroidir légèrement. Réduire en purée au mélangeur. Remettre dans une casserole propre. Incorporer la crème, la muscade et le jus d'orange. Saler et poivrer au goût. Garnir de tranches de beurre de noix et servir.

10

OCTOBRE

Faire de la soupe n'est pas compliqué, comme le prouve cette recette. Avec seulement quelques ingrédients comme des poireaux, de la bette à carde et du riz, et sans beaucoup d'efforts, vous obtiendrez une soupe savoureuse et nourrissante en un rien de temps.

SOUPE POIREAUX ET BETTE À CARDE

4 portions

2 c. à soupe de beurre non salé

1 c. à soupe d'huile d'olive

2 petits poireaux, la partie blanche et 5 cm (2 po) de la partie verte, coupés en tranches de 1,5 cm (½ po)

250 g (½ lb) de bette à carde, débarrassée des côtes, les feuilles coupées en morceaux de 2,5 cm (1 po)

1,5 litre (6 tasses) de bouillon de poulet

105 g (½ tasse) de riz à grain moyen comme le riz arborio

Sel et poivre fraîchement moulu

30 g (¼ tasse) de fromage parmesan râpé

Dans une grande casserole à fond épais, faire chauffer le beurre et l'huile à feu doux. Ajouter les poireaux et cuire en remuant à l'occasion, jusqu'à ce qu'ils soient tendres et dorés, environ 10 minutes. Incorporer la bette à carde et le bouillon. Augmenter à feu moyen et amener à ébullition. Faire mijoter en remuant à l'occasion jusqu'à ce que la bette à carde tombe, environ 10 minutes. Ajouter le riz, saler et poivrer au goût. Faire mijoter à couvert à feu doux jusqu'à ce que le riz soit tendre, environ 20 minutes. Incorporer le parmesan. Saler, poivrer et servir.

11 OCTOBRE

Voici un festin végétarien susceptible de tenter les carnivores, avec ses légumes rôtis et ses pois chiches mijotés dans un ragoût suffisamment consistant pour être servi sur un lit de couscous. De plus, les olives noires kalamata donnent au plat un bon goût salé et une texture qui n'est pas sans rappeler la viande.

RAGOÛT DE LÉGUMES RÔTIS AVEC COUSCOUS

6 portions

8 carottes, pelées

1 aubergine, pelée

4 courges torticolis jaunes

2 poireaux, parties blanches et vert pâle seulement, finement hachés

250 g (½ lb) de petits choux de Bruxelles, coupés en deux

3 c. à soupe d'huile d'olive

1 litre (4 tasses) de bouillon de poulet ou de légumes

1 c. à café de feuilles de thym finement hachées

Sel et poivre fraîchement moulu

6 gousses d'ail, émincées

1 tomate, pelée (voir page 172) et coupée en dés

470 g (15 oz) de pois chiches en conserve, égouttés et rincés

155 g (1 tasse) d'olives kalamata, dénoyautées et hachées

6 c. à soupe de fines herbes finement hachées comme du persil plat, de la ciboulette et du basilic

30 g (¼ tasse) de fromage parmesan râpé

315 g (1 ¼ tasse) de couscous cuit

Préchauffer le four à 200 °C (400 °F).

Couper les carottes, l'aubergine et les courges en morceaux de 4 cm (1 ½ po). Dans une grande rôtissoire, les mélanger avec les poireaux et les choux de Bruxelles. Verser l'huile et 250 ml (1 tasse) de bouillon. Ajouter le thym, du sel et du poivre au goût et bien mélanger.

Faire rôtir, en remuant à l'occasion, pendant 30 minutes. Ajouter 250 ml (1 tasse) de bouillon, l'ail et la tomate et poursuivre la cuisson au four en remuant toutes les 15 minutes, jusqu'à ce que les légumes soient très tendres, environ 30 minutes. Ajouter le reste du bouillon, les pois chiches, les olives et les fines herbes, et remuer. Goûter et rectifier l'assaisonnement, s'il y a lieu, et remettre au four 5 minutes.

Déposer les légumes dans un grand bol de service et garnir de parmesan. Déposer le couscous dans des bols, recouvrir de légumes et servir.

12 OCTOBRE

Le chou-fleur a un goût assez doux qui se marie bien avec celui du fromage. Le cheddar fort, mélangé directement à la soupe de légumes, et les quelques miettes de fromage bleu au goût assez intense, ajoutées à la fin, font de cette soupe un incontournable pour les amateurs de fromage.

SOUPE AU CHOU-FLEUR AVEC FROMAGE BLEU ET CHEDDAR

4 à 6 portions

2 c. à soupe d'huile d'olive

1 oignon jaune, tranché

3 gousses d'ail, émincées

½ c. à café de graines de carvi

1 kg (2 lb) de chou-fleur, paré et coupé en fleurons

1 litre (4 tasses) de bouillon de légumes

125 g (1 tasse) de fromage cheddar fort, râpé

Sel et poivre blanc moulu

30 g (¼ tasse) de fromage bleu émietté

1 c. à soupe de persil plat finement haché

Dans une grande casserole à fond épais, faire chauffer l'huile à feu moyen-élevé. Ajouter l'oignon et faire revenir jusqu'à tendreté, environ 5 minutes. Ajouter l'ail et les graines de carvi, faire revenir pendant 1 minute. Incorporer le chou-fleur et le bouillon, amener presque au point d'ébullition. Réduire à feu moyen et poursuivre la cuisson jusqu'à ce que le chou-fleur soit tendre, de 20 à 25 minutes. Retirer du feu et laisser refroidir légèrement.

Réduire la soupe en purée bien lisse au mélangeur ou au robot culinaire, en plusieurs fois. Remettre dans la casserole. Incorporer le cheddar en fouettant jusqu'à l'obtention d'un mélange homogène. Saler et poivrer.

Faire réchauffer la soupe à feu moyen, environ 2 minutes. Servir, garnie de fromage bleu et de persil.

13

OCTOBRE

Servez cette soupe indienne rassasiante avec du pain naan chaud ou tout autre pain plat que vous badigeonnerez de beurre à l'ail, si le cœur vous en dit. Si vous désirez une soupe plus soyeuse, réduisez les lentilles en purée avant d'ajouter le mélange d'oignon.

SOUPE AUX LENTILLES JAUNES PARFUMÉE AU CARI

4 portions

220 g (1 tasse) de lentilles jaunes, triées et rincées

½ c. à café de curcuma moulu

1 c. à café de beurre clarifié ou d'huile de canola, plus 2 c. à soupe

1 c. à café de graines de moutarde noire

2 piments rouges séchés, hachés

1 oignon jaune, tranché

2 gousses d'ail, émincées

2 c. à café de gingembre émincé

20 feuilles de cari, fraîches ou séchées

1 c. à café de garam masala

2 petites tomates, coupées en quartiers

Sel

Dans une grande casserole à fond épais, mettre les lentilles, 500 ml (2 tasses) d'eau, le curcuma et 1 c. à café de beurre clarifié. Amener à ébullition, en remuant à l'occasion. Réduire à feu moyen et faire mijoter à couvert, jusqu'à ce que les lentilles soient tendres, environ 30 minutes.

Dans une poêle à frire, faire chauffer 2 c. à soupe de beurre clarifié à feu moyen-élevé. Une fois la poêle bien chaude, ajouter les graines de moutarde et les faire revenir jusqu'à ce qu'elles deviennent grises et qu'elles éclatent, environ 2 minutes. Ajouter les piments, l'oignon, l'ail, le gingembre et les feuilles de cari, faire revenir jusqu'à ce que l'oignon soit doré, environ 5 minutes. Incorporer le garam masala et les tomates, poursuivre la cuisson 1 minute. Verser le mélange d'oignon dans les lentilles cuites, ajouter ½ c. à café de sel et laisser mijoter 5 minutes pour que les saveurs se développent. Servir.

14

OCTOBRE

Les navets ont une saveur délicate et sucrée lorsqu'ils sont jeunes, mais, en vieillissant, ils perdent leur goût sucré et deviennent fibreux. Consommez-les lorsqu'ils sont à leur meilleur, entre le mois d'octobre et le mois de février. Les fanes, qui se mangent, doivent être d'une belle couleur verte. Si vous n'en trouvez pas, remplacez-les par de la bette à carde, des feuilles de pissenlit, des fanes de betterave ou du chou frisé (kale)*.*

RAGOÛT DE BŒUF AUX NAVETS ET AUX LÉGUMES FEUILLUS

6 portions

60 ml (¼ tasse) d'huile d'olive

2 oignons jaunes, finement hachés

60 g (2 oz) de bacon ou de pancetta, coupé en dés

1,5 kg (3 lb) de rôti de palette ou de pointe de surlonge, coupé en cubes de 2,5 à 4 cm (1 à 1 ½ po)

45 g (¼ tasse) de farine tout usage

4 gousses d'ail, émincées

1 bouquet garni composé de 6 tiges de persil plat, 2 brins de thym et 2 feuilles de laurier

375 ml (1 ½ tasse) de vin rouge sec

750 ml (3 tasses) de bouillon de bœuf

1 c. à soupe de pâte de tomate

1 botte de navets avec leurs fanes, les navets coupés en morceaux de 1,5 cm (½ po) et les fanes, débarrassées de leurs tiges centrales coriaces et coupées en lanières

Sel et poivre fraîchement moulu

Dans une grande casserole à fond épais, faire chauffer l'huile à feu moyen. Ajouter les oignons et le bacon, faire revenir jusqu'à ce que les oignons soient tendres, environ 10 minutes. Réserver dans une assiette.

En plusieurs fois, ajouter le bœuf dans la casserole en une seule couche et faire revenir en retournant de temps à autre jusqu'à ce qu'il soit doré, de 7 à 10 minutes. Remettre toute la viande dans la casserole, la saupoudrer de farine et cuire, en remuant, 1 minute. Remettre les oignons et le bacon dans la casserole et ajouter l'ail et le bouquet garni.

À feu vif, verser le vin et amener à ébullition en raclant pour détacher les particules brunies adhérant au fond de la casserole. Réduire à feu moyen et laisser mijoter, en remuant de temps à autre, jusqu'à ce que le liquide ait réduit du quart, de 3 à 5 minutes. Incorporer le bouillon et la pâte de tomate. Amener à ébullition, réduire à feu doux, laisser mijoter à couvert jusqu'à ce que la viande soit tendre, de 1 ½ à 2 heures. Retirer le bouquet garni. Ajouter les navets et faire cuire à couvert jusqu'à ce qu'ils soient tendres, environ 15 minutes. Ajouter les fanes de navets, cuire à couvert 2 minutes. Saler, poivrer et servir.

14 OCTOBRE

OCTOBRE 15

15 OCTOBRE

Dans cette chaudrée étonnamment légère, les ingrédients de la cuisine du Sud-Ouest américain dominent. Elle doit son onctuosité crémeuse non pas à l'ajout de produits laitiers, mais au fait que l'on réduise la moitié de la soupe en purée. Servez-la avec des croustilles de tortilla et de la salsa.

CHAUDRÉE DE PATATES DOUCES ET DE MAÏS AVEC AVOCAT

6 portions

2 c. à soupe d'huile d'olive

1 petit oignon blanc, coupé en dés

2 gousses d'ail, émincées

2 c. à café de cumin moulu

½ c. à café de coriandre moulue

Sel et poivre fraîchement moulu

2 patates douces, environ 750 g (1 ½ lb) au total, pelées et coupées en dés

750 ml (3 tasses) de bouillon de légumes ou de poulet

1 poivron rouge, épépiné et coupé en dés

8 épis de maïs, débarrassés des barbes et des pelures, grains prélevés, ou 500 g (3 tasses) de grains de maïs surgelés

2 c. à soupe de coriandre émincée

1 avocat à point, dénoyauté, pelé et coupé en dés

125 g (½ tasse) de crème sure (facultatif)

Dans une grande casserole à fond épais, faire chauffer l'huile à feu moyen-élevé. Ajouter l'oignon et l'ail, faire revenir jusqu'à transparence, environ 5 minutes. Ajouter le cumin, la coriandre, saler, poivrer et poursuivre la cuisson 1 minute. Ajouter les patates douces, remuer et cuire 3 minutes. Incorporer le bouillon, porter à ébullition et réduire à feu doux. Faire mijoter jusqu'à ce que les patates douces soient tendres, environ 20 minutes. Ajouter le poivron rouge et le maïs et poursuivre la cuisson jusqu'à ce que les légumes soient tendres, environ 10 minutes. Retirer du feu et laisser refroidir légèrement.

Réduire la moitié de la soupe en purée au mélangeur. Remettre dans la casserole. Incorporer la coriandre, saler et poivrer. Servir la chaudrée, garnie d'avocat et de crème sure, si désiré.

16 OCTOBRE

Les citrouilles à cuire diffèrent de la citrouille lanterne qui trône peut-être sur votre balcon à cette époque-ci de l'année. Recherchez les variétés Sugar Pie ou Long Island Cheese qui ont une chair dense et savoureuse.

SOUPE À LA CITROUILLE ET AU GINGEMBRE

6 à 8 portions

1 kg (2 lb) de citrouille Long Island Cheese ou Sugar Pie ou des courges d'hiver comme la courge musquée ou la Hubbard

15 cm (6 po) de gingembre frais, pelé

2 c. à soupe de beurre non salé

1 oignon jaune, haché

1 carotte, pelée et hachée

1 branche de céleri, hachée

2 gousses d'ail, émincées

1 litre (4 tasses) de bouillon de poulet, plus au besoin

Sel et poivre fraîchement moulu

Crème 35 % pour garnir

Épépiner la citrouille, peler et couper la chair en morceaux de 5 cm (2 po). Réserver. Râper le gingembre en utilisant les gros trous d'une râpe à quatre faces. Il faut environ 45 g (¼ tasse) de gingembre. Réserver.

Dans une grande casserole à fond épais, faire fondre le beurre à feu moyen. Ajouter l'oignon, la carotte, le céleri et l'ail, faire revenir jusqu'à tendreté, environ 5 minutes.

Incorporer la citrouille et le bouillon, porter à ébullition à feu vif. Réduire à feu moyen-doux, faire mijoter à demi couvert, jusqu'à ce que la citrouille soit tendre, environ 25 minutes. Retirer du feu et laisser refroidir légèrement.

Réduire la soupe en purée au mélangeur, en plusieurs fois. Remettre le tout dans la casserole, saler et poivrer. Faire réchauffer à feu moyen-doux. Garnir d'un filet de crème et servir.

17 OCTOBRE

SOUPE AUX HARICOTS BLANCS, AU BROCOLINI ET À LA SAUCISSE BRATWURST

4 à 6 portions

Une bonne bière froide accompagne à merveille cette soupe consistante. Remplacez la bratwurst par un autre type de saucisse, si vous le désirez. Servez avec du pain irlandais au bicarbonate de soude et du beurre.

3 c. à soupe d'huile d'olive

375 g (¾ lb) de saucisse bratwurst, coupée en tranches de 6 mm (¼ po)

1 oignon jaune, haché

4 gousses d'ail, émincées

455 g (14 ½ oz) de tomates en dés en conserve

1 litre (4 tasses) de bouillon de poulet

1 botte de brocolini, coupé en morceaux de 2,5 cm (1 po)

455 g (14 ½ oz) de haricots blancs en conserve, égouttés et rincés

Sel et poivre fraîchement moulu

Dans une grande casserole à fond épais, faire chauffer 1 c. à soupe d'huile à feu moyen. Ajouter les tranches de bratwurst et cuire en remuant souvent jusqu'à ce qu'elles soient dorées des deux côtés, de 7 à 8 minutes. Réserver dans un bol.

Ajouter le reste de l'huile dans la casserole avec l'oignon et l'ail. Faire revenir jusqu'à ce que les légumes soient très tendres, environ 5 minutes. Ajouter les tomates, leur jus et le bouillon, porter à ébullition. Ajouter le brocolini et cuire jusqu'à tendreté, environ 3 minutes. Réduire à feu doux, ajouter les haricots blancs et la saucisse, faire mijoter pendant 2 minutes pour développer les saveurs. Saler, poivrer et servir.

18 OCTOBRE

VELOUTÉ D'ÉCHALOTES ET D'AIL RÔTIS AVEC PANCETTA CROUSTILLANTE

2 portions

Pour les Français, la soupe devient un velouté lorsqu'on ajoute de la crème au bouillon. Cette recette ne vous donnera que 250 ml (1 tasse) de velouté, mais comme cette soupe est très riche, vous ne la servirez qu'en petite portion en entrée. Vous pouvez, par contre, doubler les quantités sans problème.

2 têtes d'ail

10 échalotes

2 c. à café d'huile d'olive

4 brins de thym, plus ¼ c. à café de feuilles de thym émincées

60 g (2 oz) de fines tranches de pancetta

2 c. à soupe de beurre non salé

310 ml (1 ¼ tasse) de bouillon de poulet

2 c. à soupe de crème 35 %

Sel et poivre fraîchement moulu

Préchauffer le four à 200 °C (400 °F). Couper la partie supérieure des têtes d'ail et des échalotes de façon à exposer les gousses. Sur un carré de papier d'aluminium, déposer 1 tête d'ail et la moitié des échalotes, arroser de 1 c. à café d'huile d'olive et mettre 2 brins de thym sur le tout. Fermer sans serrer la papillote. Répéter l'opération avec un autre carré de papier d'aluminium, le reste de l'ail, des échalotes, de l'huile et du thym. Faire rôtir au four jusqu'à ce que les légumes soient très tendres, environ 1 heure 10 minutes. Laisser tiédir et presser la pulpe des gousses d'ail et des échalotes dans un bol.

Dans une casserole, faire cuire la pancetta à feu moyen-élevé jusqu'à ce qu'elle soit croustillante. Ajouter le beurre et, une fois qu'il est fondu, ajouter l'ail, les échalotes et le thym émincé et cuire jusqu'à transparence, environ 6 minutes. Incorporer le bouillon, amener à ébullition. Incorporer la crème et amener de nouveau à ébullition. Réduire à feu doux, faire mijoter pendant 5 minutes. Retirer du feu et laisser refroidir légèrement.

Réduire la soupe en purée au mélangeur, en plusieurs fois. Remettre dans la casserole et faire réchauffer à feu moyen-doux. Saler, poivrer et servir le velouté, garni de pancetta émiettée.

19 OCTOBRE

En France, on se sert de la muscade pour parfumer les béchamels utilisées dans les gratins et autres plats crémeux. Ici, c'est l'ingrédient secret qui se révèle le complément idéal des légumes feuillus.

CRÈME D'ÉPINARDS

4 portions

1,5 kg (3 lb) d'épinards, débarrassés des tiges coriaces et rincés

500 ml (2 tasses) de lait, plus au besoin

500 ml (2 tasses) de bouillon de poulet ou de légumes

3 c. à soupe de beurre non salé

3 c. à soupe de farine tout usage

Sel et poivre fraîchement moulu

½ c. à café de muscade râpée

125 ml (½ tasse) de crème 35 %

Déposer les épinards, avec l'eau de rinçage adhérant à leurs feuilles, dans une casserole à feu moyen et cuire à couvert jusqu'à ce qu'ils tombent, environ 3 minutes. Égoutter et presser les épinards pour en extraire le plus de liquide possible. Les hacher finement au robot culinaire. Réserver.

Verser le lait et le bouillon dans deux petites casseroles et les faire chauffer à feu doux jusqu'à ce que de petites bulles apparaissent sur le pourtour des casseroles. Retirer du feu.

Dans une grande casserole à fond épais, faire fondre le beurre à feu moyen-doux. Lorsque la mousse commence à se résorber, ajouter la farine et remuer jusqu'à l'obtention d'un mélange homogène, environ 2 minutes. Incorporer graduellement le lait chaud tout en fouettant doucement. Cuire, en fouettant constamment, jusqu'à ce que le mélange bouillonne et ait épaissi, environ 3 minutes. Ajouter graduellement le bouillon chaud, toujours en fouettant, et amener presque au point d'ébullition. Poursuivre la cuisson jusqu'à coloration beige pâle et opaque, environ 3 minutes. Laisser refroidir légèrement.

Ajouter la purée d'épinards au mélange lait et bouillon et remuer. Ajouter 1 c. à café de sel, ⅛ c. à café de poivre et la muscade.

Réduire le feu et cuire à couvert, à petits frémissements, pendant 10 minutes en remuant à l'occasion. Retirer du feu et laisser tiédir. Réduire en purée au robot culinaire. Remettre dans la casserole et incorporer la crème. Faire réchauffer à feu doux. Au besoin, allonger avec du lait, 60 ml (¼ tasse) à la fois. Saler, poivrer et servir.

20 OCTOBRE

Ce bouillon parfumé et crémeux constitue une bonne base pour à peu près tous les légumes. Vous pourriez aussi ajouter des tranches fines de poulet poché, des crevettes ou des pétoncles.

BOUILLON À LA NOIX DE COCO ET AU CITRON VERT AVEC LÉGUMES

4 portions

1 c. à soupe d'huile de canola

1 échalote, émincée

2 gousses d'ail, émincées

2,5 cm (1 po) de gingembre frais, pelé et émincé

2 boîtes de 440 g (14 oz) de lait de coco

1 litre (4 tasses) de bouillon de légumes

250 g (½ lb) de petites pommes de terre Yukon Gold, coupées en quatre

90 g (3 oz) de haricots verts, parés et coupés en diagonale

1 petit poivron rouge, épépiné et finement tranché

Jus de 2 citrons verts

Sel

Dans une grande casserole à fond épais, faire chauffer l'huile à feu moyen-élevé. Ajouter l'échalote, l'ail et le gingembre, et faire revenir jusqu'à transparence, de 2 à 3 minutes. Incorporer le lait de coco et le bouillon, amener à ébullition. Ajouter les pommes de terre et poursuivre la cuisson jusqu'à tendreté, environ 10 minutes. Ajouter les haricots verts, le poivron rouge et le jus de citron vert, faire mijoter pendant 4 minutes. Saler et servir.

21

OCTOBRE

Bien assaisonné sans être trop piquant, ce ragoût de pois chiches, à servir par temps frais, est une excellente source de protéines. Pour sauver du temps, remplacez les pois chiches secs par une boîte de 470 g (15 oz) de pois chiches égouttés et bien rincés, et réduisez la quantité de bouillon, soit 750 ml (3 tasses) au lieu de 1,25 litre (5 tasses).

RAGOÛT DE POIS CHICHES À L'INDIENNE

6 portions

155 g (¾ tasse) de pois chiches secs, triés et rincés

1,25 litre (5 tasses) de bouillon de légumes

500 g (1 lb) de pommes de terre Russet, pelées et coupées en dés

500 g (1 lb) de tomates, pelées (voir page 172) et hachées

2 c. à café de garam masala

½ c. à café de gingembre moulu

½ c. à café de curcuma moulu

Sel et poivre fraîchement moulu

3 c. à soupe de coriandre hachée

Mettre les pois chiches dans un bol, recouvrir largement d'eau et laisser tremper pendant 3 heures. Égoutter.

Dans une grande casserole à fond épais, amener le bouillon à ébullition à feu vif. Ajouter les pois chiches, réduire à feu moyen et laisser mijoter à découvert jusqu'à ce qu'ils soient presque tendres, environ 1 ½ heure.

Ajouter les pommes de terre, les tomates, le garam masala, le gingembre et le curcuma, poursuivre la cuisson jusqu'à ce que les pommes de terre soient tendres, environ 30 minutes. Retirer du feu et laisser refroidir légèrement.

Réduire la moitié du mélange en purée au mélangeur. Remettre dans la casserole, saler et poivrer. Réchauffer et servir le ragoût, garni de coriandre.

22

OCTOBRE

La courge musquée représente la quintessence des légumes d'automne. Elle prend, une fois rôtie, un bon goût de noix. Pour une présentation élégante, versez le beurre noisette dans le bol de soupe en un mince filet, sans la remuer par la suite. Vous pouvez également ajouter une cuillerée de crème et une feuille de sauge.

SOUPE À LA COURGE AVEC BEURRE NOISETTE À LA SAUGE

4 à 6 portions

1 courge musquée de 1 kg (2 lb), pelée et coupée en dés

3 c. à soupe d'huile d'olive

Sel et poivre fraîchement moulu

2 c. à soupe de beurre non salé

1 oignon jaune, haché

2 gousses d'ail, émincées

1 litre (4 tasses) de bouillon de légumes

POUR LE BEURRE NOISETTE À LA SAUGE

60 g (¼ tasse) de beurre non salé

6 feuilles de sauge

Crème 35 % pour garnir (facultatif)

Préchauffer le four à 200 °C (400 °F) et tapisser de papier parchemin une plaque de cuisson. Arroser les dés de courge d'huile, saler, poivrer et remuer. Déposer la courge sur la plaque de cuisson préparée et faire rôtir jusqu'à tendreté, environ 25 minutes.

Dans une grande casserole à fond épais, faire fondre le beurre à feu moyen-élevé. Ajouter l'oignon et l'ail, faire revenir jusqu'à transparence, environ 5 minutes. Incorporer la courge rôtie et le bouillon, amener à ébullition. Réduire à feu doux et faire mijoter pendant 20 minutes pour que les saveurs se développent. Retirer du feu et laisser refroidir légèrement.

Réduire la soupe en purée au mélangeur, en plusieurs fois. Remettre dans la casserole, saler et poivrer.

Pour préparer le beurre noisette à la sauge, faire fondre le beurre dans une petite poêle à frire, à feu doux. Ajouter les feuilles de sauge et poursuivre la cuisson jusqu'à ce que le beurre commence à dorer et que l'odeur de la sauge soit très présente, de 3 à 4 minutes. Servir la soupe, surmontée d'un filet de beurre noisette et garnie de 1 ou 2 feuilles de sauge et d'une cuillerée de crème, si désiré.

22 OCTOBRE

23 OCTOBRE

Tranchez les champignons sur la longueur pour qu'ils conservent leur forme. Vous serez fier de présenter à vos invités ces magnifiques champignons que sont les chanterelles. Servez la soupe avec des croissants chauds.

SOUPE AU MAÏS AVEC CHANTERELLES ET THYM

4 portions

2 c. à soupe d'huile d'olive

3 c. à soupe de beurre non salé

2 échalotes, émincées

4 gousses d'ail, émincées

1 litre (4 tasses) de bouillon de poulet

2 paquets de 500 g (1 lb) de grains de maïs surgelés

60 ml (¼ tasse) de crème 35 %

Sel et poivre fraîchement moulu

60 g (2 oz) de chanterelles, finement tranchées

½ c. à café de feuilles de thym émincées

Dans une grande casserole à fond épais, faire chauffer l'huile et 2 c. à soupe de beurre à feu moyen-élevé. Ajouter les échalotes et l'ail, faire revenir jusqu'à tendreté, environ 3 minutes. Incorporer le bouillon et amener à ébullition. Ajouter le maïs et poursuivre la cuisson pendant 5 minutes. Retirer du feu et laisser refroidir légèrement.

Réduire la moitié de la soupe en purée au mélangeur. Remettre dans la casserole et incorporer la crème. Saler et poivrer.

Dans une petite poêle à frire, faire fondre le reste du beurre à feu moyen-élevé. Ajouter les champignons et le thym, faire revenir en remuant souvent, jusqu'à ce que les champignons libèrent leur eau de végétation et caramélisent légèrement, environ 4 minutes. Servir la soupe, garnie des chanterelles.

24 OCTOBRE

La cannelle et la muscade ajoutent à cette soupe une note intrigante, mais les panais sont si sucrés et savoureux qu'ils peuvent facilement se suffire à eux-mêmes. Pour plus de fraîcheur, garnissez la soupe de persil haché. Cette soupe se congèle bien.

CRÈME DE PANAIS

4 à 6 portions

2 c. à soupe de beurre non salé

1 c. à soupe d'huile d'olive

1 petit oignon jaune, haché

2 branches de céleri, hachées

2 gousses d'ail, émincées

½ c. à café de muscade râpée

Pincée de cannelle moulue

6 panais, environ 1,25 kg (2 ½ lb), pelés et coupés en dés

1,5 litre (6 tasses) de bouillon de poulet

125 ml (½ tasse) de crème 35 %

Sel et poivre blanc moulu

Dans une grande casserole à fond épais, faire chauffer le beurre et l'huile à feu moyen-élevé. Ajouter l'oignon, le céleri et l'ail, faire revenir jusqu'à tendreté, environ 7 minutes. Ajouter la muscade et la cannelle, mélanger et cuire pendant 1 minute. Incorporer les panais et le bouillon et amener à ébullition. Réduire à feu doux et laisser mijoter jusqu'à ce que les panais soient très tendres, de 45 à 50 minutes. Retirer du feu et laisser refroidir légèrement.

Réduire la soupe en purée au mélangeur, en plusieurs fois. Remettre dans la casserole, incorporer la crème et amener à ébullition. Saler, poivrer et servir.

25

OCTOBRE

Voici un hors-d'œuvre original à servir pour un cocktail. Versez la soupe dans un verre à liqueur et déposez une paille au fromage en équilibre sur le verre. Incitez vos invités à tremper leurs pailles dans la soupe avant de la siroter.

CRÈME DE HARICOTS NOIRS AVEC PAILLES AU FROMAGE

4 à 6 portions

POUR LES PAILLES AU FROMAGE

1 carré de pâte feuilletée du commerce, décongelée

60 g (½ tasse) de cheddar finement râpé

2 c. à soupe d'huile d'olive

1 oignon jaune, haché

3 gousses d'ail, émincées

1 petit piment jalapeño, épépiné et émincé

1 ½ c. à café de cumin moulu

4 boîtes de 470 g (15 oz) de haricots noirs, égouttés et rincés

680 ml (2 ¾ tasses) de bouillon de poulet

Sel et poivre fraîchement moulu

60 g (¼ tasse) de crème sure

Pour faire les pailles au fromage, préchauffer le four à 200 °C (400 °F) et tapisser une plaque de cuisson de papier parchemin. Abaisser le carré de pâte feuilletée sur une surface farinée à une épaisseur de 3 mm (⅛ po). Couper la pâte en 9 carrés d'environ 9 x 9 cm (3 ½ x 3 ½ po). Couper chaque carré en diagonale pour obtenir 18 triangles. En commençant par le côté le plus long, rouler chaque triangle sur lui-même et déposer, côté joint vers le bas, sur la plaque de cuisson préparée. Badigeonner d'eau chaque rouleau et saupoudrer de fromage en pressant à l'aide des doigts pour que celui-ci adhère à la pâte. Cuire jusqu'à ce que les pailles soient bien dorées, de 18 à 20 minutes.

Entre-temps, dans une grande casserole à fond épais, faire chauffer l'huile à feu moyen-élevé. Ajouter l'oignon et l'ail, faire revenir jusqu'à tendreté, 5 minutes. Ajouter le piment jalapeño et le cumin, poursuivre la cuisson en remuant souvent, 2 minutes. Incorporer les haricots noirs et le bouillon, amener à ébullition. Réduire à feu doux et laisser mijoter 15 minutes. Retirer du feu et laisser tiédir.

Réduire la soupe en purée au mélangeur ou au robot culinaire, en plusieurs fois. Remettre dans la casserole et faire réchauffer à feu moyen-doux. Saler, poivrer au goût et servir, accompagnée de pailles au fromage.

26

OCTOBRE

Ce ragoût est encore meilleur le lendemain, lorsque toutes les saveurs ont eu le temps de se développer. Vous pouvez donc le préparer d'avance. Servez-le avec du pain de maïs bien chaud et une salade verte.

RAGOÛT DE PORC ET DE TOMATILLES RÔTIES

4 à 6 portions

500 g (1 lb) de tomatilles, débarrassées de leur enveloppe, rincées et coupées en quatre

500 g (1 lb) de tomates italiennes, coupées en quatre

4 c. à soupe d'huile d'olive

Sel et poivre fraîchement moulu

750 g (1 ½ lb) de longe de porc, coupée en cubes de 1,5 cm (½ po)

1 oignon blanc, haché

3 gousses d'ail, émincées

500 ml (2 tasses) de bouillon de poulet

470 g (15 oz) de haricots blancs, égouttés et rincés

125 g (½ tasse) de crème sure

Sauce pimentée pour servir

Préchauffer le four à 220 °C (425 °F). Mettre les tomatilles et les tomates sur une plaque de cuisson, enrober de 2 c. à soupe d'huile, saler et poivrer. Faire rôtir pendant 25 minutes, en remuant une seule fois. Réserver et réduire la température du four à 180 °C (350 °F).

Assaisonner le porc de sel et de poivre. Dans une grande casserole à fond épais pouvant aller au four, faire chauffer 1 c. à soupe d'huile à feu moyen-élevé. En deux temps, cuire le porc jusqu'à ce qu'il soit doré sur toutes ses faces, environ 5 minutes chaque fois. Déposer le porc dans un bol et réserver.

Ajouter le reste de l'huile, l'oignon et l'ail dans la casserole, faire revenir jusqu'à transparence, environ 5 minutes. Incorporer le porc, les tomatilles, les tomates, le bouillon et les haricots et mélanger. Couvrir la casserole et mettre au four pendant 1 ½ heure.

Saler, poivrer et servir le ragoût, garni d'une cuillerée de crème sure. Mettre la sauce pimentée à la disposition des convives.

27 OCTOBRE

Cette soupe délicate est un amalgame de kombu ou de wakamé (algues séchées) et de miso (pâte de soya fermentée), deux ingrédients phares de la cuisine asiatique que l'on retrouve dans bon nombre d'épiceries. Légère et savoureuse, cette soupe se concocte très facilement.

SOUPE MISO

4 à 6 portions

90 g (3 oz) de wakamé

¾ c. à café de dashi en granules mélangé à 1,5 litre (6 tasses) d'eau chaude

6 c. à soupe de pâte miso blanche

1 c. à café de vinaigre de riz

60 g (2 oz) de tofu mou, coupé en dés

3 oignons verts, parties blanches et vert pâle seulement, coupés finement en diagonale

Faire tremper le wakamé dans de l'eau chaude jusqu'à tendreté, environ 10 minutes. Égoutter et couper en fines lanières.

Dans une grande casserole à fond épais, amener le mélange de dashi presque au point d'ébullition à feu doux. Incorporer, en fouettant, le miso et le vinaigre et laisser mijoter 5 minutes. Ajouter le wakamé, le tofu et les oignons verts. Servir.

28 OCTOBRE

Le garam masala est un mélange classique d'épices indiennes qui donne de la profondeur à ce potage. Faites revenir le mélange d'épices avant d'ajouter le liquide pour en rehausser la saveur.

POTAGE AUX CAROTTES ET AUX POIRES ASIATIQUES

4 à 6 portions

2 c. à soupe d'huile d'olive

1 petit oignon jaune, haché

2 gousses d'ail, émincées

2 c. à café de garam masala

8 carottes, pelées et hachées

2 poires asiatiques à point, pelées, évidées et hachées

1 litre (4 tasses) de bouillon de légumes

Sel et poivre blanc moulu

Dans une grande casserole à fond épais, faire chauffer l'huile à feu moyen-élevé. Ajouter l'oignon et l'ail, faire revenir jusqu'à transparence, environ 5 minutes. Ajouter le garam masala, mélanger et cuire 1 minute. Ajouter les carottes et les poires, remuer et cuire jusqu'à ce que les carottes commencent à s'attendrir, de 5 à 7 minutes.

Incorporer le bouillon et amener à ébullition. Réduire à feu doux et laisser mijoter 30 minutes. Retirer du feu et laisser tiédir. Réduire en purée au mélangeur. Remettre dans la casserole et réchauffer à feu moyen-doux. Saler, poivrer et servir.

29 OCTOBRE

Une bonne façon d'apprêter un reste de baguette ! Cette version aux artichauts diffère grandement de la classique soupe aux tomates et au pain. Comme elle est très substantielle, servez-la avec une simple salade verte garnie de figues fraîches, arrosée d'une vinaigrette au vinaigre balsamique.

SOUPE AUX ARTICHAUTS AVEC CROÛTONS ET SAUGE

4 portions

1 petit pain italien de la veille, coupé en cubes de 1,5 cm (½ po), soit environ 60 g (2 tasses)

3 c. à soupe d'huile d'olive

Sel et poivre fraîchement moulu

1 c. à soupe de beurre non salé

1 poireau, parties blanches et vert pâle seulement, haché

2 gousses d'ail, émincées

7 feuilles de sauge, hachées

500 ml (2 tasses) de bouillon de poulet

375 g (12 oz) de cœurs d'artichauts surgelés

Préchauffer le four à 180 °C (350 °F). Étendre les cubes de pain sur une plaque de cuisson, arroser de 2 c. à soupe d'huile, saler et poivrer au goût. Cuire jusqu'à ce que le pain soit doré et bien grillé, environ 10 minutes. Réserver.

Dans une grande casserole à fond épais, faire chauffer le beurre et 1 c. à soupe d'huile à feu moyen-élevé. Ajouter le poireau et l'ail, faire revenir pendant 4 minutes. Ajouter la sauge et poursuivre la cuisson pendant 1 minute. Incorporer le bouillon et 500 ml (2 tasses) d'eau, amener à ébullition. Ajouter les cœurs d'artichauts, réduire à feu moyen-doux et laisser mijoter jusqu'à ce que les artichauts soient tendres et bien chauds, environ 10 minutes.

Ajouter les croûtons, remuer et cuire pendant 5 minutes. Retirer du feu et laisser refroidir légèrement.

Réduire la soupe en purée au mélangeur, en plusieurs fois. Remettre dans la casserole et faire réchauffer à feu moyen-doux. Saler, poivrer et servir.

30

OCTOBRE

Le fait que cette soupe contienne du beurre d'arachide lui assure un grand succès auprès des enfants. Vous pourriez la garnir d'arachides hachées pour lui donner du croquant.

SOUPE AUX PATATES DOUCES, AU GINGEMBRE ET À L'ARACHIDE

4 à 6 portions

2 c. à soupe de beurre non salé

1 petit oignon jaune, haché

2 gousses d'ail, émincées

1 c. à soupe de gingembre frais, pelé et émincé

2 patates douces, 750 g (1 ½ lb) au total, pelées et coupées en dés

1,1 litre (4 ½ tasses) de bouillon de légumes

3 c. à soupe de beurre d'arachide crémeux

2 c. à soupe de coriandre émincée

Sel et poivre fraîchement moulu

Dans une grande casserole à fond épais, faire fondre le beurre à feu moyen-élevé. Ajouter l'oignon, l'ail et le gingembre, mélanger et faire revenir environ 5 minutes. Ajouter les patates douces, mélanger et cuire 5 minutes. Incorporer le bouillon et amener à ébullition. Réduire à feu doux et laisser mijoter jusqu'à ce que les patates douces soient très tendres, de 30 à 35 minutes. Retirer du feu et laisser refroidir légèrement.

Réduire la soupe en purée au mélangeur ou au robot culinaire, en plusieurs fois. Remettre dans la casserole à feu doux, ajouter le beurre d'arachide et remuer jusqu'à l'obtention d'un mélange homogène, environ 4 minutes. Ajouter la coriandre, saler et poivrer au goût. Servir.

31

OCTOBRE

Quelques ingrédients plutôt rustiques s'unissent pour offrir une soupe rassasiante et visuellement intéressante. Les andouillettes sont des saucisses épicées. Si vous préférez une soupe un peu moins relevée, remplacez-les par des saucisses italiennes douces.

SOUPE AU RIZ SAUVAGE, À LA BETTE À CARDE ROUGE ET À L'ANDOUILLETTE

6 portions

90 g (½ tasse) de riz sauvage

375 g (2 tasses) de tomates cerises

2 c. à soupe d'huile d'olive

Sel et poivre fraîchement moulu

4 morceaux d'andouillette, environ 375 g (12 oz)

1 oignon jaune, coupé en dés

3 gousses d'ail, émincées

1 botte de bette à carde, débarrassée des tiges coriaces, feuilles et côtes hachées

1,5 litre (6 tasses) de bouillon de poulet

Faire cuire le riz sauvage selon les directives inscrites sur l'emballage et réserver.

Préchauffer le four à 260 °C (500 °F). Dans un bol, arroser les tomates cerises avec 1 c. à soupe d'huile, saler et poivrer au goût. Étendre sur une plaque de cuisson avec rebord et faire rôtir au four jusqu'à ce que les tomates commencent à se fendre et à caraméliser, environ 10 minutes. Réserver.

Dans une grande casserole à fond épais, faire revenir les saucisses à feu moyen-élevé jusqu'à ce qu'elles soient cuites à cœur, environ 15 minutes. Déposer les saucisses sur une planche à découper et, une fois qu'elles sont suffisamment refroidies, les couper en tranches de 6 mm (¼ po). Réserver.

Ajouter le reste de l'huile dans la casserole et faire chauffer à feu moyen-élevé. Ajouter l'oignon et l'ail, faire revenir jusqu'à tendreté, environ 5 minutes. Ajouter la bette à carde et poursuivre la cuisson, en remuant souvent, pendant 4 minutes. Incorporer le bouillon et porter à ébullition, en raclant pour détacher les particules brunies adhérant au fond de la casserole. Réduire à feu doux et laisser mijoter. Ajouter le riz, l'andouillette et les tomates, remuer et faire mijoter encore 5 minutes. Saler, poivrer et servir.

novembre

5

CHILI AU PORC
ET AUX PIMENTS POBLANOS
page 253

6

SOUPE AUX MARRONS ET AU CÉLERI-RAVE
AVEC BACON ET CROÛTONS À LA SAUGE
page 253

7

POTAGE AU CÉLERI-RAVE
ET POMMES CARAMÉLISÉES
page 255

12

SOUPE AU FROMAGE CHEDDAR
ET À LA BIÈRE
page 257

13

SOUPE DE RIZ SAUVAGE AUX FEUILLES
DE MOUTARDE ET AU GRUYÈRE
page 258

14

SOUPE AU CHOU ROUGE
ET AUX POMMES
page 258

19

GOULASH
page 263

20

BOUILLON AUX TOMATES ET AU FENOUIL
AVEC PALOURDES
page 263

21

BISQUE DE TOMATES
page 264

26

SOUPE AUX LÉGUMES FEUILLUS
À L'AIL,AU PORC RÔTI ET
AUX HARICOTS BLANCS
page 268

27

SOUPE AUX CAROTTES AVEC BACON
ET CRÈME DE MARRONS
page 269

28

BOUILLON ÉPICÉ AVEC COURGE POIVRÉE
RÔTIE ET CHOU FRISÉ
page 269

Les vents cinglants et les gelées précoces du mois de novembre demandent des plats robustes et longuement mijotés : de savoureux ragoûts de bœuf ou d'agneau cuits à petit feu ou des plats végétariens plus costauds comprenant des céréales, des haricots et des champignons pour les soirées douillettes passées à la maison. Vers la fin du mois, lorsque les récoltes se tarissent, il est avantageux d'apprêter les restes de rôti pour en faire des soupes au riz ou aux nouilles.

1

NOVEMBRE

L'orge, une excellente source de minéraux et de fibres, mérite le regain de popularité dont il jouit présentement en cuisine. Comme une certaine portion de cette soupe a été mise en purée, sa consistance crémeuse supporte bien le goût viandeux des champignons d'automne. Ajoutez un talon de parmesan au bouillon lorsqu'il mijote pour en rehausser la saveur.

SOUPE À L'ORGE AVEC CHAMPIGNONS SAUVAGES ET THYM

4 portions

15 g (½ oz) de champignons porcinis séchés

125 ml (½ tasse) de vin blanc sec

1 c. à soupe d'huile d'olive

60 g (½ tasse) d'échalotes hachées

2 gousses d'ail, émincées

250 g (8 oz) de champignons café, hachés

1 c. à café de thym frais ou ½ c. à café de thym séché

Sel et poivre fraîchement moulu

750 ml (3 tasses) de bouillon de poulet

185 g (¾ tasse) d'orge perlé

1 c. à soupe de pâte de tomate

2 c. à café de jus de citron frais

Bien rincer les porcinis pour retirer toute trace de saleté et de sable. Dans une petite casserole, amener le vin presque au point d'ébullition. Retirer du feu et ajouter les porcinis. Laisser reposer 15 minutes avant de passer dans un tamis déposé sur un bol. Hacher finement les porcinis et réserver le liquide.

Dans une grande casserole à fond épais, faire chauffer l'huile à feu moyen-élevé. Ajouter les échalotes et l'ail, faire revenir jusqu'à tendreté, de 3 à 5 minutes. Ajouter les champignons café, le thym, ¼ c. à café de sel et ¼ c. à café de poivre. Cuire jusqu'à ce que les champignons café libèrent leur eau de végétation et commencent à dorer, de 4 à 5 minutes. Incorporer le liquide de trempage réservé et amener à ébullition en raclant pour détacher les particules brunies adhérant au fond de la casserole. Incorporer le bouillon, l'orge, la pâte de tomate, 750 ml (3 tasses) d'eau et les porcinis hachés. Faire mijoter à couvert jusqu'à ce que l'orge soit tendre sous la dent, de 45 à 50 minutes. Retirer du feu et laisser refroidir légèrement.

Réduire environ 250 ml (1 tasse) de la soupe en purée au mélangeur. Remettre dans la casserole, faire réchauffer et incorporer le jus de citron. Saler, poivrer et servir.

2

NOVEMBRE

Les pommes, les poireaux et le cidre créent une complexité de goût qui fait de ce potage de courge d'hiver une soupe riche en caractère et qui ne requiert que bien peu de choses pour se distinguer. Pour sauver du temps, remplacez les courges par 1,25 kg (2 ½ lb) de courge déjà débitée en morceaux provenant du rayon des fruits et légumes. Accompagnez ce potage d'une baguette chaude et de cidre sec.

POTAGE POMME, POIREAU ET COURGE MUSQUÉE

8 portions

1 ou 2 courges musquées, environ 2 kg (4 lb) au total, pelées et coupées en morceaux

500 g (1 lb) de pommes surettes, pelées, évidées et coupées en quartiers, plus une petite pomme surette, non pelée, coupée en deux, évidée et finement tranchée

1 gros poireau, parties blanches et vert pâle seulement, coupé en tronçons

4 gousses d'ail

2 c. à soupe de sauge hachée, plus des feuilles entières pour garnir (facultatif)

2 c. à café de cumin moulu

Sel et poivre fraîchement moulu

3 c. à soupe d'huile d'olive

1 litre (4 tasses) de bouillon de poulet

250 ml (1 tasse) de cidre ou de vin blanc sec

125 g (½ tasse) de crème fraîche ou de crème sure

Préchauffer le four à 220 °C (425 °F). Déposer la courge, les quartiers de pommes, le poireau et l'ail sur une plaque de cuisson avec rebord. Parsemer de 1 c. à soupe de sauge hachée et de 1 c. à café de cumin. Saler et poivrer. Arroser d'huile, remuer pour bien enrober les légumes et les pommes et les étendre en une seule couche.

Faire rôtir, en remuant 2 ou 3 fois, jusqu'à ce que la courge soit tendre et que les légumes et les pommes soient dorés, de 20 à 25 minutes. Retirer du four.

Au robot culinaire, en plusieurs fois, réduire le potage en purée grossière. L'appareil toujours en marche, verser de 250 à 375 ml (1 à 1 ½ tasse) de bouillon et réduire presque en purée. Verser la purée dans une casserole à fond épais, faire chauffer à feu moyen. Incorporer le reste du bouillon, le cidre, 1 c. à soupe de sauge hachée et 1 c. à café de cumin moulu, et amener presque au point d'ébullition, en remuant souvent le mélange. Saler, poivrer.

Verser le potage dans des assiettes creuses, garnir de 1 c. à soupe de crème, surmontée de quelques tranches de pommes et de feuilles de sauge, si désiré, et servir.

1 NOVEMBRE

3 NOVEMBRE

SOUPE AU RIZ ET AU CÉLERI AVEC PERSIL

6 portions

Le céleri aromatique se marie au persil et au laurier dans cette soupe parfumée à base de riz. Les feuilles de céleri, que l'on jette habituellement, méritent un meilleur sort ! Elles sont mises à contribution dans cette soupe et font une jolie garniture.

3 c. à soupe de beurre non salé

1 oignon jaune, finement haché

90 g (½ tasse) de céleri finement haché

1 petite feuille de laurier

Sel

1,5 litre (6 tasses) de bouillon de poulet

75 g (⅓ tasse) de riz blanc à grain long

2 c. à soupe de feuilles de céleri vert pâle, finement hachées

2 c. à soupe de persil plat finement haché

60 ml (¼ tasse) d'huile d'olive extra vierge

Dans une grande casserole à fond épais, faire fondre le beurre à feu moyen. Réduire à feu moyen-doux et faire revenir l'oignon, le céleri, la feuille de laurier et une pincée de sel, jusqu'à ce que l'oignon et le céleri soient tendres, environ 15 minutes. Incorporer le bouillon et porter à ébullition. Réduire à feu doux, ajouter le riz et faire mijoter à couvert jusqu'à ce que le riz soit tendre, environ 20 minutes. Saler.

Dans un bol, mélanger les feuilles de céleri, le persil et l'huile. Saler. Servir la soupe, garnie du mélange de feuilles de céleri.

4 NOVEMBRE

SOUPE CHAMPIGNONS, CAROTTES ET POIREAUX AVEC COPEAUX DE PARMESAN

4 portions

Cette soupe légère et savoureuse se révèle une entrée parfaite. Elle est constituée d'un mélange riche et complexe de bouillon de poulet et de bœuf et d'un ensemble coloré de légumes finement hachés auxquels on ajoute, juste avant de servir, de fins copeaux de parmesan.

2 c. à soupe d'huile de canola

2 c. à soupe de beurre non salé

4 carottes, pelées et coupées en lanières de 7,5 cm (3 po) de long par 6 mm (¼ po) de large

2 poireaux, parties blanches seulement, coupés en deux sur la longueur puis en tranches de 6 mm (¼ po)

500 g (1 lb) de champignons shiitakes, débarrassés de leur pieds, les chapeaux coupés en lanières de 6 mm (¼ po)

125 g (¼ lb) de champignons de couche, finement tranchés

3 gousses d'ail, émincées

750 ml (3 tasses) de bouillon de bœuf

750 ml (3 tasses) de bouillon de poulet

Sel et poivre fraîchement moulu

Copeaux de parmesan pour garnir

Dans une grande casserole à fond épais, faire chauffer l'huile et le beurre à feu moyen-élevé. Lorsqu'ils sont bien chauds, ajouter les carottes et faire revenir en remuant, jusqu'à ce qu'elles soient légèrement attendries, de 2 à 3 minutes. Ajouter les poireaux et cuire en remuant, jusqu'à ce qu'ils soient légèrement attendris, de 3 à 4 minutes. Ajouter les shiitakes, les champignons de couche et l'ail, poursuivre la cuisson jusqu'à ce que les champignons s'attendrissent, environ 5 minutes.

Incorporer les bouillons de bœuf et de poulet, ½ c. à café de sel et ¼ c. à café de poivre et laisser mijoter à découvert, jusqu'à ce que tous les légumes soient tendres, environ 15 minutes. Saler et poivrer. Servir la soupe, garnie de copeaux de parmesan.

5

NOVEMBRE

Plein de saveur et bien relevé, ce chili en satisfera plus d'un ! Servez-le avec les accompagnements traditionnels du chili et des tortillas chaudes.

CHILI AU PORC ET AUX PIMENTS POBLANOS

6 à 8 portions

4 c. à soupe d'huile d'olive

Sel et poivre fraîchement moulu

1 kg (2 lb) d'épaule de porc coupée en cubes de 1,5 cm (½ po)

1 oignon jaune, haché

4 gousses d'ail, émincées

2 piments poblanos, épépinés et coupés en dés

2 c. à soupe de cumin moulu

2 c. à café de poudre de chili

875 g (28 oz) de tomates en dés en conserve

500 ml (2 tasses) de bouillon de poulet

10 g (¼ tasse) de coriandre ciselée

Dans une grande casserole à fond épais, faire chauffer 2 c. à soupe d'huile à feu moyen-élevé. Saler et poivrer le porc. En plusieurs fois, cuire le porc jusqu'à ce qu'il soit doré sur toutes ses faces, de 6 à 8 minutes chaque fois. Déposer dans un bol et réserver.

Ajouter le reste de l'huile, l'oignon, l'ail et les piments poblanos dans la casserole, faire revenir jusqu'à ce que les légumes soient tendres, de 5 à 7 minutes. Ajouter le cumin et la poudre de chili et poursuivre la cuisson 1 minute. Incorporer les tomates, le bouillon et le porc, amener à ébullition. Réduire à feu doux et faire mijoter pendant 1 heure. Ajouter la coriandre, saler, poivrer et servir.

6

NOVEMBRE

Un tantinet amère, la sauge fraîche possède à coup sûr une franche tonalité boisée. Ici, jumelée au salé du bacon, elle souligne la douceur des marrons et du céleri-rave. Essayez la sauge dans d'autres soupes d'automne. Une seule feuille, revenue dans le beurre jusqu'à ce qu'elle libère son parfum, déposée sur la soupe, ajoutera à cette dernière du panache et de la classe.

SOUPE AUX MARRONS ET AU CÉLERI-RAVE AVEC BACON ET CROÛTONS À LA SAUGE

6 à 8 portions

6 tranches de bacon

1 oignon jaune, haché

3 branches de céleri, hachées

¼ c. à café de graines de céleri

1,5 litre (6 tasses) de bouillon de poulet

1 céleri-rave d'environ 500 g (1 lb), pelé et haché

1 pot de 470 g (15 oz) de marrons cuits à la vapeur, pelés et hachés

125 ml (½ tasse) de crème à café 10 %

Sel et poivre fraîchement moulu

Croûtons à la sauge **(voir page 261)**

Dans une grande casserole à fond épais, faire cuire le bacon à feu moyen, en le retournant une fois, jusqu'à ce qu'il soit croustillant, environ 8 minutes. Déposer sur des essuie-tout, laisser refroidir et émietter.

Conserver 2 c. à soupe de gras de bacon dans la casserole et remettre à feu moyen. Ajouter l'oignon et le céleri, faire revenir jusqu'à tendreté, environ 7 minutes. Ajouter les graines de céleri et cuire en remuant souvent jusqu'à ce que le mélange soit odorant, environ 1 minute. Incorporer le bouillon, augmenter à feu moyen-élevé et amener à ébullition. Ajouter le céleri-rave et les marrons, amener de nouveau à ébullition, puis réduire à feu doux et faire mijoter, à demi couvert, jusqu'à ce que le céleri-rave soit tendre sous la pointe d'un couteau, environ 25 minutes. Retirer du feu et laisser refroidir légèrement.

Réduire la soupe en purée au mélangeur, en plusieurs fois. Remettre dans une casserole propre. Incorporer la crème, 1 ½ c. à café de sel et du poivre au goût, et cuire à feu moyen-doux, en remuant à l'occasion, jusqu'à ce que la soupe soit bien chaude, environ 10 minutes. Saler, poivrer et servir, garnie de bacon et de croûtons à la sauge.

7

NOVEMBRE

Le céleri-rave est la racine d'une variété de céleri. Sa saveur fine se révèle dans des préparations simples, comme celle-ci. Cette soupe se congèle bien, sans les pommes caramélisées.

POTAGE AU CÉLERI-RAVE ET POMMES CARAMÉLISÉES

4 portions

2 c. à soupe de beurre non salé

1 poireau, parties blanches et vert pâle seulement, haché

2 céleris-raves, environ 1 kg (2 lb) au total, pelés et hachés

875 ml (3 ½ tasses) de bouillon de légumes

2 c. à soupe de crème à café 10 %

Sel et poivre blanc moulu

POUR LES POMMES CARAMÉLISÉES

1 c. à soupe de beurre non salé

1 petite pomme Granny Smith, pelée, évidée et coupée en dés

¼ c. à café de sucre brun foncé

Dans une grande casserole à fond épais, faire fondre le beurre à feu moyen. Ajouter le poireau, faire revenir jusqu'à tendreté, environ 4 minutes. Ajouter le céleri-rave, remuer et faire revenir 2 minutes. Incorporer le bouillon et amener à ébullition. Réduire à feu doux et laisser mijoter jusqu'à ce que le céleri-rave soit tendre, de 25 à 30 minutes. Retirer du feu et laisser refroidir légèrement.

Pendant que le potage refroidit, faire caraméliser les pommes. Dans une poêle à frire, faire fondre 1 c. à soupe de beurre à feu moyen-élevé, jusqu'à ce qu'une mousse se forme. Ajouter la pomme et faire revenir 4 minutes. Saupoudrer de sucre brun, bien mélanger et poursuivre la cuisson jusqu'à ce que les dés de pomme commencent à caraméliser, environ 3 minutes. Retirer du feu et réserver.

Réduire le potage en purée au mélangeur, en plusieurs fois. Remettre dans la casserole à feu moyen, incorporer la crème et amener à ébullition. Fermer le feu, saler et poivrer. Servir le potage, garni des pommes caramélisées.

8

NOVEMBRE

Le goût de noix et de beurre du gruyère complète parfaitement celui de la citrouille. Râpez-le finement pour qu'il fonde rapidement et uniformément dans la soupe.

SOUPE À LA CITROUILLE ET AU GRUYÈRE

4 à 6 portions

2 c. à soupe de beurre non salé

1 échalote, émincée

2 gousses d'ail, émincées

125 g (¼ lb) de gruyère, finement râpé

2 boîtes de 470 g (15 oz) de purée de citrouille

Pincée de muscade râpée

500 ml (2 tasses) de bouillon de poulet

2 c. à soupe de crème 35 %

Sel et poivre fraîchement moulu

Dans une grande casserole à fond épais, faire fondre le beurre à feu moyen-élevé. Ajouter l'échalote et l'ail et faire revenir jusqu'à tendreté, de 3 à 4 minutes. Ajouter la moitié du gruyère et remuer jusqu'à ce que le fromage commence à fondre. Incorporer la purée de citrouille, la muscade et le bouillon, remuer et amener à ébullition. Réduire à feu doux et laisser mijoter pendant 15 minutes. Incorporer la crème. Saler, poivrer et servir la soupe, garnie du reste du gruyère.

9

NOVEMBRE

Le riche bouillon de cette soupe lui donne de la profondeur ; les piments chipotles apportent du piquant et une note de fumée, la sauce adobo, une touche aigre-douce. Le tout est contrebalancé par le goût acidulé des tomatilles. Les accompagnements, tout en fraîcheur, offrent une gamme invitante de coloris et de textures.

SOUPE TOMATILLES ET POULET AVEC PIMENTS CHIPOTLES

6 à 8 portions

2 litres (8 tasses) de bouillon de poulet

750 g (1 ½ lb) de demi-poitrines de poulet, désossées et sans peau

1 brin d'origan

10 tiges de coriandre

9 gousses d'ail, broyées

500 g (1 lb) de tomatilles, débarrassées de leur enveloppe, rincées et hachées

1 oignon blanc, haché

2 gros piments chipotles dans une sauce adobo, émincés, plus 1 c. à soupe de sauce adobo

1 ½ c. à soupe d'huile de canola

Sel et poivre fraîchement moulu

4 c. à café de jus de citron vert frais

1 avocat à point

Lanières de tortilla (voir page 191)

280 g (1 ½ tasse) de tomates cerises ou raisins, coupées en quatre

250 g (½ lb) de fromage cotija ou feta, émietté

Dans une grande casserole à fond épais, mettre le bouillon, les poitrines de poulet, l'origan, la coriandre et 3 gousses d'ail, porter à ébullition à feu moyen-élevé. Réduire à feu doux, faire mijoter à couvert jusqu'à ce que le poulet soit cuit à cœur, de 15 à 20 minutes. Déposer le poulet dans une assiette. Passer le bouillon dans un tamis déposé sur un grand bol résistant à la chaleur. Jeter les matières solides. Une fois le poulet refroidi, couper la chair en morceaux et réserver.

Au robot culinaire, réduire en purée bien lisse les tomatilles, l'oignon, les piments chipotles, la sauce adobo et 6 gousses d'ail. Dans une casserole propre, faire chauffer l'huile à feu vif. Ajouter le mélange de tomatilles et faire revenir, en remuant à l'occasion, jusqu'à ce que le liquide s'évapore, que la couleur fonce et que le mélange soit odorant, environ 15 minutes.

Incorporer le bouillon et amener presque à ébullition. Laisser mijoter en remuant à l'occasion pour que les saveurs se développent, environ 10 minutes. Ajouter 1 ½ c. à café de sel, 3 c. à café de jus de citron vert, les morceaux de poulet et du poivre au goût, faire mijoter jusqu'à ce que le poulet soit chaud, environ 5 minutes.

Entre-temps, dénoyauter, peler et couper l'avocat en dés. L'arroser de 1 c. à café de jus de citron vert. Goûter et rectifier l'assaisonnement s'il y a lieu. Servir la soupe, garnie de lanières de tortilla, d'avocat, de tomates et de fromage.

10

NOVEMBRE

Écraser les pommes de terre cuites au lieu de les réduire en purée donne à la soupe une texture intéressante. Bien que cette soupe ne contienne ni lait ni crème, elle s'avère tout aussi onctueuse. Vous pouvez remplacer le romarin par du thym frais.

SOUPE AUX POMMES DE TERRE ET AU ROMARIN

4 à 6 portions

2 c. à café d'huile d'olive

½ petite échalote, émincée

1,5 litre (6 tasses) de bouillon de poulet

500 g (1 lb) de pommes de terre Yukon Gold ou tout usage, pelées et coupées en gros morceaux

1 c. à café de romarin émincé

1 feuille de laurier

Sel et poivre fraîchement moulu

Dans une grande casserole à fond épais, faire chauffer l'huile à feu moyen. Ajouter l'échalote, faire revenir jusqu'à transparence, 1 à 2 minutes. Incorporer le bouillon et amener à ébullition. Ajouter les pommes de terre, la moitié du romarin, la feuille de laurier et ¼ c. à café de poivre. Réduire à feu doux, faire mijoter à demi couvert jusqu'à ce que les pommes de terre soient tendres sous les dents d'une fourchette, de 15 à 20 minutes. Retirer la casserole du feu et jeter la feuille de laurier.

À l'aide d'un pilon ou d'une fourchette, écraser les pommes de terre en petits morceaux. Saler, poivrer et servir la soupe, garnie du reste de romarin.

11 NOVEMBRE

L'humble cuisse de poulet connaît son heure de gloire, surtout dans les ragoûts et les caris. Tandis que la viande blanche risquerait d'être trop cuite et asséchée, la cuisse, cuite longtemps, donne ainsi sa pleine mesure tant au plan de la saveur que de l'assaisonnement.

RAGOÛT DE CHOU-FLEUR ET DE POULET AU CARI

4 portions

1 petit oignon jaune, grossièrement haché

2 c. à soupe de gingembre frais, pelé et haché

3 gousses d'ail, hachées

1 c. à soupe de poudre de cari

Sel

2 c. à soupe d'huile de maïs ou d'arachide

375 g (¾ lb) de tomates, épépinées et hachées

420 ml (13 ½ oz) de lait de coco en conserve

500 g (1 lb) de cuisses de poulet désossées, sans la peau, coupées en gros cubes

1 petit chou-fleur, cuit à la vapeur et débité en fleurons

125 g (¼ lb) de haricots verts, parés et coupés en tronçons de 5 cm (2 po)

Riz cuit à la vapeur pour servir

Au mélangeur, mettre 1 c. à soupe d'eau, l'oignon, le gingembre et l'ail, activer l'appareil jusqu'à l'obtention d'une pâte. Dans un petit bol, mélanger la poudre de cari et ½ c. à café de sel.

Faire chauffer une grande poêle à frire à feu vif jusqu'à ce qu'elle soit très chaude et ajouter l'huile. Ajouter la pâte d'oignon et d'ail et faire revenir jusqu'à ce que le mélange commence à dorer, environ 5 minutes. Incorporer le mélange d'épices et faire revenir jusqu'à ce qu'il soit odorant, environ 10 secondes. Ajouter les tomates et poursuivre la cuisson en remuant à l'occasion jusqu'à ce qu'elles commencent à se défaire, environ 5 minutes. Incorporer le lait de coco et 125 ml (¼ tasse) d'eau, amener presque à ébullition et ajouter les cubes de poulet. Couvrir, réduire à feu doux et faire mijoter jusqu'à ce que le ragoût épaississe, environ 20 minutes. Ajouter le chou-fleur et les haricots verts. Couvrir et poursuivre la cuisson jusqu'à ce que les légumes soient tendres, de 15 à 20 minutes. Saler au goût. Servir le ragoût sur un lit de riz.

12 NOVEMBRE

Cette soupe est une combinaison classique que l'on retrouve dans les pubs anglais. Les lagers britanniques ont plus de corps et un goût plus prononcé que les lagers américaines. Pour que l'accord soit parfait, utilisez un cheddar âgé. Servez-la avec du pain à la bière ou des bretzels chauds.

SOUPE AU FROMAGE CHEDDAR ET À LA BIÈRE

4 à 6 portions

125 g (½ tasse) de beurre non salé

1 poireau, parties blanches et vert pâle seulement, finement tranché

1 carotte, pelée et coupée en dés de 1,5 cm (½ po)

1 branche de céleri, coupée en dés de 1,5 cm (½ po)

Sel et poivre fraîchement moulu

75 g (½ tasse) de farine tout usage

½ c. à café de moutarde sèche

1 litre (4 tasses) de bouillon de poulet

1 bouteille de 375 ml (12 oz) de bière de bonne qualité comme la Bass ou la Newcastle

250 g (2 tasses) de cheddar fort, râpé

30 g (¼ tasse) de parmesan râpé

Pincée de poivre de cayenne

1 c. à café de de sauce Worcestershire

Dans une grande casserole à fond épais, faire fondre le beurre à feu moyen. Ajouter le poireau, la carotte et le céleri, faire revenir jusqu'à tendreté, environ 10 minutes. Saler et poivrer.

Incorporer la farine et la moutarde et cuire pendant 1 minute. Incorporer le bouillon et la bière et amener presque au point d'ébullition à feu vif. Réduire à feu moyen et, à l'aide d'un fouet, remuer pour éviter la formation de grumeaux, jusqu'à ce que le mélange ait légèrement épaissi, environ 5 minutes. Ajouter les fromages et fouetter constamment jusqu'à ce que le mélange soit homogène, de 3 à 5 minutes. Ne pas laisser la soupe bouillir : elle prendrait une texture filandreuse. Incorporer le poivre de cayenne et la sauce Worcestershire. Saler, poivrer et servir.

13 NOVEMBRE

SOUPE DE RIZ SAUVAGE AUX FEUILLES DE MOUTARDE ET AU GRUYÈRE

4 portions

Surveillez bien la cuisson des feuilles de moutarde, qui se fait en un rien de temps. Le gruyère fondu en garniture donne à la soupe tout son cachet. Servez-la accompagnée de chaussons aux fines herbes (vous n'avez qu'à ajouter des fines herbes comme de la ciboulette ou du thym à la pâte feuilletée).

185 g (1 tasse) de riz sauvage

3 c. à soupe de beurre non salé

250 g (½ lb) de champignons de Paris, finement tranchés

Sel et poivre fraîchement moulu

125 ml (½ tasse) de xérès sec

1 c. à soupe d'huile d'olive

1 oignon jaune, haché

5 gousses d'ail, émincées

1,25 litre (5 tasses) de bouillon de poulet, plus au besoin

1 botte de feuilles de moutarde, grossièrement hachées

125 g (¼ lb) de gruyère, grossièrement râpé

Dans une petite casserole, cuire le riz sauvage selon les directives inscrites sur l'emballage.

Dans une poêle à frire, faire fondre 2 c. à soupe de beurre à feu moyen-élevé. Ajouter les champignons, saler et poivrer. Faire revenir jusqu'à ce qu'ils libèrent leur eau de végétation et deviennent dorés, environ 5 minutes. Incorporer le xérès et amener presque à ébullition, en raclant à l'aide d'une cuillère de bois pour détacher les particules brunies adhérant au fond de la casserole. Poursuivre la cuisson pendant 2 minutes, retirer du feu et réserver.

Dans une grande casserole à fond épais, faire chauffer le reste du beurre et l'huile à feu moyen-élevé. Ajouter l'oignon et l'ail, faire revenir jusqu'à transparence, environ 5 minutes. Incorporer le bouillon et les champignons avec leur jus, amener à ébullition. Réduire à feu moyen-doux et faire mijoter pendant 10 minutes. Ajouter le riz sauvage et les feuilles de moutarde et faire mijoter pendant 5 minutes. Saler, poivrer et servir la soupe, garnie de fromage râpé.

14 NOVEMBRE

SOUPE AU CHOU ROUGE ET AUX POMMES

4 portions

Cette soupe délicieuse voit sa saveur décuplée par l'ajout d'une pomme râpée juste avant de la servir. Les Golden Delicious sont sucrées ; si vous désirez un goût plus suret, choisissez des Granny Smith.

4 pommes Golden Delicious, environ 500 g (1 lb) au total

2 c. à soupe de beurre non salé

1 oignon jaune, émincé

1 chou rouge d'environ 375 g (¾ lb), cœur retiré et tranché très finement

60 ml (¼ tasse) de vinaigre de vin rouge

1,1 litre (4 ½ tasses) de bouillon de bœuf

Sel et poivre fraîchement moulu

2 c. à café de jus de citron

80 g (1/3 tasse) de crème sure (facultatif)

10 g (¼ tasse) d'aneth haché

Sans les éplucher, couper 2 pommes en quartiers, les évider et les couper en cubes de 2,5 cm (1 po). Réserver.

Dans une grande casserole à fond épais, faire fondre le beurre à feu moyen. Lorsqu'il commence à mousser, ajouter l'oignon et faire revenir jusqu'à transparence, de 2 à 3 minutes. Ajouter les cubes de pomme et faire revenir jusqu'à ce qu'ils commencent à s'attendrir, de 3 à 4 minutes. Ajouter le chou et poursuivre la cuisson jusqu'à ce qu'il devienne luisant et plus pâle, de 5 à 6 minutes. Incorporer le vinaigre et amener presque à ébullition en raclant pour détacher les particules brunies adhérant au fond de la casserole. Incorporer le bouillon, ½ c. à café de sel et ½ c. à café de poivre, amener à ébullition à feu moyen-élevé. Réduire à feu doux, faire mijoter à couvert jusqu'à ce que le chou et les pommes soient tendres, environ 15 minutes.

Pendant que la soupe mijote, peler, couper en deux et évider les 2 pommes restantes, puis les râper finement à l'aide d'une râpe à quatre faces. Déposer dans un petit bol, ajouter le jus de citron et remuer. Réserver.

Lorsque la soupe est prête, retirer du feu et incorporer les trois quarts des pommes râpées. Servir la soupe, garnie de crème sure, si désiré, et parsemer du reste des pommes râpées et d'aneth.

NOVEMBRE

15

15

NOVEMBRE

Pour sauver du temps, achetez du pain de maïs du commerce. Assurez-vous que la poêle à frire est très chaude avant d'ajouter les cubes de pain afin d'obtenir une belle coloration dorée uniforme, tout en faisant vite pour éviter que le beurre ne brûle. Mettez le reste des croûtons à la disposition des convives.

SOUPE AU JAMBON ET AUX HARICOTS BLANCS AVEC CROÛTONS AU PAIN DE MAÏS

4 à 6 portions

4 tranches épaisses de bacon

1 tranche épaisse de jambon, cuit, environ 250 g (½ lb), coupée en cubes

1 c. à soupe d'huile d'olive

1 petit oignon jaune, coupé en dés

3 gousses d'ail, émincées

2 branches de céleri, coupées en dés

500 ml (2 tasses) de bouillon de poulet

2 boîtes de 470 g (15 oz) de haricots blancs, égouttés et rincés

Sel et poivre fraîchement moulu

POUR LES CROÛTONS AU PAIN DE MAÏS

1 c. à soupe de beurre non salé

1 petit pain de maïs, coupé en cubes de 1,5 cm (½ po)

Faire chauffer une grande casserole à fond épais, à feu moyen-élevé. Ajouter le bacon et cuire jusqu'à ce qu'il soit croustillant. Déposer sur des essuie-tout, laisser refroidir et émietter. Réserver dans un bol.

Ajouter le jambon dans la casserole et faire cuire en remuant souvent, jusqu'à ce qu'il soit doré, environ 4 minutes. Déposer le jambon dans le bol, avec le bacon. Ajouter l'huile, l'oignon, l'ail et le céleri dans la casserole, faire revenir jusqu'à ce que les légumes soient tendres, environ 5 minutes. Incorporer le bouillon et les haricots, amener à ébullition. Réduire à feu doux et laisser mijoter 10 minutes. Retirer du feu et laisser refroidir légèrement.

Réduire la moitié de la soupe en purée au mélangeur. Remettre dans la casserole avec le bacon et le jambon, bien mélanger. Saler et poivrer.

Pour préparer les croûtons, dans une poêle à frire, faire fondre le beurre à feu moyen. Ajouter les cubes de pain de maïs et cuire en les retournant une fois, jusqu'à ce qu'ils soient dorés des deux côtés.

Servir la soupe, garnie de croûtons.

16

NOVEMBRE

Pour faire des croûtons à la sauge, mélangez dans un grand bol, 250 g (8 oz) de pain de campagne, croûte enlevé et coupé en cubes, 2 c. à soupe d'huile d'olive et 1 c. à soupe de sauge hachée. Assaisonnez de sel et de poivre et enfournez à 190 °C (350 °F) environ 10 minutes, jusqu'à ce que les croûtons soient croustillants et dorés.

SOUPE AUX PENNES ET À LA COURGE AVEC CROÛTONS À LA SAUGE

6 portions

1 c. à soupe d'huile d'olive, plus 1 c. à café

1 courge musquée d'environ 1 kg (2 lb) coupée en deux sur la longueur et épépinée

Sel et poivre fraîchement moulu

185 g (6 oz) de pennes

1 c. à soupe de beurre non salé

3 tranches de bacon, grossièrement hachées

1 gros oignon jaune, grossièrement haché

1,5 litre (6 tasses) de bouillon de poulet

Pincée de muscade râpée

90 g (¾ tasse) de gruyère, grossièrement râpé

18 feuilles de persil plat

Croûtons à la sauge (voir à gauche)

Préchauffer le four à 190 °C (375 °F). Badigeonner une plaque de cuisson de 1 c. à café d'huile d'olive. Déposer la courge sur la plaque de cuisson, côté coupé vers le bas. Cuire jusqu'à ce qu'elle soit tendre, environ 1 heure. À l'aide d'une grosse cuillère, prélever la chair de la courge et réserver.

Dans une grande casserole, amener 4 litres (16 tasses) d'eau à ébullition à feu vif. Ajouter 2 c. à café de sel et les pennes, cuire jusqu'à ce qu'ils soient al dente, de 10 à 12 minutes ou selon les directives inscrites sur l'emballage. Égoutter, arroser de 1 c. à soupe d'huile d'olive et remuer.

Dans une grande casserole à fond épais, faire fondre le beurre à feu moyen. Ajouter le bacon et l'oignon, cuire à découvert jusqu'à ce que l'oignon soit tendre, environ 10 minutes. Incorporer la courge et le bouillon, faire mijoter à découvert, jusqu'à ce que la courge se défasse, environ 30 minutes. Retirer du feu et laisser refroidir légèrement.

Réduire la soupe en purée au mélangeur ou au robot culinaire, en plusieurs fois. Remettre dans la casserole. Ajouter les pennes, la muscade, saler et poivrer au goût. Bien mélanger et servir la soupe, garnie de gruyère, de persil et de croûtons.

17 NOVEMBRE

D'origine nord-africaine, la merguez est une saucisse d'agneau ou de bœuf relevée de piments ou de harissa. La patate douce, riche en amidon, et le chou frisé, un légume à feuilles d'un beau vert foncé, forment l'écrin parfait pour la merguez.

SOUPE CHOU FRISÉ, PATATE DOUCE ET SAUCISSE D'AGNEAU

6 à 8 portions

3 patates douces, environ 1 kg (2 lb) au total, coupées en morceaux de 4 cm (1 ½ po)

2 c. à soupe d'huile d'olive

Sel et poivre fraîchement moulu

250 g (½ lb) de merguez

1 gros oignon jaune, finement haché

4 gousses d'ail, émincées

2 c. à café de thym émincé

2 litres (8 tasses) de bouillon de poulet

1 grosse pomme de terre rouge, pelée et coupée en morceaux de 2 cm (¾ po)

1 petite botte de chou frisé (*kale*), feuilles débarrassées des nervures centrales et coupées en lanières de 6 mm (¼ po).

Préchauffer le four à 230 °C (450 °F). Tapisser une plaque de cuisson avec rebord de papier d'aluminium. Dans un grand bol, mélanger les patates douces, 1 ½ c. à soupe d'huile, du sel et du poivre au goût. Étendre en une seule couche sur la plaque et faire rôtir jusqu'à ce que les patates douces soient tout juste tendres, environ 20 minutes.

Dans une grande casserole à fond épais, faire chauffer le reste de l'huile à feu moyen. Ajouter les saucisses et cuire en les retournant à l'occasion jusqu'à ce qu'elles soient dorées, 8 minutes. Déposer sur des essuie-tout. Ajouter l'oignon dans la casserole, faire revenir jusqu'à tendreté, 5 minutes. Ajouter l'ail et le thym et poursuivre la cuisson 45 secondes. Incorporer 750 ml (3 tasses) de bouillon, augmenter à feu vif et amener à ébullition, en raclant pour détacher les particules brunies adhérant au fond de la casserole. Ajouter la pomme de terre, couvrir et cuire 25 minutes.

Couper les saucisses en tranches de 1,5 cm (½ po). À l'aide d'une cuillère de bois, écraser les pommes de terre contre la paroi de la casserole pour épaissir la soupe. Ajouter les tranches de saucisse et le reste du bouillon. Amener à ébullition, réduire à feu doux et laisser mijoter 10 minutes. Augmenter à feu moyen, saler et poivrer au goût. Ajouter les patates douces et le chou frisé, cuire jusqu'à ce que le chou frisé soit tendre, 8 minutes. Goûter, rectifier l'assaisonnement au besoin et servir.

18 NOVEMBRE

Servez cette soupe de pâtes en entrée ou comme plat principal, en utilisant des orecchiettes ou autres pâtes de grosseur moyenne. Pour une touche authentiquement italienne, remplacez le brocoli par des rapinis, un cousin robuste et agréablement amer du brocoli.

BOUILLON AVEC ORECCHIETTES, SAUCISSE ET BROCOLI

6 portions

2 litres (8 tasses) de bouillon de poulet

½ à 1 c. à café de flocons de piment rouge

500 g (1 lb) de saucisses italiennes épicées

750 g (1 ½ lb) de brocoli, paré et coupé en fleurons

Sel et poivre fraîchement moulu

375 g (12 oz) d'orecchiettes

Dans une grande casserole, à fond épais, amener le bouillon et les flocons de piment rouge à ébullition à feu moyen. Réduire à feu doux et laisser mijoter pendant 20 minutes. À l'aide d'une fourchette, percer la peau des saucisses. Dans une poêle à frire, cuire les saucisses à feu moyen jusqu'à ce qu'elles soient dorées et cuites à cœur, de 15 à 20 minutes. Déposer les saucisses sur des essuie-tout et laisser refroidir avant de les couper en rondelles et de les ajouter au bouillon. Ajouter le brocoli et laisser mijoter jusqu'à tendreté, environ 15 minutes.

Dans une grande casserole, amener 5 litres (20 tasses) d'eau à ébullition à feu vif. Ajouter 1 c. à soupe de sel et les pâtes. Cuire jusqu'à ce qu'elles soient al dente, environ 12 minutes, ou selon les directives inscrites sur l'emballage. Égoutter. Ajouter les orecchiettes au bouillon, saler et poivrer au goût. Bien mélanger et servir.

19 NOVEMBRE

La goulash, ragoût de bœuf traditionnel de la Hongrie, doit sa singularité au paprika doux. Contrairement aux autres paprikas qui ne donnent souvent rien de plus que de la couleur, cette poudre rouge foncé a une saveur riche et aromatique qui capte l'essence des piments séchés et moulus dont elle est constituée.

GOULASH

4 portions

3 c. à soupe d'huile d'olive

4 poireaux, parties blanches et vert pâle seulement, finement hachés

2 c. à café de graines de carvi

1 poivron rouge, épépiné et haché

1 kg (2 lb) de bœuf à ragoût, coupé en cubes de 2,5 cm (1 po)

3 c. à soupe de paprika hongrois doux

750 ml (3 tasses) de bouillon de poulet, de bœuf ou de légumes

455 g (14 ½ oz) de tomates en dés en conserve

3 gousses d'ail, émincées

1 pomme de terre Yukon Gold, pelée et hachée

1 panais, pelé et haché

2 carottes, pelées et hachées

Sel et poivre fraîchement moulu

10 g (¼ tasse) de persil plat finement haché

125 g (½ tasse) de crème sure

Dans une grande casserole à fond épais, faire chauffer l'huile à feu moyen-élevé. Ajouter les poireaux et les graines de carvi, faire revenir jusqu'à ce que les poireaux soient tendres, environ 5 minutes. Ajouter le poivron rouge et poursuivre la cuisson jusqu'à tendreté, environ 2 minutes. Ajouter le bœuf et le paprika et faire revenir jusqu'à ce que le bœuf soit doré sur toutes ses faces, de 7 à 10 minutes. Augmenter à feu vif, incorporer le bouillon et amener à ébullition, en raclant pour détacher les particules brunies adhérant au fond de la casserole. Réduire à feu moyen-doux et faire mijoter à demi couvert, jusqu'à ce que la viande se défasse à la fourchette, de 30 à 40 minutes.

Incorporer les tomates avec leur jus, l'ail, la pomme de terre, le panais et les carottes. Saler et poivrer au goût. Poursuivre la cuisson à demi couvert jusqu'à ce que tous les légumes soient tendres, environ 20 minutes. Ajouter le persil. Goûter et rectifier l'assaisonnement si nécessaire. Servir la goulash, garnie d'une cuillerée de crème sure.

20 NOVEMBRE

Si vous préférez une saveur anisée plus prononcée, utilisez des bulbes de fenouil. Pour une saveur plus douce, remplacez le fenouil par 1 oignon jaune et 2 branches de céleri hachées.

BOUILLON AUX TOMATES ET AU FENOUIL AVEC PALOURDES

4 portions

180 g (1 tasse) de tomates cerises

2 c. à soupe d'huile d'olive

Sel et poivre fraîchement moulu

1 c. à soupe de beurre non salé

2 gousses d'ail, tranchées

2 petits bulbes de fenouil, débarrassés de leurs tiges, plumets et cœur, tranchés

2 échalotes, émincées

125 ml (½ tasse) de vin blanc sec

250 ml (1 tasse) de bouillon de poulet

1 kg (2 lb) de palourdes, brossées

10 g (¼ tasse) de persil plat haché

Préchauffer le four à 260 °C (500 °F). Étendre les tomates cerises sur une plaque de cuisson, arroser de 1 c. à soupe d'huile, saler et poivrer. Faire rôtir les tomates jusqu'à ce qu'elles amollissent et se fendillent, environ 7 minutes.

Dans une grande casserole à fond épais, faire chauffer le beurre et le reste de l'huile à feu moyen-élevé. Ajouter l'ail, le fenouil et les échalotes, faire revenir jusqu'à tendreté, environ 5 minutes. Ajouter le vin blanc et cuire 2 minutes. Incorporer le bouillon et les tomates, amener à ébullition. Saler et poivrer. Ajouter les palourdes en rejetant toutes celles qui ne se referment pas au toucher. Couvrir et cuire jusqu'à ce que les palourdes s'ouvrent, de 8 à 10 minutes. Rejeter toutes celles qui sont restées fermées. Mettre les palourdes dans un grand bol de service et couvrir de bouillon. Garnir de persil et servir à la bonne franquette.

21

NOVEMBRE

Grâce à l'ajout de crème, cette bisque de tomate prend une belle couleur rose orangé. Comme elle se prépare en un tournemain, cette soupe constitue un dîner de semaine très apprécié. Servez-la avec du pain croûté français ou italien.

BISQUE DE TOMATES

4 à 6 portions

2 c. à soupe de beurre non salé

45 g (⅓ tasse) d'échalotes hachées

2 gousses d'ail, émincées

625 ml (2 ½ tasses) de bouillon de légumes

3 c. à soupe de riz blanc à grain long

Sel et poivre blanc moulu

875 g (28 oz) de tomates italiennes broyées en conserve

1 c. à soupe de feuilles de basilic déchiquetées

250 ml (1 tasse) de crème 35 %

3 gouttes de sauce tabasco

Croûtons pour garnir

Dans une grande casserole, faire fondre le beurre à feu moyen-doux. Ajouter les échalotes et l'ail, faire revenir jusqu'à tendreté, environ 3 minutes. Incorporer le bouillon, le riz et ½ c. à café de sel, amener à ébullition. Réduire à feu doux, faire cuire à couvert jusqu'à ce que le riz soit tendre, de 20 à 25 minutes. Ajouter les tomates et le basilic. Couvrir et faire mijoter 10 minutes. Retirer du feu et laisser refroidir légèrement.

Au mélangeur, réduire la soupe en purée bien lisse et, avec le dos d'une louche, presser à travers un tamis. Remettre à chauffer à feu doux dans la casserole. À l'aide d'un fouet, incorporer la crème, ¼ c. à café de sel, ⅛ c. à café de poivre et la sauce tabasco. Faire réchauffer doucement. Goûter et rectifier l'assaisonnement au besoin. Servir la soupe, garnie de croûtons.

22

NOVEMBRE

Une préparation ancestrale, celle du plat de lentilles pour lequel Esaü vendit son droit d'aînesse ! La soupe aux lentilles rouges est toujours très présente en Égypte et au Liban. Les lentilles rouges cuisent plus rapidement que les autres variétés et sont donc idéales dans les soupes et les potages.

SOUPE CITRONNÉE AUX LENTILLES ROUGES AVEC ÉCHALOTES RÔTIES

4 portions

2 c. à soupe d'huile d'olive

1 oignon jaune, haché

1 c. à café de cumin moulu

½ c. à café de coriandre moulue

Pincée de flocons de piment rouge

220 g (1 tasse) de lentilles rouges, triées et rincées

1 carotte, pelée et finement hachée

1 tomate, pelée (voir page 172), épépinée et hachée

1 litre (4 tasses) de bouillon de légumes

Sel et poivre fraîchement moulu

Jus de ½ citron, plus 1 citron coupé en quatre

Échalotes rôties (voir page 28)

Dans une grande casserole à fond épais, faire chauffer l'huile à feu moyen-élevé. Ajouter l'oignon et faire revenir jusqu'à tendreté, environ 5 minutes. Ajouter le cumin, la coriandre et les flocons de piment rouge et poursuivre la cuisson en remuant jusqu'à ce que les épices embaument, environ 30 secondes.

Incorporer les lentilles, la carotte, la tomate et le bouillon. Assaisonner de 1 c. à café de sel et de quelques tours de moulin à poivre. Amener à ébullition, réduire à feu moyen, faire mijoter à couvert, jusqu'à ce que les lentilles se défassent et que les carottes soient cuites, environ 40 minutes. Retirer du feu et laisser refroidir légèrement.

Réduire la soupe en purée au mélangeur, en plusieurs fois. Remettre dans la casserole, ajouter le jus de citron et faire réchauffer à feu moyen, en remuant à l'occasion. Servir la soupe, garnie d'échalotes rôties et accompagnée de quartiers de citron.

22
NOVEMBRE

NOVEMBRE

23

23

NOVEMBRE

La bonne nouvelle à propos de cette recette, c'est qu'elle utilise presque toute la citrouille, y compris les graines qui sont rôties pour garnir la soupe. Mettez les graines de citrouille épicées qui vous restent dans la boîte à lunch de votre enfant, il vous en sera reconnaissant.

SOUPE À LA CITROUILLE AVEC GRAINES DE CITROUILLE ÉPICÉES

6 portions

1 petite citrouille d'environ 1,5 kg (3 lb) comme la Sugar Pie, pelée, épépinée et hachée

2 c. à soupe d'huile d'olive

Sel et poivre fraîchement moulu

3 c. à soupe de beurre non salé

1 oignon jaune, haché

2 gousses d'ail, émincées

1 c. à café de cumin moulu

½ c. à café de coriandre moulue

1 litre (4 tasses) de bouillon de poulet

POUR LES GRAINES DE CITROUILLE ÉPICÉES

60 g (½ tasse) de graines de citrouille, nettoyées

1 c. à café d'huile de canola

Sel

¼ c. à café de poivre de cayenne

¼ c. à café de cumin moulu

Pincée de cannelle moulue

Préchauffer le four à 200 °C (400 °F) et tapisser de papier parchemin une plaque de cuisson. Mélanger la citrouille avec l'huile, saler, poivrer et étendre sur la plaque. Faire rôtir jusqu'à ce qu'elle soit caramélisée, de 30 à 35 minutes.

Dans une grande casserole à fond épais, faire fondre le beurre à feu moyen-élevé. Ajouter l'oignon et l'ail, faire revenir jusqu'à transparence, 5 minutes. Ajouter le cumin et la coriandre et poursuivre la cuisson 1 minute. Incorporer le bouillon et la citrouille, porter à ébullition. Réduire à feu doux et laisser mijoter 25 minutes. Retirer du feu et laisser tiédir. Réduire en purée au mélangeur. Remettre dans la casserole, saler et poivrer.

Réduire l'intensité du four à 180 °C (350 °F) et tapisser de papier parchemin une plaque de cuisson. Dans un bol, mélanger les graines de citrouille et l'huile. Dans un autre bol, mélanger 1 c. à café de sel, le poivre de cayenne, le cumin et la cannelle. Ajouter les graines de citrouille au mélange d'épices et mélanger. Étendre en une seule couche sur la plaque et faire rôtir en remuant une seule fois, jusqu'à ce qu'elles soient dorées, de 10 à 12 minutes. Servir la soupe, garnie de graines de citrouille.

24

NOVEMBRE

Habituellement disponibles de la fin du mois d'octobre au mois de mars, les topinambours, qui ont une drôle d'apparence, sont difficiles à peler, mais leur saveur délicieusement douce, similaire à celle des artichauts, en vaut la peine.

CRÈME DE TOPINAMBOURS AVEC CHAMPIGNONS PORCINIS

4 portions

4 c. à soupe de beurre non salé

2 c. à soupe d'huile d'olive

2 poireaux, parties blanches et vert pâle seulement, hachés

1 kg (2 lb) de topinambours (artichauts de Jérusalem), pelés et finement tranchés

750 ml (3 tasses) de bouillon de légumes

2 c. à soupe de crème 35 %

Sel et poivre blanc moulu

60 g (2 oz) de champignons porcinis, finement tranchés

1 c. à soupe de ciboulette hachée

Dans une grande casserole, faire chauffer l'huile et 2 c. à soupe de beurre à feu moyen-élevé. Ajouter les poireaux, faire revenir jusqu'à tendreté, environ 4 minutes. Ajouter les topinambours et poursuivre la cuisson pendant 4 minutes. Incorporer le bouillon et amener à ébullition. Réduire à feu doux et laisser mijoter pendant 25 minutes, jusqu'à ce que les topinambours soient très tendres. Retirer du feu et laisser refroidir légèrement.

Réduire la soupe en purée au mélangeur, en plusieurs fois. Remettre dans la casserole et incorporer la crème. Amener à ébullition. Fermer le feu, saler et poivrer.

Dans une petite poêle à frire, faire fondre le reste du beurre à feu moyen-élevé. Ajouter les porcinis, saler et poivrer. Faire revenir jusqu'à ce qu'ils soient tendres et dorés, environ 4 minutes. Servir la crème, garnie de porcinis et de ciboulette.

25 NOVEMBRE

SOUPE À LA DINDE ET AU RIZ PARFUMÉ AVEC CITRONNELLE

6 à 8 portions

La citronnelle a un goût citronné et légèrement herbacé, avec un arôme vif et rafraîchissant. La plante aromatique jette un nouvel éclairage sur la fameuse soupe à la dinde qui profite également d'un regain de saveur grâce au gingembre, à l'ail, aux piments forts et au riz parfumé.

2,5 cm (1 po) de gingembre frais

3 piments serranos

2 c. à café d'huile de canola

1 oignon jaune, finement haché

3 gousses d'ail, émincées

4 tiges de citronnelle, parties centrales blanches seulement, broyées et émincées

3 carottes, pelées et finement tranchées

2 litres (8 tasses) de bouillon de poulet ou de dinde

250 ml (1 tasse) de vin blanc sec

155 g (¾ tasse) de riz parfumé ou autre riz blanc à grain long

Restes de dinde cuite, en morceaux

Sel et poivre fraîchement moulu

Peler le gingembre et le couper en 4 tranches égales. Écraser chaque tranche avec le côté plat de la lame d'un couteau de chef. Épépiner et émincer 2 piments serranos. Couper le reste des piments en anneaux très fins et réserver.

Dans une grande casserole à fond épais, faire chauffer l'huile à feu moyen. Ajouter l'oignon, faire revenir jusqu'à transparence, environ 5 minutes. Ajouter l'ail, les piments émincés et la citronnelle, poursuivre la cuisson jusqu'à ce que le mélange soit odorant, environ 45 secondes. Augmenter à feu vif, incorporer le gingembre, les carottes, le bouillon et le vin, amener à ébullition. Ajouter le riz, la dinde, 2 c. à café de sel et du poivre, au goût, réduire à feu doux et laisser mijoter jusqu'à ce que le riz soit tendre, environ 15 minutes. Retirer et jeter les morceaux de gingembre. Saler, poivrer et servir la soupe, garnie des tranches de piments réservées.

26 NOVEMBRE

SOUPE AUX LÉGUMES FEUILLUS À L'AIL, AU PORC RÔTI ET AUX HARICOTS BLANCS

4 à 6 portions

La prochaine fois que vous ferez un rôti de porc, faites-en cuire un deuxième pour préparer cette soupe. Servez-la accompagnée de pain chaud croûté et d'un verre de pinot noir.

1 petit filet de porc d'environ 375 g (¾ lb)

4 c. à soupe d'huile d'olive

7 gousses d'ail, émincées

Sel et poivre fraîchement moulu

½ oignon jaune, haché

1 botte de chou frisé (*kale*), feuilles débarrassées de leur nervure centrale et hachées

750 ml (3 tasses) de bouillon de poulet

4 tomates italiennes, épépinées et hachées

470 g (15 oz) de cannellinis ou autres haricots blancs en conserve, rincés et égouttés

Préchauffer le four à 200 °C (400 °F). Déposer le filet de porc sur une plaque de cuisson et arroser de 2 c. à soupe d'huile. Enduire la viande d'environ 2 gousses d'ail émincées, saler et poivrer. Faire rôtir au four jusqu'à ce que le porc soit cuit à cœur et qu'un thermomètre inséré dans la partie la plus épaisse indique 60 ° à 65 °C (140 ° à 150 °F), environ 25 minutes. Déposer sur une planche à découper, laisser reposer au moins 10 minutes avant de couper la viande en dés.

Dans une grande casserole à fond épais, faire chauffer le reste de l'huile à feu moyen-élevé. Ajouter l'oignon et le reste de l'ail, faire revenir jusqu'à transparence, environ 5 minutes. Ajouter le chou frisé et faire revenir pendant 4 minutes. Incorporer le bouillon, les tomates, les haricots et le porc, bien mélanger. Faire mijoter à feu doux 10 minutes pour que les saveurs se développent. Saler, poivrer et servir.

27

NOVEMBRE

Recherchez les marrons cuits à la vapeur, pelés et emballés sous vide. Les marrons sous vide ont été débarrassés de leur carapace extérieure et de la couche intérieure amère, vous évitant ainsi un dur labeur. Évitez les marrons en conserve dans l'eau, car leur texture et leur saveur laissent à désirer.

SOUPE AUX CAROTTES AVEC BACON ET CRÈME DE MARRONS

8 à 10 portions

4 tranches de bacon

60 g (¼ tasse) de beurre non salé

1 poireau, parties blanches et vert pâle seulement, haché

1 oignon jaune, haché

1 kg (2 lb) de carottes, pelées et tranchées finement

1 pomme de terre Russet, pelée et coupée en dés

1,5 à 2 litres (6 à 8 tasses) de bouillon de poulet

POUR LA CRÈME DE MARRONS

60 g (½ tasse) de marrons du commerce cuits à la vapeur, pelés

60 ml (¼ tasse) de bouillon de poulet

90 g (⅓ tasse) de crème fraîche ou de crème sure

Pincée de muscade râpée

Sel et poivre fraîchement moulu

2 c. à soupe de ciboulette ciselée

Dans une grande casserole à fond épais, cuire le bacon à feu moyen, en le retournant une fois, jusqu'à ce qu'il soit croustillant, 6 minutes. Déposer sur des essuie-tout. Laisser refroidir et émietter. Jeter le gras de bacon accumulé dans la casserole, ajouter le beurre et faire fondre à feu moyen. Ajouter le poireau et l'oignon, faire revenir 10 minutes. Ajouter les carottes, la pomme de terre et 1,5 litre (6 tasses) de bouillon, porter à ébullition à feu vif. Réduire à feu doux, faire mijoter à demi couvert 45 minutes.

Entre-temps, préparer la crème de marrons. Dans une petite casserole, faire chauffer les marrons et le bouillon à feu doux. Laisser mijoter, à couvert, 15 minutes. Retirer du feu et laisser tiédir. Réduire en purée au mélangeur avec la crème et la muscade. Verser dans un bol et réserver.

Retirer les légumes du feu et laisser tiédir. Réduire en purée au mélangeur. Remettre dans la casserole. Au besoin, allonger de bouillon jusqu'à la consistance désirée. Saler et poivrer. Réchauffer à feu doux. Servir, garnie d'une cuillerée de crème de marrons, de ciboulette et de bacon.

28

NOVEMBRE

En tapissant une plaque de cuisson de papier parchemin, vous vous assurez que les légumes rôtis caramélisent parfaitement, sans attacher à la plaque. Et, surtout, cette opération facilite grandement le nettoyage !

BOUILLON ÉPICÉ AVEC COURGE POIVRÉE RÔTIE ET CHOU FRISÉ

4 à 6 portions

1 courge poivrée, pelée, épépinée et coupée en cubes

3 c. à soupe d'huile d'olive

Sel et poivre fraîchement moulu

125 g (¼ lb) de bacon épais, coupé en morceaux de 1,5 cm (½ po)

1 oignon blanc, coupé en dés

2 gousses d'ail, émincées

1 c. à café de piment de la Jamaïque

½ c. à café de muscade râpée

¼ c. à café de cannelle moulue

1 botte de chou frisé (*kale*), feuilles débarrassées de leur nervure centrale et coupées en lanières de 1,5 cm (½ po)

1,5 litre (6 tasses) de bouillon de poulet

Préchauffer le four à 200 °C (400 °F) et tapisser de papier parchemin une plaque de cuisson. Mélanger les morceaux de courge avec 2 c. à soupe d'huile, saler, poivrer et étendre sur la plaque de cuisson préparée. Faire rôtir la courge jusqu'à ce qu'elle soit tendre sans se défaire, environ 20 minutes.

Dans une grande casserole à fond épais, cuire le bacon à feu moyen-élevé, jusqu'à ce qu'il soit croustillant, environ 10 minutes. Déposer sur des essuie-tout. Ajouter le reste de l'huile au gras de bacon dans la casserole. Ajouter l'oignon, l'ail, le piment de la Jamaïque, la muscade et la cannelle, faire revenir en remuant souvent, jusqu'à ce que l'oignon soit tendre, de 5 à 7 minutes. Ajouter le chou frisé et la courge, remuer et poursuivre la cuisson 3 minutes. Incorporer le bouillon, faire mijoter pendant 10 minutes pour que les saveurs se développent. Ajouter le bacon, saler, poivrer et servir.

29

NOVEMBRE

Les soupes de fruits de mer extraordinaires font toutes, sans exception, bon usage des carapaces. Pour faire cette bisque, vous devez d'abord cuire les crevettes, les décortiquer et ensuite faire revenir les carapaces avant de les ajouter au bouillon qui mijote. Cette étape a pour effet de concentrer les saveurs.

BISQUE DE CREVETTES

8 portions

5 brins de thym

5 tiges de persil plat

1 petit oignon jaune, coupé en quatre

1 petite carotte, pelée et coupée en quatre

8 grains de poivre

2 feuilles de laurier

750 g (1 ½ lb) de crevettes non décortiquées, préférablement avec les têtes

80 ml (⅓ tasse) d'huile d'olive

1 bouteille de 750 ml (24 oz) de vin blanc sec

Sel et poivre fraîchement moulu

1 litre (4 tasses) de crème 35 %

Dans une grande casserole à fond épais, mettre 1,5 litre (6 tasses) d'eau, le thym, le persil, l'oignon, la carotte, les grains de poivre et les feuilles de laurier. Amener à ébullition à feu moyen-élevé. Ajouter les crevettes et cuire jusqu'à ce qu'elles soient opaques, 1 à 2 minutes. À l'aide d'une cuillère à égoutter, déposer les crevettes dans un tamis et rincer sous l'eau froide courante. Réduire à feu doux pour que le bouillon mijote. Couvrir et réfrigérer 8 crevettes non décortiquées. Décortiquer le reste des crevettes, réservant les têtes et les carapaces. Hacher les crevettes, couvrir et réfrigérer.

Dans une poêle à frire, faire chauffer l'huile à feu moyen-élevé. Ajouter les têtes et carapaces de crevette, faire revenir jusqu'à ce qu'elles deviennent odorantes et commencent à dorer, de 5 à 8 minutes. Réduire à feu moyen et poursuivre la cuisson pendant 15 minutes.

Ajouter les têtes et les carapaces au bouillon et cuire jusqu'à ce qu'il ne reste que 500 ml (2 tasses) de bouillon, environ 45 minutes. À l'aide d'une cuillère à égoutter, retirer les fines herbes, les légumes et les parures de crevettes. Ajouter le vin, augmenter à feu vif et porter à ébullition. Réduire à feu doux et faire mijoter, à découvert, jusqu'à ce qu'il ne reste que 750 ml (3 tasses) de bouillon, environ 30 à 40 minutes. Assaisonner de 1 c. à café de sel. Incorporer la crème, augmenter à feu moyen-élevé et faire chauffer, en remuant, jusqu'à ce que de petites bulles se forment sur le pourtour de la casserole. Réduire à feu moyen et laisser mijoter, en remuant fréquemment, jusqu'à ce qu'il ne reste que 1 litre (4 tasses) de soupe épaisse et crémeuse, environ 20 minutes. Goûter et saler au besoin. Passer la soupe au tamis. Verser dans une casserole propre et réchauffer à feu moyen, en remuant, jusqu'à ce que de petites bulles se forment sur le pourtour de la casserole. Retirer du feu et couvrir. Pour servir, répartir les crevettes dans les bols. Verser la soupe et déposer une crevette non décortiquée réservée, au centre de chaque bol, poivrer et servir.

30

NOVEMBRE

Rien de mieux qu'une soupe aux nouilles pour finir les restes de dinde. Mais si vous en avez assez de la dinde, mettez la soupe au congélateur, vous la dégusterez un autre jour.

SOUPE AUX NOUILLES ET À LA DINDE AVEC ÉPINARDS

8 à 10 portions

2 c. à soupe d'huile d'olive

1 oignon jaune, haché

3 gousses d'ail, émincées

3 carottes, pelées et coupées en dés

4 branches de céleri, coupées en dés

1 ½ c. à café de thym émincé

2 litres (8 tasses) de bouillon de poulet

250 g (½ lb) de nouilles larges aux œufs

470 g (2 ½ tasses) de dinde cuite, effilochée

60 g (2 tasses) d'épinards

Sel et poivre fraîchement moulu

Dans une grande casserole à fond épais, faire chauffer l'huile à feu moyen-élevé. Ajouter l'oignon, l'ail, les carottes, le céleri et le thym, faire revenir jusqu'à ce que les carottes commencent à s'attendrir, environ 8 minutes. Incorporer le bouillon et porter à ébullition. Ajouter les nouilles aux œufs et cuire jusqu'à ce qu'elles soient al dente, environ 5 minutes. Ajouter la dinde et les épinards et mélanger. Faire mijoter la soupe 5 minutes pour développer les saveurs. Saler, poivrer et servir.

30 NOVEMBRE

5 E AUX TOPINAMBOURS AVEC BEURRE À L'ORANGE ET AUX NOISETTES *page 277*	**6** SOUPE POMME DE TERRE ET CÉLERI-RAVE *page 277*	**7** SOUPE À L'ORZO, À LA COURGE DELICATA ET AU POULET, PARFUMÉE À LA SAUGE *page 279*	*Avec la saison des fêtes qui bat son plein, les soupes font assurément partie des menus festifs. L'avantage ? On peut souvent les préparer à l'avance. Des ingrédients luxueux comme les huîtres et le homard sont mis en vedette dans de savoureuses bisques crémeuses. C'est également l'occasion de parer vos soupes de beurres citronnés, de fines herbes rôties, et même de caviar. Entre les réceptions, refaites-vous une santé en mangeant des chilis végétariens, des ragoûts protéinés aux pois chiches et des bouillons légers.*
12 JPE AUX PALOURDES À L'ITALIENNE AVEC PÂTES *page 281*	**13** SOUPE AU POULET ET AU MAÏS LESSIVÉ AVEC PIMENTS ANCHOS *page 282*	**14** RAGOÛT D'HUÎTRES AU ROMARIN *page 282*	
19 ILLON AUX SHIITAKES AVEC HOMARD POCHÉ AU BEURRE *page 287*	**20** SOUPE NORD-AFRICAINE AUX POIS CHICHES *page 287*	**21** SOUPE DE MARIAGE *page 288*	
26 RAGOÛT LINGUIÇA, POMMES DE TERRE ET DEUX PAPRIKAS *page 292*	**27** SOUPE AU POULET ET AU GINGEMBRE *page 293*	**28** CRÈME DE CÉLERI AU CARI *page 293*	

décembre

1

DÉCEMBRE

L'ajout de paprika fumé et de bacon émietté relève agréablement la soupe aux tomates classique. Servez-la avec des paninis au provolone et à la roquette, ou encore au cheddar et à la sauge.

SOUPE AUX TOMATES AVEC BACON ET PAPRIKA FUMÉ

4 à 6 portions

4 tranches épaisses de bacon

1 c. à soupe de beurre non salé

1 oignon jaune, haché

2 gousses d'ail, émincées

2 boîtes de 875 g (28 oz) de tomates broyées

3 c. à soupe de crème 35 %

1 ¼ c. à café de paprika fumé

Sel et poivre fraîchement moulu

Dans une grande casserole à fond épais, faire revenir le bacon à feu moyen, en le retournant une fois, jusqu'à ce qu'il soit croustillant. Déposer sur des essuie-tout, laisser refroidir et émietter.

Ajouter le beurre dans la casserole et faire fondre à feu moyen. Ajouter l'oignon et l'ail, faire revenir jusqu'à tendreté, environ 5 minutes. Incorporer les tomates et amener à ébullition. Réduire à feu doux et laisser mijoter pendant 20 minutes. Retirer du feu et laisser refroidir légèrement.

Réduire la soupe en purée au mélangeur, en plusieurs fois. Remettre dans la casserole et ajouter la crème, le paprika et ½ c. à café de sel. Amener à ébullition, fermer le feu, goûter et rectifier l'assaisonnement s'il y a lieu.

Servir la soupe, garnie de bacon émietté et d'un généreux tour de moulin à poivre.

2

DÉCEMBRE

Les oignons, qui forment la base aromatique de beaucoup de soupes onctueuses, sont à l'honneur dans cette préparation. Les variétés d'oignons comme les Walla Walla, Maui ou Vidalia (baptisés du nom de l'endroit où ils sont cultivés) ont un goût naturellement sucré. Cette soupe constitue une très bonne entrée avant de servir un rôti.

SOUPE À L'OIGNON CRÉMEUSE

4 portions

5 c. à soupe de beurre non salé

750 g (1 ½ lb) d'oignons doux, Vidalia ou Walla Walla, finement tranchés

500 ml (2 tasses) de lait, plus au besoin

500 ml (2 tasses) de bouillon de poulet ou de légumes

3 c. à soupe de farine tout usage

Sel et poivre fraîchement moulu

125 ml (½ tasse) de crème 35 %

125 ml (½ tasse) de xérès sec

Dans une grande casserole à fond épais, faire fondre 2 c. à soupe de beurre à feu moyen. Ajouter les oignons, réduire à feu doux, couvrir et faire revenir jusqu'à tendreté, 5 minutes. Poursuivre la cuisson à découvert jusqu'à ce que les oignons soient bien dorés, de 10 à 12 minutes. Laisser refroidir légèrement et hacher au robot culinaire. Verser le lait et le bouillon dans deux petites casseroles et faire chauffer à feu doux jusqu'à ce que de fines bulles apparaissent sur le pourtour des casseroles. Retirer du feu.

Dans une grande casserole à fond épais, faire fondre le reste du beurre à feu moyen-doux. Lorsque la mousse commence à se résorber, parsemer de farine et cuire en fouettant jusqu'à l'obtention d'un mélange homogène, 2 minutes. Incorporer graduellement le lait chaud en fouettant et cuire en remuant souvent, jusqu'à ce que le mélange bouillonne vigoureusement et ait épaissi, 3 minutes. Incorporer graduellement le bouillon chaud en fouettant et amener presque ébullition. Poursuivre la cuisson jusqu'à ce que le mélange devienne opaque, 3 minutes. Laisser tiédir. Ajouter les oignons, saler et poivrer. Couvrir et laisser mijoter 10 minutes. Laisser tiédir.

Réduire en purée au mélangeur. Remettre dans la casserole et incorporer la crème. Faire réchauffer à feu doux en remuant. Allonger avec un peu de lait au besoin. Rectifier l'assaisonnement si nécessaire. Verser le xérès, réchauffer et servir.

3 DÉCEMBRE

Vous pouvez remplacer la marjolaine et le thym frais par leurs versions séchées dans cette recette, il vous faudra simplement en utiliser deux fois moins. Servez-vous toujours de persil frais dans vos recettes, il est facile de s'en procurer et il a infiniment plus de goût que le persil séché.

SOUPE AUX POIS CASSÉS

4 portions

1 c. à soupe d'huile d'olive

1 oignon jaune, coupé en dés

1 branche de céleri, finement tranchée

2 petites carottes, pelées et finement tranchées

220 g (1 tasse) de pois cassés verts ou jaunes secs, triés et rincés

1 litre (4 tasses) de bouillon de poulet ou de légumes

6 tranches de bacon

2 c. à soupe de persil plat finement haché

½ c. à café de marjolaine finement hachée

½ c. à café de thym finement haché

Sel et poivre fraîchement moulu

Dans une grande casserole à fond épais, faire chauffer l'huile à feu moyen. Ajouter l'oignon et faire revenir jusqu'à tendreté, de 3 à 5 minutes. Ajouter le céleri et les carottes, poursuivre la cuisson jusqu'à ce que les légumes soient à peine tendres, 3 minutes. Incorporer les pois cassés, le bouillon, 2 tranches de bacon, le persil, la marjolaine et le thym. Réduire le feu à moyen-doux et amener presque au point d'ébullition. Laisser mijoter à demi couvert jusqu'à ce que les pois soient tendres, de 50 à 60 minutes. Retirer du feu, jeter le bacon et laisser refroidir légèrement.

Entre-temps, dans une poêle à frire, faire revenir 4 tranches de bacon à feu moyen, en les retournant une fois, jusqu'à ce qu'il soit croustillant, de 8 à 10 minutes. Déposer sur des essuie-tout, laisser refroidir et émietter.

Réduire en purée grossière 500 ml (2 tasses) de la soupe au robot culinaire et remettre dans la casserole. Saler, poivrer, faire mijoter la soupe à feu moyen pendant 5 minutes. Goûter et rectifier l'assaisonnement, s'il y a lieu. Servir la soupe, garnie de bacon émietté.

4 DÉCEMBRE

Lorsque vous faites cette soupe, utilisez les marrons pelés cuits à la vapeur et emballés sous vide, ce qui vous évitera de devoir les peler. Servez-vous d'un robot culinaire plutôt que d'un mélangeur, vous obtiendrez une purée plus lisse.

SOUPE AUX MARRONS

4 à 6 portions

3 c. à soupe de beurre non salé

1 oignon jaune, coupé en dés

1 branche de céleri, coupée en dés

875 ml (3 ½ tasses) de bouillon de poulet

500 g (2 tasses) de marrons cuits à la vapeur et pelés du commerce

Sel et poivre fraîchement moulu

250 ml (1 tasse) de crème à café 10 %

2 c. à soupe de brandy

Échalotes rôties **(voir page 28)**

Dans une grande casserole à fond épais, faire fondre le beurre à feu moyen. Ajouter l'oignon et le céleri, faire revenir jusqu'à tendreté, environ 10 minutes. Incorporer le bouillon, les marrons, ½ c. à café de sel et ¼ c. à café de poivre. Amener à ébullition, réduire à feu doux et laisser mijoter à couvert, jusqu'à ce que les marrons se brisent facilement quand on les presse contre la paroi de la casserole, environ 30 minutes.

Réduire la soupe en purée au robot culinaire, en plusieurs fois. Passer dans un tamis à mailles moyennes, en pressant les matières solides avec le dos d'une cuillère pour extraire le plus de liquide possible. Jeter les matières solides. Remettre la soupe dans la casserole et incorporer la crème et le brandy. Faire mijoter jusqu'à ce que le mélange soit chaud. Goûter et rectifier l'assaisonnement, s'il y a lieu. Servir la soupe, garnie des échalotes rôties.

5

DÉCEMBRE

Pour faire le beurre à l'orange et aux noisettes, hachez finement 37 g (¼ tasse) de noisettes émondées et grillées. Mélangez avec 2 c. à soupe de beurre à la température ambiante et 1 c. à café de zeste d'orange, salez et poivrez au goût. Façonnez en 6 boules d'environ 1 c. à café chacune et réfrigérez jusqu'au moment de servir.

SOUPE DE TOPINAMBOURS AVEC BEURRE À L'ORANGE ET AUX NOISETTES

6 portions

3 c. à soupe de beurre non salé

3 branches de céleri avec leurs feuilles, coupées en dés

3 gros oignons jaunes, coupés en dés

2 ½ c. à café de coriandre moulue

1,5 kg (3 lb) de topinambours, non pelés, coupés en morceaux de 2,5 cm (1 po)

2 lanières de zeste d'orange

2,25 litres (9 tasses) de bouillon de poulet

3 c. à soupe de jus d'orange frais

Sel et poivre fraîchement moulu

Beurre à l'orange et aux noisettes (voir à gauche)

Dans une grande casserole à fond épais, faire fondre le beurre à feu moyen. Ajouter le céleri et les oignons, faire revenir jusqu'à ce que les légumes soient tendres, environ 10 minutes. Ajouter la coriandre et faire revenir pendant 1 minute. Incorporer les topinambours, le zeste d'orange et le bouillon, amener à ébullition à feu vif. Réduire à feu moyen-doux et laisser mijoter à découvert, jusqu'à ce que les topinambours soient tendres, environ 30 minutes. Retirer les topinambours du bouillon et laisser refroidir légèrement. Retirer le zeste d'orange. Peler les topinambours et les remettre dans la casserole.

Réduire la soupe en purée au mélangeur, en plusieurs fois. Passer la purée dans un tamis à mailles fines déposé au-dessus d'une casserole propre. Ajouter le jus d'orange, bien mélanger. Saler et poivrer. Réchauffer la soupe à feu moyen. Servir, en déposant un morceau de beurre à l'orange et aux noisettes au centre de chaque bol.

6

DÉCEMBRE

Le goût de noisette du céleri-rave complète admirablement bien celui, familier, des pommes de terre dans cette réconfortant soupe d'hiver. Comme le céleri-rave s'oxyde rapidement après avoir été coupé, recouvrez-le vite d'eau mélangée à du jus de citron pour qu'il conserve sa belle couleur ivoire.

SOUPE POMME DE TERRE ET CÉLERI-RAVE

4 à 6 portions

750 g (1 ½ lb) de céleri-rave

Jus de ½ citron

3 c. à soupe de beurre non salé

560 g (6 tasses) de poireaux finement tranchés, parties blanches et vert pâle seulement

1 gros oignon jaune, tranché

1 litre (4 tasses) de bouillon de poulet, plus au besoin

Sel

500 g (1 lb) de pommes de terre Russet, pelées et coupées en dés

1 c. à café d'estragon séché

Ciboulette hachée pour servir

Parer le céleri-rave, le peler et le couper en cubes de 6 mm (¼ po). Déposer dans un bol rempli d'eau et ajouter le jus de citron.

Dans une grande casserole à fond épais, faire fondre le beurre à feu moyen-doux. Ajouter les poireaux et l'oignon, faire revenir jusqu'à tendreté, environ 15 minutes.

Égoutter le céleri-rave. Incorporer le céleri-rave, le bouillon et 1 c. à café de sel à la casserole, amener à ébullition. Réduire à feu doux, faire mijoter à couvert pendant 10 minutes. Ajouter les pommes de terre, couvrir et laisser mijoter jusqu'à ce que les pommes de terre et le céleri-rave soient tendres, environ 15 minutes. Retirer du feu et laisser refroidir légèrement.

Réduire 750 ml (3 tasses) de soupe en purée au mélangeur. Remettre dans la casserole et ajouter l'estragon. Faire réchauffer doucement et ajuster la consistance de la soupe en ajoutant jusqu'à 250 ml (1 tasse) de bouillon, au besoin. Goûter et rectifier l'assaisonnement s'il y a lieu. Servir la soupe, garnie de ciboulette.

DÉCEMBRE

7

7

DÉCEMBRE

Pour faire cette belle soupe généreuse, utilisez des restes de poulet rôti pour sauver du temps. Vous pouvez également remplacer la courge Delicata par une autre variété de courge, ou encore par des patates douces. Faites-en un délice végétarien en omettant le poulet, en utilisant du bouillon de légumes et en la garnissant de copeaux de parmesan.

SOUPE À L'ORZO, À LA COURGE DELICATA ET AU POULET, PARFUMÉE À LA SAUGE

4 à 6 portions

4 courges Delicata, environ 4 kg (2 ¾ lb) au total, pelées, épépinées et coupées en cubes

3 c. à soupe d'huile d'olive

Sel et poivre fraîchement moulu

2 petites demi-poitrines de poulet, désossées et sans peau, environ 375 g (¾ lb) au total

220 g (1 tasse) d'orzo

3 c. à soupe de beurre non salé

1 petit oignon jaune, haché

3 gousses d'ail, émincées

5 feuilles de sauge, déchiquetées

1 litre (4 tasses) de bouillon de poulet

Préchauffer le four à 200 °C (400 °F) et tapisser une plaque de cuisson de papier parchemin. Enrober les dés de courge de 2 c. à soupe d'huile d'olive, saler, poivrer et étendre sur la plaque de cuisson préparée. Déposer le poulet sur une autre plaque de cuisson, badigeonner de 1 c. à soupe d'huile d'olive, saler et poivrer. Mettre la courge sur la grille supérieure du four et le poulet, sur la grille inférieure. Faire rôtir jusqu'à ce que le poulet soit cuit à cœur et qu'un thermomètre inséré dans sa partie la plus épaisse marque 71 °C (160 °F), environ 20 minutes. Retirer le poulet du four et continuer la cuisson de la courge jusqu'à ce qu'elle soit tendre et caramélisée, environ 10 minutes. Une fois le poulet refroidi, le couper en morceaux.

Verser 1,5 litre (6 tasses) d'eau dans une casserole à feu moyen-élevé et porter à ébullition. Ajouter ½ c. à café de sel et l'orzo, cuire pendant 7 minutes. Égoutter les pâtes et réserver. Dans une grande casserole à fond épais, faire fondre le beurre à feu moyen-élevé. Ajouter l'oignon, l'ail et la sauge, faire revenir jusqu'à tendreté, environ 5 minutes. Incorporer le bouillon et amener à ébullition. Ajouter l'orzo, le poulet et les dés de courge, réduire à feu doux. Faire mijoter pendant 15 minutes, saler, poivrer et servir.

8

DÉCEMBRE

Les échalotes rôties au goût doux et sucré et les morceaux de crabe royal sont les vedettes de cette bisque de fruits de mer qui mérite grandement de figurer à votre répertoire des fêtes. Le xérès sec, vin emblématique de l'Espagne, vient soutenir avec élégance et délicatesse les saveurs salées-sucrées de la bisque.

BISQUE DE CRABE ET ÉCHALOTES RÔTIES

6 à 8 portions

500 g (1 lb) d'échalotes, pelées

2 c. à soupe d'huile d'olive

125 g (¾ tasse) de tomates en dés en conserve

Pincée de poivre de cayenne

75 g (1/3 tasse) de riz blanc

1 litre (4 tasses) de fumet de poisson, de crabe ou de crustacés

125 ml (½ tasse) de vin blanc sec

Chair de crabe effilochée provenant de 500 g (1 lb) de pattes de crabe royal cuites

80 ml (⅓ tasse) de xérès sec

250 ml (1 tasse) de crème à café 10 %

1 c. à soupe de jus de citron frais

Sel et poivre blanc moulu

14 g (¼ tasse) de ciboulette ciselée

Préchauffer le four à 200 °C (400 °F). Dans un bol, enrober les échalotes de 1 c. à soupe d'huile d'olive. Étendre en une seule couche sur une plaque de cuisson avec rebord et faire rôtir au four pendant 20 minutes. Remuer les échalotes et continuer à les faire rôtir jusqu'à ce qu'elles soient tendres et dorées, environ 20 minutes. Dans une grande casserole à fond épais, faire chauffer le reste de l'huile à feu moyen. Ajouter les deux tiers des échalotes, les tomates avec leur jus, le poivre de cayenne et le riz, bien mélanger. Incorporer le fumet de poisson et le vin, amener à ébullition à feu vif. Réduire à feu doux, laisser mijoter à couvert jusqu'à ce que le riz soit très tendre, environ 30 minutes. Retirer du feu et laisser refroidir légèrement. Entre-temps, hacher finement le reste des échalotes rôties et réserver.

Réduire la soupe en purée au mélangeur, en plusieurs fois. Verser dans une casserole propre. Ajouter les échalotes rôties hachées, la chair de crabe, le xérès, la crème, le jus de citron, 2 ¼ c. à café de sel et du poivre au goût. Faire mijoter à feu moyen-doux jusqu'à ce que la bisque soit bien chaude, environ 10 minutes. Goûter, rectifier l'assaisonnement s'il y a lieu et servir, garnie de ciboulette.

9

DÉCEMBRE

RAGOÛT DE BŒUF HONGROIS DE SEMAINE

4 à 6 portions

Ce plat emblématique de la Hongrie se sert un soir de semaine, prouvant hors de tout doute qu'il est d'une facilité déconcertante. Il se prépare en 20 minutes, plus le temps de le laisser mijoter. Voilà un savoureux ragoût de bœuf bien en sauce que vous pouvez préparer la veille pour servir à votre famille ou à vos amis. Servez-le sur un lit de nouilles aux œufs beurrées.

2 c. à soupe d'huile d'olive

1 kg (2 lb) d'épaule de bœuf désossée, parée et coupée en morceaux de 4 cm (1 ½ po)

2 gros oignons jaunes, hachés

Sel et poivre fraîchement moulu

3 gousses d'ail, émincées

1 ½ c. à soupe de paprika doux fumé

2 c. à soupe de pâte de tomate

1 litre (4 tasses) de bouillon de bœuf

500 g (1 lb) de pommes de terre à bouillir, coupées en quatre

1 poivron rouge, épépiné et coupé en lanières de 1,5 cm (½ po)

2 carottes, pelées et coupées en tronçons de 2,5 cm (1 po)

Dans une grande casserole à fond épais, faire chauffer l'huile à feu vif. Ajouter le bœuf et les oignons, saler, poivrer et faire revenir, en remuant souvent, jusqu'à ce que le bœuf soit doré et que les oignons commencent à caraméliser, environ 10 minutes. Ajouter l'ail, le paprika et la pâte de tomate. Incorporer le bouillon, amener à ébullition. Réduire à feu doux et faire mijoter à couvert jusqu'à ce que la viande se défasse presque à la fourchette, environ 1 heure.

Ajouter les pommes de terre, le poivron et les carottes et poursuivre la cuisson, à couvert, jusqu'à ce que les légumes soient tendres, de 25 à 30 minutes. Goûter et rectifier l'assaisonnement s'il y a lieu. Servir.

10

DÉCEMBRE

RAGOÛT DE DINDE AUX FIGUES ET AU MADÈRE

8 portions

Pour simplifier la préparation de ce ragoût, utilisez une poitrine de dinde désossée et roulée. Accompagnez ce ragoût d'un pain doux comme le hallah et d'une salade de jeunes épinards avec une vinaigrette à la moutarde.

2 c. à soupe d'huile de canola

1 poitrine entière de dinde de 1,5 à 2 kg (3 ½ à 4 lb), avec son bréchet

60 g (¼ tasse) de beurre non salé

2 gros oignons jaunes, coupés en deux sur la longueur puis coupé en tranches de 1,5 cm (½ po)

4 grosses carottes, pelées et coupées en tranches de 1,5 cm (½ po) d'épaisseur

1 patate douce, pelée et coupée en dés de 1,5 cm (½ po)

250 g (1 ½ tasse) de figues séchées Calimyrna, équeutées et coupées en deux

750 ml (3 tasses) de bouillon de poulet

250 ml (1 tasse) de madère

Sel et poivre fraîchement moulu

Dans une grande casserole à fond épais, faire chauffer l'huile à feu moyen-élevé. Ajouter la poitrine de dinde et faire revenir des deux côtés en la retournant une fois, environ 8 minutes.

Retourner la poitrine de façon que le bréchet soit vers le haut et ajouter le beurre. Une fois qu'il est fondu, ajouter les oignons, les carottes, la patate douce et les figues, remuer et poursuivre la cuisson jusqu'à ce que les légumes commencent à s'attendrir, environ 8 minutes. Incorporer le bouillon de poulet et le madère et amener presque au point d'ébullition. Réduire à feu moyen-doux, laisser mijoter à couvert pendant 2 heures.

Retourner la poitrine de dinde, désosser et poursuivre la cuisson à petits frémissements, à découvert, jusqu'à ce que la dinde soit tendre et cuite à cœur et les légumes, tendres, environ 30 minutes.

Déposer la poitrine de dinde sur une planche à découper et couper contre le grain, en tranches de 1,5 cm (½ po). Tailler les tranches en morceaux, remettre dans la casserole et bien mélanger. Faire réchauffer, saler, poivrer et servir.

11

DÉCEMBRE

Cette soupe onctueuse aux patates douces offre des saveurs inhabituelles et une présentation remarquable avec la tranche de baguette surmontée de fromage fondu bouillonnant tout juste sortie du four. Une cuillerée de caviar noir déposée sur le fromage doré fait de cette soupe une entrée des plus élégantes.

SOUPE AUX PATATES DOUCES AVEC CROÛTONS AU CHEDDAR ET AU CAVIAR

8 portions

8 tranches de baguette de 6 mm (¼ po)

2 c. à soupe d'huile d'olive

2 grosses patates douces, 750 à 1 kg (1 ½ à 2 lb) au total

1 litre (4 tasses) de bouillon de poulet, plus 250 ml à 1 litre (2 à 4 tasses) au besoin

Sel et poivre blanc moulu

125 g (¼ lb) de fromage cheddar blanc, râpé

60 g (2 oz) de caviar noir

Préchauffer le four à 180 °C (350 °F). Disposer les tranches de baguette en une seule couche sur une plaque de cuisson et badigeonner de 1 ½ c. à café d'huile. Faire dorer au four, environ 15 minutes. Retourner et faire dorer de l'autre côté, environ 8 minutes. Réserver.

Enduire les patates douces du reste de l'huile d'olive et déposer sur une plaque de cuisson. Cuire jusqu'à ce que la peau ride et qu'une fourchette en transperce aisément la chair, de 1 à 1 ½ heure. Retirer du four. Une fois les patates douces refroidies, les couper en deux sur la longueur, prélever la chair et la déposer dans une grande casserole à fond épais. Ajouter 1 litre (4 tasses) de bouillon et fouetter jusqu'à ce que le mélange soit homogène, en ajoutant du bouillon au besoin pour obtenir une soupe onctueuse et d'une bonne consistance. Faire chauffer à feu moyen-élevé et amener presque à ébullition, en remuant souvent. Ajouter ½ c. à café de poivre et du sel au goût. Réduire à feu doux et laisser mijoter.

Pour faire les croûtons, préchauffer le gril. Parsemer les tranches de baguette grillées de fromage et disposer sur une plaque de cuisson. Faire griller jusqu'à ce que le fromage fonde, 3 minutes.

Pour servir, verser la soupe dans les bols. Garnir chaque croûton d'une cuillerée de caviar et déposer sur la soupe.

12

DÉCEMBRE

Un dîner léger aux fruits de mer constitue une pause bien appréciée à cette période de l'année où l'on ingère des plats plutôt riches. Servez cette soupe avec des tranches de pain rôties frottées d'ail et recouvertes d'aïoli.

SOUPE AUX PALOURDES À L'ITALIENNE AVEC PÂTES

6 portions

Sel et poivre noir fraîchement moulu

125 g (¼ lb) de coquillettes

1 c. à soupe d'huile d'olive

750 ml (3 tasses) de fumet de poisson

250 ml (1 tasse) de vin blanc sec

375 g (2 tasses) de tomates en dés en conserve

4 gousses d'ail, émincées

6 tiges de persil, attachées ensemble, plus 3 c. à soupe de persil plat haché

½ c. à café de thym haché

2 feuilles de laurier

Poivre de cayenne

2 kg (4 lb) de palourdes, brossées

Dans une grande casserole, amener 3 litres (12 tasses) d'eau à ébullition à feu vif. Ajouter 2 c. à café de sel et les pâtes, faire cuire jusqu'à ce qu'elles soient al dente ou selon les directives inscrites sur l'emballage. Égoutter et arroser d'huile d'olive. Réserver.

Dans une grande casserole, mélanger le fumet, le vin, 500 ml (2 tasses) d'eau, les tomates avec leur jus, l'ail, les tiges de persil, le thym, les feuilles de laurier et le poivre de cayenne, au goût, amener à ébullition à feu vif. Réduire à feu moyen-doux et laisser mijoter à couvert, pendant 15 minutes. Retirer le persil et les feuilles de laurier.

Ajouter les palourdes dans la casserole, en rejetant celles qui ne se ferment pas au toucher, faire mijoter à couvert, en secouant la casserole à l'occasion, jusqu'à ce que les palourdes s'ouvrent, de 3 à 5 minutes. À l'aide d'une cuillère à égoutter, retirer les palourdes en rejetant celles qui restent fermées et laisser refroidir légèrement. Prélever la chair des palourdes et jeter les coquilles. Remettre les palourdes dans la casserole. Ajouter les pâtes et le persil haché, saler et poivrer. Faire mijoter jusqu'à ce que les pâtes soient bien chaudes, environ 1 minute. Servir.

13

DÉCEMBRE

Les piments anchos, relativement doux, ont un goût complexe de raisins secs, de cuir, de tabac et même de cacao. Ils donnent à cette soupe inspirée du posole *mexicain de la profondeur et du moelleux. Le goût très doux du maïs lessivé sert de contrepoids à ces saveurs franches tandis que la coriandre et le citron vert apportent une note de fraîcheur.*

SOUPE AU POULET ET AU MAÏS LESSIVÉ AVEC PIMENTS ANCHOS

6 à 8 portions

4 gros piments anchos, équeutés et épépinés, coupés en morceaux

395 ml (1 ⅔ tasse) d'eau bouillante

Sel et poivre fraîchement moulu

1,5 kg (3 lb) de cuisses de poulet, avec les os et la peau

2 c. à café d'huile de canola, ou plus au besoin

2 oignons jaunes, finement hachés

4 gousses d'ail, émincées

1 c. à soupe de cumin moulu

1 c. à soupe d'origan émincé

1,5 litre (6 tasses) de bouillon de poulet

455 g (14 ½ oz) de tomates en dés en conserve

2 boîtes de 910 g (29 oz) de maïs lessivé, égoutté

7 g (¼ tasse) de feuilles de coriandre

1 citron vert, coupé en quartiers

Dans un bol résistant à la chaleur, faire tremper les piments dans l'eau bouillante, jusqu'à ce qu'ils s'attendrissent, 25 minutes. Réduire en purée au mélangeur. Passer dans un tamis aux mailles fines, en pressant pour extraire le plus de liquide possible. Réserver la purée de piment.

Saler et poivrer généreusement le poulet. Dans une grande casserole à fond épais, faire chauffer l'huile à feu moyen-élevé. En plusieurs fois, déposer le poulet dans la casserole, peau vers le bas, et faire dorer 5 minutes. Retourner et faire dorer 5 minutes. Déposer le poulet dans une grande assiette. Une fois qu'il est refroidi, retirer la peau. Retirer le gras de la casserole sauf 1 c. à soupe et faire chauffer à feu moyen. Ajouter les trois quarts des oignons hachés et faire revenir jusqu'à tendreté, 5 minutes. Ajouter l'ail, le cumin et l'origan et poursuivre la cuisson 1 minute. Augmenter à feu vif, ajouter le bouillon et amener presque à ébullition en raclant pour détacher les particules brunies adhérant au fond de la casserole. Ajouter le poulet et le jus accumulé, les tomates avec leur jus, 1 ½ c. à café de sel, amener à ébullition. Réduire à feu doux, faire mijoter à demi couvert 40 minutes. Déposer le poulet dans un bol, laisser tiédir et désosser. Incorporer les morceaux de poulet, le maïs lessivé et la purée de piment dans la casserole. Faire mijoter 15 minutes. Saler, poivrer et incorporer la coriandre. Servir, garnie du reste des oignons hachés, accompagnée des quartiers de citron vert.

14

DÉCEMBRE

Mets traditionnel du temps des fêtes, les huîtres sont à leur meilleur durant les mois d'hiver pour la plupart des climats. Si vous vivez dans un endroit où les huîtres abondent, vous pouvez ouvrir vous-même les huîtres ou les acheter déjà préparées; vous aurez besoin de 36 huîtres dans leur coquille. Sinon, vous pouvez utiliser celles que l'on trouve dans des pots de verre chez le poissonnier.

RAGOÛT D'HUÎTRES AU ROMARIN

8 à 10 portions

1 c. à soupe de beurre non salé

1 c. à soupe d'huile de canola

1 petit oignon jaune, finement haché

2 branches de céleri, finement hachées

60 ml (1¼ tasse) de vin blanc sec ou de vermouth

1,5 litre (6 tasses) de bouillon de poulet

Sel et poivre blanc moulu

250 ml (1 tasse) de crème à café 10 % ou de crème

1,5 kg (3 lb) d'huîtres avec leur jus, débarrassées de leur écaille

1 c. à soupe de romarin émincé, plus pour garnir

Dans une grande casserole à fond épais, faire chauffer le beurre et l'huile à feu moyen. Ajouter l'oignon et le céleri, faire revenir jusqu'à ce que l'oignon soit translucide, 3 minutes. Incorporer le vin et cuire en remuant à l'occasion, de 3 à 4 minutes. Incorporer le bouillon, saler et poivrer au goût. Réduire à feu doux, laisser mijoter à couvert 5 minutes.

Ajouter la crème et laisser mijoter 5 minutes, à découvert. Ajouter les huîtres avec leur jus et faire mijoter à découvert, jusqu'à ce qu'elles gonflent et que leur pourtour ondule, environ 3 minutes. Ajouter 1 c. à soupe de romarin.

Saler, poivrer et servir le ragoût, garni de romarin.

DÉCEMBRE

15

15

DÉCEMBRE

Les bouts de côtes braisés lentement au four deviennent tendres et caramélisés. Ce ragoût savoureux est une bonne façon d'apprêter les restes de bouts de côtes et, s'il ne vous reste plus de sauce, vous pouvez utiliser du bouillon de bœuf.

RAGOÛT DE BOUTS DE CÔTES AVEC CRÈME SURE AU PAPRIKA

4 portions

Sel et poivre fraîchement moulu

1,5 kg (3 lb) de bouts de côtes, coupés en deux

2 c. à soupe d'huile d'olive

1 oignon jaune, haché

6 gousses d'ail, émincées

2 branches de céleri, hachées

1 carotte, pelée et hachée

750 ml (3 tasses) de vin rouge sec

2 feuilles de laurier

1,1 litre (4 ½ tasses) de bouillon de bœuf

470 g (15 oz) de haricots cannellinis ou autres haricots blancs en conserve, égouttés et rincés

455 g (14 ½ oz) de tomates en dés en conserve

10 g (¼ tasse) de persil plat haché

POUR LA CRÈME SURE AU PAPRIKA

170 g (⅔ tasse) de crème sure

1 c. à café de jus de citron frais

½ c. à café de paprika fumé

Sel

Saler et poivrer les bouts de côtes et réfrigérer au moins 6 heures. Retirer du réfrigérateur et amener à la température ambiante, saler et poivrer de nouveau la viande. Préchauffer le four à 180 °C (350 °F). Dans une grande poêle à frire, faire chauffer l'huile à feu vif jusqu'à ce que la poêle soit très chaude. Saisir les bouts de côtes jusqu'à ce qu'ils soient dorés sur toutes leurs faces, de 6 à 8 minutes. Déposer dans une grande casserole allant au four.

Réduire à feu moyen et ajouter l'oignon, l'ail, le céleri et la carotte dans la poêle, faire revenir pendant 5 minutes. Incorporer le vin et les feuilles de laurier, augmenter à feu vif et faire bouillir jusqu'à ce que le liquide ait réduit de moitié, de 10 à 12 minutes. Ajouter le bouillon et amener à ébullition. Verser le contenu de la poêle dans la casserole. Couvrir et mettre au four pendant 2 ½ heures.

Retirer les bouts de côtes de la casserole et, une fois qu'ils ont refroidi, les désosser et couper la viande en morceaux. Passer le liquide de braisage au tamis et réserver 310 ml (1 ¼ tasse) de ce liquide.

Remettre la viande et le liquide de braisage réservé dans la casserole et faire chauffer à feu moyen. Incorporer les haricots et les tomates avec leur jus, et amener à ébullition à feu moyen-élevé. Ajouter le persil, saler et poivrer.

Pour faire la crème sure au paprika, mélanger dans un bol la crème sure, le jus de citron, le paprika et ¼ c. à café de sel. Servir le ragoût avec une généreuse cuillerée de crème sure au paprika.

16

DÉCEMBRE

Les rutabagas, connus également sous le nom de navets jaunes, sont souvent ignorés parce qu'on ne sait tout simplement pas comment les apprêter. Une fois rôtis, ils deviennent sucrés et très savoureux. Jumelés à des carottes et à du piment de la Jamaïque, ils se transforment en une soupe vraiment délicieuse.

SOUPE RUTABAGA ET CAROTTE

4 à 6 portions

2 rutabagas, environ 655 g (21 oz) au total, pelés et hachés

4 carottes, pelées et hachées

1 c. à soupe d'huile d'olive

Sel et poivre fraîchement moulu

2 c. à soupe de beurre non salé

1 oignon jaune, haché

2 gousses d'ail, émincées

½ c. à café de piment de la Jamaïque

1,25 litre (5 tasses) de bouillon de légumes, plus au besoin

Préchauffer le four à 200 °C (400 °F) et tapisser une plaque de cuisson de papier parchemin. Enduire les rutabagas et les carottes d'huile, saler et poivrer. Étendre les légumes sur la plaque de cuisson préparée et les faire rôtir au four jusqu'à ce qu'ils soient tendres, de 20 à 25 minutes.

Dans une grande casserole à fond épais, faire fondre le beurre à feu moyen-élevé. Ajouter l'oignon et l'ail, faire revenir jusqu'à ce que l'oignon soit translucide, environ 5 minutes. Ajouter le piment de la Jamaïque, remuer et poursuivre la cuisson 2 minutes. Incorporer le bouillon et amener à ébullition. Ajouter les rutabagas et les carottes rôtis, réduire à feu doux et faire mijoter 15 minutes. Retirer du feu et laisser refroidir légèrement.

Réduire la soupe en purée au mélangeur, en plusieurs fois. Remettre dans la casserole, ajouter plus de bouillon pour obtenir la consistance désirée, s'il y a lieu, saler, poivrer et servir.

17

DÉCEMBRE

Cette recette traduit bien la quintessence de la cuisine de bistro français. Un ragoût de bœuf mijoté dans le vin rouge porte le nom de « daube ». Accompagnez le ragoût d'une purée de céleri-rave ou de pain de campagne et d'une salade. Faites suivre d'un plateau de fromages.

RAGOÛT CLASSIQUE DE BŒUF ET DE VIN ROUGE

6 portions

1,5 kg (3 lb) d'épaule de bœuf désossée, parée et coupée en morceaux de 5 cm (2 po)

3 c. à soupe de brandy

2 clous de girofle entiers

2 oignons jaunes, grossièrement hachés

½ carotte, pelée et tranchée

1 branche de céleri, tranchée

8 gousses d'ail, grossièrement hachées

1 feuille de laurier

4 à 5 feuilles de sauge, grossièrement hachées

2 c. à soupe de persil plat haché

1 à 2 c. à café de feuilles de thym

Sel et poivre fraîchement moulu

2 lanières de zeste d'orange

1 bouteille de 750 ml (26 oz) de vin rouge sec

2 c. à soupe de champignons porcinis séchés

75 g (2 ½ oz) de pancetta, ou de porc salé, coupée en dés

1 litre (4 tasses) de bouillon de bœuf

3 c. à soupe de jus de tomate

Dans un grand bol en verre, mettre le bœuf, le brandy, les clous de girofle, les oignons, la carotte, le céleri, l'ail, le laurier, la sauge, le persil, le thym, ¼ c. à café de poivre moulu, le zeste d'orange, le vin et les porcinis. Couvrir et réfrigérer une nuit ou jusqu'à 2 jours.

Amener le bœuf et les légumes à la température ambiante. À l'aide d'une cuillère à égoutter, les déposer sur une assiette et assécher la viande à l'aide d'essuie-tout. Réserver la marinade.

Préchauffer le four à 165 °C (325 °F). Dans une grande casserole à fond épais allant au four, faire revenir la pancetta à feu moyen, de 3 à 5 minutes. À l'aide d'une cuillère à égoutter, déposer sur des essuie-tout en conservant le gras dans la casserole. En plusieurs fois, ajouter la viande et les légumes et faire revenir sur toutes les faces en salant et en poivrant en cours de cuisson, environ 7 minutes chaque fois. Réserver dans une assiette. Incorporer la marinade dans la casserole et amener à ébullition à feu vif. Réduire à feu moyen et laisser mijoter en écumant la surface au besoin, jusqu'à ce que le liquide ait réduit d'un tiers, 8 minutes. Ajouter le bouillon et faire mijoter jusqu'à ce que le liquide ait réduit encore d'un tiers, environ 8 minutes.

Réduire à feu doux et remettre la viande, les légumes et la pancetta dans la casserole. Couvrir et cuire au four jusqu'à ce que la viande soit tendre, de 2 ½ à 3 heures.

À l'aide d'une cuillère à égoutter, déposer la viande et les légumes dans une assiette. À l'aide d'une cuillère, dégraisser le liquide de cuisson. Cuire à feu vif, en remuant, jusqu'à ce que le liquide ait réduit de moitié, 10 minutes. Remettre la viande et les légumes dans la casserole et incorporer le jus de tomate. Saler, poivrer et servir.

18

DÉCEMBRE

Cette soupe d'origine anglo-indienne est une excellente façon d'apprêter les restes de dinde. La poudre de cari colore la soupe d'un jaune vibrant. Vous pouvez remplacer le riz par des lentilles ; il suffira de faire mijoter la soupe un peu plus longtemps.

SOUPE MULLIGATAWNY À LA DINDE

4 portions

3 c. à soupe de beurre non salé

½ poitrine de dinde d'environ 750 g (1 1/2 lb), désossée et sans peau, coupée en cubes

1 oignon jaune, finement haché

3 branches de céleri, finement hachées

2 carottes, pelées et finement hachées

1 gousse d'ail, émincée

1 c. à soupe de poudre de cari de Madras

1 litre (4 tasses) de bouillon de poulet

105 g (½ tasse) de riz blanc à grain long

250 g (1 tasse) de yogourt nature

Sel et poivre fraîchement moulu

Dans une grande casserole à fond épais, faire fondre le beurre à feu moyen. Ajouter la dinde, faire revenir jusqu'à ce qu'elle soit légèrement dorée, environ 7 minutes. Réserver dans une assiette. Ajouter l'oignon, le céleri, les carottes et l'ail dans la casserole et faire revenir jusqu'à ce que l'oignon soit translucide, 5 minutes. Incorporer le cari et poursuivre la cuisson 2 minutes. Ajouter le bouillon et la dinde et amener à ébullition à feu vif. Réduire à feu moyen, ajouter le riz et cuire à découvert jusqu'à ce que le riz soit tendre et la dinde, cuite à cœur, de 15 à 20 minutes.

Incorporer le yogourt et faire mijoter 10 minutes. Saler, poivrer et servir.

19

DÉCEMBRE

Voici une recette qui ne demande que peu d'ingrédients. Vous pouvez, bien sûr, utiliser des queues de homard surgelées, dégelées. Assurez-vous que la chair demeure dans sa carapace durant le pochage, ce qui vous permettra d'obtenir de plus belles tranches de homard.

BOUILLON AUX SHIITAKES AVEC HOMARD POCHÉ AU BEURRE

6 portions

30 g (1 oz) de champignons shiitakes séchés

2 c. à soupe d'huile d'olive

1 petit oignon jaune, haché

2 gousses d'ail, émincées

250 g (½ lb) de champignons de Paris, coupés en dés

60 ml (¼ tasse) de vin blanc sec

60 ml (¼ tasse) de sauce soya

2 brins de thym

250 g (1 tasse) de beurre non salé

2 queues de homard, dans leur carapace

1 c. à soupe de ciboulette hachée

Déposer les shiitakes dans un petit bol, couvrir d'eau très chaude et laisser tremper au moins 30 minutes. Égoutter et réserver l'eau de trempage. Retirer les pieds des champignons et trancher finement les chapeaux. Passer le liquide de trempage à travers un filtre à café et réserver 180 ml (¾ tasse) du liquide.

Dans une grande casserole à fond épais, faire chauffer l'huile à feu moyen-élevé. Ajouter l'oignon, l'ail et les champignons de Paris, faire revenir 5 minutes. Incorporer le vin, la sauce soya, le thym, le liquide de trempage réservé et 500 ml (2 tasses) d'eau, amener à ébullition. Réduire à feu doux et laisser mijoter 1 heure. Passer le bouillon au tamis et le remettre dans la casserole. Ajouter les shiitakes tranchés et garder au chaud à feu doux.

Dans une très petite poêle à frire, faire fondre le beurre doucement à feu moyen-doux, en écumant la mousse qui se forme à la surface. Ajouter les queues de homard et faire pocher, en retournant les queues une fois et en arrosant souvent de beurre les parties exposées à l'air, jusqu'à ce que le homard soit cuit à cœur, de 5 à 7 minutes. Déposer le homard sur une planche à découper, prélever la chair et la couper en tranches de 1,5 cm (½ po).

Verser le bouillon et les champignons dans des assiettes creuses. Répartir les tranches de homard au centre et garnir de ciboulette. Servir.

20

DÉCEMBRE

Ce ragoût facile à faire comprend quelques bons légumes frais, des pois chiches en conserve et des épices que vous avez probablement déjà sous la main. Le résultat ? Un plat végétarien complet, qui change agréablement des plats plutôt costauds de cette période de l'année.

SOUPE NORD-AFRICAINE AUX POIS CHICHES

4 portions

2 c. à soupe d'huile d'olive, plus pour servir

1 carotte, pelée et finement hachée

¼ d'oignon jaune, finement haché

1 tomate, finement hachée

1 petit poivron rouge, épépiné et finement haché

Sel et poivre noir fraîchement moulu

½ c. à café de cumin

¼ c. à café de curcuma

½ c. à café de poivre de cayenne

2 boîtes de 455 g (14 ½ oz) de pois chiches, égouttés et rincés

2 petites courgettes, parées et hachées

1,25 litre (5 tasses) de bouillon de poulet

Dans une grande casserole à fond épais, faire chauffer l'huile à feu moyen. Ajouter la carotte et l'oignon, faire revenir presque jusqu'à tendreté, environ 3 minutes. Ajouter la tomate, le poivron, 1 c. à café de sel, le cumin, le curcuma et le poivre de cayenne. Faire revenir jusqu'à ce que le mélange soit odorant, environ 1 minute. Incorporer les pois chiches, les courgettes et le bouillon. Augmenter à feu moyen-élevé et amener à ébullition. Réduire à feu moyen-doux et laisser mijoter à découvert, jusqu'à ce que les courgettes soient tendres, environ 15 minutes. Saler, poivrer et servir la soupe, arrosée d'un filet d'huile d'olive.

21

DÉCEMBRE

Digne des grandes célébrations, cette soupe italienne traditionnelle comprend diverses coupes de porc et une grande variété de légumes mijotés à petit feu jusqu'à ce que les ingrédients ne fassent plus qu'un, comme dans tout bon mariage qui se respecte. La recette proposée ici est une version moderne et simplifiée de la recette classique.

SOUPE DE MARIAGE

6 portions

3 litres (12 tasses) de bouillon de poulet

500 g (1 lb) de chou palmier, de scarole ou autres légumes verts comme le chou frisé (*kale*), feuilles débarrassées de leurs tiges et nervures, coupées en lanières

3 grosses carottes, pelées et hachées

1 branche de céleri, hachée

Fromage pecorino romano râpé pour garnir

POUR LES BOULETTES

500 g (1 lb) de porc haché

2 œufs, légèrement battus

75 g (½ tasse) d'oignon jaune émincé

60 g (½ tasse) de chapelure fine

60 g (½ tasse) de fromage pecorino romano râpé

Sel et poivre fraîchement moulu

3 c. à soupe d'huile d'olive

Dans une grande casserole à fond épais, amener le bouillon à ébullition à feu vif. Ajouter le chou, les carottes et le céleri, réduire à feu doux et faire mijoter jusqu'à ce que les légumes soient tendres, environ 30 minutes.

Entre-temps, pour faire les boulettes, mélanger le porc, les œufs, l'oignon, la chapelure, le pecorino, 1 c. à café de sel et plusieurs tours de moulin de poivre dans un grand bol. Prélever 1 c. à café du mélange de porc, façonner en boulette et déposer dans une assiette. Répéter l'opération jusqu'à l'utilisation complète du mélange.

Dans une grande poêle à frire, faire chauffer l'huile à feu moyen-élevé. En plusieurs fois, faire dorer les boulettes de tous les côtés, environ 5 minutes chaque fois. À l'aide d'une cuillère à égoutter, déposer délicatement les boulettes dans la soupe et faire mijoter à feu doux jusqu'à ce que les boulettes soient cuites à cœur, environ 10 minutes. Saler, poivrer et servir la soupe, parsemée de pecorino.

22

DÉCEMBRE

Les rangoons sont des raviolis asiatiques habituellement frits. Ceux que nous vous proposons ici ne sont pas frits, mais mis à mijoter dans un bouillon que l'on servira en soupe. Celle-ci se mange aussitôt faite, car les rangoons ont tendance à se défaire quand on les réchauffe. N'épicez pas trop le bouillon, vous pourrez toujours ajouter du piment si vous le désirez.

BOUILLON PIMENT ET CITRON VERT AVEC RANGOONS AU CRABE

4 à 6 portions

500 ml (2 tasses) de bouillon de légumes

1 c. à soupe de sauce soya

4 feuilles de lime kaffir, déchiquetées

½ c. à café de piment rouge épépiné et haché

POUR LES RANGOONS AU CRABE

25 g (¼ lb) de chair de crabe fraîche, débarrassée de tout fragment de carapace

2 c. à soupe de fromage à la crème, à la température ambiante

1 c. à café d'huile de canola

1 c. à café de ciboulette hachée, plus 1 c. à soupe de ciboulette finement hachée

Sel et poivre fraîchement moulu

24 carrés de pâte won ton

Dans une grande casserole à fond épais, verser le bouillon, 500 ml (2 tasses) d'eau et la sauce soya. Ajouter les feuilles de lime kaffir et le piment haché, amener à ébullition à feu moyen-élevé. Réduire à feu doux et laisser mijoter pendant 5 minutes. Passer le bouillon au tamis et le remettre dans la casserole. Garder au chaud à feu doux.

Pour préparer les rangoons au crabe, dans un petit bol, mélanger la chair de crabe, le fromage à la crème, l'huile, 1 c. à café de ciboulette, ½ c. à café de sel et ¼ c. à café de poivre. Déposer 1 c. à café du mélange de crabe au milieu d'un carré de pâte won ton. À l'aide des doigts, humecter d'eau le pourtour du carré et plier de façon à former un triangle, en pressant bien les rebords pour qu'ils adhèrent l'un à l'autre. Rapprocher les deux pointes les plus éloignées, humecter et presser. Répéter l'opération jusqu'à ce que tous les carrés soient farcis. Amener de nouveau le bouillon à ébullition, faire mijoter et ajouter délicatement les rangoons de crabe. Poursuivre la cuisson pendant 3 minutes, jusqu'à ce qu'ils soient bien chauds, et servir la soupe, garnie de ciboulette finement hachée.

DÉCEMBRE 23

23

DÉCEMBRE

SOUPE DE BROCOLI AVEC TUILES AU PARMESAN ET AU CITRON

4 à 6 portions

Cette recette utilise le brocoli au complet: les fleurons (qui ont une grande valeur nutritive) et les tiges (bourrées de fibres). Faites plus de tuiles et conservez-les jusqu'à 5 jours dans un contenant hermétique. Elles constituent de bons hors-d'œuvre.

2 c. à soupe d'huile d'olive

1 petit oignon jaune, haché

3 gousses d'ail, émincées

1 gros brocoli, taillé en fleurons, tiges pelées et grossièrement hachées

750 ml (3 tasses) de bouillon de poulet

125 ml (½ tasse) de crème 35 %

Sel et poivre fraîchement moulu

TUILES AU PARMESAN ET AU CITRON

60 g (½ tasse) de parmesan râpé

2 c. à café de zeste de citron râpé

Dans une grande casserole à fond épais, faire chauffer l'huile à feu moyen-élevé. Ajouter l'oignon et l'ail, faire revenir jusqu'à tendreté, environ 5 minutes. Ajouter le brocoli, remuer et cuire environ 2 minutes. Incorporer 500 ml (2 tasses) de bouillon, couvrir et cuire pendant 6 minutes. Retirer du feu et laisser refroidir légèrement.

Réduire la soupe en purée au mélangeur ou au robot culinaire, en plusieurs fois, en ajoutant le reste du bouillon. Remettre dans la casserole et incorporer la crème. Amener presque à ébullition et poursuivre la cuisson pendant 2 minutes. Saler et poivrer. Garder au chaud à feu doux.

Pour faire les tuiles au parmesan et au citron, préchauffer le four à 200 °C (400 °F) et tapisser une plaque de cuisson de papier parchemin. Dans un petit bol, mélanger le parmesan et le zeste de citron. Déposer 1 c. à café comble du mélange de fromage sur la plaque de cuisson et aplatir, avec les doigts. Répéter l'opération avec le reste du mélange de fromage, en disposant les tuiles à 2,5 cm (1 po) de distance les unes des autres. Faire cuire jusqu'à ce qu'elles soient bien dorées, de 3 à 5 minutes. Laisser refroidir sur la plaque de cuisson avant de les décoller à l'aide d'une spatule. Verser la soupe dans les bols, garnir chaque bol de 2 tuiles et servir.

24

DÉCEMBRE

CHILI AUX LÉGUMES RACINES AVEC ORANGE ET CORIANDRE

4 portions

Voici une version fantastique du chili végétarien, qui est parfois bien terne. Le zeste d'orange ajoute une note franche d'agrume. Servez ce chili avec des quesadillas au fromage et une salade verte.

2 c. à soupe d'huile d'olive

1 oignon jaune, haché

2 gousses d'ail, émincées

2 c. à café de cumin moulu

1 c. à café de coriandre moulue

1 c. à café de poudre de chili

1 patate douce de 375 g (¾ lb), pelée et coupée en dés

2 panais, 250 g (½ lb) au total, pelés et coupés en dés

375 ml (1 ½ tasse) de bouillon de légumes

455 g (14 ½ oz) de tomates en dés en conserve

470 g (15 oz) de haricots pinto en conserve, égouttés et rincés

2 c. à soupe de jus d'orange frais

½ c. à café de paprika fumé

2 c. à soupe de coriandre hachée

Sel et poivre fraîchement moulu

Dans une grande casserole à fond épais, faire chauffer l'huile à feu moyen-élevé. Ajouter l'oignon et l'ail, faire revenir jusqu'à ce que l'oignon soit translucide, environ 5 minutes. Ajouter le cumin, la coriandre et la poudre de chili, remuer et poursuivre la cuisson 2 minutes. Ajouter la patate douce et les panais, remuer et faire revenir pendant 4 minutes. Incorporer le bouillon et amener à ébullition. Réduire à feu doux et cuire jusqu'à ce que les légumes soient tendres, environ 15 minutes. Incorporer les tomates avec leur jus et les haricots pinto, et poursuivre la cuisson, en remuant à l'occasion, pendant 10 minutes. Ajouter le jus d'orange et le paprika. Fermer le feu, ajouter la coriandre fraîche, saler, poivrer et servir.

25 DÉCEMBRE

Cette bisque doit sa saveur intense au mélange de bouillon de bœuf et de fumet de poisson. Il suffit de peu d'ingrédients, mis à part du homard de qualité, pour la mettre en valeur. C'est un mets de choix pour la saison.

BISQUE DE HOMARD

4 à 6 portions

2 c. à soupe de beurre non salé

30 g (¼ tasse) d'échalotes hachées

125 ml (½ tasse) de vin blanc sec

500 ml (2 tasses) de fumet de poisson (fait à partir des carapaces de homard)

250 ml (1 tasse) de bouillon de bœuf

3 c. à soupe de riz blanc à grain long

1 c. à soupe de pâte de tomate

375 g (¾ lb) de chair de homard cuit, débarrassée de tout fragment de carapace

250 ml (1 tasse) de crème 35 %

Sel

⅛ c. à café de poivre de cayenne

Dans une grande casserole, faire fondre le beurre à feu moyen-doux. Ajouter les échalotes et faire revenir jusqu'à tendreté, environ 5 minutes. Ajouter le vin, amener à ébullition à feu moyen. Ajouter le fumet de poisson, le bouillon de bœuf, le riz et la pâte de tomate, et amener à ébullition. Réduire à feu doux, laisser mijoter à couvert jusqu'à ce que le riz soit tendre, de 20 à 25 minutes. Ajouter 250 g (½ lb) de la chair de homard à la casserole, retirer du feu et laisser refroidir légèrement.

Réduire la soupe en purée au mélangeur, en plusieurs fois. Remettre dans la casserole. Incorporer la crème, ½ c. à café de sel et le poivre de cayenne, faire réchauffer à feu moyen-doux. Servir la bisque, garnie de la chair de homard réservée.

26 DÉCEMBRE

La linguiça est une saucisse épicée portugaise qui donne du piquant à ce ragoût. Garnissez de crème sure et servez avec une bière froide.

RAGOÛT LINGUIÇA, POMMES DE TERRE ET DEUX PAPRIKAS

4 à 6 portions

250 g (½ lb) de saucisse linguiça, coupée en tranches de 6 mm (¼ po)

2 c. à soupe d'huile d'olive

1 ½ oignon jaune, haché

3 gousses d'ail, émincées

1 poivron jaune, épépiné et coupé en dés

2 c. à café de paprika fumé

1 c. à café de paprika doux

1 pomme de terre Russet, pelée et coupée en dés

750 ml (3 tasses) de bouillon de poulet

1 ½ c. à soupe de pâte de tomate

1 c. à soupe de crème 35 %

2 c. à soupe de persil plat haché

Sel

Faire chauffer une grande casserole à fond épais à feu moyen-élevé. Ajouter la saucisse et faire dorer sur toutes ses faces, de 5 à 7 minutes. Réserver dans un bol.

Faire chauffer l'huile dans la casserole à feu moyen-élevé. Ajouter l'oignon, l'ail et le poivron et faire revenir jusqu'à ce que les légumes soient très tendres, environ 5 minutes. Ajouter le paprika fumé et le paprika doux et poursuivre la cuisson pendant 1 minute. Ajouter la pomme de terre, remuer et cuire pendant 2 minutes. Incorporer le bouillon et la pâte de tomate, amener à ébullition. Réduire à feu doux, ajouter la saucisse et faire mijoter 30 minutes. Incorporer la crème et le persil, saler et servir.

27 DÉCEMBRE

SOUPE AU POULET ET AU GINGEMBRE

4 à 6 portions

L'ajout de pois mange-tout, d'huile de sésame, de sauce soya et de gingembre donne à cette soupe traditionnelle au poulet une tournure franchement asiatique. Avec des légumes frais et du poulet déjà cuit, cette recette devient toute simple à préparer.

2 litres (8 tasses) de bouillon de poulet

185 g (2 tasses) de champignons café ou de champignons shiitakes débarrassés de leur pied, finement tranchés

75 g (½ tasse) de pois mange-tout hachés

1 c. à soupe de gingembre frais, pelé et émincé

4 oignons verts, parties blanches et vert pâle seulement, finement tranchés en diagonale

2 c. à soupe de sauce soya

Sel et poivre fraîchement moulu

280 g (1 ½ tasse) de poulet cuit effiloché

1 c. à café d'huile de sésame asiatique

Verser le bouillon dans une grande casserole à fond épais et amener à ébullition. Ajouter les champignons, les pois mange-tout, le gingembre, les oignons verts, la sauce soya, 1 c. à café de sel et le poulet. Réduire à feu doux et laisser mijoter 5 minutes. Incorporer l'huile et ⅛ c. à café de poivre. Servir.

28 DÉCEMBRE

CRÈME DE CÉLERI AU CARI

4 à 6 portions

La saveur légèrement acidulée du céleri est rehaussée lorsqu'il est cuit dans du beurre. Si vous désirez une saveur encore plus prononcée, remplacez le céleri par du céleri-rave et augmentez la quantité de bouillon pour obtenir la consistance désirée.

2 c. à soupe de beurre non salé

1 oignon jaune, haché

750 g (1 ½ lb) de céleri, grossièrement haché

1 c. à soupe de poudre de cari

750 ml (3 tasses) de bouillon de légumes

60 ml (1/4 tasse) de crème 35 %

Sel et poivre fraîchement moulu

Dans une grande casserole à fond épais, faire fondre le beurre à feu moyen-élevé. Ajouter l'oignon et le céleri, faire revenir jusqu'à ce que le céleri soit très tendre, environ 10 minutes. Ajouter la poudre de cari, remuer et cuire pendant 1 minute. Incorporer le bouillon et amener à ébullition. Réduire à feu doux et laisser mijoter pendant 30 minutes. Retirer du feu et laisser refroidir légèrement.

Réduire la soupe en purée au mélangeur, en plusieurs fois. Remettre dans la casserole, incorporer la crème et amener presque à ébullition. Saler, poivrer et servir.

29 DÉCEMBRE

SOUPE DE SCAROLE ET DE HARICOTS BLANCS AU ROMARIN

8 à 10 portions

La scarole est une variété d'endive qui ne nécessite que très peu de cuisson pour apporter sa riche couleur verte et une certaine texture à cette soupe. Servez-la avec un filet de votre meilleure huile d'olive.

500 g (2 ¼ tasses) de haricots blancs secs, triés et rincés

2 c. à soupe d'huile d'olive, plus pour servir

2 oignons jaunes, hachés

3 gousses d'ail, émincées

1 litre (4 tasses) de bouillon de poulet, plus au besoin

2 brins de romarin

½ tête de scarole, coupée en lanières de 2,5 cm (1 po)

Sel et poivre fraîchement moulu

Déposer les haricots secs dans un bol et recouvrir largement d'eau froide, laisser tremper toute la nuit. Égoutter.

Dans une grande casserole à fond épais, faire chauffer l'huile à feu moyen-élevé. Ajouter les oignons et l'ail, faire revenir jusqu'à transparence, de 8 à 10 minutes. Ajouter les haricots blancs, le bouillon et le romarin, amener à ébullition. Réduire à feu doux, couvrir et laisser mijoter, en ajoutant plus de bouillon pour recouvrir les haricots, si nécessaire, jusqu'à ce que les haricots soient très tendres, de 50 à 60 minutes. Retirer les brins de romarin et laisser refroidir légèrement.

Réduire la moitié de la soupe en purée au mélangeur, remettre dans la casserole et faire chauffer à feu moyen-doux. Incorporer la scarole, poursuivre la cuisson jusqu'à ce qu'elle tombe. Au besoin, ajouter du bouillon pour obtenir la consistance désirée. Bien saler et poivrer. Servir, avec un filet d'huile d'olive.

30 DÉCEMBRE

Dans plusieurs régions du monde, le petit déjeuner est constitué d'une soupe. C'est le cas pour la soupe traditionnelle thaïlandaise khao tom moo, *une soupe au riz avec de petites boulettes de porc et de l'huile à l'ail. Elle convient tout autant à l'heure du lunch qu'au souper.*

SOUPE AU RIZ ET AUX PETITES BOULETTES DE PORC

6 portions

1,5 litre (6 tasses) de bouillon de poulet

1 c. à soupe de radis ou de navet mariné, ou encore de pâte de tamarin (facultatif)

2 c. à soupe de sauce de poisson, ou au goût

Poivre blanc moulu

125 g (¼ lb) d'épaule de porc hachée

235 g (1 ½ tasse) de riz blanc à grain long, préférablement parfumé, cuit

3 c. à soupe de coriandre grossièrement hachée

3 c. à soupe d'oignons verts hachés, parties blanches et vert pâle seulement

60 ml (¼ tasse) d'huile à l'ail

Dans une grande casserole, mettre le bouillon, le radis mariné, si désiré, la sauce de poisson et ⅛ c. à café de poivre. Amener à ébullition à feu vif, réduire à feu moyen. Ajuster le feu pour obtenir une cuisson à petits frémissements.

Pour faire les petites boulettes, à l'aide des doigts, prélever environ 1 c. à café de porc et façonner en petite boule. Plonger les boulettes, quelques-unes à la fois, dans le bouillon frémissant et cuire pendant 1 minute. Ajouter le riz et faire mijoter jusqu'à ce que la soupe ait légèrement épaissi, environ 5 minutes. Servir, garnie de coriandre, d'oignons verts et d'huile aromatisée à l'ail.

31 DÉCEMBRE

L'Europe de l'Est a donné naissance à plusieurs versions de la soupe de betteraves paysanne connue sous le nom de « bortsch », que l'on accompagne habituellement de pain de seigle foncé. Cette version végétarienne donne une soupe rafraîchissante et festive, qui a l'heur de nettoyer le palais et de bien accueillir la nouvelle année. Servez-la garnie de yogourt, d'un peu d'aneth et d'une cuillerée de caviar.

SOUPE FROIDE À LA BETTERAVE ET AU CONCOMBRE

8 portions

1 kg (2 lb) de betteraves, soit environ 8, parées

1 oignon jaune, coupé en quatre

2 litres (8 tasses) de bouillon de poulet

1 c. à soupe de sucre

2 concombres anglais, pelés, épépinés et coupés en fines lanières, plus de fines rondelles pour servir

2 c. à soupe de vinaigre de riz

Sel et poivre fraîchement moulu

10 g (¼ tasse) d'aneth finement haché

250 g (1 tasse) de yogourt nature, sans gras, ou de crème sure faible en gras (facultatif)

Dans une grande casserole à fond épais, mettre les betteraves, l'oignon, le bouillon, 250 ml (1 tasse) d'eau et le sucre. Couvrir et amener à ébullition à feu moyen-élevé. Réduire à feu doux et laisser mijoter, à couvert, jusqu'à ce que les betteraves soient tendres, de 45 à 60 minutes. À l'aide d'une cuillère à égoutter, déposer les betteraves dans une passoire. Réserver le liquide de cuisson. Peler les betteraves sous l'eau froide courante. Couper 3 betteraves en deux. Couper le reste des betteraves en bâtonnets de 2,5 cm (1 po) par 6 mm (¼ po). Couvrir et réfrigérer les bâtonnets de betterave. Filtrer le liquide de cuisson à travers un tamis à mailles fines posé au-dessus d'un grand bol. Retirer et jeter l'oignon. Réduire en purée les 6 moitiés de betteraves avec 250 ml (1 tasse) du liquide filtré au robot culinaire et incorporer la purée obtenue au reste du liquide filtré dans le bol. Couvrir et réfrigérer jusqu'à ce que le mélange soit bien froid, au moins 4 heures ou toute la nuit.

Ajouter les bâtonnets de betterave, les lanières de concombres, le jus de citron, le vinaigre, ½ c. à café de sel, ¼ c. à café de poivre et la moitié de l'aneth au mélange de betterave réfrigéré. Bien mélanger. Servir la soupe, garnie de yogourt, si désiré, de fines rondelles de concombre et du reste de l'aneth.

SOUPES SELON LES INGRÉDIENTS

D

E

F

G

H

SOUPES SELON LES TYPES

SOUPES DE STYLE ASIATIQUE

CHILIS

SOUPES FROIDES

CHAUDRÉES

SOUPES DE FRUITS

RAGOÛTS ET SOUPES À BASE DE CÉRÉALES

PÂTES, COUSCOUS ET NOUILLES

LÉGUMINEUSES

SOUPES EN PURÉE

RAGOÛTS

GARNITURES

SOUPES ET RAGOÛTS VÉGÉTARIENS

Photographie : Erin Kunkel

Infographie : Chantal Landry et Johanne Lemay
Correction : Lucie Desaulniers et Caroline Hugny

Catalogage avant publication de Bibliothèque et Archives nationales du Québec et Bibliothèque et Archives Canada

McMillan, Kate (Chef)
[Soup of the day. Français]
La soupe du jour : 365 recettes de saison
Traduction de : *Soup of the day.*
Comprend un index.
ISBN 978-2-7619-4105-1

1. Soupes. 2. Livres de cuisine. I. Titre. II. Titre : Soup of the day. Français.
TX757.M3214 2014 641.81'3 C2014-940947-8

Conçu et réalisé par
Weldon**owen**
415 Jackson Street, Suite 200,
San Francisco, CA 94111
www.weldonowen.com

Édition originale parue sous le titre
Soup of the day.

10-14

Dépôt légal : 2014
Bibliothèque et Archives nationales du Québec
ISBN 978-2-7619-4105-1

Imprimé et relié en Chine

DISTRIBUTEUR EXCLUSIF :
Pour le Canada et les États-Unis :
MESSAGERIES ADP inc*
2315, rue de la Province
Longueuil, Québec J4G 1G4
Téléphone : 450-640-1237
Télécopieur : 450-674-6237
Internet : www.messageries-adp.com
* filiale du Groupe Sogides inc.,
filiale de Québecor Média inc.

Gouvernement du Québec – Programme de crédit d'impôt pour l'édition de livres – Gestion SODEC
www.sodec.gouv.qc.ca

L'Éditeur bénéficie du soutien de la Société de développement des entreprises culturelles du Québec pour son programme d'édition.

Conseil des Arts du Canada | Canada Council for the Arts

Nous remercions le Conseil des Arts du Canada de l'aide accordée à notre programme de publication.

Nous remercions le gouvernement du Canada de son soutien financier pour nos activités de traduction dans le cadre du Programme national de traduction pour l'édition du livre.

Nous reconnaissons l'aide financière du gouvernement du Canada par l'entremise du Fonds du livre du Canada pour nos activités d'édition.